CHINA
FOREIGN TRADE

Zhongguo Waimao Zengzhang Yinzhi Huanjing
Sunhai de Chongtu yu Xietiao Yanjiu

中国外贸增长引致环境损害的冲突与协调研究

兰 天 ◎著

经济科学出版社
Economic Science Press

Contents

目　录

第1章

绪　　论

第 1 节　选题背景与意义

1972 年 6 月 5 日，在瑞典斯德哥尔摩召开了联合国第一次人类环境会议，114 个国家的代表参加会议，共同讨论解决人类面临的环境问题。大会最终通过了《人类环境宣言》和《人类环境行动计划》。宣言向当时世界上 40 多亿人口发出了郑重告诫："如果人类继续增殖人口、掠夺式地开发自然资源、肆意污染和破坏环境，人类赖以生存的地球必将出现资源匮乏、污染泛滥、生态遭受破坏的灾难"，并呼吁各国政府和人民为保护和改善人类环境，造福全体人民和子孙后代而共同努力。联合国第一次人类环境会议拉开了人类共同关注经济发展与环境冲突的序幕。

从中国经济现实背景来看，20 世纪 80 年代以来，随着中国对外贸易的不断扩大，国民经济初步实现了从封闭型模式向开放型模式的转变，中国的经济发展已逐步融入世界经济总体格局。1985 年中国进出口总额仅 2 066.7 亿元，到 2006 年达到 116 921.8 亿元，增长了 56 倍，年均增长高达 16.9%，从世界第 11 位上升至世界第 3 位，占世界贸易的比重达 6.2%，中国对外贸易在规模上取得了长足的进步。然而在对外贸易特别是出口贸易高速发展的同时，我国资源、环境问题日益凸显，可持续发展面临严峻挑战，大部分出口行业的工业废水排放量、废气排放量和固体废物排放量等不断增加。2006 年，中国的工业废气排放量与工业废水排放量分别为 330 992 亿立方米和 218 亿吨。

环境损害问题日趋严重，引起了政府的高度重视，中国共产党第十七次全国代表大会报告在 5 个方面、共 15 处强调了环境保护的内容，会议还决定将"建设资源节约型、环境友好型社会"写入《中国共产党章程（修正案）》，这充分表明环境保护作为基本国策真正进入了党和国家工作的主干线、主战场和大舞台。报告对新形势下的环境与资源保护工作进行了科学的定位，标志着中国对环境资源保护问题的认识又有了新的突破和发展，开始进入了一个可持续发展理论进一步深化的全新的发展阶段。

与此同时，伴随着近几年各污染指标均呈现出的上升趋势，与经济、贸易增长表现出正的相关关系，环境与经济增长之间的关系、环境损害（治理）对国际贸易的影响以及外商直接投资对中国环境的影响已经受到了国内学者的广泛关注。目前，就理论研究而言，围绕贸易与环境损害问题的分析在国内还不多，中国学者从贸易与环境的作用机制（赵玉焕，2001）、污染产业转移动因、指向以及壁垒对产业国际竞争力的影响效应（赵细康，2003）等基础理论问题出发，探讨了中国贸易增长过程中存在的环境损害。在关于中国实务贸易附带环境负担转嫁压力不断增大（刘敬智等，2005），自由贸易条件下的有效环境保护在非合作博弈下必将成就"向下竞争"的战略性环境政策（佘群芝，2003）以及贸易与环境挂钩的南北分歧导致国际环境合作的"囚徒困境"（范纯增等，2003）等研究结论，则从不同角度映射出中国贸易增长与环境协调的紧迫性。与此同时，生态足迹理论模型关于中国进出口贸易中的生态足迹对经济发展可持续性由赤字转为盈余（陈丽萍等，2005），中国水污染和收入增长回归分析求证出的污染征税制度可以消除环境扭曲的可喜结论（Dean，2000）又为贸易增长与环境冲突协调机制的建立提供了有益的理论借鉴。然而就目前已有的研究文献来看，实证分析的结论层出不穷，难以达到一致，西方学者的研究成果很难直接应用到我国贸易与环境问题的政策实践中。中国已经成为 WTO 的正式成员，各国之间的经济联系越来越广泛和频繁，贸易自由化使中国直接面对贸易与环境的挑战。如何把握国际环保大趋势，扬长避短，应对发达国家的环境壁垒，实现贸易与环境保护的协调发展都需要更为具体的理论来指导。基于此，本书试图从理论上初步构建分析贸易增长与环境损害的基本框架，同时运用中国实际经济数据对我国贸易增长与环境损害的内在关系及相互作用机制进行实证分析。改革开放以来，我国对外贸易持续增长，环境问题日益突出，面对当前贸易与环境冲突的严峻形势，这一工作对解决这一冲突无疑具有一定的理论创新价值和较强的现实指导意义，其研究结论能够为中国贸易增长方式转变提供深层理论基础和战略调整思路，为制定贸易增长的可持续发展战略和科学、合理的环境保护政策提供依据，尤其是对未来的环境政策与产业政策的改革与完善更加具有参考价值。

就研究意义的理论性而言，中国关于贸易与环境问题的学术研讨还比较少，笔者在前期研究成果的基础上，以经济活动存在生态边界为分析起点，研究中国环境损害中贸易增长的动态成因及其协调机制构建等问题。从现有研究成果上看，贸易快速、持续增长不是环境恶化的根本原因，自由贸易在提高资源配置效率的同时也造成了环境损害（Strutt，2000）。贸易政策处理环境问题尚存在一些不确定的后果（Schleich，1999），而环境政策对贸易规模和方式的影响，无论在范围和程度上都存在着诸多争议（Oates，1995）。因此，中国贸易增长与环境冲突应在理性的思考中审慎解决。此外，以产业扩张为支撑的贸易增长引致的环境损害，因其对不同产业生产力交互影响的负外部性呈现差异化特征，笔者对贸易增长引致环境冲突的研究将在贸易关联产业、贸易伙伴国和全球环境协调三个层面上渐进展开，在深化环境经济学思想的基础上，将环境损害引入贸易增长模型，通过考察贸易增长对产业比较优势转化的环境因素和影响途径等问题揭示贸易增长对环境损害的作用机制。在此基础上，借助于现代计量经济方法（如CGE 模型），从中国贸易增长的实证出发，构架起中国贸易增长与环境冲突的评价指标、预警体系和完整政策协调框架。因此，从理论上扩展贸易与环境问题的研究内容，无论对理论本身的丰富与发展或是对实践活动的政策指导都是十分有益的。

就研究意义的实践性而言，中国的污染已由点到面、由城市向农村、由局部向大区域蔓延，中国污染受害区域之广、危害之大，已接近或超过 20 世纪 50 ~ 60 年代发达国家污染最严重时期的水平。此外，中国成为 WTO 的正式成员已经十周年，这意味着中国参与世界经济全球化的程度进一步加深，由此带来的生态环境破坏损失也会更加难以估计，首当其冲的贸易自由化使中国直接面对贸易与环境的挑战。在我国这样的发展中转型经济如何妥善协调经济增长与环境恶化之间的两难冲突问题，实现贸易与环境保护的协调发展都需更为具体的理论指导。

第 2 节 研究思路与内容

一、研究思路

本书针对贸易增长与环境损害的冲突与协调这一核心问题，首先回顾了国内外学者关于贸易与环境问题的理论和实证研究文献。结合改革开放以来，中国对外贸易持续增长、环境问题日益突出的新的背景，对现有理论与模型进行归纳及应用拓展，针对目前贸易增长与环境损害的冲突与协调研究的缺失，提出了全球经济一体化下贸易与环境协调的理论依据。

其次，以贸易增长与环境损害两者间的关系这一新的视角为分析起点，从贸易增长对环境损害的影响和环境对贸易发展的作用两方面进行了理论研究。在此基础上，一方面结合我国实际经济数据，分析了我国贸易增长与环境损害的内在关联性，尤其对进出口结构、FDI 和环境技术水平与环境损害的相关性展开了讨论，并为后续研究提供普适性支持结论；另一方面就这一问题做国际横向比较，通过对发达与发展中国家在贸易与环境观、产业结构、贸易结构以及贸易环境政策等多方面进行全方位比较和总结，对我国贸易与环境政策的制定和实施具有一定的借鉴意义。同时，在上述研究过程中借助多种统计分析方法（因子分析、聚类分析及指数分析等）和计量经济分析方法（单位根分析、协整检验、格兰杰因果检验、向量自回归的动态分析、面板数据等分析），对中国贸易增长、FDI 的引进与环境质量的关系进行了实证研究。基于此，具体探讨以下几个问题：中国的环境损害是否与出口贸易有关？随着外商直接投资的进一步扩大，是否会加剧我国的环境损害？出口结构的变化对环境损害有何影响？改革开放以来我国各省、市、自治区的贸易与环境发展有何特点？是否存在环境库兹涅茨曲线？在对上述问题进行研究的过程中，本书严格遵循了"提出问题、理论模型分析、实证检验、政策建议"以及"从封闭到开放"的研究思路。

最后，结合中国实际，以可持续发展原则的视角，探讨 WTO 体制下贸易与环境政策法律国际间的协调与合作以及中国的对策，重点分析了贸易政策、环境政策以及环境损害控制政策之间的关系和相互间的作用机理，为我国制定合理、科学的环境贸易政策提供了一定的依据。由于贸易对我国的经济规模、产业结构和技术进步产生综合复杂的影响，进而影响我国的污染水平，因而贸易增长对环境的影响具有复杂性、全方位性。基于此，本书引入 BP 神经网络模型，结合贸易环境效应，建立了中国贸易增长与环境损害的 BP 网络模型，构架起中国贸易增长与环境冲突的评价指标、BP 预警体系和完整政策协调框架。

本书逻辑结构见图 1 - 1。

二、主要内容

本书内容基于课题研究思路、按照逻辑递进关系包括三部分：第一部分着重贸易增长与环境损害的理论研究，为本书的研究提供了理论基础；第二部分就国内外贸易增长与环境损害的内在关联性做了实证研究并进行了贸易增长与环境损害的国际比较；第三部分主要针对目前贸易与环境之间的冲突等给出相应的政策建议和有效 BP 预警系统。

全书立足于中国现实，在收集整理文献 300 多万字、翻译外文资料 40 万字的基础上，首先系统地分析长久以来在贸易与环境问题上激烈争论的渊源，根据现代经济发展理论按照从经济增长到经济发展再到可持续发展的发展脉络进行了回顾与评述，并进一步对经济增长与环境、贸易与环境关系的国内外新近研究成果进行概括性综述与评价，特别是对引入环境因素的 H - O 理论进行了必要的修正、对庇古税在环境保护中的作用以及科斯定理与产权关系做出了新的理论解

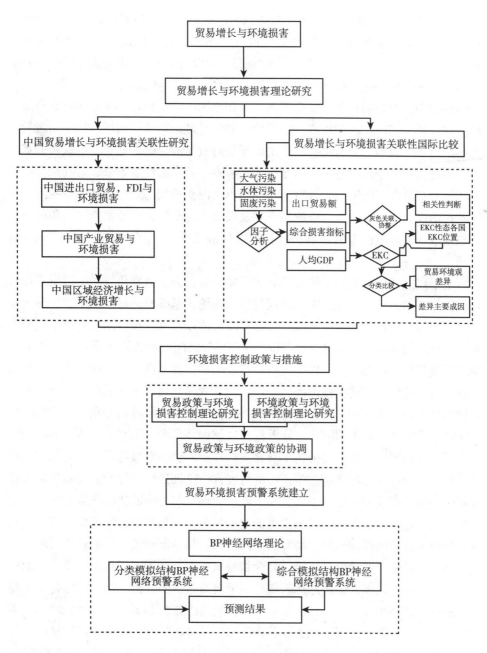

图1-1 本书逻辑结构

释。基于梳理贸易与环境问题的研究背景与现状,作为研究的起点,揭示了贸易与环境问题的争论正是经济与环境问题这一传统争论的细化与深入,有其深厚的渊源。

以安德森和布莱克·赫斯特（Anderson & Black Hurst, 1992）、戈登（Gorden, 1997）等学者的全球性与区域性的贸易自由化不是环境恶化的根本原因这一观点为研究起点，本书在概述国外学者对贸易与环境问题的理论与实证研究成果的基础上，主要从环境经济学的角度对贸易与环境损害问题进行深入的理论研究，试图探索中国贸易增长与环境损害两者互相作用的内在机理。首先通过分析贸易增长和环境损害的经济学根源，借助传统的贸易理论对贸易与环境损害两者间的关系进行了一般均衡分析；其次在论证环境对贸易的影响因素和影响途径的基础上，通过构建一个包容性更广的分析模型考察了贸易的环境效果、对社会福利以及环境对贸易发展的影响；最后引入环境库兹涅茨曲线，通过对环境库兹涅茨曲线的理论模型分析、意义、争论研究和发展方向的探析，从技术效应的角度分析了技术投入对环境损害的影响，以及技术外溢效果对一国贸易市场开放的促进问题。

基于以上的理论研究，第二部分运用实证分析方法分别研究了中国贸易增长与环境损害的关联性问题。首先以现代贸易理论为基础，通过运用王慧炯分解模型、协整检验、格兰杰因果检验、贸易环境矩阵以及脉冲相应函数在总量层面上对中国环境损害与对外贸易、FDI 和产业转移等之间的相关性问题进行了深入讨论。在此分析的基础上，又以中国造纸行业为例，具体在产业层面上研究了我国产业贸易与环境损害的关联性问题。最后由于我国区域经济发展存在差异性，笔者使用聚类分析法，把中国分成四个区域，而后在四个区域内分别给出它们的环境库兹涅茨曲线（EKC 曲线），分析我国区域经济增长与环境损害之间的关系。在实证分析的同时，笔者还分析了贸易关联产业调整、升级与环境损害效应和贸易关联产业政策与环境保护政策搭配的可能性。论证比较优势产业在贸易增长过程中的环境损害效应；分析中国贸易关联产业调整与升级的比较优势陷阱；建立贸易关联产业调整、升级与环境损害的关系模型，发现和改善中国贸易增长方式转变与产业升级的最佳途径。解释了中国对外贸易经历持续高速增长的同时，环境损害问题日趋严重的贸易原因，并为贸易增长引致环境不同后果的理论争论提供了来自中国的证据。在国际比较部分，笔者通过因子分析法建立了综合 6 个环境污染指标的环境损害综合评价指标，并借助这个指标和 21 个代表性国家 19 年的贸易、经济数据，使用灰色关联分析法和协整分析法对代表性国家贸易增长和环境污染的相关性进行了实证分析；之后又使用 EKC 分析法对代表性国家经济，贸易增长与环境污染之间的现状进行了 EKC 估计；最后阐述了代表性国家环境和贸易的差异，在一个方面给出了以上实证结果的理论解释。

对贸易增长与环境损害冲突的理论和实证研究之后，笔者着重分析各种贸易、环境政策措施的不同特点，提出针对我国科学、合理的产业、贸易与环境政策。首先，追溯中国产业和环境政策的变迁轨迹，洞察贸易关联产业扶持政策与环境保护政策在不同阶段的适应性，在了解各种贸易政策措施不同特点的基础上，考察环境损害的单边贸易政策效果；然后，分析无贸易政策作用下的单边环境政策响应问题，此外，还对环境保护组织如何影响一国环境政策的制定进行深入探讨；最后借助产业政策与环境保护政策的博弈分析，发现个体理性与集体理性实现的均衡条件；提出贸易关联产业政策与环境保护政策的协调基础和制度保障。分析贸易政策和环境保护政策的外部效应和边际作用，通过运用博弈论框架分析贸易和环境政策之间的协调问题，建立多方政策博弈模型，为贸易政策、环境保护政策和产业扶持政策的三方或多方协调提供分析可能，在此基础上寻找实现贸易增长与环境保护相协调的单一政策或协同政策方案。

考虑到贸易增长与环境损害之间的关系的错综复杂性，为了更加准确的预测贸易引致的环境损害，本书尝试运用 BP 神经网络模型建立贸易增长与环境损害预测模型。首先，定义贸易增长和环境损害 BP 预警系统的功能；其次，以现有贸易与环境关系理论为基础，分析我国目前贸易与环境问题现状，在参考相关文献的基础上尝试运用 BP 神经网络模型从宏观上建立贸易增长与环境损害预测模型，以及基于人工神经网络的贸易增长与环境保护预警系统；再其次，确定贸易增长与环境损害预警系统的过程及模块，从主流贸易理论的规模效应、技术效应、结构效应三方面分析贸易增长对于环境损害的影响，并且在与工业和贸易最相关的众多指标中选取最能够体现环境损害的指标来衡量环境的损害程度；最后，应用基于分类模拟结构和基于综合模拟结构的 BP 神经网络，分别就贸易引致的环境损害对贸易增长与环境损害现状进行评估和预警。

第 3 节 国内外研究现状

国外学者最先就贸易自由化对环境损害的影响及其理论的展开研究，而且比较系统。我们首先对贸易自由化对环境损害的影响及其理论、应用研究历史中的重要文献作一回顾。

一、贸易与环境问题的理论研究

关于贸易自由化对环境损害的影响，直到 20 世纪 90 年代才成为新的研究热点。主要原因是随着经济全球一体化趋势的加剧，国际社会越来越关注贸易自由化是否导致环境质量的恶化以及贸易政策能否作为一种手段来促进全球环境的保护。尽管关于贸易自由化对环境影响的利弊争论仍在继续，但已有的文献已基本就以下两方面达成一致：一方面更开放的贸易促进了经济增长，改进了社会福利；另一方面，开放的贸易在一定条件下可以缓解环境压力，条件是以适当的环境政策作为补充。

1. 贸易自由化对环境影响的争论

自由贸易长期以来被认为是有益的，它能够改善有关国家的福利，促进经济增长。然而在考察贸易自由化所引起的福利变动时，经济学家很少甚至拒绝考虑环境方面的因素。随着贸易自由化所导致环境后果的凸显以及公众环境意识的提高，贸易所产生的收益问题受到越来越多的质疑。人们开始反思贸易在促进经济增长的过程中所引起的包括环境在内的各种后果（Winters，2004）。目前国际学术界对贸易自由化所产生的环境后果已形成两派针锋相对的观点：

一派认为贸易自由化是环境问题出现的重要原因，不加限制的贸易会使生态环境遭到破坏，尤其在环境政策宽松的国家，贸易对环境的危害更大。就其具体原因可以从以下几方面考察：市场失灵导致外部效应的存在，是环境恶化的根本原因。贸易自由化加剧了这一影响。凯尔弛里克斯（Chilchinliksy，1994）认为在私人产权没有得到明确界定的情况下，自由贸易会加速发展中国家环境资源的破坏，从而对全球环境构成进一步的威胁。各国按照各自的比较优势进行自由贸易能优化全球的资源配置，促进经济发展，但从一个动态的角度来看，自由贸易同时导致市场的扩张，虽然单个产出的投入减少了，但整体的资源投入将有可能增加，从而加大了环境压力。戴利（Daly，1993）考察了自由贸易对环境损害排放量的影响，结论是自由贸易将加剧环境损害。戴利和古德兰（Daly & Goodinad，1994）对贸易自由化带来的经济增长与环境保护关系的积极性提出了质疑，认为这种贸易增长不但不是改进社会福利的重要因素，而且与环境保护目标背道而驰。贸易自由化加大了世界商品的贸易量，对环境产生的一个直接影响就是产品运输增加所引致的空气污染以及原料的消耗。这一派观点所运用的研究方法有两个来源：一是对马尔萨斯学说的继承，强调人口增长与自然资源的极限，缺点是没有考虑技术进步的可能性；另外一个是纯粹的自然主义思想，带有生态宿命论的色彩，其特点是过分拘泥于热力学第二定律的法则之下。这两种方法都有明显的缺陷。

另一派观点认为全球性与区域性的贸易自由化不是环境恶化的根本原因，采用贸易限制手段解决环境问题只会造成进一步的扭曲，而基于比较优势的国际专业化分工能够促进全球资源的有效配置和合理利用。贸易自由化还能推动各国之间清洁技术的传播，有利于环境保护。因此，需要进一步开放市场，推动自由贸易。哈德森（Hudson，1992）认为如果环境的外部性能完全内部化，那么自由贸易将是配置自然资源的唯一有效方式。安德森和布莱克·赫斯特（1992）、戈登（1997）认为贸易自由化政策实施的同时，采取适当的环境政策，可以改进全球福利。有的学者则提出贸易能够促进经济增长从而间接影响环境质量，沃伊特（Voigt，1993）引证了墨西哥许多领域的环境问题得不到有效解决，主要原因是缺乏经济的支持，解决的途径就是加大贸易、发展经济。许多经济学家像史蒂文斯（1993）、安特维勒、科普兰和泰勒（Antweiler, Copeland & Taylor, 2001）都从贸易影响环境的内在机制，分不同的效应进行具体分析，探清各种具体因素的影响效果及大小，一般都得出贸易自由化对环境有正的影响。其他自由贸易的倡导者则从经典的 H－O 模型出发论证贸易自由化提高了生产效率，减少资源消耗压力的可能性，得出贸易自由化有利于环境保护的结论。

2. 贸易的环境效应理论分析框架的演变

最早将贸易的环境效应进行分解的是格罗斯曼和克鲁格（Grossman & Krueger, 1991），他们在对 NAFTA 贸易的环境影响研究中，将贸易对环境的影响分为相互关联的三个效应：规模效应（Scale Effect）、结构效应（Composition Effect）、技术效应（Technique Effect）。沿着这一思路，一批学者就贸易与环境保护的关系进行了深入的研究。分别考察各个效应的影响效果，得出贸易对环境总的影响。史蒂文斯（Stevens, 1993）等把贸易自由化对环境的影响归结为三个主要方面：规模效应，反映经济活动的规模变化；结构效应，代表被生产商品束的变化；技术效应，体现产业生产技术的改变。规模效应被认为具有加剧环境恶化的作用，而从污染产品向清洁产品的生产结构转变以及清洁技术的应用会使全球环境状况随着贸易自由化进程的推进而大大改善。他认为贸易活动不是环境问题的根源；相反，贸易自由化可以为环境保护增加资金投入，提高技术水平，以及促进资源的有效配置。

朗格（Runge, 1994）把贸易自由化的环境影响分为五个方面：资源配置效率、经济活动规模、产出结构、生产技术以及环境政策。他认为贸易改变了国际间的分工模式，也扩大了经济活动规模。经济活动与污染的非线性关系说明，除了贸易之外，产出结构、技术和环境政策也起着重要的作用。GDP 增加使生产从污染严重的部门转向服务部门，产出结构的变化减少了污染水平，抵消了由于贸易活动带来的部分污染。同时，人均 GDP 的增长会引起对环境保护政策需求的上升。从总体上看，贸易自由化在造成污染的同时提高了资源配置效率，人均GDP 的增长使环境保护需求增加，并导致产出结构和生产技术的变化，反过来降低污染物的排放。

关于三种不同效应，最早用贸易模型进行分析的是科普兰和泰勒（1994），他们在模型里将国家分为两组：北方国家（发达国家）和南方国家（发展中国家）将产品根据污染程度的不同进行分类，假设污染只局限在本国，不存在跨境转移，同时假设两种类型国家的政府都使用征收污染税的方式来控制污染，不同的是北方国家的税率高而南方国家的税率低，随着两国进行贸易，双方国内都会发生一系列变化，由于收入的不同，北方国家的污染工业规模缩小而南方国家的将扩大，结构效应使北方国家的污染减轻而南方国家的污染加重。而从规模效应的角度来看，由于贸易促使经济活动扩张，对各国的环境都是不利的。同时，贸易提高了各国的福利水平，人们的收入增加，提高人们对环境清洁产品支付的意愿，政府将会提高污染税率（假设不存在政府失灵），企业出于自身利益的考虑就会在生产过程中采用更多的污染控制措施和设备。这样，从技术效应的角度来看，单位产品生产造成了污染下降。研究表明，如果对洁净环境需求的增长速度超过收入的增长速度，从理论上讲技术效应就有可能抵消规模效应对环境的不利影响，但是，对于南方国家来说，较低的环境标准使他们在污染产业方面具有比较优势。规模效应和结构效应对环境的负面影响将会超过技术效应对环境的正面影响。得出的结论是：贸易自由化减轻了发达国家的环境损害，加剧了发展中国家的环境损害。

在另一篇论文中科普兰和泰勒（1995）进行了一个类似的研究，与之前的模型区别是：假设污染问题是全球性而不是地区性的。他们假设各国控制污染排放是实行排放许可证制度并且允许许可证的交易，南方和北方国家进行贸易后，结构效应的结果是：南方国家的污染产业规模扩大而北方国家清洁产业规模扩大，这样，北方国家污染许可证价格下降而南方国家的价格上升，南方国家就会发现为了适应产业结构的改变，最好的办法是增加污染许可证的发放，而北方国家的反应是回收一些国内的污染许可证。但是除非双方增减能够100%的抵消，否则，与贸易自由化前相比，贸易发展将会导致更多的污染排放。

随着理论分析的不断深入，安特维勒、科普兰和泰勒（2001）、科普兰和泰勒（2004）通过建立开放经济的一般均衡模型，引入国家间要素禀赋差异扩展了科普兰和泰勒（1994，1995）南北贸易模型。其研究结果表明：要素禀赋的差异在一定程度上能够控制环境政策差异对比较优势的影响，当国家间资本与劳动差异足够大且资本丰裕国环境政策更为严厉时，他也将出口资本密集型产品。他们利用该模型对一组国家在1971～1996年间二氧化硫污染的实证检验，得出贸易自由化有利于环境改善的结论。

二、贸易与环境问题的实证研究

与理论研究一样，贸易与环境问题的实证分析也可谓异彩纷呈。下面将从两个方面对已有的文献研究作一个简单概括。

1. "污染天堂"假说检验

从理论研究文献中，学者们似乎看到了随着国家间要素流动和贸易规模的不断扩大，污染产业有从发达国家向发展中国家转移的趋势，出于对收入和政治经济的考虑，特别是在经济发展的早期阶段，丰富的环境资源常常诱导发展中国家放松环境管制标准，因此发展中国家更多地生产污染密集型产品。这种现象称为"污染产业迁移"或"产业飞行"，当发达国家加强环境管制时可能引起这种产业"置换"，另外，环境管制的缺乏也能引起污染产业向发展中国家转移。因此，人们又把这种现象称为"污染天堂"，虽然有丰富的理论研究支持"污染天堂"假说，但实证分析结果十分混乱。

罗宾逊（Robinson，1988）为"污染天堂"假说提供的经验支持显示，在1973~1982年间，美国进口商品的污染含量增长率高于出口产品，这意味着，美国在这一时期的贸易活动趋于更多地进口污染密集型商品。泰勒（1990）利用赫克歇尔—俄林—纬奈特模型（H－O－V Mode）对23个国家65个产业中最具污染的部门进行统计分析，不同的回归分析表明环境控制对贸易模式的影响并不显著。同样的研究还有卢卡斯（Lucas，1992）、伯索尔和惠勒（Birdsall & Wheeler，1992）为污染产业转移提供了否定的经验证据，虽然他们验证的国家方法各不相同，但得出了相似的结论，即缓慢的封闭的社会经济体系表现出有害污染强度更快的增长，而开放的快速发展的经济体系呈现出较慢的有害物污染排放增长。

洛和耶茨（Low & Yeats，1992）通过对1967~1968年和1987~1988年间两组世界贸易数据的比较以验证"污染天堂"假说的存在。他们建立了一个比较优势指数，即一国某产业出口相对总额与其全部出口相对总额之比，如果该指数大于1，那么该国在这一产业上具有明显的比较优势。他们对美国的钢铁、非铁金属、精炼石油、冶金制造和造纸5个最具污染的行业指数变化进行研究，结论是污染产业确实存在迁移现象。但他们并没有将这种现象与发达国家苛刻的环境标准或开放贸易相联系。然而格罗斯曼和克鲁格（1991）使用美国从墨西哥的进口数据考察环境管制对贸易流向的影响，结论是环境政策并不影响贸易流向。

玛尼和惠勒（Mani & Wheeler，1997）为产业转移理论提供了新的证据，认为富裕国家苛刻的环境标准迫使污染产业向环境管制较为宽松的发展中国家迁移。证据是1960~1995年期间OECD国家污染与非污染产业的产出比率持续下降。与此同时，污染产业的进口与出口比率都逐年上升。同时还发现拉丁美洲和亚洲（不包括日本）污染与非污染产业产出比率上升。而污染产业进口与出口比率都明显下降，这些现象充分说明了污染产业转移的存在。令人遗憾的是，作者没有向我们澄清引起产业区域重新定位的直接原因是环境管制。而后惠勒

（2001）却向我们提供了与"污染天堂"假说完全相反的证据。他指出那些吸收了世界对外直接投资最多的国家如巴西、墨西哥、中国的城市污染水平都呈现出下降的趋势。

在后来的研究中列文森和泰勒（Levison & Taylor，2002）以及埃丁顿和米尼尔（Ederington & Minier，2003）出于对环境政策解释贸易模式的模型认识认为，将环境政策视为内生变量还是外生变量对研究的结论会产生很大的影响。前面的实证研究分歧很大的一个重要原因可能就在此。

在我国，有关贸易与环境的研究主要集中在两者间的关系方面。夏友富（1999）就外商对中国污染密集型产业投资的现状、后果进行分析并提出了相应对策。赵玉焕（2002）研究了在 WTO 框架下贸易与环境的相互影响问题，提出贸易与环境协调发展的国际合作道路。佘群芝（2003）对 NAFTA 的贸易与环境问题进行了比较系统的研究，分析了墨西哥与美国、加拿大之间自由贸易签订后对各自环境的具体影响。张连众、朱坦等（2003）通过建立贸易与环境损害关系的一般均衡理论模型，将贸易自由化对我国环境损害的规模效应、组成效应和技术效应进行了定量分析。得出规模效应将加剧我国的环境损害水平，而组成效应和技术效应将降低我国的环境损害程度，贸易自由化将有利于我国环境保护的结论。杜希饶、刘凌（2006）通过构建一个开放经济条件下的内生增长模型，探讨了国际贸易、环境质量与经济持续增长三者的内在关系以及相互作用的动力机制。通过对模型的竞争性市场均衡分析，给出了平衡增长路径的经济增长率，并系统分析了在环境损害进入效用函数的情形下长期经济增长的内在机理；通过对最优增长路径进行比较静态分析，分别讨论了贸易自由化对环境质量、经济增长、福利效应的影响，污染外部性对长期经济增长的约束等。

许士春（2006）从出口和进口两个方面分析了贸易对我国环境的影响。在出口方面，我国不同行业产品的出口对环境的影响是不一样的，但从总体上分析，出口的增长还是加剧了我国环境的污染。在进口方面，我国除化学品及相关产品向贸易伙伴国转嫁环境损害外，轻纺产品、橡胶制品、矿产品及其制品这些行业贸易的发展可能会导致我贸易伙伴国将环境损害转嫁到我国。王少平、封福育（2006）以中国各个省市作为基础横截面单元，进而将其并入东部、中部和西部三个地区形成区域性横截面单元，利用各横截面单元 1996～2003 年的样本组成面板数据，建立动态面板数据来考察 FDI 对中国不同地区进出口贸易的动态效应。结果表明，FDI 对中国不同地区的影响有显著差异。对东部地区而言，FDI 对出口有显著的创造效应，而在中、西部地区其创造效应不显著；FDI 对东部地区进口贸易表现出较强的替代效应，而中、西部地区的这种替代效应则相对较弱。朱启荣（2007）利用计量经济学方法对我国出口贸易与环境损害、环境规制之间的关系进行了实证分析，得出的结论是：我国出口贸易规模变化是导致工业污染物排放量变化的原因，同时，出口贸易规模与工业排放量呈正相关，所以，我国出口贸易规模的迅速扩大对环境造成了一定的负面影响；就地区的情况看，东部地区出口贸易额对工业污染物排放量的弹性明显低于中部和西部地区；我国各地区治理环境损害的各种投入与其出口贸易额的负相关性显著。吴蕾、吴国蔚（2007）从环境成本转移的概念出发，利用统计数据，计算我国进出口贸易中的环境成本，进而分析贸易对环境的影响。结果表明，污染密集型产业的产品出口在我国占主要优势，且出口增长加重了对环境的污染。在进口贸易中，化学工业、采矿业、塑料、橡胶制品业和金属制品业的净进口向国外转移了最多的环境成本；在出口贸易中，纺织业与电气机械及器材制造业产品的净出口则向我国转移了最多的环境成本。

熊鹰、徐翔（2007）实证结果表明，我国相对于经济发达国家而言的宽松的环境管制并不是吸引外商直接投资的主要原因，外资污染产业指向特征并不显著，但宽松的环境管制对吸引外商直接投资有正向作用，放松环境管制可能导致外资产业结构趋于污染加重；同时，市场容量、劳动力成本、市场化水平、产业集聚程度、基础设施状况等因素对外商直接投资有显著作用，这些因素的影响是引起外商直接投资增加的重要原因。其他如叶汝求（2001），彭海珍、任荣明（2003），宋春峰、耿献辉（2003），谢姚刚（2004），曲如晓（2004），陈丽丽（2004）从理论角度陈述贸易与环境的相互影响关系，并且结合中国具体情况，提出了相应的政策建议。

2. 向（生态环境标准）底线赛跑假说的检验

杜阿和埃斯蒂（Dua & Esty，1997）及埃斯蒂和格拉丁（Esty & Geradin，1997）都指出，作为全球国际贸易的结果，各国会降低各自的生态环境质量标准以维持或增强竞争力，出现所谓"向（生态环境标准）底线赛跑"（Race to the bottom），甚至阻挠生态环境立法等漠视生态环境管制的现象。巴雷特（Barrett，1994）也指出，当生态环境政策规定的生态环境边际损害很低时，生态倾销（Ecologicaldumping）会由于某些策略性原因而出现。

自由贸易的批评者担心"向底线赛跑"会令某些国家的环境标准崩溃，因为污染者有可能将其生产设备转移到发展中国家中去。但也有学者指出，"向底线赛跑"的论调缺乏足够的证据。埃利斯特和弗雷德里克松（Eliste & Fredriksson，1998）考察了出口竞争国家（Export Competing Countries）的贸易自由化和策略性贸易政策对环境管制标准的影响。在对农业部门的经验分析中，他们没有发现有充分的证据支持"向（生态环境标准）底线赛跑"的论断，这可能是由于农业部门的具体特点，如食品安全标准，以及这种标准建立的科学基础等都意味着某些标准的底线不可突破。罗普克（Ropke，1994）声称贸易制度本质上可能并不是一件好事（内部出了问题），尤其是发展中国家的贸易收益（从环境角度上看）是值得怀疑的。罗普克指出国际贸易会在几个方面引起环境问题，例如自然资源的低估，不惜以牺牲环境来换取经济增长，扩大了环境的外部性影响等，因此应该减少贸易活动。戴利和古德兰（1994）也指出许多环境问题是无法通过不受管制的市场（如自由贸易）来得到公平地、有效地和持续地解决的。

　　惠勒为验证"向底线赛跑"的论断，选取了美国以及发展中国家中三个最大的外国投资接受国，即中国、巴西和墨西哥的空气质量的变动趋势为分析样本，其分析结论清楚地表明，在全球化的浪潮中，空气质量在上述四个国家的主要大城市中都呈下降的趋势。惠勒又引证了其他最近的文献，强调"向底线赛跑"的假说是有瑕疵的，因为这一假说并没有准确地反映发展中国家污染控制的政治经济状况。

3. 环境库兹涅茨曲线的检验

　　格罗斯曼和克鲁格（1995）首次提出了环境与经济增长之间的相互关系：随着经济的发展，环境先是趋于恶化，经济发展到一定水平，环境质量恶化的态势达到一个临界值，之后环境质量趋于改善。用曲线表示这一关系其形如倒"U"型，与表征收入差距演变过程的库兹涅茨曲线相似，因而被叫做"环境库兹涅茨曲线"（Environmental Kuznets Curve）。这一假说的提出引起学术界的激烈争论，因为如果经济发展是库兹涅茨曲线出现的充分条件，那么环境库兹涅茨曲线说明社会可以在增长中解决任何环境问题，从而低收入水平下的环境保护政策无疑是奢侈而没有必要的。

　　关于对这一曲线的实证检验，一些学者从它的存在条件出发，说明只有满足一定的条件，才会有经济增长与环境质量这一关系出现。洛佩斯（Lopez，1994）验证了库兹涅茨曲线的存在要依赖于污染和清洁要素间的高技术替代弹性以及对风险厌恶有一个较高的偏好。同样，就环境和消费品而言，福利必然是不相似的。另外，如果环境改善认为是控制污染投入的结果，那么正如安德烈奥尼和莱文森（Andreoni & Levinson，2001）所说的那样，为了满足库兹涅茨曲线，技术必须能够规模报酬递增。

　　到目前为止，虽然还有学者存在异议，但学术界对于存在环境库兹涅茨曲线揭示的环境质量演变轨迹基本是认同的。在此基础上学者们所作的研究一是通过对不同地区、不同污染物的实证研究来检验环境库兹涅茨曲线是否存在。如最开始的格罗斯曼和克鲁格（1995）的跨国家研究，采用的是 SO_2 和烟雾的排放量。结论是两种污染物的排放量在某一个临界值水平之下会随着收入的增长而提高。一旦超过这一临界值，污染物排放水平开始减少。同年他对可吸入污染微粒物的环境库兹涅茨曲线进行检验，却否定了倒"U"型曲线的存在。另外一些研究如达斯古普塔（Dasgupta，2002）表明对于全球性的污染（如 CO_2）以及一些很难被消除和清理的污染物，环境库兹涅茨曲线似乎是不存在的。丁道（Dinda，2000）发现悬浮固体颗粒密度与人均国民收入水平之间存在正"U"型关系。当然，出现这些实证结果可能是特殊地域、特殊环境指标存在特殊演变规律，也可能与指标选取的时间跨度有关系。要知道经济发展与环境质量之间的准确关系还有待于进一步的研究。

另外一些学者在研究污染指标与收入水平关系的同时加入其他的一些解释变量来检验是否会对曲线形成产生影响。苏瑞和查普曼（Suri & Chapman，1998）把进口和出口的工业制成品分别占本国生产的工业制成品的比率纳入环境库兹涅茨曲线的分析框架——较低的排放对应工业制成品进口的增长，较高的排放对应出口的增长，结果显示贸易与环境质量演进间相关性很强，可以有效地预测环境质量演进。阿格拉斯和查普曼（Agras & Chapman，1999）则进一步在贸易中引入价格因素研究能源利用的演变，从长期来看，能源利用富有弹性，真实能源价格的不断走低会引起能源利用的不断增加。通过分析发现，贸易变量的解释力不再明显，转而短期和长期的价格弹性成为有效的解释变量。林德马克（Lindmark，2002）发现物价变化、经济增长与结构变革能解释瑞典 19 世纪后半叶和 20 世纪 CO_2 排放量的波动。

科尔（Cole，2004）通过研究贸易开放度、结构变化等因素发现，环境质量改善阶段的出现得益于高收入水平下不断增长的对环境法规的需求和对环保技术的投入，以及贸易开放、制造性产出所占比重降低和污染型产品进口的结构性变化。发展中国家是否能重复相似于发达国家的环境演变道路，关键在于对生产型产品的收入需求弹性能否降低。

总的说来，通过贸易和经济发展改善环境质量似乎并不存在一条预先可知的路径。贸易能够引起经济增长的变化，而这种变化本身既可能有利于环境也可能对其造成损害。如果比较优势由环境管制的差异所决定，那么贸易很可能对环境是有害的。对于一些污染物尤其是对本国环境有重要损害的，如与酸雨有关的 NO_2，环境库兹涅茨曲线也许存在，但就全球范围的污染排放，比如 CO_2 和温室气体来说，环境库兹涅茨曲线是否存在还不十分清楚。

环境库兹涅茨曲线（Environmental Kuznets Curve，EKC）假说能否反映中国经济增长与环境的关系呢？中国 EKC 研究起步较晚，同时也不具备完整的经济发展方面的时序数据。但是环境问题的紧迫性促使国内许多学者开始重视这一问题，并且在实证方面做了大量的工作。

在实际研究中发现，不同污染指标的选取对环境库兹涅茨的曲线形状影响很大。张晓（1999）对1985～1995年的环境损害指标进行分析，发现该时期中国的人均废气排放量和人均SO_2排放量与人均收入呈弱倒"U"型曲线关系，而人均烟尘排放量与人均收入呈正"U"型关系。范金（2002）通过对1995～1997年间中国81个大中城市的分析，得出SO_2和SPM密度、人均降尘量与人均收入的关系符合环境库兹涅茨曲线假说，而NO_2密度则与人均收入呈正"U"型曲线。包群、彭水军（2006）基于1996～2000年中国30个省（市、自治区）六类环境指标的面板数据，构建同时包含污染方程与产出方程的联立方程组，经验的分析了中国污染排放与人均GDP之间的关系。在此基础上进一步强调治理污染、改善环境质量的关键途径就是加速经济增长的观点具有误导性，提出了发展经济的同时采取高治污能力与促进经济持续增长的政策组合，来协调经济增长与环境恶化所带来的两难困境。包群、彭水军、阳小晓（2005）运用1996～2002年期间我国30个省（市、自治区）的面板数据，对我国经济增长与包括水污染、大气污染与固体污染排放在内的六类环境损害指标之间的关系进行了检验。实证结果发现，倒"U"型环境库兹涅茨曲线关系很大程度上取决于污染指标以及估计方法的选取；同时就选取的部分污染指标（工业废水排放、SO_2排放）而言，也存在以相对低的人均收入水平越过环境倒"U"型曲线转折点的可能。并且，包括人口规模、技术进步、环保政策、贸易开放以及产业结构调整等在内的污染控制变量，分别对环境库兹涅茨曲线关系起着重要影响。

　　另有不少学者对外商直接投资与环境损害排放之间的关系做出了实证分析，对研究贸易与环境损害的关系提供了参考依据。杨海生、王树功（2005）选取1990～2002年中国30个省市贸易、外商直接投资（FDI）、经济和环境相关数据，从定性和定量描述的角度探讨贸易、FDI对我国环境库兹涅茨曲线（EKC）的影响。研究表明，贸易对中国的EKC没有直接影响。但考虑到贸易对经济增长的贡献，以及它在引进先进污染防治技术和环境管理思想方法方面的积极作用，积极发展对外贸易将有助于改善我国经济增长带来的环境损害问题。另一方面，FDI与污染物排放之间呈现出显著的正相关关系。在中国接受经济全球化影响的过程中，由于部分地区急于吸引外资，加之环境管理体系的不完善，外商直接投资在某些方面对我国环境造成了一定的负面影响。刘荣茂、张莉侠、孟令杰（2006）基于中国1991～2003年29个省级区域环境质量与人均GDP的数据，利用工业废水、废气、固体排放物等变量与人均GDP拟合方程验证环境库兹涅茨曲线假说。结果验证了环境库兹涅茨假说，人口密度和外商直接投资对不同的污染物有不同的影响，而工业发展对这三种污染物排放的影响比较大，因此加强产业结构的调整将有助于改善环境质量。应瑞瑶、周力（2006）在研究"污染避难所"的理论基础上，利用计量经济学对外商直接投资与环境问题的关系进行了实证分析。估计结果表明：在中国，FDI是工业污染的格兰杰原因；各地区FDI的相对水平与工业污染程度正相关，东部地区对工业污染的弹性低于中西部地区；在时间序列上，FDI与我国工业污染呈"U"型的环境库兹涅茨曲线；此外，各地区治理污染的投资额与FDI显著负相关。

在是否存在环境库兹涅茨曲线的问题上，很多学者进行了多角度的分析。岳利萍、白永秀（2006）从社会福利最大化角度出发，通过设定物品消费偏好指数，建立两物品模型，推导出了区域环境最佳投资水平；在此基础上，从理论上证明了环境库兹涅茨曲线存在的依据，以及在环境质量最低点和环境质量发生根本性好转的转折点的社会总投资水平。得出环境质量演化过程曲线取决于社会经济发展状况，它与非环境物品生产函数和排污生产函数的技术参数、居民收入水平、对环境物品和非环境物品的消费偏好以及国民收入分配政策等有关，而非仅仅与经济增长状况有关的结论。马树才、李国柱（2006）采用时间序列方法对1986~2003年的中国环境库兹涅茨曲线进行了实证研究，认为除工业固体废物以外，对环境有益的人均GDP与环境损害程度指标的环境库兹涅茨曲线并不存在。而李刚（2007）则对此提出了质疑，原因有三：第一，忽略了环境库兹涅茨曲线的拐点通常出现在怎样的经济水平；第二，研究样本数量太少；第三，环境指标选择偏于简单。从而提出使用面板数据模型和空间计量模型，克服使用时序模型时样本数量偏少和使用截面数据时易引起空间自相关性等问题。结果表明，中国有部分环境指标满足环境库兹涅茨曲线的倒"U"型特征。宋涛、郑挺国、佟连军（2007）基于环境—经济的简单理论模型，利用跨期消费选择问题最优化求解和稳态方法分析了环境损害与经济增长之间的长期关系和短期关系。为环境损害与经济增长之间长期和短期关系的经验研究提供理论依据和技术支持。并基于环境库兹涅茨曲线假设，对中国1960~2000年人均CO_2排放量与人均GDP之间的长期关系和短期关系进行实证研究，结果表明人均CO_2排放量与人均GDP之间存在长期协整关系，呈现倒"U"型的环境库兹涅茨曲线关系；而在短期上，人均GDP单向正向格兰杰影响人均CO_2排放量，反过来未发现人均CO_2排放量对人均GDP有明显的影响关系。

宋涛、郑挺国、佟连军（2007）为克服传统的环境库兹涅茨曲线研究大多采用线性模型或对数线性模型的不足，采用威布尔函数和伽马函数形式的面板数据模型对中国29个省区1989~2005年4种环境损害指标人均排放量与人均收入之间的关系予以研究。结果表明，人均废水和人均SO_2都随人均收入增加先上升后减少，而人均固体废弃物和人均废气随人均收入增加则呈现单调增加的变化趋势，没有出现结构转变点。许士春、何正霞（2007）利用1990~2005年中国28个省市的面板数据，构建包含污染方程和产出方程的模型来分析中国经济增长与环境损害之间的相互关系。研究表明：中国目前还没有越过环境曲线的拐点，环境压力很大；经济增长因素中，一方面出口的增长会带来环境质量的恶化，另一方面 FDI 对环境有改善作用；目前中国经济增长主要依靠物质资本、人力资本和劳动力的投入来推动，环境损害会抑制经济增长。控制污染不仅有利于中国短期内的经济增长，而且有利于长期的经济发展。为进一步完善中国经济与环境的协调发展，宜采取的对策为：实施环境保护与科技创新的整合政策；优化产业结构；优化出口结构；继续注重引进外资质量。刘燕、潘杨、陈刚（2006）采用 1990～2003 年中国的省级面板数据对中国的经济增长与环境损害之间进行了计量分析，同时考察了中国的对外开放政策对环境质量的影响。研究结果表明：中国的经济增长同环境损害之间并不存在简单的倒"U"型曲线关系，中国的经济增长与工业废水之间表现为一种倒"N"型曲线关系，与工业废气之间表现为"N"型曲线关系，而只有与工业固体废物之间表现为一种倒"U"型曲线关系；出口同中国的环境损害之间存在显著的正相关关系；而外商直接投资与中国的环境损害之间却存在显著的负相关关系。

拜琦瑞、冯等田（2007）通过构建数理模型和实证检验 SO_2 的排放发现，在中国东中西三大区域当中，西部地区 SO_2 排放人均收入弹性最大。从这个基本结论出发，得出现阶段中国西部地区与东部地区的人均收入差异过大，十分不利于环境质量改善的结论。从而提出在重视经济增长对环境改变的同时，也必须重视区域收入差异对环境质量的影响的建议。李达、王春晓（2007）应用 1998～2004 年期间我国 30 个省（市、自治区）的面板数据，通过综合简化型模型，研究了 3 种大气污染物和经济增长之间的关系。实证研究发现，在 3 种大气污染物与经济增长之间不存在倒"U"型环境库兹涅茨曲线。SO_2 排放与经济增长之间呈倒"N"型曲线，与多数研究结果不相符；同时，第二产业比重、经济增长速度、单位 GDP 能耗和环境政策强度 4 个解释变量总体上对 3 个大气污染物的排放具有显著影响。

中国地区发展状况不同，贸易增长与环境损害体现出差异性。那么，中国各地区的环境库兹涅茨曲线究竟如何？张小蒂、钱亚雪（2002）利用 1986～2000 年 15 年的数据实证中国市场化程度的提高、经济的快速增长与环境质量的关系，并结合浙江省经济发展与环境保护的案例，得出了在市场化进程中，经济的增长并不必然会伴随环境质量的同步下降，社会经济发展并非必定要以牺牲环境为代价的结论。潘申彪、余妙志（2005）利用 1986～2003 年江、浙、沪三省市实际利用外资额和废气排放量的数据进行了外商直接投资增长与环境损害加剧的因果关系检验。结果表明：在汇总的三省市数据和上海、江苏两省市的单独检验中，外商直接投资增长与环境损害加剧之间的因果关系较为明显；但是对于浙江省，这两组数据间的因果关系并不明显。蔡珞珈、黄蔚（2006）通过选取1985～2004年湖北省的环境与经济数据，建立人均GDP污染排放量模型，对湖北省经济增长与环境损害之间的关系进行了回归分析。结果表明：湖北省的环境库兹涅茨曲线不符合典型的EKC特征，而呈显著的三次曲线特点。赵海霞、曲福田、郭忠兴（2006）在分析经济增长因素对环境损害排放影响机理的基础上，构建环境损害排放经济计量综合分析模型，应用1990～2002年社会经济及环境统计混合截面数据进行实证研究，分析导致江苏省环境损害恶化的主要经济原因。结果表明：经济活动、工业结构重型化调整、城市化进程是导致环境损害排放增加的主要因素，提高环保科技进步水平、加大环保投资及政府管制力度可以有效控制环境污染。张梅（2006）运用EKC理论同时观察广东省出口行业的污染物排放趋势（以废水、SO_2为指标），整体来看，随着广东省经济增长，自由贸易的进一步扩大，将不利于环境的改善。通过工业制成品结构的变化对环境的影响与贸易总量对环境的影响做比较，出口商品结构的优化将有利于环境的改善。邢秀凤、刘颖宇（2006）选取1988～2002年的山东省环境与经济数据，建立单位GDP污染排放量模型和人均GDP污染排放量模型，分析发现单位GDP的污染负荷呈下降态势；环境库兹涅茨曲线不完全符合典型的库兹涅茨曲线特征，呈显著的三次曲线特点。马妍、朱晓东（2007）对江苏省1991～2004年经济增长与环境质量关系的分析表明，江苏省的环境库兹涅茨曲线不同于一般的倒"U"型形状而是呈现出"N"型，环境质量有经过改善后再次恶化的倾向。牟文龙、赵明华、李桂香（2007）通过分析济南市经济发展与环境损害现状，采用层次分析法，选取了全社会固定资产投资作为经济指标，以工业废水、废气排放量及工业固体废物产生量作为环境指标。运用统计软件SPSS对济南市近几年经济发展与环境损害的关系进行相关分析，发现济南市的经济增长与环境损害之间存在着密切关系，结合环境经济学的库兹涅茨曲线（EKC）对济南市经济发展与环境损害的曲线图进行分析，发现济南市还没达到EKC的稳定阶段。王维国、夏艳清（2007）实证显示辽宁省的环境库兹涅茨曲线呈现"倒U型+U型"的形状，这与传统的库兹涅茨曲线不相符合。分析表明，辽宁省经济增长与环境损害之间的关系曲线出现这样的形状与辽宁省的产业结构、城市化速度和环境保护投资力度等因素有关。丁越兰、张伟琴（2007）选取山西省1985～2005年的经济与环境数据，对经济因子与环境因子的相互关系进行分析，以建立山西省经济增长与环境损害水平计量模型。得出结论：产业结构在影响单位GDP"三废"排放量方面起着重要作用的，改变产业结构不但有利于环境治理，而且还有利于经济的可持续发展，促进经济增长。蒋妮姗、李新（2007）选取苏州市1990～2004年经济与环境数据，通过分析经济因子与环境因子的相互关系，探究苏州市经济增长与环境质量演替轨迹，建立经济增长与环境损害水平计量模型。实证研究表明，苏州市部分环境指标与人均 GDP 演替轨迹呈现一定的环境库兹涅茨曲线特征，但大部分环境指标尚未达到转折点，产生这种现象的主要原因是产业结构的不合理。王志华、温宗国（2007）利用环境库兹涅茨曲线假设，采用北京市 1990～2004 年的数据建立计量模型，解析十类环境指标的 EKC 演变轨迹和阶段特征。结果表明：除工业废气排放量和工业固体废弃物产生量呈"N"型外，其他环境指标呈下降或倒"U"型，即已经跨越了 EKC 顶点正逐步实现解耦。并在此基础上，利用 PSR 政策分析框架，从环境政策、产业结构和技术进步探讨了北京EKC 演变的驱动因子。

通过对以上大量的理论和实证文献的回顾，我们能够总结出以下几点认识：第一，多数学者认为，贸易自由化不是环境恶化的根本原因，采用贸易手段解决环境问题只会造成进一步的市场扭曲。在解决环境问题上，贸易政策比环境政策更有效。第二，环境政策对国际贸易有影响，但在影响的程度和范围上学者们还存在很多分歧。第三，现有文献大多支持倒"U"型曲线假说，即贸易自由化提高了资源配置效率，同时造成了环境损害；人均 GDP 的增长会使环境保护需求增加，同时也导致产出结构和生产技术的变化，反过来降低污染物的排放量。

然而贸易自由化与环境的理论研究仍存在不完善的地方，有待进一步发展。问题主要有：首先，考察一个具体国家或地区贸易自由化的环境影响，需要大量的资料支持，而数据的缺乏极大限制了人们对此问题的深入研究。即使根据目前掌握的资料数据得出部分结论，也会由于种种原因而使之难以确定。其次，分析贸易自由化影响环境的内在机制，所采用的理论分析框架仍比较单一。最后，现有的研究结论对发展中国家有一定的借鉴作用，但许多问题是以发达国家作为制度背景，这无疑削弱了研究结论的普遍适用性。

4. 贸易对中国环境损害的其他研究

近年来，不少国内学者借鉴国外的贸易对环境影响的理论分析框架，结合中国的实际数据进行分析，得出贸易自由化对中国环境的实际影响。李善同、翟凡（1999）通过建立一个动态递推的中国经济—环境可计算一般均衡模型（CGE），就贸易自由化对中国产生的环境影响作了分析，该模型是在标准经济 CGE 模型框架中增加了环境模块，以描述经济活动的环境影响。结论认为，增长效应是环境损害增加的主要原因，而在自由贸易条件下的资源配置方式和产出结构是相对污染密集型的，因此，贸易自由化并不导致中国环境的迅速恶化，应在实施贸易自由化的同时，加以适当的环境政策以获得效率和环境改善的双重收益。张连众、朱坦等（2003）采用安特维勒、科普兰和泰勒（2001）创建的贸易与环境损害关系的一般均衡模型，利用中国 2000 年 31 个省市的 SO_2 排放量的横截面数据进行回归分析。结果表明,规模效应加剧我国的环境损害水平而结构效应和技术效应将降低我国的环境损害程度,贸易自由化有利于我国的环境保护。兰天(2004)采用同样的模型框架,选用1995~2001年中国30个省、直辖市的面板数据,将 CO_2 排放量作为代表污染水平的环境指标,实证分析了中国贸易开放对环境的影响(但兰天强调的是贸易与跨国界环境损害问题),并且得到了与张连众、朱坦等(2003)基本一致的结论:规模效应会进一步加剧我国的环境损害程度,而结构效应和技术效应总体说来会降低我国的环境损害程度。于峰、齐建国、田晓林(2006)在斯特恩(Stern,2002)模型的基础上,以 SO_2 排放量表征环境损害水平,对1999~2004年间除西藏、山西和贵州以外的我国28个省、自治区及直辖市的面板数据进行回归分析。结果显示,经济规模扩大、产业结构和能源结构变动加剧了我国的环境损害,生产率提高、环保技术创新与推广降低了我国的环境损害,并估算了这五要素对环境质量影响的各自实际贡献率。另外在安特维勒(2001)模型基础上,通过同样方法,结果表明:经济规模的扩大恶化了我国环境;技术进步和经济结构升级改善了我国环境;贸易自由化诱致的经济结构变化有双重环境效应—污染天堂动因的消极环境影响、要素禀赋动因和其他动因的积极环境影响,但自由贸易的总环境效应是积极的。李斌、汤铸、陈开军(2006)采用面板数据(Panel-data)模型方法,研究贸易自由化对环境损害的影响。通过建立联系贸易与环境损害的一般均衡模型,将贸易的环境效应分解为规模效应、结构效应、技术效应,并用我国各省的 SO_2 数据进行检验。结果显示,规模效应加剧我国环境的恶化,而结构效应和技术效应改善我国的污染水平,从而得出贸易自由化有利于我国环境保护的结论。叶继革、余道先(2007)对我国基于劳动力、自然资源和环境标准等方面具有比较优势的出口行业,在出口贸易得到极大发展的同时,也带来了日益严重的环境损害问题。通过对我国主要出口工业行业污染物排放的实证分析,得出了日渐扩大的贸易活动与环境损害的加剧有密切关联的结论。党玉婷、万能(2007)运用格罗斯曼和克鲁格的分析方法对中国1994~2003年期间对外贸易的环境效应进行了研究,结果表明,我国对外贸易对环境影响的技术效应和结构效应为正,但是由于较大的负的规模效应,故总效应仍然为负,即现阶段进出口总额在总体上恶化了我国的生态环境。

第 2 章

贸易增长与环境损害理论研究

贸易与环境之间到底存在着怎样的对立统一关系，又以何种方式相互作用？从 20 世纪 70 年代开始，包括自由贸易主义者和环境保护主义者在内的众多学者站在各自不同的立场，对贸易与环境的关系进行了广泛而深入的研究，直至今天仍然争论不断，尚未形成统一的结论。当前我国对外贸易在规模上取得了长足进步，伴随我国对外贸易特别是出口贸易高速发展的同时，环境损害也日趋严重。第 1 章主要对国内外关于贸易与环境问题的理论和实证文献做了回顾，本章在此基础上，主要从环境经济学的角度对贸易与环境损害问题进行深入的理论研究。贸易增长与环境之间的是怎样的关系？贸易与环境之间通过怎样的作用机制相互影响？贸易是否会引致环境问题？环境对贸易的发展有什么作用？从而为本书后续的研究提供必要的理论基础。

第 1 节　贸易的环境效应分析

针对贸易的环境效应问题，本书以泰勒关于贸易与环境问题的研究思路为依据，紧紧围绕贸易可能影响环境的两条核心途径展开。其一是贸易通过影响经济活动水平或规模对环境造成影响。如果贸易刺激经济活动，那么，单纯由贸易所带来的收入增长效应对环境可能是有害的。其二是贸易通过影响经济的布局——由于贸易引起各国经济活动结构的变化，对环境造成影响。许多环境保护主义者担心，贸易可能导致污染性工业由富裕国家向贫困国家转移，而这种全球经济结构的变化可能导致世界整体污染程度的增加。

由于国际贸易、经济发展与环境之间的关系细微而复杂，把可能导致环境污染发生变化的根本性因素分解为规模效应、结构效应和技术效应对我们的讨论研究是极为有益的，本节将分别探讨贸易对环境的这三个效应。国际贸易和经济增长都能对经济起到刺激作用，都可能导致经济规模扩大。因此，我们需要引入一种度量标准以准确地度量经济规模。换言之，我们需要定义一个产出指数。定义这样一种数量化指数的方法很多，本书将选择在世界价格水平下净产出的值作为度量经济规模的标准。经济规模 S 的定义如下：

$$S = p^0 x + y \qquad (2.1)$$

其中，p^0 表示没有出现任何扰动因素之前 X 产品的世界相对价格水平。如果世界价格水平发生变化，则依然利用原始的（基期的）世界价格水平度量经济规模 S。这样能够确保经济规模 S 不会仅仅因为世界价格水平的变化而发生变化。当然，如果 x 和 y 的产出由于世界价格水平的变化而发生了变化，经济规模 S 将随之发生变化，此时需要确定与原始的世界价格水平相对应的新的产出是多少。

有了经济规模 S，由（2.1）式可知污染排放 $Z = \dfrac{e\varphi_x S}{p^0}$，其中 $\varphi_x = \dfrac{p^0 x}{S}$ 就是在给定世界价格水平下净产出 x 的值占总的净产出的比重。为了使得该定义更加简化，可以选择 X 产品的度量单位，使得 $p^0 = 1$，因此有：

$$Z = ex = e\varphi_x S \qquad (2.2)$$

因此，污染排放取决于生产技术的污染排放强度 e，污染性产业在整个经济体系中所占的比重 φ_x，以及经济规模 S。

在（2.2）式两边同时取对数，并求导便可完成对技术效应、结构效应和规模效应的分解：

$$\hat{z} = \hat{S} + \hat{\varphi}_x + \hat{e} \qquad (2.3)$$

其中，$\hat{z} = dz/z$，依此类推。

（2.3）式的第一项度量规模效应。该项度量在经济体系中产品构成和生产技术维持不变的情况下，仅仅由于生产规模的扩大，可能增加的污染排放量。举例来说，在规模收益不变的情况下，如果经济体系中所有要素禀赋增加 10%，而产品的相对价格和污染排放强度均维持不变，则经济体系中的污染排放量也将增加 10%。

（2.3）式的第二项度量结构效应，即产出中污染性产品比例的变化对污染排放水平的影响。如果经济规模和污染排放强度维持不变，则经济体系中投入更多的资源用于污染性产品的生产将导致环境污染的增加。

（2.3）式的最后一项度量技术效应。如果其他因素维持不变，污染排放强度的下降将降低环境污染。

上述概念可以用图示来阐释。接下来的数个图例不但可以说明上述模型的机理，而且可以很好地展示推动经济增长的不同因素如何以不同的方式对环境产生影响。由于在同一图示中列示净生产可能性曲线和总生产可能性曲线较为繁杂，在下文的图示中我们将仅仅列示净生产可能性曲线。

一、规模效应：均衡增长

规模效应是指自由贸易扩大了经济活动的规模所带来的环境影响。贸易自由化影响一国经济规模的途径是随着贸易自由化的实施，各国之间贸易摩擦减少，导致一国出口商品的价格上升，从而刺激本国厂商扩大生产，使该国未被开发的国内资源可以得到充分利用。也就是说，通过自由贸易，一国能够把由于不充分的国内需求造成的未被利用的资源转移到贸易上来，这样本来在生产可能性曲线之内的低效率的生产点就可以外移到生产可能性曲线之上。整个国家的生产规模也随之增加。另外，贸易壁垒的减少使整个交易市场扩大，各国之间的要素流动打破了一国资源的约束。同时也带来消费需求的增加，从而拉动一国生产的增加，产品规模扩大。

规模的增长一方面表明自由贸易带来了收益，另一方面意味着对环境造成的损害。在污染系数和产品组成不变的情况下，扩张经济活动会导致污染的增加，这时的经济增长是不利于环境的。当然，随着收入的增长，居民对环境质量的要求也随之提高，他们有较高的意愿购买严格环境标准下生产的产品，这就会刺激厂商降低单位产出的污染密度，同时政府也会制定较严厉的环境标准和税收标准，以此来满足消费需求。从这一角度讲，规模的收入效应对环境是有利的。通常在收入效应弹性不是足够大的情况下，产出规模扩大会占主导地位，因此加重环境压力。

自由贸易使经济活动的规模和收入增加并促进了经济增长，除非资源效率得到改善及结构变动降低单位产出的资源使用量和污染程度，否则经济活动规模扩大将提高自然资源的使用水平和环境损害程度。在结构和资源使用效率一定的情况下，自由贸易的规模效应肯定是负的。当存在市场失灵时（如产权界定不清晰、无偿使用生态系统、缺乏公共产品等），这种负效应会加大。如果再加上政策失灵那将会进一步加剧自由贸易的负效应。

若要分离出规模效应，就有必要设定污染排放强度维持恒定不变。比如，政府监管部门征收某一固定的污染排放税就是这样一种情况。设经济体系中所有的禀赋正好同比率增加导致经济规模扩大，λ 为要素禀赋增长因子，则经济系统中新增加的要素禀赋可以表示为（λK，λL）。由（2.2）式取对数后对 λ 求导，即可以把污染排放的变化量分解入规模效应、产品结构效应和技术效应的表达式：

$$\frac{\dfrac{dz}{d\lambda}}{z} = \frac{\dfrac{dx}{d\lambda}+\dfrac{dy}{d\lambda}}{S} + \frac{\dfrac{d(x/S)}{d\lambda}}{\varphi_x} + \frac{\dfrac{de}{d\lambda}}{e} \qquad (2.4)$$

注意（2.4）式的求导过程中利用了（2.1）式，并设 X 具有适当的度量单位正好使得 $p^0 = 1$。假定 x 和 y 在要素 K 和 L 上具有一次同次性，有：

$$\frac{\dfrac{dx}{d\lambda}+\dfrac{dy}{d\lambda}}{S} = \frac{x(p,\tau,K,L)+y(p,\tau,K,L)}{x(p,\tau,\lambda K,\lambda L)+y(p,\tau,\lambda K,\lambda L)} = \frac{1}{\lambda} > 0$$

因此，规模效应为正。这不难理解，因为要素禀赋规模的扩大同时扩大了生产规模。而且，上式就是纯粹的规模效应，因为产品结构效应和技术效应为零。x 和 y 在要素 K 和 L 上具有一次同次性，意味着 x/S 不受 λ 影响，d（x/S）=0，即（2.4）式中的第三项等于零，技术效应不存在。由此可知，在污染排放税外生给定的情况下，要素禀赋规模的扩大生产纯粹的规模效应，即：

$$\frac{dz/d\lambda}{z} = \frac{1}{\lambda} > 0$$

规模效应如图 2-1 所示。A 点即净生产可能性曲线上生产者单位净产出的价格为 $q = p(1-\alpha)$ 时的初始产出点。图 2-1 的下半部分为污染排放密度维持在 e_0 不变的条件下污染排放函数 z = ex 的曲线图。给定初始产出点为 A，对应的初始污染排放为 Z_a，设要素禀赋同比率扩大使得经济规模扩大。由于规模经济

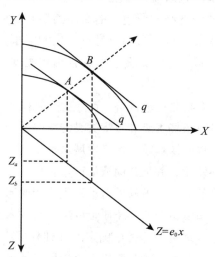

图 2-1　规模效应

不变，新的生产可能性曲线就是在原生产可能性曲线的基础上向外同比率的扩大，新的产出点 B 点必定与 A 点同在一条射线上。污染排放量则从 Z_a 增加到 Z_b，这一增量就是纯粹的规模效应。

由于污染排放政策维持不变，技术效益不存大，同时，由于 X 产业与 Y 产业同比率扩张，产品结构效应也不存在。因此，在污染排放效应固定不变的情况下，污染排放的增加完全源自要素禀赋均衡增长所导致的经济规模的扩大效应。

二、结构效应：资本积累

结构效应产生于贸易所导致的全球范围内的专业化分工。要素禀赋理论认为每一个国家都应该分工生产并出口该国相对丰裕的要素密集型商品，进口该国相对稀缺的要素密集型商品。自由贸易以后，由于各国的要素丰裕程度不同，因此各国的专业化生产的产品也就不同，这样可能导致各国之间的产业在全球范围内进行重新分配。同时，在贸易自由化的过程中，如果一国在某商品上具有比较优势而出口此商品，这时不断减少的贸易摩擦使该商品的价格上升，其影响是使该产业的规模扩大；如果一国在某些商品上具有比较劣势而进口该商品，贸易摩擦的减少使这些商品价格下降，从而导致该产业规模的缩小。其结果是使一国的产业结构发生改变。

结构效应是指在贸易自由化的进程中，使一国不同部门产品的相对价格发生变动，从而导致各部门相对规模发生变化，生产者和消费者因此改变原有的选择组合。由于不同的经济结构所包含的商品类型和服务不同，因而所需要的资源和环境投入也有很大差别，参与贸易自由化的国家将更加倾向于在其具有比较优势的部门进行专业化生产。随着贸易自由化程度的提高，这种趋势变得更加明显。

贸易能够使一国具有扩张比较优势，产业生产规模的趋势，产业结构由此与比较优势相适应。在没有市场失灵和政策失灵的情况下，与封闭条件相比，开放贸易更能适应一国的环境资源禀赋。经济发展水平越高，自由贸易越能使经济结构向着降低污染的方向转化，并加速向清洁产业转移。由于许多发展中国家劳动力成本比其他生产要素低，自由贸易使劳动密集型产业向发展中国家转移。发展中国家在国家资源禀赋丰富以及对环境质量的需求有收入弹性时，自由贸易对可持续发展的影响取决于环境资源是否正确定价（即环境成本内部化），以及这些价值在市场上是否得到充分的体现；否则，自由贸易导致的分工将使经济结构不利于可持续的经济发展。

　　结构效应的特点是其对环境质量的影响不明确，尤其是当国际比较优势差异来源于要素禀赋的时候。开放的贸易促使一国倾向于加大其相对丰裕要素的投入并在这些部门形成比较优势，最终的影响取决于新的部门相对原有部门而言的污染程度，即取决于扩张部门与收缩部门的相对污染强度比较，如果结构调整形成污染密集型和资源依赖型专业化生产的部门，那么，将对环境构成负面影响。结构效应表现在不同的发展阶段对环境的影响不同。当劳动和资源密集型居主导地位时，主要的环境问题是对自然资源的过分使用，如毁林、土地破坏等；当经济发展以重工业、石油工业为主导时，有毒物质、空气污染和水污染成为主要环境问题；而当高新技术、服务业在经济中居主导时，整个经济就会朝着清洁生产的方向发展。

　　为更好的说明结构效应，我们同样设定污染排放强度维持不变，而仅仅只考虑资本禀赋的变化。首先，通过图2-2探讨资本的变化对污染的影响，然后再以数学方式证明。随着资本积累的增加，由于 X 产业是资本密集型的产业，生产可能性曲线不再同比率地向外扩大，而是更加偏向 X 轴方向。在生产者价格 $q = p(1-\alpha)$ 维持不变的情况下，此时经济系统均衡的产出水平由 A 点移动至 C 点。由雷布津斯基（Rybczynski）定理可知，相对于 A 点，在 C 点经济系统中 X 产业的产出水平上升了，而 Y 产业的产出则下降了。

　　此时，规模效应和结构效应同时存在。接下来，我们说明经济系统的均衡点由 A 点移动到 C 点的过程如何分解成规模效应和结构效应。直线 P_0 表示在基期世界价格水平下经济系统初始产出的大小，A 点即表示初始产出条件下经济系统均衡时的规模。由于污染政策的存在，直线 P_0 较生产者的价格直线更陡峭。直线 P_0 上的点都有相同的经济规模，因此，由于资本积累引发的经济系统的变化可以分解为两个过程，即 A 点到 B 点，再由 B 点到 C 点。

　　由 A 点到 B 点的过程就是纯粹的结构效应。此时，相当于整个经济规模维持不变，而仅仅是 X 产业的产出增加。经济系统这一结构性变化使得污染排放由 z_a 增加到 z_b。由于 X 产业是污染性产业，污染排放增加了。由 B 点到 C 点的过程就是纯粹的规模效应。此时，相当于经济系统的产出结构维持不变，而仅仅是经济规模的增加导致污染排放增加了。在图2-2中就是原点出发的联结 B 点的射线上所有点的产出结构是完全相同的，污染排放由 z_b 增加到 z_c 就是规模效应。因此，由资本积累所导致的污染排放的增加，一方面可以归咎于经济系统产出结构的变化导致污染性产品的产出相对增加了，另一方面可以归咎于生产规模的扩大。

　　继而，利用数学方法分析资本积累增加所带来的上述两种效应。同样，由（2.2）式取对数以后对 K 求导数，可以把污染的变化分解为规模效应、结构效

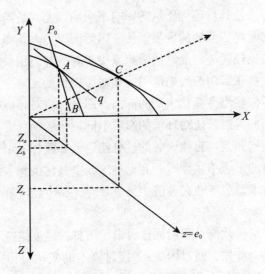

图 2 - 2 结构效应

应和技术效应，其表达式如下：

$$\frac{\frac{\mathrm{d}z}{\mathrm{d}K}}{z} = \frac{\frac{\mathrm{d}x}{\mathrm{d}K} + \frac{\mathrm{d}y}{\mathrm{d}K}}{S} + \frac{\frac{\mathrm{d}(x/S)}{\mathrm{d}K}}{\varphi_x} + \frac{\frac{\mathrm{d}e}{\mathrm{d}K}}{e} \tag{2.5}$$

假定污染排放税恒定不变，技术效益不存在。因此，$\mathrm{d}e/\mathrm{d}K = 0$，即（2.5）式右边最后一项等于零。（2.5）式右边中间一项代表结构效应。由 $x/S = 1/(1 + y/x)$，以及前面章节中所探讨的雷布津斯基定理，资本积累增加导致 Y 产业萎缩而 X 产业扩张，$\mathrm{d}(y/x)/\mathrm{d}K < 0$ 可知，资本积累增加所带来的结构效应无疑将导致污染排放增加，即：

$$\frac{\frac{\mathrm{d}(x/S)}{\mathrm{d}K}}{\varphi_x} > 0$$

上述结构效应即为图 2 - 2 中 A 点到 B 点的变化过程。（2.5）式右边第一项代表规模效应，由前文可知：

$$p(1 - \alpha)\frac{\mathrm{d}x}{\mathrm{d}K} + \frac{\mathrm{d}y}{\mathrm{d}K} = \frac{\mathrm{d}\widetilde{G}(p, \tau, K, L)}{\mathrm{d}K} = r > 0 \tag{2.6}$$

因此，规模效应的表达式可以改写为：

$$\frac{\mathrm{d}x}{\mathrm{d}K} + \frac{\mathrm{d}y}{\mathrm{d}K} = r + [p^0 - p(1 - \alpha)]\frac{\mathrm{d}x}{\mathrm{d}K} = r + \alpha\frac{\mathrm{d}x}{\mathrm{d}K} > 0 \tag{2.7}$$

（2.7）式必然大于零，因为开放经济中国内价格与国际价格相同，$p = p^0 = 1$，由雷布津斯基定理可知 $dx/dK > 0$。

上述探讨所得的一个重要绪论就是资本积累增加所引发的产品结构的变化必然导致污染排放的增加，而这具有非常重要的实践指导意义。如果我们仅仅只观测到资本丰裕程度这一个指标，显然无法预知各国污染排放程度的差异，但是各国经济规模和污染排放技术完全相同的情况下，我们可以肯定，由于结构效应的存在，资本密集型国家的污染排放必然更高。

以上关于结构效应的探讨仅仅只局限于资本积累效应。但是如果考虑由于劳动力要素禀赋增加而导致产品结构发生变化，则我们将得到相反的绪论，即劳动力增加所引发的产品结构的变化将导致污染排放减少。由雷布津斯基定理可知，劳动力的增加将导致洁净产业 Y 的产出增加，污染性产业的产出下降。因此，x/S 将随着 L 的增加而下降。这意味着此时产品结构的变化将导致污染排放下降。因此，劳动力要素禀赋的增加与资本积累的增加对环境污染的影响正好相反。

总体而言，如果外部扰动导致经济系统产出结构的平均污染排放水平上升，则产品结构为正，污染排放水平将上升，反之亦然。在上述较为简要的模型中，其结论简单而直观。但即使推广到更加复杂的一般化模型中，其基本结论依然甚为可靠。

三、技术效应：污染排放强度的变化

贸易对环境的技术效应是指，随着人均收入水平的提高，生产单位产品所造成的环境损害程度不断降低。贸易自由化对一国技术的影响主要是通过以下几种途径：一是各国之间不断开放的贸易促进了生产增长，而生产分工使各国在其拥有比较优势的行业扩大生产规模，提高整体收入，使各国有更多的资金投入技术的开发与研究，有利于技术的改造和创新。二是贸易壁垒的减少，各国之间的贸易交流更加频繁，交易范围扩大，加速了先进技术和设备在全球范围内的传播，使发展中国家更容易学习和模仿发达国家的先进技术，节约开发成本和时间。三是自由贸易加剧了世界市场的竞争，在优胜劣汰的环境中，迫使企业提高生产效率，降低生产成本，改进产品质量，由此推动开放国家的技术创新。

技术效应包括两个方面，一是投入—产出效率的提高；二是可贸易清洁技术的采用。清洁技术的采用会减少单位投入和产出中的环境消耗，有利于环境质量的提高。当自由贸易提高了经济效率时，从既定的投入产出更多的产品这个意义上讲，这一作用对资源利用和环境保护来说是积极的。钱纳里（Chenery，1986）所做的一项对贸易战略与全要素生产力增长的回归分析中，将其对工业化与发展系统研究集中在整个要素生产力增长的源泉上。研究结果提醒人们，贸易开放时期也是整个要素生产力超乎寻常增长的时期。贸易自由化带来的出口扩张有助于形成行业的规模经济。同时，其导致的竞争对削减生产成本形成了有效的刺激，规模经济和成本减少都提高了全要素生产力对经济增长的贡献。可以说，自由贸易促进了经济增长方式由外延型向内涵型转变。随着这一转变，经济活动和投入之间技术转化系数不断改善，单位经济活动的环境资源投入随时间而递减，产出的扩大并不一定增加对环境资源的消费。这可能部分甚至全部地消除规模扩大对于环境的负面影响，使资源永续利用，经济的持续发展成为现实。

现在，我们引入环境污染政策变化因子，以考察技术变化对环境污染的影响效应。设由于外部政策的变化，污染排放税上升，这一变化不会影响净产出的生产者价格，但污染排放强度必定下降。由于更多的资源必须用于污染治理，其结果必然是净生产可能性曲线向内移动。这一外生政策变化所引发的效应如图 2 – 3 所示。最初，经济系统在 A 点达到均衡，污染的排放量为 z_a，单位产出的污染排放量为 e_0。污染排放税的上升导致污染治理活动增加，因而使得单位产出的污染排放量下降（从 e_0 下降到 e_1）。图 2 – 3 下半部分所表示的污染排放函数曲线因此上移（任意净产出 x 所对应的污染排放量下降了）。如果产出维持在 A 点不变，则污染排放量从 z_a 下降到 z_1。这一过程就是技术效应：更高的污染排放税导致更加洁净的生产技术，在经济规模和产出结构维持不变的情况下，污染排放量下降了。

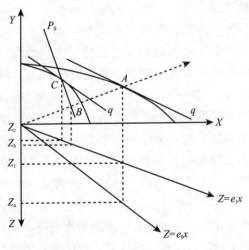

图 2 – 3 技术效应

　　环境污染政策的变化也同时具有其他两种效应。首先，由于生产可能性向内移动，经济系统最终的均衡为 C 点。这一变化过程既包含了规模效应（由 A 点到 B 点），使得污染排放量由 z_1 进一步下降到 z_b 点，也包含了结构效应（由 B 点到 C 点），使得污染排放量最终下降到 z_c 点。产出的规模下降主要是由于污染治理增加（因而耗费了更多的资源），而结构效应的出现主要是由于污染治理增加耗费的资源对污染性产业产生的影响更大。结果是，生产 X 产品的机会成本上升，在世界价格固定不变的情况下，生产者转而更多地生产洁净性产品 Y。

　　为了论证上述结论，由

$$\frac{\mathrm{d}e/\mathrm{d}\tau}{e} = -\frac{1}{\tau} < 0$$

技术效应是负的，因为更高的污染排放税降低了污染排放强度。其次，结构效应的影响方向可以由下式决定：

$$\frac{\mathrm{d}(x/S)}{\mathrm{d}\tau} = \frac{\mathrm{d}[1/(1+y/x)]}{\mathrm{d}\tau} < 0$$

　　由于污染排放税增加将导致 X 产业萎缩，而 Y 产业扩张，因此上式必然为负。污染排放税上升导致 q^F 下降，这使得经济的均衡点沿净生产可能性曲线移动，最终使得 F 的产出下将，而 y 的产出上升。而且，由 $x = (1-\theta)F$，以及 $\mathrm{d}\theta/\mathrm{d}\tau > 0$（随着污染排放税的提高，更多的资源将被用于污染治理）可知，$\mathrm{d}F/\mathrm{d}\tau < 0$，$x$ 的产出必定下降。因此，结构效应进一步加强了技术变化对污染排放的影响效应。

　　最后，规模效应的影响方向由下式决定：

$$\frac{\mathrm{d}x}{\mathrm{d}\tau} + \frac{\mathrm{d}y}{\mathrm{d}\tau} = -z + a\frac{\mathrm{d}x}{\mathrm{d}\tau} < 0$$

　　上式的求解方法与（2.7）式类似。由于 $\mathrm{d}x/\mathrm{d}\tau < 0$，规模效应是负的，因此，更加严格的污染排放政策通过三个效应使得污染排放量下降，包括更加洁净的生产技术、经济结构向更加洁净的产业转移以及产出整体规模的下降。

第 2 节　环境对贸易发展的作用

　　1992 年在巴西举行的联合国环境与发展大会标志着环境事业的发展达到一个崭新的高度，会议制定的一系列文件无不对国际贸易中不利于环境的因素加以限制。而 1994 年 CATI 乌拉圭回合谈判的完成和 WTO 的建立，标志着贸易的自由化和全球化达到一个新高度。《21 世纪议程》序言指出，环境保护的目的是

"改善所有人的生活水平，更好地保护和管理生态系统，争取一个更为安全、更为繁荣的未来"。WTO 协定序言也指明，贸易的目的包括提高人类的生活水平和根据可持续发展目标最佳地利用世界资源。可见，环境保护与贸易实际上是人类发展目标的具体措施，两者是统一的、协调的。第 1 节是从贸易对环境影响的角度研究了贸易与环境的关系，反过来，本节将从环境对贸易影响的角度分析两者间的关系，找出环境对贸易发展的影响因素和影响途径，为第 3 节环境库兹涅茨曲线的分析作一定的铺垫。

一、环境对贸易发展的影响因素

国际贸易活动是离不开一定的环境的，环境对国际贸易有明显的影响。在科学技术发展日新月异、国际地域分工日益广泛和深化、国际间的竞争愈益激烈的今天，各国地理环境与政策环境对国际经贸活动的影响比过去任何时候更加激烈和深刻。积极开展环境对国际经贸活动的影响及其规律性的探索研究，对预测国际经济社会的发展趋势、国际贸易变化和做好对外经贸工作等方面，均有重要的理论和现实意义。总体来说，环境对贸易发展的影响是多方面、错综复杂的。下面主要从三个方面对这一影响进行分析与阐述。

1. 自然地理环境是国际贸易的基础和条件

自然地理环境包括一个国家和地区所处的纬度位置、地形特征、气候条件、自然资源的丰歉与分布等。本节在张萍和肖敏（2002）关于地理环境对国际贸易的影响研究基础上，进一步论述了这些因素对一个国家和地区长期贸易政策的形成和短期贸易行为产生的重大影响。

首先，地理位置是指某一地理事物在地球表面所处的空间区域，其对国际贸易的影响可以从经纬度位置、海陆位置、交通位置、经济地理位置和邻国位置等反面反映出来。广大中纬度地区因其位置居中，故这一地带四季分明，气候温和，降水适中，对人类的生产、生活和贸易等活动都较适宜，是人们生存、发展和交往等的理想环境；濒临海洋还是深居内陆的位置，对于一个国家或地区的生产发展和贸易交往等亦会产生重要影响。沿海地区（尤其是开放地区）与内陆地区（特别是边远偏僻山区）相比，因为环境、交通和出海口等条件大不一样，使这些国家（或地区）之间以及内部，其经贸状况会形成明显的差异。一般前者发展较快，成为发达地区；而后者则发展较慢，往往是比较闭塞和落后的地区。

其次，地形气候条件对于经济和贸易活动的影响是多方面的。地形方面，以美国为例，美国由于平原广布，所占比例颇高，使发展农牧业有了良好基础，为美国成为世界上规模最大的农业国家创造了条件。因而，美国农牧业生产发达，农产品不仅能满足本国需要，还可以有 1/3 ~ 2/5 的农产品用于出口。大量农产品的出口，不仅创造了占该国外汇总收入 20% 的外汇，而且在繁荣国际贸易、改善美国的国标收支和外贸平衡等方面起了很大作用。反之，地形破碎，沙漠戈壁遍地，崇山峻岭，或险恶地形直逼沿海，则必然对其经济的发展，尤其是农业生产产生严重影响，难以展开对外贸易。世界最大沙漠——撒哈拉大沙漠横亘于非洲偏北部的广大地区，使这里的阿尔及利亚、利比亚、苏丹、埃及等国家，经济发展和贸易活动深受影响。可见，地形条件对社会经济发展，特别是农牧业生产的制约作用是很大的，以致将影响整个国家与地区的经贸活动开展。而在气候方面，从赤道向南北两极延伸，气候带排列有序，分别为热带、温带和寒带，纬度地带性清楚，这又是一种表现形式。这种气候的节律性和地带性，对生产事业，尤其是农业生产产生着深刻影响，进而制约着经贸活动。北半球的欧洲、亚洲和北美洲的部分地带已经伸入寒冷的北极圈范围内，因此，太平洋和北大西洋沿岸的一些位处高纬度的港口气温太低，秋冬季节洋面封冰，致使不少港口一年中有半年因航船无法运行而被迫停用，国际贸易近乎瘫痪或停顿。灾害性天气（如寒潮、霜冻、风暴、干旱、洪涝、冰雹等）对于生产活动、经济发展和贸易往来等产生的破坏性影响更为直接和严重。例如，一些外贸船只往往因风暴袭击而被迫停航，如果不掌握气象资料，贸然远航，外贸船舶很可能会被风浪浸没，造成惨重的损失。可见气候异常将直接影响工农业生产和贸易活动发生重大变化。重视气象现象和气候条件的观测与分析，特别是较大范围的气候异常的观测研究，了解气候变化态势，熟悉气候条件对国际贸易的影响，从中掌握世界市场动向，以便主动地采取措施，搞好进出口贸易，已成为世界各国、各地区政府和经贸界人士的一项基础工作。

最后，矿产资源是宝贵的物质财富，也是一个国家和地区发展生产、繁荣经济和活跃贸易的最基本的物质基础之一。它具有非再生性质，且随着社会进步和经济发展，其消耗量与日俱增。因此，矿产资源的赋存储量、规格品种、组合结构、品位状况、地理分布以及新矿产、新矿点的发现等，不仅严重影响着一个国家与地区的经贸活动，而且强烈地影响着整个世界的国际分工、商品交往、货物流向、贸易格局和贸易运输等。人类对资源进行加工获得各种消费资料和生产资料，同时贸易的迅速发展也促使自然资源得到充分配置和利用，使资源获得最大的经济利益和社会利益。拥有的资源基础往往使一国形成了不同的经济类型（资源型、加工型、混合型等），而经济类型又直接影响到该国的产业结构及出口。各国的自然环境尤其是自然资源的禀赋及分布差异是各国经济类型和经济结构形成的重要原因，而各经济结构的差异又是贸易正常进行的基础。同时，各国贸易发展的广度和深度不同，又影响到各国的资源开发和环境保护。

2. 人文地理环境对贸易发展的影响

人文地理是指人类在长期的社会实践中自身所创造的全部物质文明和精神文明的总和，它包括国家、居民、宗教、语言、法律、风俗习惯。人文地理环境虽然不是人类自身生存和发展的物质基础，但却影响了人们的观念和行为准则。

首先，人口、民族、宗教、风俗、语言对贸易发展有着广泛而深入的影响。人口的分布状况是与经济发展及国际贸易紧密相关的。世界人口分布稠密地区，一般是世界经济、贸易的发达地区。因为，一个国家或地区的人口承受力是受限于其经济实力的。一般来讲，经贸发达地区需要较多的经济人口，亦能供养较多的人口。地球上，北纬 20°～60° 范围内，据测算大约居住着全世界总人口的80%，而且几乎聚集着世界上 100 万人口以上的大多数大城市以及世界全部大港和极大一部分中型港口，这些地带成了当今世界主要货流的起讫地点和各类商品的集散地区。人口较多、密度颇高的国家或地区，对各种原材料、燃料和消费品等的需求量就大，必然导致经贸活动的活跃与繁荣。世界上的许多民族，由于长期生活在特定的自然地理环境和人文地理环境之中，各自形成了较为独特的生活习惯、风土人情和宗教信仰等，在生产、生活和消费等诸方面有其特殊的要求，以致会直接或间接地影响着生产活动和贸易活动。我国是世界主要产茶和茶叶出口国之一，与阿拉伯国家邻近，毗连蒙古人民共和国，于是成了阿拉伯国家和蒙古人民共和国农副产品、茶叶制品的重要供应国，贸易数额可观。近些年来，我国边境地区的新疆、内蒙古、黑龙江等省区开始空运或海运活羊去那里，深得当地人民的欢迎。

其次，环境质量对贸易发展有着一定的制约作用。人类和其生活的地理环境关系密切，人类的生产、生活和经贸活动等会受到地理环境的制约和影响；反之，人类的一切活动又会深刻地作用于地理环境，并产生巨大的影响作用。随着工农业的发展，往往会出现工业废渣、废气和废水的大量排放，大量农药、化肥的不科学使用等情况，致使大气、土壤、水域等受到污染，地理环境恶化，环境质量下降或者变坏，个别地区生态系统失去平衡，从而影响生产和经贸活动，导致工农业生产萎缩，经贸活动受挫，乃至夭折。

最后，环境政策法规对贸易的发展起着举足轻重的作用。环境政策的制定影响国际贸易的内容和方式，各国为保护本国的自然资源，保证经济的持续和稳定发展，都会制定许多环境保护政策，而这些环境保护政策又改变和调整着国际贸易的内容和方式。也就是说，在贸易中会考虑环境的承受力和对环境的保护，为达到环境标准的规定，必须放弃或调整自身的产品。例如美国的空气清洁法案中规定了对于汽油的使用必须不含铅，那么含铅汽油就不能在美国市场上出售，但是欧洲没有同样的规定，含铅汽油就可以在欧洲市场上出现。因此在没有做到可持续发展时，环境保护政策对自由贸易的影响是消极的。只有在可持续发展的基础上，环境保护和自由贸易的关系才能协调。

二、环境对贸易发展的影响途径

基于上述研究可知，由于环境对贸易发展的影响因素是错综复杂的，导致环境对贸易发展的影响途径也是多样的，并且各途径之间也没有明显的分界。因此，本书参考了徐淑萍（2002）关于环境标志制度的实施与市场准入原则的关系的研究，毛道根（2008）关于"绿色"税收思想和我国"绿色"关税体系建立的研究以及郭芳（2004）关于环境标准对国际贸易的影响的研究，在此基础上，就环境政策法规对贸易的主要影响途径加以分析和讨论。

环境政策法规对贸易的作用是多方面的，其主要是以"环境壁垒"的形式出现，通过其影响贸易发展。实践中环境壁垒是贸易壁垒的一种，又称绿色壁垒，是指进口国政府以保护生态环境、自然资源以及人类和动植物的健康为由，以限制进口保护贸易为根本目的，通过颁布复杂多样的环保法规、条例，建立严格的环境技术标准，制定烦琐的检验、审批程序等方式对进口产品设置贸易障碍。环境壁垒的主要表现形式有绿色关税制度、市场准入制度、绿色技术标准制度、绿色环境标志制度等，它是一种全新的非关税壁垒，对一国的产品和服务出口构成了壁垒。

1. 绿色关税制度

所谓"绿色"税收，就是为了保护环境、合理开发利用资源、推进清洁生产、实现"绿色"消费而征收的税种。将"绿色"税收的思想运用到关税制度和政策中，便形成了"绿色"关税。"绿色"关税也称为环境关税，是以节约资源和保护环境的名义，由海关代表国家对进出关境的货物和物品征收的一种流转税。除了包括进口税和出口税外，还应包括为了鼓励"绿色"环保产品进出口的补贴或税收优惠，因为对厂商而言，这种补贴或优惠和税收一样，加大了非环保产品进出口的机会成本。"绿色"关税的经济贸易效应可从进口关税和出口关税两方面讨论。

在出口关税方面，"绿色"出口关税的对象一般为国内出口的资源类产品，包括原材料、初级产品或半成品，这类产品在生产中耗用了生产国的资源，对环境产生了较为严重的损害，但由于环境成本外部化，即环境成本没有计入厂商生产成本，使厂商以较低的成本将其输向国际市场。表面上看，这样增强了生产国产品的国际竞争力，在短期内也可获取一定的收益，但实际上，巨大的环境成本却要由生产国承担，长此以往，必将加速生产国的资源枯竭和环境恶化。对这类产品征收出口关税可使环境成本内部化，制止此类情况的发生。图2-4分析了出口关税对抑制资源类产品过度出口的作用。

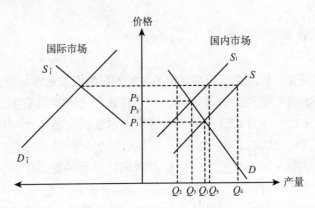

图2-4　出口关税的影响

图2-4中，D为国内市场对某种资源类产品的需求，S是由直接生产成本（不包括外部化的环境成本）决定的供给曲线，在封闭经济体中该种产品的市场均衡产量为Q_1，市场均衡价格为P_1，但由于决定市场供给曲线的成本中没有包含外部化的环境成本，市场均衡价格并没有反映资源的稀缺性，从社会的角度看，生产该种产品的社会成本应包含环境成本，因而其成本高于直接生产成本。由社会生产成本决定的该产品的供给曲线为S_1，此时该种产品的社会最佳产量应为Q_3。假设国际市场对该种产品的需求和供给分别为D'和S'，国际市场上该产品的价格为P_2，高于国内市场价格P_1，在自由贸易条件下，产品必将会出口，而国内生产量也扩大为Q_4，超过本国需求Q_2的部分产品（Q_2Q_4）将出口到国外，而这会加剧对本国资源的消耗和环境破坏。要改变此种状况，可选择的政策之一是对产品的生产者征税，如果对该产品的出口征收关税，使其产品的供给曲线移动为S_1，出口的量就会大大减少，为Q_2Q_5。从资源最佳配置的角度讲，最优的政策选择应该是对所有产品都征税，不管其是否用于出口，这样才可使全部的外部生产成本内部化。但如果生产国为了发展本国经济的需要，不希望对本国消费的产品征收同样的税收，那么，仅对出口产品征税不失为一种明智的选择，因为这样做至少可以消除由本国承担环境成本而使外国消费者获益的不利现象。

在进口关税方面，国际贸易中的环境成本外部化不仅仅体现在生产中，消费中同样存在环境成本的外部化问题，主要表现形式是消费中产生的废料、废气和废物对环境造成的不利影响或对人类健康和动植物生存环境的损害。图2-5分析了运用关税调节可减少进口消费品对环境的损害。

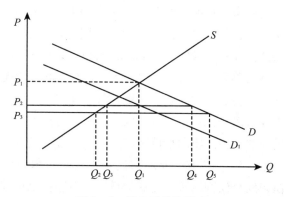

图 2-5　进口关税的影响

　　图 2-5 中，D 是消费者基于自身的利益（不考虑消费中的社会危害）而形成的对进口消费品的需求曲线，S 是同类产品的国内供给曲线，如考虑进口品消费中的环境成本，社会对其的真实需求为 D_1。如该消费品的国际市场价格为 P_3，合理的消费量应为 Q_4，在没有政府税收调节时，国内消费量为 Q_5，超过该价格下国内生产量 Q_2 的部分将依赖进口，此时进口量较大，对环境的危害较为严重。对此可采取的政策是对进口消费品征收关税，征收的进口关税为 P_2P_3，征税后，进口品进入国内市场的价格为 P_2，在 P_2 价格下，国内生产量为 Q_3，依据消费者对该产品的需求，消费量将回到 Q_4 的合理水平，因此，进口量将减少，进口量为 Q_3Q_4。由上述对出口关税和进口关税的经济效应分析可见，关税对保护环境、降低国际贸易中的环境成本外部化有着十分重要的作用。

2. 市场准入制度

　　作为多边贸易体制的一项基本原则，市场准入是指一国允许外国的货物、劳务与资本参与该国国内市场的程度。在国际经济交往中，各国往往通过实施各种法律和规章制度对本国市场开放程度进行宏观掌握和控制，对本国的对外贸易活动进行程度不同的限制，这显然不利于多边贸易体制倡导的全球贸易自由化宗旨的实现。因此，多边贸易体制从其产生之初，就着眼于解决各成员方的市场准入问题，并在其后进行的各轮谈判中，始终紧紧围绕这一问题，通过增强各成员方对外贸易体制的透明度，减少和取消关税、数量限制和其他各种限制贸易的非关税壁垒，以及通过各成员方对开放本地区特定市场所作出的具体承诺，切实改善各成员方市场准入的条件，使各成员方逐步放宽市场开放的领域，加深市场开放的程度，从而达到促进国际贸易增长，保证各成员方可以在国际市场上进行公平自由竞争的目的。

　　关贸总协定在前期的几轮谈判中，主要着眼于各缔约国关税的降低，从减少和消除各缔约国关税壁垒的角度扩大各缔约国市场准入的机会。在这种情况下，一些缔约国便转而通过各种非关税措施来推行其贸易保护主义，以至于到20世纪90年代初期，关贸总协定各缔约国的非关税措施多达数千种，这使很多国家的出口商品受到严重阻碍而不能进入他国市场，在很大程度上抵消了关税减让给各国带来的市场准入机会。虽然关贸总协定在肯尼迪回合和东京回合谈判中也达成了若干旨在减少或取消非关税壁垒的协议，但都没有有效遏制有关国家非关税的贸易保护主义措施的实施。正因如此，在乌拉圭回合谈判的全过程中，各缔约国的矛盾冲突都首先聚焦于"市场准入"这一实质性问题。经过各方激烈的斗争和妥协，在乌拉圭回合谈判结束时达成的最后文本中，市场准入原则得到了相当程度的体现。

现在的问题是，经过多边贸易体制长期艰巨的努力，关税壁垒和各种非关税壁垒措施得到了大幅度削减，大大增加了各成员方市场准入的机会，但与此同时，又出现了各种新型贸易壁垒，它们可能抵消多边贸易体制的种种努力，阻碍市场准入原则的实现。在这些所谓的"新贸易问题"中，运用环境标志制度扭曲国际贸易，成为某些成员方常用的方法之一。显然，环境标志制度是保护环境所必需的，但是如果运用不当，或者其目的并不是保护环境，而是作为实施贸易保护主义的一种手段，那么，这一制度的实施，无疑会对市场准入原则带来各种不利影响。

3. 绿色技术标准制度

为了保护环境和资源，有必要将环境和资源费用计算在成本之内，使环境资源成本内部化。但当企业无力投资于新的环保技术、设备或无力开发清洁技术产品时，政府需要采用绿色补贴或环境支持的方式帮助企业。政府的绿色补贴和环境支持直接增加了产品的竞争力，从而扭曲了资源价格和国际贸易。在乌拉圭回合谈判最终签订的《补贴与反补贴协议》以及《农业协议》中，都把成员国政府对环境保护提供的绿色补贴或环境支持作为可允许的例外补贴条款，但由于绿色补贴和环境支持的界限很难确定，这种补贴有被滥用的可能，且对大多数发展中国家来说，其经济的发展水平低，在利用这种例外权中处于不利地位。

发达国家的科技水平较高，处于技术垄断地位。它们在保护环境的名义下，通过立法手段，制定严格的强制性技术标准，限制国外商品进口。这些标准均根据发达国家的生产和技术水平制定，对于发达国家的企业来说可以达到，但对于发展中国家来说，则很难达到。如产品的环境技术标准，对产品的生产、工艺、材料、品质和成分的含量都提出了要求，企业为达到这些要求所花费的人力、物力和财力都会转移到产品的成本中，从而影响产品的价格和竞争力，而且这类要求对进出口商品也是适用的，因此对国际贸易必然产生影响，尤其是发展中国家向发达国家的出口，由于环境标准的差异，势必会影响其产品的竞争力。

环境法中的很多规范都依赖于环境标准的运行，几乎可以说环境法的历史就是环境标准演进的历程。但由于各国处于不同的经济发展阶段和对环境保护重视程度的不同，作为绿色贸易壁垒之一的环境标准也存在很大的差异，由此引发了贸易与环境领域关于环境、贸易与竞争力问题的争论。GATT/WTO 处理的贸易与环境争端中，有不少涉及了环境标准问题。GATT 争端解决专家小组对以上争端案件的处理，使绿色贸易壁垒中的环境标准问题成为公众关注的焦点。环境标准的内容、实质、对我国出口贸易的影响以及是否可以为了环境保护的目的而使用贸易措施等，成为国际政治、经济和法律领域的热点问题之一。

由于各国环境标准存在很大的差异，特别是发展中国家制定的标准和发达国家的高标准差距很大，对贸易发展的影响主要表现在会产生投资引进和污染产业转移。这是因为各国的环境损害程度不同，并直接导致了各国对污染的消化、吸收能力的差异。经济发展落后，缺乏有效污染处理技术的发展中国家由于技术及资金上的困难，不可能在不切合实际的基础上，对本国工业提出较高的环境标准。而且在资源短缺的情况下，发展中国家政府必须在发展经济和提高环境质量之间做出取舍，它们往往将有限资源的大部分用于发展经济，而暂时不考虑环境问题，因而也不会制定较高的环境标准。在这种情况下，西方国家严格的环境标准对发展中国家的贸易政策是一种压力，发展中国家出口产品在遇到严格的环境标准时，会由于不确定性和成本的增加而遭受损失。这就有可能出现一些发达国家把环境保护政策作为贸易壁垒的不正常现象，通常的方法是采取惩罚性高关税阻止别国商品的进入，以保护本国的贸易。这是一种新的贸易保护现象，不利于自由贸易体系的存在和发展。在这种情况下，一些高环境标准的国家有意识地将一些污染产业转移出去，而一些发展中国家为发展经济，积极制定外资优惠政策以吸引外国投资者，并不十分注意对环境损害的预防，环保法规也不健全，这就在国际上形成了污染转嫁的市场，一些投资者看到并利用了这个市场，投资兴建在发达国家已被限制或淘汰的污染企业，使发展中国家的环境由于这种污染投资而加剧恶化。

理论上，存在环境标准的差异引发污染产业转移的可能性，但对已提出的"污染天堂"假说与"向（环境标准）底线赛跑"假说检验的结果对是否存在这种现象以及转移的范围及程度多大到目前为止仍未形成定论。

4. 绿色环境标志制度

众所周知，产品的生产与消费不仅消耗资源，而且影响环境，在一定程度上，产品是资源和环境负性的载体，体现出社会与自然的对抗关系。随着人们对环境问题感受的加深和认识的提高，公众对环境的关注早已不再局限于产品的生产过程，而正逐步扩大到产品的整个生命周期，也就是说，为保护环境，需要改变的不仅是产品的生产模式，还包括产品的营销模式和消费模式。事实上，越来越多的消费者都乐于把自己的购买行为和消费行为作为一种保护环境的手段，要求购买对环境无害或友好的商品，产品的"环保性能"已经成为市场竞争的重要因素。这种形势促进工业界开发和生产适合消费者愿望、有利于市场竞争的较为清洁的产品，除了采取"生态设计"的方法将污染预防的原则落实到产品生命周期的各个阶段以外，在产品销售时也开始注意突出产品的环境性能，为消费者进行选择提供必要的环保信息，而提供这类信息的主要途径就是产品上的环境标志。实际上，环境标志是一种印刷或粘贴在产品或其包装上的图形标志。它表明该产品不但质量符合标准，而且在生产、使用、消费及处理过程中符合环保要求，对生态环境和人类健康均无损害。1978年，德国率先推出"蓝色天使"计划，以一种画着蓝色天使的标签作为产品达到一定生态环境标准的标志。发达国家纷纷仿效，如加拿大叫"环境选择"，日本有"生态标志"。美国于1988年开始实行环境标志制度，有36个州联合立法，在塑料制品、包装袋、容器上使用绿色标志，甚至还率先使用"再生标志"，说明它可重复回收，再生使用。欧共体于1993年7月正式推出欧洲环境标志。凡有此标志者，可在欧共体成员国自由通行，各国可自由申请。环境标志制度是指依据有关的环境标准和规定，由国家指定的认证机构确认并通过颁发标志和证书，以表明某一产品的生产、使用及处置等过程均符合特定环境保护要求，对生态环境无害或危害性极小的法律制度。这一制度的实施可以对产品的资源配置、生产工艺、处理技术和产品循环再利用及废弃处理的各个领域所涉及的环境行为进行监管。

一方面，实施环境标志制度的主要目的是保护环境，虽然其由于建立在自愿的基础之上而存在一定的局限性，但它作为一种"软"的市场手段，已日益成为很多国家为保护环境采取更加严厉的法律、经济、行政手段的一种重要的辅助方法。而另一方面，从国际贸易的角度而言，该制度的实施对市场准入原则的影响也在逐渐显现出来，并开始引起很多国家及国际组织的关注。总体来说，这一制度对贸易发展有积极和消极两方面影响。

在积极影响方面，实施环境标志制度，有利于提高一国在国际市场上的整体竞争力。由于在已实行环境标志制度的一些国家中，环境标志实际上已成为一种非正式的贸易技术壁垒，因此，一国尽早实施自己的环境标志制度，一方面有利于该国产品冲破这一贸易壁垒，从而顺利参与国际经济大循环；另一方面也有利于该国根据相关国际惯例保护本国环境利益，限制国外不符合本国环境标志要求的产品进入本国市场，从而在整体上提高本国在国际市场上的竞争力。能够大大增强已获得国内外环境标志的企业的市场竞争力。对于从事设计、生产环境标志产品的企业，其所在国一般都采取各种鼓励措施，如给予信贷支持、税收减免、环境补贴、出口奖励等，使开发此类产品的企业并不因此丧失比较成本优势。而与未获得本国环境标志的产品生产企业相比，前者的环境标志产品更易于进入进口国市场。至于那些已获得进口国授予的环境标志产品的生产企业，其产品可直接免检进入进口国市场，这无疑大大增强了此类企业在国际市场上的竞争力。环境标志产品在竞争日趋激烈的国际市场上将处于越来越有利的地位。一方面，由于这些产品不危害人体健康，对环境无害或危害极小，有利于资源的再生和回收利用，从而受到各国公众（尤其是环保意识强烈的国家的公众）的普遍欢迎，成为刺激消费者强烈购买欲望的产品；另一方面，当一些国家（其中主要是发达国家）将具有特定环境标志作为允许产品进口的前提条件时，那些产品具有的特定环境标志实际上就成为这些产品进入进口国市场的"绿色通行证"。

在消极影响方面，环境标志是一个有力的促进环境政策实施的工具，它的使用不仅有利于保护环境，而且提供了解决一些复杂的贸易和环境问题的自愿方法。但是，世界各国的经济发展水平不一样，技术水平差异很大，而且所处的生存环境各不相同，要找到一种适合大多数国家实际情况的环境标准或尺度存在极大的困难，甚至在相当长的时间里是不可能的。因此，虽然系列标准曾经对环境标志问题提出了一些具体要求，但目前环境标志仍由各国主要依据本国的环境政策和环境标准决定是否授予。这样，环境标志制度就经常对某些产品、某些企业或某些国家在国际贸易的竞争格局中产生各种各样的负面影响。环境标志制度对不具有环境标志产品的国际市场占有率可能产生不利影响。虽然环境标志制度的实施属于企业的自愿行为，但它对国际市场关系的影响是潜在的和巨大的，因为零售商或消费者可能会拒绝购买无环境标志的产品，从而使有环境标志的产品和无环境标志的产品处于不同的市场竞争地位。也就是说，环境标志制度给没有环境标志的产品带来了新的国际市场风险，使此类产品更难进入进口国市场。对不同企业而言，环境标志制度可能构成其进入国际市场的障碍。一方面，虽然环境标志本身并不具有公开的歧视性，它属于自愿性标志，同时不区分国内和国外的环境标志申请者，但它仍然可能具有隐含的歧视性。因为其对于产品生命周期的评价标准主要反映的是环境标志授予国本身的环境条件和生产状况；同时，目前各国的环境标志制度是各自独立的，缺乏互认性。因此，取得出口国环境标志的产品可能因为不具备进口国的环境标志而无法进入进口国市场。另一方面，环境标志制度将给期望借助环境标志赢得销售优势的生产者增加直接和间接的影响，实行环境标志制度，将在相当长的时间里影响某些国家的国际竞争力。发达国家环保行动起步较早、技术先进，其授予环境标志的评价标准较为严格。而很多发展中国家基于经济技术发展水平的限制，即使实施环境标志制度，也往往因其依据的标准或条件相对较宽松，而无法得到发达的进口国的认可，从而限制了这些国家产品的出口，从整体上削弱了这些国家的国际竞争力。退一步分析，即使政府并不出面推行环境标志制度，而是由民间机构或私营企业实施环境标志措施，在公众环保意识较强的一些国家，这类措施同样能实现其贸易保护主义的目的。

第 3 节　环境库兹涅茨曲线

虽然我们的整体目标是要考察国际贸易与环境质量之间的关系，但经济增长在这一过程中起着核心作用。本节遵循贸易—经济增长—污染的逻辑思路，考察经济增长与环境污染水平之间的内在关系，进而探讨贸易增长与环境损害关系的问题。

环境库兹涅茨曲线（EKC）形状如图 2 - 6 所示，最早是格罗斯曼和克鲁格在 1991 年研究北美自由贸易协定的环境影响时，参照经济学中的库兹涅茨曲线提出的。1992 年沙菲克（Shafik）和班德亚帕德耶（Bandyopadhyay）在为世界发展报告做背景研究时，对 EKC 进行了大量的研究。随着 1992 年世界银行《世界发展报告》的发布，EKC 的研究便在全球范围内展开，20 世纪 90 年代中后期 EKC 研究达到高潮。一般意义上的 EKC 是指在经济发展的初期环境损害或环境破坏会随经济的增长而加重，当经济发展到某一水平时环境损害程度达到最大，而后经济继续发展，环境损害却随之下降，环境质量逐渐变好。

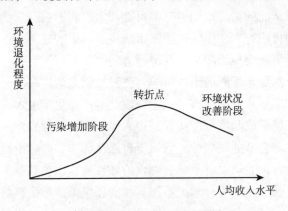

图 2 - 6　EKC 曲线形状

一、环境库兹涅茨曲线的理论解释

关于环境污染与经济增长之间的理论联系，我们的研究提出了关于 EKC 的

四种解释。每一种解释都把实际收入水平与环境污染水平联结在一起，但对于
EKC 的形成机制，它们又各有不同。通过依次考察这四种理论，我们就能够更
好地理解经济增长如何影响环境污染，并且使得我们能够把国际贸易对环境的影
响效应分离出来。

1. 环境库兹涅茨曲线的微观解释

为简化分析，我们主要考虑两个要素：对环境服务的需求和消费对污染排
放的影响。这样，人均收入与环境质量之间的倒"U"型关系依赖于两个命
题。与第一个要素相联系的命题：环境所提供的服务，即环境舒适性，是一种
奢侈品，也就是说，对环境舒适性的需求的收入弹性大于1。如果这一点成
立，那么随着人均收入的增长，用收入换取环境舒适的意愿水平就会随之上
升。而对于后者也有一个相应的命题：随着收入水平的上升，消费对污染的负
效应递减。直观地，因为随着国民收入水平的提高，经济结构会发生变迁，从而
生产和消费结构也会随之变化。下面通过一个最优化模型讨论 EKC 假说。该模
型是麦康奈尔（McConnell，1996）的简化，我们忽略了动态选择过程。

我们假定消费者的偏好取决于消费水平 C 和环境提供的服务（环境舒适性）
S，这样，效用函数可表述为：

$$U(C,S) \tag{2.8}$$

其中，$U_C > 0$，$U_{CC} < 0$，$U_S > 0$ 及 $U_{SS} < 0$。出于简化，假定效用函数具有可
加可分性，即 $U_{SC} = U_{CS} = 0$。我们还假定环境质量是一种重要的生产性投入要
素，于是生产函数可表述为消费引致的污染 P 和要素 F 的函数：

$$Y = Y(F,P) \tag{2.9}$$

其中，F 表示包含资本、劳动等要素在内的投入束，$Y_F > 0$，$Y_P < 0$，并且污
染的边际损失递增 $Y_{PP} < 0$，污染水平的变化不影响要素的生产率 $Y_{FP} = 0$。此外，
假定 S 是污染水平的函数：

$$S = S(P) \tag{2.10}$$

以及 P 取决于消费水平 C 和减排支出 A：

$$P = P(C,A) \tag{2.11}$$

其中，$A \equiv Y - C$，并有 $S_P < 0$，$S_{PP} < 0$，$P_C > 0$，$P_{CC} > 0$ 及 $P_A < 0$、$P_{AA} > 0$ 和
$P_{AC} = 0$。

不失一般性，为简化分析，我们只考虑社会计划者将收入分配于消费和污染
减排的情况。这样，他面临一个由消费 C 和环境服务 S 定义的生产可能性边界：
因此有：

$$S = S[P(C,Y-C)] \tag{2.12}$$

$$\frac{\mathrm{d}S}{\mathrm{d}C} = S_P P_C + S_P P_A \frac{Y_P P_C - 1}{1 - Y_P P_A} \tag{2.13}$$

在生产不受污染水平影响的情况下，环境服务与消费之间的边际转换率为：

$$\frac{\mathrm{d}S}{\mathrm{d}C} = S_P P_C + S_P P_A < 0$$

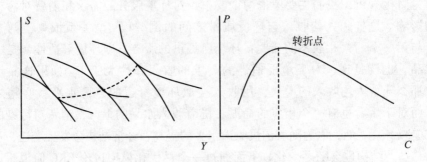

图 2 - 7　环境库兹涅茨曲线

这意味着生产可能性边界是凹的：

$$\frac{\mathrm{d}^2 S}{\mathrm{d}C^2} = S_{PP}(P_C - P_A)^2 + S_P(P_{AA} + P_{CC}) < 0 \tag{2.14}$$

然而，当污染水平可以影响到生产活动时，边际转换率的符号就取决于 $1 - Y_P P_A$ 的符号。由于 $C = Y - A$，那么 $Y_P P_A - 1$ 表示每增加一单位减排支出对消费的影响。只要每增加一单位额外的收入用于污染减排的净效应为负（$1 - Y_P P_A > 0$），在环境服务与消费之间就存在一个权衡（trade-off）。通过污染减排而对环境质量的任何改善都意味着消费水平的下降。当每增加一单位额外的收入用于污染减排的净效应为零（$1 - Y_P P_A = 0$）时，生产可能性边界的斜率就趋近于无穷，这样，减少污染减排支出会在不增加消费的情况下使环境质量下降。

环境服务是一种奢侈品的假定对社会计划者的偏好施加了一些额外的限制，如图 2 - 7 所示，这表明经济增长（由生产可能性边界向外移动时的生产扩展线表示）意味着用环境的舒适性换取消费的意愿水平较低。这与环境库兹涅茨曲线假说是一致的：消费水平的上升与经济处于较低收入水平时对环境服务的需求下降相联系，然而，在较高的收入水平上，消费水平的上升将与对环境服务的需求的增加相联系。

根据前述假定，社会计划者的最优化行为可用下面的模型来描述：

$$\underset{C,A}{\mathrm{Max}} U[C, S(P(C,A))] \tag{2.15}$$

$$\text{s. t.}\quad Y[F, P(C,A)] = C - A$$

假定存在一个内解，则通过建立拉格朗日函数解这个最优化模型，可得：

$$dP = \left[(\lambda Y_P + U_S S_P)(P_C P_{AA}(Y_P P_C - 1) + P_A P_{CC}(Y_P P_A - 1)) \right.$$

$$\left. + P_A U_{CC}(Y_P P_A - 1) \right] \frac{Y_F dF}{|\bar{H}|} \qquad (2.16)$$

$$dS = S_P dP \qquad (2.17)$$

其中，$|\bar{H}|$ 为该有约束的效用最大化模型中二阶条件所涉及的加边海赛行列式，最大化的二阶条件要求满足 $|\bar{H}| > 0$，这样，当收入增加时污染水平变化的符号取决于公式（2.16）中方括号中的表达式。当产品和劳务的生产对效用的影响（λ）和消费对污染的影响（P_C）都较大，而污染对环境服务的影响（S_P）较小时，污染水平随收入的增长而递增。减排对污染的影响（P_A）及污染对生产的影响（Y_P）其大小对污染的效应是不确定的，它取决于消费的边际损失的变化率（P_{CC}）。

根据公式（2.16）和公式（2.17）及有关生产函数的假定，我们可求得对环境服务需求的收入弹性：

$$\varepsilon_{SY} = \varepsilon_{SC} \cdot \frac{Y}{C} \left[(\lambda Y_P + U_S S_P)(P_{AA}(Y_P P_C - 1) \right.$$

$$\left. + P_A \frac{P_{CC}}{P_C}(Y_P P_A - 1)) + P_A \frac{U_{CC}}{P_C}(Y_P P_A - 1) \right] \frac{1}{|\bar{H}|} \qquad (2.18)$$

其中 ε_{SC} 是对环境服务需求的消费弹性。这样，正如 EKC 假说，我们可确定地得到如下结论：污染水平随收入增长先上升而后下降。在较低的收入水平上，如果消费对污染的边际影响及对产品和劳务的消费倾向都很高，或减排的边际影响及对环境服务的消费倾向很小，收入增长会导致污染水平上升；另一方面，如果环境服务的确是一种奢侈品，收入增长将引致减排支出对消费支出比率的上升。当收入水平通过两个传导机制（消费和减排）对污染的净边际效应为负时，污染水平将随收入的上升而下降。这样，模型给出了一个关于经济增长与环境退化之间负相关（de-linking）的合理的解释。

2. 环境库兹涅茨曲线的经济增长的原动力论解释

为了揭示结构效应，我们提出"经济增长的原动力"是 EKC 出现的原因。正如前面所述，如果人力资源的增加推动了人均国民收入的上升，那么，污染可能随着人均国民收入的上升而出现下降。但是，对于同一经济体系而言，如果有形资本积累的增加推动了经济增长，那么环境污染可能随着人均国民收入的增加而加重。因此，即使环境污染政策缺乏灵活性，不会因为实际收入水平的变化而出现变化，仅仅是经济发展过程中推动经济增长的原动力发生了改变，也可能导致 EKC 出现。虽然从经济发展的一般观点来看，这一解释并无不妥，但毕竟在现有的学术研究中，这一解释尚缺乏正式规范的论述。

由于国际贸易导致的收入增长，与资本积累增加、技术进步等其他因素导致的收入增长所造成的环境后果可能是完全不同的。因此，部分环境学学者以经济增长导致环境污染恶化，至少不是一个完备的论断。假设一国在其经济发展的初期主要依靠资本积累的增加来推动经济增长，而在发展的后期主要依靠人力资本的增加来推动。如果不存在环境污染政策或者污染排放强度固定不变的情况，那么很容易就能够证明，随着人均国民收入的增加，污染排放水平在开始阶段出现上升，然后开始下降。我们考察环境污染政策外生给定或者维持不变的情形，接下来再考察环境污染政策内生给定的情形。

首先，设污染排放税固定不变，$\tau = \bar{\tau}$，这意味着污染排放强度维持不变，因此污染排放强度设为 $\bar{e}$。污染排放需求函数可以表示为：

$$z = \bar{e}x(p,\bar{\tau},K,L) \tag{2.19}$$

收入函数可以表示为：

$$I = G(p,K,L,z) \tag{2.20}$$

其中，z 由 (3.4) 式内生给定。接下来我们考察经济增长完全由资本积累推动的情形。维持 L 不变，对 (2.19) 式和 (2.20) 式求导分别可得：

$$\hat{z} = \varepsilon_{XK}\hat{K} \tag{2.21}$$

以及，

$$\hat{I} = s_r\hat{K} + s_\tau\hat{z} \tag{2.22}$$

其中，$s_r > 0$ 和 $s_\tau > 0$ 分别表示资本收入和污染排放征税在国民收入中所占的比重；$\hat{z} = dz/z$，依此类推；$\varepsilon_{XY} > 0$ 表示 X 的产出相对资本要素禀赋的弹性。由雷布津斯定理可知 ε_{XY} 必定大于 0。由 (2.21) 式和 (2.22) 式有：

$$\hat{I} = (s_r + s_\tau\varepsilon_{XK})\hat{K} \tag{2.23}$$

(2.23) 式就是说资本积累增加的同时提高了收入和污染排放水平。由 (2.6) 式和 (2.8) 式，污染排放与收入水平之间的关系可以表示为：

$$\hat{z} = \frac{\varepsilon_{XK}}{s_r + \underset{(+)}{s_\tau\varepsilon_{XK}}}\hat{I} \tag{2.24}$$

(2.24) 式表明，当经济增长主要由污染性产业密集使用的要素积累的增加推动时，污染排放水平与收入水平之间存在单调正相关关系。同理，假设经济增长由人力资本积累的增加推动，有：

$$\hat{z} = \varepsilon_{KL} \hat{L} \tag{2.25}$$

其中，$\varepsilon_{KL} < 0$ 表示 X 的产出相对劳动力要素禀赋的弹性。$\varepsilon_{KL} < 0$ 依然源自国际贸易理论中的雷布津斯定理：人力资本积累的增加刺激了洁净性产业 Y 的产出，因而导致污染性产业 X 的可用资源减少，从而降低了污染排放水平。人力资本增加对收入的影响为：

$$\hat{I} = s_w \hat{L} + s_\tau \hat{z} = \left(s_w + s_\tau \varepsilon_{XL} \right) \hat{L} \tag{2.26}$$

其中，$s_w > 0$ 表示人力资本收入在国民收入中的比重。虽然系数 $\hat{L}$ 既存在正数项也存在负数项，但劳动力供给的增加必定会使国家收入水平增长，尽管污染排放水平下降了。这一点从净生产可能性曲线可看出。L 的增加导致净生产可能性曲线向外移动，因此在给定价格水平和污染排放强度不变的情况下，收入水平必定会上升。

由（2.25）式和（2.26）式有：

$$\hat{z} = \underset{(-)}{\frac{\varepsilon_{XL}}{s_w + s_\tau \varepsilon_{XL}}} \hat{I} \tag{2.27}$$

因此，如果经济增长主要由洁净性产业密集使用的要素积累的增加所推动，污染排放水平与收入水平之间存在单调负相关关系。只要边际损害的收入弹性不是太高，相似的结论在内生污染排放政策响应情况下依然适应。接下来我们论证这一点。首先，必须给出污染排放供给与需求的均衡条件，这可以由（2.1）式和（2.2）式获得：

$$G_z(p,K,L,z) = MD\left(p, \frac{G(p,K,L,z)}{\beta(p)}, z \right) \tag{2.28}$$

由上式对 K 求导，经过迭代可得：

$$\frac{\mathrm{d}z}{\mathrm{d}K} = \frac{G_{zK} - \dfrac{MD_R G_K}{\beta(p)}}{V} \tag{2.29}$$

其中，$V = \left[MD_R G_z / \beta(p) \right] + MD_z - G_{zz} > 0$

（2.29）式分子中的第一项必定为正，它反映了随着污染性产品生产的吸引力相对上升，污染需求曲线向外移动。由第 2 节可知，$G_z = \tau(p,K,L,z)$，因此，分子中第一项由下式决定：

$$G_{ZK} = \frac{\partial_\tau(p,K,L,z)}{\partial K} > 0 \tag{2.30}$$

（2.30）式就是说，资本积累的增加导致污染排放需求曲线沿垂直线向上移动。由上节关于外生浸染排放的分析可知，随着资本的增加，污染排放需求曲线向右移动。

（2.29）式分子中第二项代表了污染排放政策响应的影响，所描述的是实际收入水平提高以后，污染排放供给曲线沿垂直线移动的情况。政策响应的强度不但取决于单位资本的边际收益（这度量了资本增加所引致收入变化的重要程度），还取决于边际损害的收入弹性（度量消费者对边际污染排放水平变化与边际实际消费变化之间的偏好）。由边际损害的定义以及 GNP 函数的性质，污染排放政策响应的影响效应可以通过改写（2.29）式而更加清晰地表达：

$$\frac{\mathrm{d}z}{\mathrm{d}K} = \frac{\tau\left[\varepsilon_{\tau,K} - \varepsilon_{MD,R}s_K\right]}{KV} \tag{2.31}$$

其中，$\varepsilon_{\tau,K} = KG_{zK}/\tau$ 是污染排放需求相对资本 K 的弹性，$\varepsilon_{MD,R} = R \cdot MD_R/\tau$ 就是边际损害相对实际收入的弹性，而 $s_K = rK/I$ 就是资本收入在国民收入中的比重。

因此，（2.31）式的符号并不确定。但是，如果边际损害的收入弹性不是太高，那么（2.31）式分子中的第一项必定相对要大，污染排放随着资本积累的增加而上升。这就是说，如果经济增长主要由污染性产业密集使用要素积累的增加所推动，则污染排放水平必定上升，除非边际损害的收放弹性足够高。

作为一个特例，如果间接效应函数是实际收入的线性函数，那么边际损害相对实际收入的弹性为零，污染排放必定随着资本积累的增加而上升。此时，污染排放的供给不受实际收入水平变化的影响，均衡的污染排放水平完全由污染排放需求决定。由于污染排放需求往往随着污染性产业密集使用要素积累的增加而向外移动，这将导致均衡的污染排放水平上升。

与资本积累增加的情形相对应，接下来考察经济系统中人力资本积累（有效劳动）增加的情形。人力资本积累增加对污染排放的影响如下：

$$\frac{\mathrm{d}z}{\mathrm{d}L} = \frac{\tau\left[\varepsilon_{\tau,L} - \varepsilon_{MD,R}s_L\right]}{LV} \tag{2.32}$$

由上一节对外生污染政策的分析可知，随着劳动力的增加，污染排放需求向左（向下）移动。因此，（2.32）式中的第一项是负的（$\varepsilon_{\tau,L} < 0$）。同样，（2.32）式中第二项表示污染排放政策响应的影响，所描述的是随着实际收入水平的提高，污染排放供给曲线沿垂直线向上移动。值得注意的是，此时无论污染排放政策响应的强度如何，随着洁净产业的增长，污染排放水平将下降。这主要是因为"洁净性"要素的增长刺激了洁净性产业的扩张，随着收入的增长，污染性产

业受到压缩。因此，只要污染排放政策响应不过于强烈，由于不同经济发展阶段促进经济增长的原动力不同，污染排放的水平可能出现不同，这可以解释 EKC 曲线。

"经济增长原动力"解释论取决于三个关键性假设。第一，能够明确地辨别并将污染性要素区分开来，相对于洁净性产业，该要素的增长对污染性产业的促进效应更加强烈。这能够确保在我们模型假设条件下，要素增长具有强烈的结构性效应。第二，污染排放政策响应不过于强烈。较弱的政策效应减弱了技术效应的强度，从而使得较强的结构性效应成为导致污染水平变化的主要因素。第三，在经济发展的不同阶段，发生积累效应的要素不同：污染性产品密集使用的要素必须在经济发展的初始阶段积累增加，而随着收入水平的提高，又必须转变为洁净性产品密集使用的要素积累增加。

3. 环境库兹涅茨曲线的收入效应论解释

随着收入水平的上升，经济体系对环境质量的要求发生了变化。如果环境质量是一种正常商品，那么污染排放水平可能在开始阶段上升，并随着收入水平的持续上升而开始出现下降。

在此，需要作出三个重要假定，第一，我们主要关注中性增长。这就是说，无论是要素积累还是技术进步，对污染性产业和洁净产业的影响是完全相同的。这一假设消除了前面所探讨的经济增长原动力论的影响，使得污染需求曲线的移动受到严格限制。第二，为方便起见，设内解存在，即所有的企业都投入要素进行污染治理。第三，对效应函数做了一定的限定，假设边际损害的收入弹性将随着收入水平的上升而上升。有了上述假定，我们的污染排放供需模型就能够从收入方面对 EKC 给出很好的解释。

首先，我们考察中性技术进步的效应。中性技术进步就是说，对任意给定的基本要素禀赋（K, L）和污染排放 Z，随着生产技术的提高，无论是 X 还是 Y 的潜在可能性产出都会扩大 λ 倍。这意味着国民收入的函数可以改写成 λG（p, K, L, z）。

设在中性技术条件下，我们有：

$$x = \lambda(1 - \theta)F(K_x, L_x)$$
$$y = \lambda H(K_y, L_y) \quad\quad (2.33)$$
$$z = \varphi(\theta)F(K_x, L_x)$$

虽然 X 的潜在产出扩大了 λ 倍，但如果用于污染治理的资源没有发生变化，污染的排放水平就不会上升。

中性技术进步对污染排放水平的影响效应存在两种可能的解释。其一，我们可以把污染排放看成是污染性产业使用基本要素的产物，而中性技术进步对潜在污染排放水平不产生任何影响。这种情况可以用（2.33）式中最后一个方程来表示。其二，我们也可以认为，污染排放与潜在的产出成正比，但是随着技术进步，单位产出的污染排放水平将下降。此时，（2.33）式中污染排放方程等价于：

$$z_i = \frac{\varphi(\theta)}{\lambda} \lambda F(K_x, L_x)$$

此时，潜在产出扩大为 λF，但是单位产出的污染排放水平也下降到了 $\frac{\varphi(\theta)}{\lambda}$。因此，除非 θ 发生变化，否则污染排放水平不会发生变化。

现在我们考察中性技术进步对均衡的污染排放水平的影响。此时，污染排放均衡条件是：

$$\lambda G_z(p, K, L, z) = MD\left(p, \frac{G(p, K, L, z)}{\beta(p)}, z\right) \tag{2.34}$$

由（2.34）式的技术进步素数 λ 求导并迭代以后可得：

$$\frac{dz}{d\lambda} = \frac{\tau(1 - \varepsilon_{MD,R})}{V} \tag{2.35}$$

其中，V 大于零，$\varepsilon_{MD,R}$ 是边际损害对实际收入的弹性。中性技术进步使得污染排放需求曲线和供给曲线同时发生移动。由（2.20）式括号中的第一项可知，边际污染排放水平上升将使得需求曲线向外移动。而实际收入水平下降则使得供给曲线向内移动。这主要反映了污染排放政策对经济增长的响应。需求和供给曲线移动的强度取决于边际损害的收入弹性。

因此，污染排放水平随收入水平的提高是上升还是下降，完全取决于这些效应的相对强度。由（2.35）式可知，如果边际损害的收入弹性小于1，污染排放水平随着收入水平的上升而上升；如果大于1，则正好相反。从直觉来说就是，中性技术进步使得污染排放需求曲线随着收入水平的上升（由初始的均衡水平）向上移动。但均衡的污染排放水平是否上升，取决于经济系统为减少污染排放而支付对价的意愿的上升程度是大于还是小于实际收入水平上升的程度。而这取决于边际损害的收入弹性是大于1还是小于1。值得注意的是，这样一个结论适用于国民收入函数 $G(p, K, L, z)$ 的一般生产技术函数，而仅仅局限于具有可分离性的特定生产函数或者柯布—道格拉斯生产函数。

与中性技术相对应，接下来我们考察中性要素积累增加推动的经济增长。中性要素积累增加意味着资本和劳动力要素禀赋同时扩大 λ 倍。此时，均衡的污染排放条件是：

$$G_z(p,\lambda K,\lambda L,z) = MD(p,\frac{G(p,\lambda K,\lambda L,z)}{\beta(p)},z) \qquad (2.36)$$

由（2.36）式同时对 λ 求导可得：

$$\frac{\mathrm{d}z}{\mathrm{d}\lambda} = \frac{\tau(s_r+s_w)}{V}\left[\frac{\bar{s_r}}{\sigma_{ZK}}+\frac{\bar{s_w}}{\sigma_{ZL}}-\varepsilon_{MD,R}\right] \qquad (2.37)$$

其中，$\bar{s_i} \equiv s_i(s_r+s_w)$ 表示 i 要素收入占整个要素收入（不包括污染排放收入）的比重，$\sigma_{ij}=G_iG_j/GG_{ij}$ 表示投入要素 i 与 j 在创造国民收入中的希克斯—艾伦替代弹性。

与中性技术进步相类似，在中性要素积累增加情形下，污染需求曲线和供给曲线都将发生移动。要素积累增加导致边际污染排放水平上升，使得污染排放需求曲线向上移动。而收入水平上升导致供给曲线向内移动，其移动取决于边际损害的收入弹性。

中性要素积累增加与中性技术进步最关键的不同在于，污染排放需求曲线上向外移动的强度取决于基本要素投入和污染排放在创造国民收入中的替代弹性。如果资本和劳动力要素在国民收入中对污染排放的替代性很强，那么 σ_{ij} 就较大，由（2.37）式可知，这将使得污染排放水平随要素禀赋积累增加而下降的可能性增大。另一方面，如果基本生产要素对污染排放的替代性较弱，那么 σ_{ij} 就较小，污染排放水平随着要素禀赋积累增加向上升的可能性增加。

洛佩兹考察了 $\sigma_{ZK}=\sigma_{ZL}\equiv\sigma$ 这样一种特殊情形。此时，（2.37）式可以简化为：

$$\frac{\mathrm{d}z}{\mathrm{d}\lambda} = \frac{\tau(s_r+s_w)}{V}\left[\frac{1}{\sigma}-\varepsilon_{MD,R}\right] \qquad (2.38)$$

如果我们的模型也只有一种产品，那么我们也能获得与中性技术进步相类似的结论。假设经济体系中只存在一种产品 X，并且产品 X 具有上一节所描述的特定生产技术函数，那么国民收入函数可以改写为：

$$G(p,K,L,z) = pz^\alpha F(K,L)^{1-\alpha}$$

并且，$\sigma_{ZK}=\sigma_{ZL}\equiv1$。此时，如果边际损害的收入弹性小于 1，要素禀赋增加将使得污染排放水平上升；反之亦同。其理由如下：

$$G_z(p,\lambda K,\lambda L,z) = pz^\alpha F(\lambda K,\lambda L)^{1-\alpha} = \lambda^{1-\alpha}pz^\alpha F(K,L)^{1-\alpha}$$

这里，要素禀赋积累扩大 λ 倍，相当于中性技术进步使得基本要素投入产

出扩大了 $\lambda^{1-\alpha}$ 倍。

然而，如果我们回到两产品模型，（2.37）式中总的替代弹性取决于不同产业部门的要素使用密度。也就是说，K 和 L 在创造国民收入过程中对污染排放的替代能力一定程度上取决于 Y 产品对 X 产品的替代能力。而且，在同一产业内部，K 和 L 对 Z 的替代能力也不尽相同。因此，即使在我们的基本生产技术模型中，从整体来看，$\sigma_{ZK} \neq \sigma_{ZL}$，而这也适用于（2.37）式。

因此，要素禀赋积累增加对污染排放水平的净影响，不仅仅取决于边际损害的收入弹性，而且也取决于基本投入要素与污染排放在创造国民收入过程中的相互替代效应。与中性技术进步效应相同，更高的边际损害收入效应使得污染随着收入水平提高而下降的可能性较大。但是，污染排放水平到底是下降还是上升，关键还是取决于替代效应的大小。

4. 环境库兹涅茨曲线的门槛效应论解释

利用门槛效应模型解释环境库兹涅茨曲线的学术文献较多，这些模型要么基于污染治理门槛，要么基于污染排放政策门槛。由于政治性程序形成的政策门槛效应首先由琼斯和曼纽利（Jones & Manuelli，1995）提出，而由于污染治理而形成的门槛效应可见约翰和皮切里诺（John & Pecchenino，1994）及斯托基（Stokey，1998）的文献。一般而言，门槛效应可能导致污染排放与收入之间关系在经济发展的早期和后期存在非常明显的差别。在经济发展的早期，污染排放可能根本就不受监管，或者说即使有，对污染治理盈利性的影响也微乎其微。结果，在经济发展的早期，污染排放随着产出的增加而不断上升。但当收入水平足够高时，污染治理行动开始出现，污染排放可能随着收入的进一步增长而出现下降。门槛效应模型往往需要消费者偏好或者生产技术符合一定的假设条件，以确保政策或治理门槛被突破以后，随着环境监管政策或者污染治理措施开始实施，污染排放水平能够随之下降。

我们将利用两个不同的模型来说明门槛效用论到底如何解释环境库兹涅茨曲线。第一个模型称之为"污染治理门槛模型"，它是基于斯托基（1998）的研究，立足于污染治理过程的门槛效应；另外一个模型称之为"政策门槛模型"，它立足于政策形成过程中的门槛效应。

（1）污染治理门槛模型。

为了清楚地阐释污染治理门槛效应，我们假设经济系统只生产一种产品 X，因此收入可以表达如下：

$$I = pz^{\alpha}F(K,L)^{1-\alpha} \tag{2.39}$$

其中，$z \leqslant F(K, L)$。其次，我们主要考察要素积累增加推动的经济增长，这样，在不存在污染治理的情况下，污染排放水平随着经济的增长而上升。最后，这里我们采用应用较为普遍的相对风险效用函数：

$$V(p,I,z) = \frac{\left[I/\beta(p)\right]^{1-\eta}}{1-\eta} - h(z), \eta \neq 1 \qquad (2.40)$$

由上述效用函数，边际损害的收入弹性为常数，等于 η。由前面的结论可知，如果企业存在污染治理，当 $\eta < 1$ 时，污染排放随着经济的增长而上升，但 $\eta > 1$ 时，污染排放随着经济的增长而下降。如果我们选择一个对数效用函数，使得 $\eta = 1$，此时边际损害的收入弹性等于 1，污染排放完全不受经济增长的影响。规模效应正好完全被技术效应所对冲。

如果采用收入效应中所用过的简化模型，即只有 X 一种产品，$h(z) = \gamma z$，我们同样可以求出污染排放水平与收入水平之间的关系，如下式：

$$z = \frac{\alpha}{\gamma}R^{1-\eta} \qquad (2.41)$$

在图 2 - 8 中，我们绘出了相对风险效用函数下，污染排放水平与实际收入水平之间的三种关系。随着收入的增加，污染排放要么维持不变，要么单调递增，要么单调递减。在经济中性增长和企业污染治理存在闭析解的情况下，而且效用函数为相对风险效用函数时，环境库兹涅茨曲线不可能存在。因此，如果采用上述设定，我们可以肯定，若仅仅只存在收入效应，不足以促使 EKC 出现。因此，必须借助门槛效应来寻求 EKC 的解释。

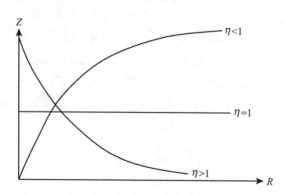

图 2 - 8　污染排放与边际损害的收入弹性

为了推导出 EKC，首先我们必须确定在何种条件下，污染治理不会出现。通过对 (2.39) 式求导，我们可以获得污染治理存在条件下的污染需求曲线：

$$\tau = G_z = \alpha p\left(\frac{F(K,L)}{z}\right)^{1-\alpha} \qquad (2.42)$$

污染曲线是向下倾斜的（z 随着 τ 的下降而上升）。但（2.42）式只有当 $z \leq F$ 时方才成立，因为污染排放不可能超过潜在产出。当 $\tau = \alpha p$ 时，我们有 $z = F$，如果进一步降低 τ，并不会导致污染排放的进一步上升；相反，如果 $\tau < \alpha p$，污染排放税的小幅度增加并不会导致污染排放下降。这就是说，当（2.43）式成立时，企业不会进行污染治理：

$$\tau < \tau^* \equiv \alpha p \tag{2.43}$$

在此条件下，我们有 $z = F$，因此当 $\tau < \tau^*$ 时，污染排放需求曲线是垂直线。在 CRRA 效用函数条件下，污染供给函数由下式给定：

$$\tau^s = -\frac{V_z}{V_I} = \gamma \beta (p)^{1-\eta} I^\eta$$

如果收入水平足够低，当下式成立时，污染供给曲线与垂直的污染需求曲线相交：

$$I < I^T \equiv \left[\frac{\alpha p}{\gamma \beta (p)^{1-\eta}} \right]^{\frac{1}{\eta}} \tag{2.44}$$

此时，污染治理不存在。污染排放正好等于产出，因此正好与名义收入及实际收入成正比：

$$z = F(K,L) = \frac{I}{p} = \frac{\beta(p)}{p} R$$

在此条件下，对环境质量的需求随着收入的增长而增长，但为减少环境污染（边际损害）而愿意支付的对价仍然小于污染治理的边际成本。因此，收入的增长并没有使技术效应能够完全对冲经济增长所带来的规模效应。

然而，一旦潜在产出已经足够高，门槛效应被突破，则污染排放水平取决于企业污染排放治理的内在解。我们可以发现，在经济发展的后期，污染排放水平由（2.41）式所确定。因此，我们有：

$$z = \begin{cases} \dfrac{\beta(p)}{p} R, & pF(K,L) < I^T \\[2mm] \dfrac{\alpha}{\gamma} R^{1-\eta}, & pF(K,L) \geq I^T \end{cases}$$

上式以图形表示如图 2 -9，其中 $\eta > 1$。污染排放水平在收入达到门槛效应的临界点 I^T 时达到最大。在该点以后，如果边际损害的收入弹性足够高，即 $\eta > 1$ 时，污染排放水平逐渐下降。

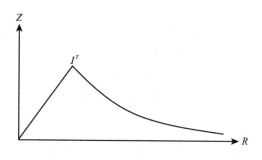

图 2 - 9　污染治理门槛模型

　　上述实例说明了，仅仅只有门槛效应尚不足以充分解释 EKC 现象。即使门槛效应和污染治理行为已经出现，如果 $\eta < 1$，污染排放水平仍然将随着收入的增长而增长，而如果 $\eta = 1$，污染排放水平将维持稳定不变。因此，我们需要如斯托基（1998）那样，假设实际收入的边际效用出现迅速下降。

　　显而易见，基于门槛效应和收入效应的 EKC 解释论具有高度的相似性。两种都高度依赖于经济发展过程污染排放政策能够对收入的变化作出强有力的响应。但是两者对污染水平上升阶段的解释明显不同。门槛效应认为，在该时期，即使污染排放政策逐步加强，私人部门也不会有污染治理行为出现。而收入效应认为，随着污染排放政策趋于严格，污染治理强度将逐步加大。

　　上面所探讨的是经济系统中只生产一种产品的门槛效应模型。如果是多产品模型，污染治理门槛效应在解释 EKC 现象方面就不如一种产品模型那样具有说服力。其理由如下：在不存在任何污染排放监管的情况下，假设经济系统同时生产两种产品。当收入水平较低时，（2.44）式仍然成立，由于不存在污染治理，经济系统的产出量将位于潜在生产可能性边界上。

　　因此，在初始阶段，当 $\tau = 0$ 时，小幅度增加污染排放税并不会导致企业实施污染治理，因为污染治理仍处于门槛效应之下。但是，污染排放税不仅仅影响污染治理，它还影响污染性产品生产成本，这样总产出将沿着潜在产出生产可能性边际移动，使得 X 的产出减少，而 Y 的产出增加。因此，随着污染排放税的增加，X 的产出减少，而 Y 的产出增加。因此，随着污染排放税的增加，X 的产出减少了，这会导致污染排放水平的下降。结果，当经济系统中存在多种产品时，即使不存在污染排放治理行为，污染排放需求曲线也是向下倾斜的。一般而言，污染排放需求曲线向下倾斜的理由有二：技术效应和结构效应。更高的污染排放税将使得污染排放的强度下降或者使得产出向更加洁净的产品转移，从而导致污染排放水平下降。在多产品模型中，即使经济处于污染治理的门槛之下，技术效应不存在，但结构效应仍然会发挥作用。

（2）政策门槛模型。

前面所探讨的污染治理门槛模型表明，污染治理存在门槛效应。但即使在收入水平非常低的情况下，政府仍然有能力利用环境政策影响企业的经济行为，从而对污染排放水平产生影响。因此，很有可能并非是企业的污染治理行为，而是政府的环境政策本身形成了门槛效应。这就是说，收入水平很低或者环境污染问题并不严重都有可能使得政府认为，根本不值得建立环境监管机构对环境污染进行监管。而这可以为 EKC 现象提供一个基本的解释，并且同时适用于一种产品模型和多种产品模型。

假设环境污染监管存在一定的固定成本，就可以很方便地把政策门槛效应引入到模型中。还是采用前面的基本假设，设效用函数由（2.40）式给定，并且经济系统中只生产一种产品 X。

在我们的一般均衡框架中引入固定环境污染监管成本最简单的方法，就是假设环境污染监管服务需要消耗一定的基本投入要素（$\bar{K}$，$\bar{L}$）。在环境污染监管体系存在的情况下，部分投入要素被用于环境监管，此时，私人部门的潜在的产出量可以表示为：

$$F^R \equiv F(K - \bar{K}, L - \bar{L})$$

因此，经济体系为建立起环境污染监管体系而不得不减少的潜在产出量 $\bar{F}$ 由下式决定：

$$\bar{F} \equiv F(K, L) - F(K - \bar{K}, L - \bar{L})$$

最后，为简化符号体系，我们选择单位产出 X，$\beta(p) = 1$。由于经济体系只生产一种产品 X，这意味着实际收入可以简化为：

$$R = x$$

政府拥有两种选择，其一就是支付固定成本，对环境污染进行监管；其二就是放弃环境监管，让污染排放水平完全由需求决定。政府根据典型消费者效用最大化的原则做出自己的选择。为了解决政府的选择问题，我们必须确定每一种选择下的消费者效用。

首先，我们考察政府选择进行环境监管的情况。一旦政府建立起了环境污染监管体系，政府通常的做法就是选择污染需求正好与污染边际损害完全相等的污染排放水平，即

$$G_z(p, K, L, z) = MD(p, R, z)$$

由上式就可以获得监管体系下的污染排放水平 z^R 和产出水平 x^R，以及相应的效用水平 V^R。由 (2.41) 式，此时的污染排放水平可以表示为：

$$z^R = \frac{\alpha}{\gamma} R^{1-\eta} \tag{2.45}$$

把 (2.45) 式迭代到 (2.40) 式，我们可以得到效用函数的表达式：

$$V^R = \left[\frac{1}{1-\eta} - \alpha \right] R^{1-\eta} \tag{2.46}$$

(2.46) 式就是说，效用的大小正好取决于实际收入 R 的大小。

假设 $\eta > 1$。由前述可知，如果要使得污染排放门槛被突破以后出现下降，这一假设是非常必要的。(2.46) 式可以改写成为：

$$V^R = - \frac{1 + \alpha(\eta - 1)}{(\eta - 1) R^{\eta-1}}$$

因此，效用水平随着实际收入的上升而上升。值得注意的是，这里的效用是负数，V 绝对值的减小就意味着效用增加。随着 R 的逐步增加而趋近于无穷大，效用将单调上升而趋近于零。

最后，我们需要确定初始的实际收入水平。此时，实际收入由下式决定：

$$R = z^{\alpha} (F^R)^{1-\alpha}$$

由 (2.45) 式，该式可以改写为：

$$R = \left[(\alpha/\gamma)^{\alpha} (F^{\alpha})^{1-\alpha} \right]^{1/[1+(\eta-1)/\alpha]}$$

实际收入水平由潜在产出和固定监管成本共同决定。显而易见，实际收入水平将随潜在产出的增加而增加。$dR/dF > 0$。这意味着，效用将随着 R 单调上升，如图 2 - 9 所示。

接下来，我们考察政府选择不进行环境监管的情形。此时，不存在污染治理，实际收入水平正好等于潜在产出（$R = F$），并且污染排放正好与产出成正比（$z = F$）。因此，由 (2.40) 式，不存在环境污染监管下的效用（V^N）可以表示为：

$$V^N(p, I, z) = - \left[\frac{1}{(\eta - 1) F^{\eta-1}} + \gamma F \right]$$

V^N 的图形如图 2 - 10 所示。值得注意的是，随着 F 的上升，V^N 首先出现上升，随后开始下降，并且随着 F 的继续上升，在极限情况下，V^N 将趋向于 $-\infty$。

政府根据消费者效用最大化的原则作出是否进行环境监管的选择。如果监管固定成本足够大，在经济发展初始阶段，我们总是有 $V^N > V^R$。但当经济发展到

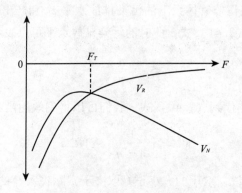

图 2 – 10　政策门槛的形成

一定阶段，随着潜在产出的增长，V^R 会超过 V^N。在这种情况下，设立环境污染监管机构是值得的。我们把能够设立环境污染监管的产出 F 设为 F^T。如果 $F < F^T$，不存在环境污染监管，污染排放水平由（2.45）式确定。如果 $\eta > 1$，污染排放将随着收入的上升而下降。

政策门槛模型中实际收入水平（减去固定监管成本以后的实际收入）与污染排放水平之间的关系可以简洁地表示如下：

$$z = \begin{cases} R, F(K,L) < F^T \\ \dfrac{\alpha}{\gamma} R^{1-\eta}, F(K,L) \geqslant F^T \end{cases}$$

上式的图形如图 2 – 11 所示。在该图中，污染排放水平与实际收入水平之间形成了类似于环境库兹涅茨曲线的图形，但还是与我们前面的环境库兹涅茨曲线存在一定差异。污染排放水平首先随着初始收入水平的上升而出现单调上升。但政策门槛被突破以后，环境污染水平出现了离散型的下滑。实际收入水平之所以出现离散型下滑是因为企业必须要把部分资源用于污染治理，使得净产出低于潜在产出。此外，政策门槛模型还具有超调的现象。当实际收入水平和污染排放水

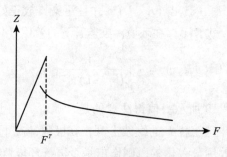

图 2 – 11　政策门槛效应模型

平都达到顶点以后，一旦政府决定对环境污染进行监管，它们都出现了快速下滑。最终，随着 F 的持续扩张，实际收入水平超过了其原有的顶点，而环境污染水平则持续下降。

与污染治理门槛相似，仅仅依靠政策门槛效应模型尚不足以对 EKC 现象作出解释。如果边际损害的收入弹性小于或者等于 1，在政策门槛效应突破以后，环境污染水平仍将继续上升。门槛效应解释论依赖于政策对收入增长具有很强的响应，只有这样才能够确保在收入突破一定门槛以后，污染排放水平持续下降。

比较两种门槛效应解释论，两者都认为，在初始阶段企业不存在污染治理行为，随着污染治理行为的出现，污染排放水平开始下降。但是，政策门槛模型认为，除非收入达到了足够高的程度，否则环境监管政策不会出现；而在污染治理门槛模型中，环境监管政策自始至终都存在。结果，在政策门槛模型中，政策门槛被突破以后，污染排放水平出现了离散型的下降；而在污染治理模型中，污染排放水平的下降是平滑的。

两种模型的另外一个重要区别在于，政策门槛模型能够很自然地推广到多种产品的模型中，而污染治理门槛则不能。在政策门槛模型中，污染监管固定成本的存在，排除了低收入阶段污染监管政策存在的可能性。因此，即使存在多种产品，除非政策门槛被突破，否则，由于收入增长引起的规模效应不会被技术效应和结构效应所抵消。而在污染治理门槛模型中，由于多种产品的存在，收入增长引发的污染排放税的上升，会诱发结构效应，从而会抵消经济增长引起的规模效应。

二、环境库兹涅茨曲线的验证

在对环境库兹涅茨曲线是否存在这个问题，许多学者进行了实证分析，其中不少研究结果证实了环境库兹涅茨曲线的存在，比如沙菲克和班德亚帕德耶（1992），纳约特（1993），塞尔登和桑（1994），克罗珀和格里菲斯（1994），格罗斯曼和克鲁格（1995），麦康奈尔（1997），默姆和昂鲁（1997），德布鲁因等（1998），罗思曼（1998），苏瑞和查普曼（1998），R. 施马兰西（1998），加里尔蒂和兰策（1999）和萨克斯等（1999）等等。他们对人均收入与不同的环境损害指标进行了分析，沙菲克和班德亚帕德耶的实证结果表明二氧化硫（SO_2）和悬浮颗粒物（SPM）的排放状况随人均收入的增长先恶化而后改善，而纳约特（1993）和克罗珀和格里菲斯都发现森林遭受破坏（Deforestation）的程度与人均收入呈倒 "U" 型曲线。塞尔登和桑（1994）则对 SO_2，氧化氮（NO_x），钴

（Co）和 SPM 四种空气指标进行分析并证实了环境库兹涅茨曲线的存在。施马兰西（1998），加里尔蒂和兰策（1999）都验证了二氧化碳（CO_2）排放状况与人均收入之间的倒"U"型关系。

上述的研究结果虽然都表明了环境库兹涅茨曲线的存在，但是也有一些学者的实证分析并不支持环境库兹涅茨曲线假说。

（1）指标问题。目前的实证研究大多选择的是单一的污染物指标，而对能够衡量环境质量状况的综合指标没有考察。随着经济的发展以及经济活动的变化，环境污染物也发生了相应的变化，即可能从一种污染物转向另外其他形式的污染物。因此，虽然监控到的部分指标有下降趋势，但是并不代表整个环境水平得到了改善。比如说麦克－吉利夫雷（Mc-Gillivray，1993）考察了 22 个 OECD 国家，并通过建立在 12 种环境指标基础上所得到的综合环境指标，发现环境质量与收入之间并没有明显的相关关系。

（2）数据问题。由于资料的缺乏，EKC 的实证研究最主要的问题就是缺乏可以衡量环境指标的良好数据，现有的研究样本存在较大的局限性。样本的时间序列不长，即环境数据比起经济数据来说要少得多，即使是在有比较长的时间序列的 OECD 国家，有系统记录的环境数据也是从 20 世纪 70 年代开始的。对于一些发展中国家，其环境数据还可能存在有数据不可靠的问题；样本数据所涉及的地区范围不大，研究针对的大多是不同地区之间的污染指标的横向比较，而不是在同一地区的前提下所做的纵向比较，这就使得对环境库兹涅茨曲线的研究不具有确定性。比如，M. 桑德和德布鲁因（Sander, M. & De Bruyn）通过对 20 世纪 60 年代中期至 90 年代的西德、挪威、美、英四国的人均收入与 SO_2、NO_x 和 SO_2 之间进行相关分析，研究结果表明在 60 年代至 80 年代期间，这些国家呈现出倒"U"型的环境库兹涅茨曲线特征。但是从 90 年代开始，由于污染物的排放量有所上升，使得曲线又演变成"N"型。因此，他们认为，环境库兹涅茨曲线假说中，在人均收入达到一定水平后环境质量将有所改善的结论是不成立的。

（3）峰值问题。目前实证研究大多是针对水环境指标以及空气质量指标，虽然大部分指标随着经济的增长有先恶化后改善的趋势，但是研究计算出的曲线峰值却有很大的差异。例如有研究结果表明，CO_2 以每单位资本排放量与人均收入之间的峰值点预计在人均收入为 800 万美元的时候，这显然使得研究结果失去了说服力。

（4）估计方法问题。对于建立在面板数据基础上的模型，绝大部分没有对其进行单位根检验，而对于建立在截面数据上的模型，大部分没有进行异方差检验。例如，珀玛奈特和斯特恩（Permanent & Stern，2003）采用 31 年间 74 个国家的数据，并且使用了协整的分析方法。他们认为在协整的条件下，如果 EKC 假设成立，那么 EKC 将成为一种长期的均衡关系，但是对于面板数据和单个数据的协整检验都质疑了 EKC 假设。因此，他们认为对于 EKC 这个概念来说，还是存在很多疑问的。

三、环境库兹涅茨曲线的研究动向

目前国内外学者关于环境库兹涅茨曲线的实证研究主要集中在考察单一环境污染指标与经济增长的关系。根据现有的研究成果可知，由于变量指标的选取，数据的处理以及计量方法的不同，使得有关经济增长与环境污染水平关系的研究所得出的结论差异很大，研究得出的具体曲线形状各异，有"U"型、"N"型、"S"型、倒"U"型、倒"N"型、单调递减型和单调递增型等，反映了不同阶段或是不同区域的经济增长与环境质量之间的关系有很大的差别。并且从国外研究来看，针对某一国家的研究成果比跨国研究成果更具有解释意义和有效性。

根据 EKC 假说，在经济增长的前期，经济增长与环境质量目标是矛盾的，伴随着经济增长环境质量下降；而在经济增长的后期，经济增长与环境质量表现出正相关关系，人们收入增加有利于环境质量的改善。不过，在 EKC 假说的基础上，现在的研究开始更多转向关注如何削低倒"U"型曲线峰值的问题。

在一定程度上，被破坏的环境具有自我净化和自我恢复的能力，但是污染和环境退化超过一定限度，自然生态系统将崩溃，受破坏的环境再不能恢复到原来的状态，这一限度称为生态门槛（Eco-threshold）。生态门槛对 EKC 曲线假说的意义在于，如果经济增长过程中环境严重退化，超过了生态门槛，则在更高的收入水平上环境质量也无法好转。因此，人们需要降低经济增长过程中环境退化的程度，也就是要削低 EKC 曲线的峰值。市场失灵和公共政策失误是引起环境退化的主要原因，前者的表现主要有自然资源的产权不清、环境外部性等；后者的表现主要是对资源使用和污染行为的补贴，如对化肥和能源使用的补贴、对木材开采行为的补贴等。潘纳约托认为，清晰界定资源产权、取消环境有害的补贴、通过环境政策将环境外部性内部化等政策有助于纠正市场失灵和政策失灵，降低经济增长的环境成本，从而可能使 EKC 曲线的峰值降低到生态门槛以下的水平。

第3章

中国贸易增长与环境损害
关联性研究

改革开放以来，我国对外贸易在体制、规模、对外依存度以及贸易地理方向等方面都取得了长足的进步和巨大的成就，然而在对外贸易高速发展的同时，多种直接或间接破坏环境资源的问题，如非清洁技术输入、危险废物入境转移、濒危物种跨国交易和生物多样性丧失等渐渐凸显。本章我们将在这一理论基础上，借助多种实证分析方法，系统研究我国进出口贸易及FDI与我国环境损害之间的关系，并以中国造纸业为例，分析了我国产业贸易与环境损害的相关性。在此基础上，由于我国各区域经济发展存在差异性，不同区域经济发展水平不同，环境状况也相异，为了排除此种差异对贸易环境损害关系分析的干扰，我们又根据经济发展水平把我国分成四个区域，并对不同区域内环境损害与经济发展之间的关系分别进行EKC分析。通过这些实证分析，找到我国贸易增长与环境损害之间的内在关系，估计各区域EKC曲线性态以及当前经济环境状况在EKC曲线上的位置。

第1节 文献综述

关于贸易所产生的环境后果，国际学术界的争论比较激烈，无论是在理论研究上还是实证分析中都没有共识，形成了两种截然不同的观点：一种观点认为，贸易自由化加剧了环境的恶化。科普兰和泰勒（1994，1997）利用了南—北模型对贸易的结构、规模和技术效应进行分析。研究表明，如果对清洁环境需求的增长速度超过收入的增长速度，从理论上讲，正的技术效应可以抵消负的规模效应。对于北方国家来说，结构效应为正，因此贸易减轻了北方国家的环境损害。而在南方国家中，负的规模效应和结构效应会超过技术效应对环境的影响，从而贸易加剧了南方国家的环境损害。埃斯蒂和格瑞丁（Esty & Geradin，1997）指出伴随着各国贸易摩擦的减少，发展中国家因为较低的环境标准和松弛的环境管制手段，会成为更多的污染避难所，从而使环境恶化。罗克（Rock，1996）发现，产品的有害物质密集度与贸易开放度成正相关关系，从而得出贸易自由化加剧了发展中国家污染的这一观点。

另一种观点认为，贸易自由化为发展中国家提供采用新技术的动机和机遇，促使其实现清洁或绿色生产，进而提高了环境质量和可持续发展的能力。一般认为，贸易自由化对环境的影响可以通过三种效应来分析，即规模效应、结构效应和技术效应。巴格瓦蒂（Bhagwati，1993），格罗斯曼和克鲁格（Grossman & Krueger，1993）发现当收入达到某个水平后，结构效应与技术效应的总和将超过规模效应，贸易自由化在长期对环境质量的改善是有帮助的。在开放经济条件下环境损害问题研究中最有代表性的是安特维勒等（2001）的研究。他们创建了环境损害与自由贸易关系的一般均衡理论模型：假设一个小经济开放体内生产两种产品，一种为产生污染的资本密集型产品；另一种为不生产污染的劳动密集型产品。污染品生产者以生产部分污染品的投入用来减污；消费者的偏好是同质的，其对污染的边际效用是不变的；政府征收排污税，但其实际征收的排污税税率是最优税率的增函数，且实际税率小于最优税率。在生产者利润最大化和消费者效用最大化条件下，从污染定义出发，并引入贸易，推出该经济体的污染是由规模效应、结构效应、技术效应三种效应构成。并由此得出贸易自由化有益于环境保护的结论，即一国的贸易限制越少，环境损害就越少。

一、贸易增长与环境损害

贸易自由化是否是环境损害的罪魁祸首？中国不少学者对此展开了深入的研究。许士春（2006）采用安特维勒、科普兰和泰勒（2000）创建的模型把污染引入了标准的贸易模型中，得出了出口的增长增进了中国环境恶化的结论，并且指出不同行业产品出口对环境的影响程度不同。叶继革、余道先（2007）通过对中国主要出口行业污染物排放的实证分析，得出了日渐扩大的贸易活动与环境损害的加剧有密切关系的结论。朱启荣（2007）利用计量经济学方法研究中国出口贸易与环境损害、环境规制之间关系的结果显示，中国出口贸易规模的迅速扩大对环境造成了一定的负面影响，即出口规模与工业污染排放量呈正相关关系。吴蕾、吴国蔚（2007）利用一些统计数据，计算了我国进出口贸易中的环境成本，也得到出口增长加重了对环境损害的结论。但也有不少学者认为贸易自由化有利于环境保护。张连众等（2003）通过建立贸易与环境损害关系的一般均衡理论模型，将贸易自由化对我国环境损害的规模效应、结构效应和技术效应进行了定量分析，结果表明贸易自由化对环境保护起到积极作用。杨海生等

（2005）选取相关数据探讨贸易、FDI 对我国 EKC 的影响，得出积极发展对外贸易将有助于改善我国经济增长带来的环境损害问题的结论。

其实，贸易自由化对环境的影响有利有弊，不能片面地说贸易自由化一定加剧了环境损害，也不能说贸易自由化就肯定对环境起着促进作用。格罗斯曼和克鲁格（1991）最早提出贸易的环境效应，它是指与贸易相关的经济活动对自然环境产生的综合影响。一方面，国际贸易通过促进一国经济增长，实现收入增加，从而使该国有能力增加其环境保护投入，同时由于贸易增加了外汇收入，使该国有能力进口国外的先进环保技术与设备，从而对本国环境质量的改善和提高起到一定的促进作用；另一方面，国际贸易也促进了各国经济规模的扩张，加速了对自然资源的开发与利用，并扩大了消费规模，从而加快自然资源与环境退化的速度，即对外贸易对环境既有正面影响，又有负面影响。并且在对 NAFTA 贸易的环境影响研究中，将国际贸易对环境的影响分解为规模效应、结构效应和技术效应三个方面，建立了贸易的环境效应分析的基本框架：

（1）规模效应。经济活动规模扩大将提高自然资源的使用水平和环境损害程度，在产业结构和资源使用效率一定时，贸易对环境的规模影响为负。如果存在市场失灵，如产权结构不清晰、无偿使用生态系统、不能内化的外部性以及缺乏公共产品，这种负效应会更大；政策失灵，如对能源补贴，会进一步加剧贸易的规模效应。

（2）结构效应。国际贸易促进了专业化分工，使一国的产业结构与其比较优势相适应，将会促进在清洁生产方面具有比较优势的国家产业更为清洁，反之，则更具污染性。经济发展水平越高，贸易越能使经济结构向污染降低的方向转化，并加速从工业向服务业转移。

（3）技术效应。对外贸易为解决特定环境问题的技术和服务的全球性扩散创造了机会，使环境保护技术得到更广泛的传播和使用，但也可能使大规模开采资源、破坏环境的技术得到广泛使用，如果有害环境的技术更具有经济效率，就会替代传统的环境友好技术，从而产生环境的负效应。

沿着这一思路，不少学者进行了相关研究，分别考察各个效应的影响效果，得出贸易对环境损害总影响。史蒂文斯（1993）等把贸易自由化对环境的影响归结为三个主要方面：规模效应，反映经济活动的规模变化；结构效应，代表被生产商品束的变化；技术效应，体现产业生产技术的改变。他认为贸易活动不是环境问题的根源，并且贸易自由化可以为环境保护增加资金投入，提高技术水平，以及促进资源的有效配置。科普兰和泰勒（1994，1997）利用了南－北模型对贸易的结构、规模和技术效应进行了分析。研究表明，如果对清洁环境需求的增长速度超过收入的增长速度，从理论上讲，正的技术效应可以抵消负的规模效应。由于对于北方国家来说，结构效应为正，因此贸易减轻了北方国家的环境损害。而在南方国家中，负的规模效应和结构效应会超过技术效应对环境的影响，从而贸易加剧了南方国家的环境损害。K. C. 冯和安德丽娅·M·梅克勒（K. C. Fung & Andréa M. Maechler, 1999）则搭建了一个标准的产业内贸易模型，在单边贸易、多边贸易的情况下分别分析了本地污染、跨境污染和全球污染的影响程度。

中国学者在贸易的环境效应相关问题上也进行了研究，但是相关文献相对较少。柴（Chai, 2002）将中国制造业污染总水平用制造业各部门出口占总出口比例、各部门的污染密集度及总出口的加乘表示，而后根据它们的导数分别分解出三种效应。中国学者王慧炯、甘师俊、李善同等（1999）也提出了污染分解模型将工业生产的排污量分解成四个部分。凌亢（2001）等利用王慧炯分解模型对1996～1998年南京市工业规模、结构、技术水平与工业污染的关系进行了研究分析，分解了工业污染的来源。中国学者党玉婷（2007）等则借鉴柴（2002）的分析方法对中国1994～2003年期间对外贸易的环境效应进行了研究，结果表明，中国对外贸易对环境的技术效应和结构效应为正，但是由于较大的负规模效应，故总效应仍为负。本章第2节正是基于前人研究的基础之上，试图通过对中国出口贸易造成的环境效应进行分解分析，以期对相关部门制定经济贸易政策和环保政策提供参考。

二、外商直接投资与环境损害

迪恩·朱蒂（Dean Judy, 1992）的"污染避难所假说"较好地解释了国家间污染产业转移的根源。说明污染密集型产业会从环境成本内部化程度高的国家迁移到低的国家，从而使实施较低环境标准的国家成为世界污染和污染密集型产业的"避难所"。日本学者小岛清（1987）认为，日本企业的对外直接投资是从本国已经处于或即将处于比较劣势的产业开始，而这些产业在发展中国家却具有比较优势，这种投资扩散效应大，不但发展了当地的劳动密集型产业，增加出口，而且为东道国提供了大量的就业机会和人才，实质上等同于支持以直接投资形式转移污染密集型产业。

一些学者使用中国数据，对外资在中国污染产业的分布情况进行了实证研究。夏友富（1999）认为，外商投资企业在中国污染产业尤其是高污染密集型产业占有相当大的比重，具有明显的污染转移倾向。赵细康（2003）认为，在整体上，外商投资在中国未呈现出大规模的污染产业转移倾向，外商投资只在纺织印染、皮革毛皮羽绒及制品、橡胶、塑料、电镀、医药、机电工业中的部分行业以及火力发电等产业中具有污染转移倾向，而这些大部分是污染密集产业的边际产业。中国学者应瑞瑶（2006）在"污染避难所"的理论基础上，利用实证分析对外商直接投资与环境问题的关系进行了研究，结果表明，在中国外商直接投资是工业污染的格兰杰原因，各地区外商直接投资的相对水平与工业污染程度正相关。党玉婷（2007）以中国制造业为例，运用格罗斯曼和克鲁格的分析方法对外贸环境的效应进行了研究，结果表明，中国对外贸易对环境影响的结构效应和技术效应为正，但是由于存在较大的负规模效应，所以总效应仍为负，进出口贸易总体上恶化了中国的生态环境。本章第 2 节将在前人的研究成果之上，对中国制造业贸易增长与制造业污染物排放的关系进行进一步的分析。

改革开放以来，外商直接投资（FDI）在我国国民经济中占据了重要地位。著名咨询机构 OCOGlobal 在 2008 年 3 月 4 日发布的年度报告中称，2007 年全球外商直接投资增长 5.1%，达到 9 468 亿美元，中国大陆仍是外商直接投资最青睐的目标，总计吸引 904 亿美元的外资，印度和美国分别排在第二位和第三位。FDI 的引进促进了我国的技术进步，增强了我国的出口竞争力，极大改善了我国的经营和管理机制，同时还弥补了资本的缺乏，对我国的经济发展起到了积极作用。但另一方面，一些外商将国外淘汰的、严重污染环境并被禁止使用的产品、技术和设备通过投资方式转移到我国，而且有些外企不重视环境管理，在生产的过程中严重污染环境。中国学者夏友富（1999）通过一些工业产值与环境损害数据，并结合实际的案例分析，提出要制定与完善一系列有利于与外商投资与环境保护协调发展的政策法规，并建立高污染密集产业特别控制区等建议，其实也就表明承认了外商直接投资在有利于经济发展的同时也面临着环境损害转移问题。应瑞瑶等（2006）利用格兰杰因果检验对 FDI 与环境问题的关系进行分析，结果表明 FDI 是工业污染的格兰杰原因。李国柱（2007）则利用面板因果关系检验分析了外商直接投资与环境损害的因果关系，发现我国确实存在污染避难所的证据。有关这方面的研究文献，还可以参见兰天（2004）、杨海生（2005）、吴玉鸣（2006）以及沙文兵（2006）等的论述。

综合目前国内外的研究成果来看，对污染的问题较多集中在 FDI 或贸易对其影响的范围内。因此，将 FDI 引入贸易引起的环境损害问题中将会对环境损害问题有更加全面的认识。绝大多数文献在考察环境损害与贸易、FDI 之间的关系时，往往因为忽略了环境变化对贸易、FDI 的反向作用而造成变量内生性偏差。一种解决方法就是利用联立方程组估计法，这种方法的理论优点是对一个方程内由随机误差项与某些解释变量的相关所造成的回归参数估计量的偏倚给予了充分的注意与考虑，从而提出工具变量法、两段最小二乘法、有限信息极大似然估计法等估计方法。这种建模方法用来研究大型复杂的宏观经济问题以及用来做政策分析和预测，有些模型甚至包括上万个内生变量。但是在实际中这些模型的预测效果并不令人十分满意。联立方程模型的疑问一方面主要集中在零约束的假定条件以及对变量进行内生与外生的划分上。为达到可识别的目的就要对变量实行零约束。当模型不可识别时,通常是加入一些额外的不同变量于不同的方程中从而满足识别条件,这些新加入变量的解释能力有时是很弱的。如果变量是非平稳的,则违反了假定条件。这也是造成预测效果不佳的原因之一。另一方面,虽然联立方程组估计法能够通过同时估计多个方程组从而减少了变量的内生性偏差,但现实分析中很少能够找到同时建立多个方程组所需的理论基础,而且某一方程的估计偏差往往会严重到导致整个模型估计出现较大偏差。

另一种方法则是由西姆斯(Sims)在1980年提的利用向量自回归(VAR)模型,利用模型中所有当期变量对所有变量的若干滞后变量进行回归。VAR模型用来估计联合内生变量的动态关系,而且不带有任何事先约束条件,所以它可以较少的受到现有理论的约束。

三、中国区域贸易增长与环境损害

中国作为发展中的大国,在开展对外贸易中也主要采取比较优势的贸易发展战略。在这样的战略指导下,从改革开放至今,中国的经济和贸易都取得了较快速的发展。1985年中国进出口总额仅2 066.7亿元,到2005年达到116 921.8亿元,增长了56倍,年均增长高达16.9%,从世界第11位上升至世界第3位,占世界贸易的比重达6.2%(见图3-1)。

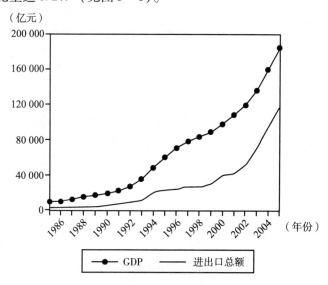

图 3-1 中国 GDP 与进出口总额

　　然而在对外贸易特别是出口贸易高速发展的同时，大部分出口行业的工业废水排放量、废气排放量和固体废物排放量等不断增加。2006 年，中国的工业废气排放量与工业废水排放量分别为 330 992 亿立方米和 218 亿吨。环境损害问题日趋严重，各污染指标近几年均呈现出上升趋势（见图 3 - 2 ~ 图 3 - 4），与贸易增长表现出正的相关关系。

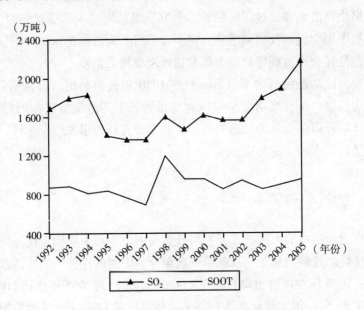

图 3 - 2　中国工业 SO_2 与工业烟尘排放

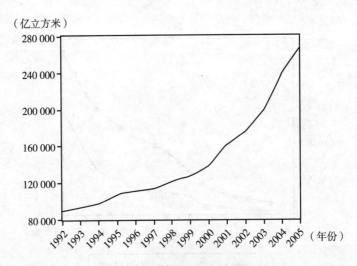

图 3 - 3　中国工业废气排放量

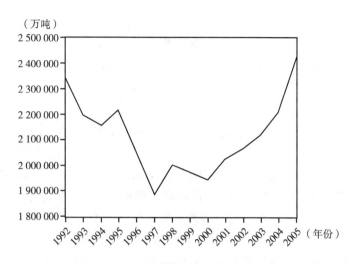

（万吨）

图3-4 中国工业废水排放量

国内关于经济区域划分问题的研究较少，多数文献在现有区域划分的基础上研究问题不可避免地存在局限性。因此，合理的区域划分对研究经济问题起着至关重要的作用。俞纯权（1995）选取国民生产总值、国民收入等10个经济指标对中国30个省、市、自治区的经济发展水平进行分类、排序，给出了初步的统计分析，将中国30个省、市、自治区分为三类，分别是：加工型经济区、加工主导型经济区和资源开发加工混合型经济区，为合理划分地区经济类型提供了一定的参考。杨茜（2005）利用多元统计分析中主成分的分析方法，分别对我国31个地区的经济发展和环境损害状况进行评价，并根据两组主成分给出了经济发展与环境损害的综合得分，通过对两组综合得分的聚类分析，将全国31个地区划分为四类，并对四类地区的综合状况给出了合理解释。类似的研究大多采用截面数据分析区域的经济发展水平情况，却对区域动态的发展关注不够。

乔峰、姚俭（2001）利用时序全局主成分分析法对中国1956～1982年的经济发展作出了动态的描绘，构造的综合评价模型的曲线对中国经济发展的描述与中国实际情况基本吻合。雍月红、李松林（2005）利用时序全局主成分分析法对从地理空间和时间变化的角度动态描述区域经济差异，并对内蒙古各盟市区域经济发展水平的现状进行分析评价，得到与实际情况非常一致的结果。[1]

朱建平、陈民恳（2007）探讨了多元统计方法在面板数据上的运用，介绍了面板数据的统计描述方法，构造了面板数据之间相似性的统计指标，并在此基

---

[1] 时序全局主成分分析方法是时序分析和全局主成分分析方法的结合，在经典主成分分析的基础上，以一个综合变量来取代原有的全局变量，再以此为基础描绘出系统的总体水平随时间变化的轨迹。

础上提出了面板数据聚类分析的有效方法。中国各个省份之间经济、贸易增长与环境损害之间存在差异，并且随着时间的推移，各个地区污染的排放也会不同，因此与单纯利用时间序列或截面数据相比，面板数据的引入更能综合体现环境损害与经济增长的关系。

第 2 节　出口增长与环境损害相关性分析

1978 年，我国出口贸易额仅为 97.5 亿美元，到 2006 年，我国贸易出口额为 9 689.36 亿美元，比 1978 年增长了 99 倍。然而，在出口贸易增长的同时，环境损害问题也日益严重。本节我们借鉴王慧炯分解模型，以 18 个主要的制造部门作为研究对象，选取 2003 ~ 2006 年间的历史数据，对由于出口引起的污染排放量进行分解，研究出口规模扩大、出口结构变化、环境技术水平提高等因素对环境的影响。

一、计量模型、变量与数据

1. 模型

我们以部门出口值表示中国出口贸易的规模，以出口部门结构表示中国制造业的出口结构，以单位出口产生的排污量表示制造业生产中的环境技术水平，为了定量的研究中国出口贸易与制造业排污量之间的关系，对王慧炯分解模型稍加变动，以制造业出口值表示制造业贸易的规模，以制造业部门出口所占比例表示制造业出口的部门结构，以单位出口值产生的排污量表示制造业贸易中的环境技术水平。

排污量 P 可以表达如下：

$$P = \sum_i e_i \theta_i = E \sum_i \gamma_i \theta_i$$

报告期与基期相比，排污量的增量为：

$$\Delta P = P_t - P_0 = E_t \sum_i \gamma_{it} \theta_{it} - E_0 \sum_i \gamma_{i0} \theta_{i0}$$

对上式作数学变换便可以得到：

$$\Delta P = (E_t - E_0) \sum_i \gamma_{i0} \theta_{i0} + E_0 \sum_i (\gamma_{it} - \gamma_{i0}) \theta_{i0} + E_0 \sum_i \gamma_{i0} (\theta_{it} - \theta_{i0})$$
$$+ \left[(E_t - E_0) \sum_i (\gamma_{it} - \gamma_{i0}) \theta_{i0} + (E_t - E_0) \sum_i \gamma_{i0} (\theta_{it} - \theta_{i0}) \right.$$
$$\left. + (E_t - E_0) \sum_i (\gamma_{it} - \gamma_{i0}) (\theta_{it} - \theta_{i0}) \right]$$

从上式可以看到，排污量可以分解成四个部分：

第一部分：$(E_t - E_0) \sum_i \gamma_{i0} \theta_{i0}$，表示在保持基期制造业部门出口结构和各部门出口额排污量都不变的情况下，报告期由于制造业出口规模扩大导致的污染量的增加。

第二部分：$E_0 \sum_i (\gamma_{it} - \gamma_{i0}) \theta_{i0}$，表示在保持基期单位出口值排污量不变的情况下，基期制造业出口规模分别按报告期制造业部门出口结构和基期制造业部门出口结构变化导致的排污量的变化。

第三部分：$E_0 \sum_i \gamma_{i0} (\theta_{it} - \theta_{i0})$，表示在保持基期制造业部门出口结构水平不变的情况下，基期制造业出口规模分别按报告期单位出口值排污量和基期单位出口值排污量计算的排污量的差值，它反映了在基期规模和部门出口结构下，由于环境技术水平变化导致的出口排污量的变化。

第四部分：$\left[(E_t - E_0) \sum_i (\gamma_{it} - \gamma_{i0}) \theta_{i0} + (E_t - E_0) \sum_i \gamma_{i0} (\theta_{it} - \theta_{i0}) + (E_t - E_0) \sum_i (\gamma_{it} - \gamma_{i0})(\theta_{it} - \theta_{i0}) \right]$ 是交叉项，反映的是制造业出口值的增量由于部门出口结构变化和环境技术变化产生的排污量的变化量。

2. 数据说明

模型涉及制造业的 18 个主要部门，其工业总产值来源于《中国统计年鉴》（2004～2007 年）中全部国有及规模以上非国有工业企业，行业出口也取自《中国统计年鉴》（2004～2007 年）中进出口货物分类金额；2003～2007 年分行业污染物排放数据来自《中国环境年鉴》。这些数据涵盖 24 个主要制造行业：食品加工制造业（食品加工业、食品制造业），饮料制造业，烟草制品业，化学原料及化学制品制造业，塑料制品业，橡胶制品业，皮革毛皮羽毛（绒）及其制品业，木材加工及木竹藤棕草制品业，造纸及纸制品业，纺织业，纺织服装、鞋、帽制造业，非金属矿物制品业，水泥制造业，黑色金属冶炼及压延加工业，有色金属冶炼及压延加工业，交通运输设备制造业，机械、电气、电子设备制造业（通用设备制造业、专用设备制造业、电气机械及器材制造业、通信设备、计算机及其他、电子设备制造业、仪器仪表及文化、办公用机械制造业）。之所以将部分行业合并，是因为考虑到行业污染物排放的数据与行业出口数据的匹配问题。

二、检验结果与分析

1. 单位出口值排污量分析

根据上述模型所示，分解出口而导致的环境排污量的关键是求出单位出口值排污量，而计算单位出口值排污量又必须计算出部门因为出口而造成的污染，我们定义公式（3.1）衡量部门因出口而造成的污染：

$$p_i = c_i \times (e_i / y_i) \tag{3.1}$$

p_i、c_i、e_i 和 y_i 分别表示各部门的出口引发排污量、部门总排污量、部门出口值与部门生产总值。我们以 2003 年和 2006 年中国各部门的工业总产值、行业出口值与行业污染排污量的数据测算单位出口值排污量，如表 3 - 1 所示。

表 3 - 1　　　　　　　　2003 年、2006 年中国行业单位出口值排污量

行　业	2003 年单位出口污染值			2006 年单位出口污染值		
	废水（万吨/亿美元）	废气（亿立方米/亿美元）	固体（万吨/亿美元）	废水（万吨/亿美元）	废气（亿立方米/亿美元）	固体（万吨/亿美元）
食品加工业、制造业	125.09	3.24	0.89	62.17	1.53	0.82
饮料制造业	123.92	2.97	0.17	115.13	4.62	1.67
烟草制品业	16.47	1.18	1.96	7.09	1.01	0.10
化学原料及化学制品制造业	280.12	10.74	0.23	131.35	7.53	3.97
塑料制品业	6.33	0.51	6.64	4.23	0.71	0.06
橡胶制品业	43.28	3.02	0.21	17.49	1.98	0.28
皮革毛皮羽毛（绒）及其制品业	47.70	0.43	0.50	39.18	0.47	0.11
木材加工及木竹藤棕草制品业	57.12	4.10	0.08	17.19	2.90	0.44
造纸及纸制品业	1 043.30	11.00	0.15	594.57	8.57	2.53
纺织业	151.36	2.60	0.04	103.33	2.01	0.35
纺织服装、鞋、帽制造业	12.72	0.44	0.11	17.76	0.27	0.08
非金属矿物制品业	69.06	57.99	2.08	29.37	44.42	2.88
黑色金属冶炼及压延加工业	146.78	27.99	2.84	49.33	23.19	9.17
有色金属冶炼及压延加工业	73.75	23.08	0.20	20.24	10.35	3.43
交通运输设备制造业	30.12	1.29	0.05	10.08	1.13	0.22
机械、电气、电子设备制造业	14.20	0.69	0.18	7.57	0.59	0.06
医药制造业	102.80	4.63	0.83	68.50	1.41	0.41
水泥制造业	121.16	141.20	66.95	58.15	95.56	4.99

注：污染指标分别选取工业废水排放总量、工业废气排放总量、工业固体废物产生量。为了具有可比性，2006 年出口值根据 CPI 平减。

资料来源：由 2003 ~ 2007 年《中国统计年鉴》、《中国环境年鉴》计算得出。

中国行业单位出口值排污量最高的行业依次是造纸及纸制品业、水泥制造业、化学原料及化学制品制造业、黑色金属冶炼及压延加工业。① 在水污染方

---

① 将废水、废气、固体废物单位出口额排污值加总可以得出该行业单位出口额总排污值。

面，单位出口值排污量最高的部门是造纸及纸制品业；在废气污染方面，单位出口值排污量最高的部门是水泥制造业；在固体废物产生方面，单位出口值排污量最高的是水泥制造业。2003～2006年期间，纺织服装、鞋、帽制造业的单位出口值排污量出现了上升趋势；饮料制造业的单位出口值排污量基本保持不变，其他部门的单位出口值排污量均有所下降。

2. 出口结构变化分析

2003～2006年，这18个部门的平均出口额占我国产品出口额的87.70%。从表3-2可以看到，水泥制造业近几年出口比重增幅有所增大，相比2003年，2006年水泥出口比重增幅为207.08%，但是出口所占比重仍然很小；黑色金属冶炼及压延加工业与橡胶及其制品增加幅度也较大，分别为80.11%与29.51%；出口比重下降幅度较大的依次是烟草制造业和皮革毛皮羽毛（绒）及其制品业；单位出口值排污量较大的纺织原料及纺织制品、化学工业及其相关工业的产品以及有色金属冶炼及压延加工业等部门出口比重都有了不同程度的下降。机械、电气、电子设备制造业和交通运输设备制造业等部门出口所占份额在此期间继续保持上升，比重占18个部门出口总和的57.06%。

表3-2　　　　　　　2003年、2006年中国制造业部门出口比重　　　　单位:%

行　业	2003年出口比重	2006年出口比重	出口比重变化
食品加工业、制造业	1.46	1.24	-15.10
饮料、酒及醋	0.16	0.13	-21.76
烟草、烟草及烟草代用品的制品	0.13	0.07	-48.80
化学工业及其相关工业的产品	4.85	4.41	-9.06
塑料及其制品	2.61	2.60	-0.60
橡胶及其制品	0.67	0.87	29.51
皮革毛皮羽毛（绒）及其制品业	3.03	1.80	-40.68
木材加工及木竹藤棕草	1.14	1.16	1.47
造纸及纸制品业	0.79	0.81	1.57
纺织原料及纺织制品	19.21	16.14	-15.97
纺织服装、鞋、帽制造业	4.09	3.07	-25.03
非金属矿物制品业	1.82	1.82	0.04
黑色金属冶炼及压延加工业	3.37	6.07	80.11
有色金属冶炼及压延加工业	3.21	2.10	-34.47
交通运输设备制造业	4.08	4.49	9.99
机械、电气、电子设备制造业	48.58	52.57	8.22
医药	0.75	0.52	-29.93
水泥	0.04	0.14	207.08

注：由于数据的可获得性以及便于比较，这里部门出口比重值为该部门在这18个部门中所占的比重。

资料来源：由《中国统计年鉴》2003年、2006年中国制造业部门出口比重部分数据计算得出。

3. 由出口导致的污染量分解分析

我们对出口造成的污染排放量进行分解，共分为四个部分，分别是出口规模、出口结构、环境技术水平与交叉项对污染增加量的贡献（见表3-3）。

表3-3　　　　　　　　　　　　出口污染来源分析

	废水（万吨）	废气（亿立方米）	固体废物（万吨）
2003 年	280 975.00	17 170.30	1 884.40
2006 年	331 278.50	32 227.05	8 661.06
2006 年比 2003 年增加	50 303.50	15 056.75	6 776.66
出口规模增加对污染增加量的贡献	348 287.60	21 273.29	2 321.26
出口结构变化对污染增加量的贡献	-11 039.00	2 009.75	511.76
技术进步对污染增加量的贡献	-121 082.60	-4 774.14	1 287.16
交叉项的贡献	-165 676.19	-3 401.56	2 717.88
以上四项之和	50 489.81	15 107.34	6 838.06

　　注："2006 年比 2003 年增加"项与"以上四项之和"项的数值应该相等，由于计算误差产生的极小差别并不影响分析。

　　资料来源：由 2003~2007 年《中国统计年鉴》、《中国环境年鉴》计算得出。

从 2003 年至 2006 年，18 个部门出口规模以平均每年 30.3% 的速度增加，2006 年出口值是 2003 年的 2.21 倍。如果部门出口结构和单位出口值排污量保持不变，制造业出口的排污量应该随着出口规模的增大而同步增加。在部门出口结构不变和环境技术水平不变的情况下，根据出口规模增长速度，我们可以计算出 2006 年与 2003 年相比出口规模扩大所导致的排污量的增加值：工业废水为 348 287.60 万吨，工业废气为 21 273.29 亿立方米，工业固体废物为 2 321.26 万吨。但是，实际废水排放、废气排放均小于上面的计算值，而固体废物产生量却大于上面的计算值。这一结果来源于制造业各部门出口结构变化和环境技术的变化。在 2003 年的出口规模下，如果制造业部门出口结构发生变化，其排污量也将发生变化。利用以上的分解公式，我们可以计算出 2006 年相对于 2003 年部门出口结构变化对环境产生的影响。计算结果显示，废水的排放量减少了 11 039 万吨，废气排放量增加了 2 009.75 亿立方米，固体产生量增加了 511.76 万吨。总的来看，制造业出口结构的变化在废水排污量方面是有利于环境保护的，但是在废气与固体废物产生量方面仍需进一步改进。

从 2006 年与 2003 年的污染排放量来看，环境技术水平在废水排放方面贡献最大，使废水排污量减少了 121 082.6 万吨，废气排污量减少了 4 744.14 亿立方米，但是环境技术水平的这种改变使固体废物产生量增加了 1 287.16 万吨。尽管化学原料及化学制品制造业、黑色金属冶炼及压延加工业、有色金属冶炼及压延加工业这三个部门单位出口值废水排污量有了很大幅度的减少，但是单位出口值固体废物产生量却也显著变大，主要原因是这些部门在注重减少污水排放的同时却忽视了工业固体废物的减排工作。工业固体废物的减量化工作进展迟缓，产生量呈逐年上升趋势，堆存量越来越多。2005 年产生量达到 13.4 亿吨，比 2000 年增加了 64%。全国固体废物堆存量累积已近 80 亿吨，占用和损毁土地 200 万亩以上，对土壤和水体造成了严重污染。①

交叉项是多项因素相互作用的结果，在出口规模扩张中，部门出口结构变化和环境技术水平的作用有一部分反映在其中。可以看到，该项也为废水、废气排污量的减少做出了较大的贡献，但是固体废物产生量仍然增加。

三、小结

通过以上分析可以看出，2003～2006 年间我国制造业各部门污染排放比重变化很小，部分行业污染排放比重有加剧的趋势。不同部门的排放强度相差悬殊，重污染行业绝大多数为高耗能、高污染、资源性行业。因此，必须加强对制造业部门内部结构以及出口商品结构的调整，进一步鼓励资源性商品进口的同时引导企业减少"两高一资"产品、低附加值、低技术含量产品的出口。

从制造业出口污染排放量的来源分析，环境技术水平的改变对我国制造业单位出口值废水排放量的减少起了至关重要的作用。从而，应继续鼓励外资重点投向高新技术产业、先进制造业，注重引进高附加值、高辐射力、低能耗和处于产业链高端的外商投资项目。但同时我们也要注意到环境技术水平的改变使制造业单位出口值固体废物排放量增多，这是因为部分部门在注重减少污水排放的同时却忽视了工业固体废物的产生，从而单位出口值固体废物产生量有所增加。因此在生产过程中要重视各种污染物的减排，防止出现污染物排放此消彼长的局面。正如丁道（2004）所说，贸易开放减少一种污染物的排放并不意味着它能够改善环境，只有当更多的污染物满足环境库兹涅茨曲线规律后，我们才能说自由贸易总体上改善了环境②。总之，在出口规模扩大的同时，工业部门出口结构和环境技术水平发生的显著变化大大减少了由出口规模扩大带来的环境影响。

---

① 盛华仁：《全国人大常委会执法检查组关于跟踪检查有关环境保护法律实施情况的报告》，2006。
② 环境库兹涅茨曲线是指某地区的环境损害会随着人均收入的增加而趋于严重，当收入达到一定程度时，环境损害反而会随着收入的增加而减少的一种倒"U"型曲线。

　　王慧炯模型是利用工业增加值表示工业生产的规模,以工业增加值部门结构来表示工业生产的部门结构,以单位工业增加值产生的排污量表示工业生产中的环境技术水平,利用模型可以将排污量的增加分为四个部分。从图3-5中可以看

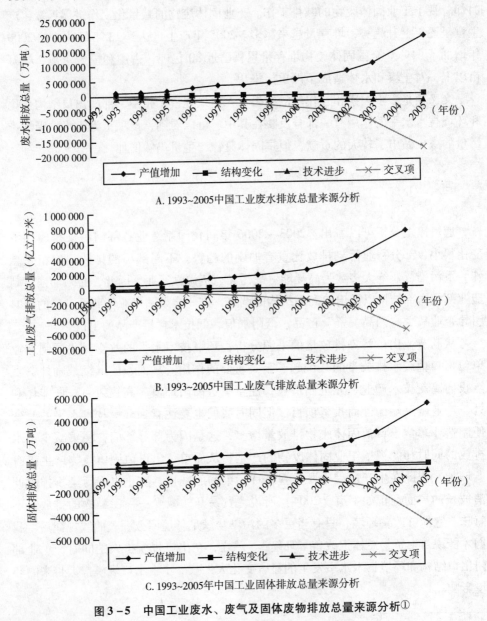

A. 1993~2005中国工业废水排放总量来源分析

B. 1993~2005中国工业废气排放总量来源分析

C. 1993~2005年中国工业固体排放总量来源分析

图3-5　中国工业废水、废气及固体废物排放总量来源分析①

----

　　① 王慧炯、甘师俊、李善同等著:《可持续发展与经济结构》,科学出版社1999年版,第62页。由于计算量很大且篇幅有限,故此省略。

到，以 1992 年工业增加值以及污染排放量为基期，1993～2005 年相应指标为报
告期，则：产值的增加使三类污染物的排放有明显的递增趋势，而且这一递增趋
势在 2002 年后明显加快；技术水平对污染物的排放起到改善的作用，但作用不
大；结构变化对污染物排放的减少几乎没有起到作用；交叉项（工业增加值的
增量由于部门结构变化和环境技术变化产生的排污量的变化量）却呈现出递减
趋势，在 2002 年后这一递减趋势也在变快。

产值增加项等四项之和为污染物排放的增加值，这一增加值至今未出现负
值，说明中国环境损害总量仍呈现增加的态势。尤其是加入 WTO 后，中国的对
外贸易迅速增加使得生产规模加大，进一步增加环境保护的压力。我们要加快结
构调整力度，促进环境、资源与工业增长协调发展；加大自主研发和技术引进投
入强度；鼓励高技术含量、高附加值行业投资的同时提高"两高一资"行业准
入门槛。

第 3 节　进出口增长与环境损害相关性分析

1985～2008 年，我国进出口贸易总额增长了 56 倍，由世界第 11 位（2 066.7
亿元）上升至世界第 3 位（116 921.8 亿元），占世界贸易的比重达 6.2%。1980
年我国制造业产品的出口额只占全国出口额的 49.7%，2001 年这一比重已超过
90%，并有上升趋势。[①] 本节我们运用皮尔森（Pearson）相关系数对 1990～
2006 年我国制造业各污染指标与进出口贸易总额进行因果分析，研究我国制造
业进出口贸易的增长与我国环境损害两者之间的关系。

一、计量模型、变量与数据

协整分析及格兰杰因果关系检验的数据由《中国统计年鉴》（1991～2007）
整理后给出，考虑到数据的可获得性，所使用的数据分别是制造业出口额
（ex）、制造业进口额（im）、制造业废水排放总量（ww）、制造业废气排放总量
（wg）以及制造业固体废物产生量（wg）。以 1990 年为基期，利用各年居民消费
价格指数对制造业出口额与进口额进行价格平减，得到不受价格影响的实际值。
通过对上述变量分别取自然对数得到新的变量 LNEX、LNIM、LNWW、LNWG、
LNWS，以消除数据中可能存在的异方差性，并且可在不改变变量之间的协整关

---

① 制造业出口占总出口的比重极大，另外考虑到数据的易获得性，故本节主要针对制造业出口进行
研究。

系和短期调整模型的前提下，提高估计的可靠性。

贸易—环境矩阵的数据则利用制造业各行业出口额与进口额代表制造业贸易方面的指标，而制造业各行业废水排放总量和废气排放总量代表制造业污染排放程度的指标，原因如下：

各种污染排放并不在所有的行业平均分布①。排放的污染物来源主要集中在能源、原材料等少数部门，如电力煤气生产业、采掘业、非金属矿物制品业、黑色金属冶炼及压延加工业和有色金属冶炼及压延加工业，以及化学原料及化学制品制造业。其中在工业排放的大气污染中，电力煤气及水生产供应业占据了最大的比例，该部门排放的二氧化硫、工业烟尘占总工业排放的58.94%和47.4%，工业废气排放占工业总排放的32.96%；而在固体废物的排放中，采掘行业占到55.86%，占有绝对重要的地位；在废水排放中，纺织业、造纸、化学原料和化学制品制造业、黑色金属冶炼及压延加工业，以及电力煤气及水生产供应业五个行业，占据了总工业废水排放的60.18%。②

根据国家统计局的标准，国民经济三次产业按照门类、大类、中类、小类依次划分，其中制造业属于门类C，下属29个大类。③工业固体废弃物排放强度除采掘业外，均小于0.6，说明在制造业中，工业固体废弃物的排放强度不是很大（见表3-4）。

表3-4 制造业部分行业的污染排放强度

行　业	废气	废水	固体
采掘业	4.24	101.68	49.36
食品、饮料和烟草制造业	1.43	46.23	0.56
纺织业	0.31	18.29	0.00
造纸及纸制品业	1.33	126.02	0.02
化学原料及化学制品制造业	1.30	33.84	0.03
非金属矿物制品业	7.01	8.35	0.25
黑色金属冶炼及压延加工业	3.38	17.73	0.34
有色金属冶炼及压延加工业	2.79	8.91	0.02

---

① 采掘业不属于制造业，这里为了对比排污强度，也将其列入表中。数据由《中国统计年鉴》（2006）计算整理得出，其中：各行业工业废气污染物排放强度（密集度）=各行业工业废气污染物排放量/各行业工业总产值（当年价格）；各行业工业废水污染物排放强度（密集度）=各行业工业废水污染物排放量/各行业工业总产值（当年价格）；各行业工业固体废弃物排放强度（密集度）=各行业工业固体废弃物排放量/各行业工业总产值（当年价格）。

② 以上数据均由《中国统计年鉴》（2006）计算整理得出。

③ 国家统计局：国民经济行业分类与代码（GB/T 4745-94）。

续表

行　业	废气	废水	固体
金属制品业	0.11	4.13	0.05
机械、电气、电子设备制造业	0.34	8.15	0.15
交通运输设备制造业	0.16	3.64	0.01
仪器仪表及文化办公用机械制造业	0.40	5.68	0.06

资料来源:《中国统计年鉴》与《中国环境年鉴》1991~2007 年各期数据整理得出。

图 3-6 给出以 1990 年为基期的工业污染排放的增长率。工业固体废物的产生量增长幅度小于工业废气排放量的增长幅度。而工业固体废物排放量随着经济发展而减少,1997 年上升较为迅速,但随后又呈现不断下降趋势。说明中国工业固体废物排放经历了趋缓—恶化—趋缓的过程,这一现象与各地对工业固体废物,尤其对危险废物的综合利用、贮存及处置工作力度有所加强有关。

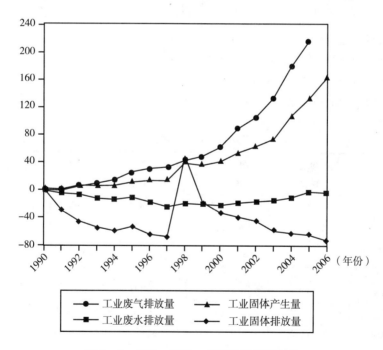

图 3-6　1990~2007 工业污染排放增长率

综上所述,由于采掘业固体废物排放量占工业固体废物排放量的比例很大,而它不属于中国制造业行业,考虑到研究的目的,我们仅选取工业废气排放总量与工业废水排放总量这两个指标作为制造业污染方面的变量。在确定了计量模型，选择好变量，收集了相关数据之后，我们通过格兰杰因果分析来考察进出口增长和环境损害的因果关系。

二、检验结果与分析

1. 单位根检验

在进行协整检验之前，必须首先对序列的平稳性进行检验。把各变量取自然对数画图后可知，各变量都呈现出上升趋势且变动方向基本一致。这里采用 ADF 检验来确定两个变量的平稳情况，该检验通过以下三个模型完成：

$$模型1: \Delta y_t = \gamma y_t - 1 + \sum_{i=1}^{p} \beta_i \Delta y_t - i + u_t \qquad t = 1,2,\cdots,T$$

$$模型2: \Delta y_t = \gamma y_t - 1 + a + \sum_{i=1}^{p} \beta_i \Delta y_t - i + u_t \qquad t = 1,2,\cdots,T$$

$$模型3: \Delta y_t = \gamma y_t - 1 + a + \delta t + \sum_{i=1}^{p} \beta_i \Delta y_t - i + u_t \qquad t = 1,2,\cdots,T$$

除制造业进口额以外各指标均满足一阶平稳条件（见表 3-5），制造业进口额（LNIM）经过二阶差分才能达到平稳的要求，属于 I（2），因此在进行协整分析时将制造业进口额（LNIM）排除在外。对同属于 I（1）的变量进行协整检验，检验变量之间是否存在长期的稳定关系。

表 3-5　　　　　　　　　　　ADF 单位根检验结果

变量	检验形式	ADF 检验统计量	0.05 临界值	0.1 临界值	是否平稳
LNEX	C, T, 3	-1.164	-3.875	-3.388	否
ΔLNEX	C, T, 1	-3.655	-3.829	-3.363	是
LNIM	C, T, 0	-0.51	-3.76	-3.325	否
ΔLNIM	C, T, 1	-3.507	-3.829	-3.363	否
Δ^2LNIM	C, T, 1	-4.197	-3.145	-2.714	是
LNWG	C, N, 2	3.405	-3.12	-2.701	否
ΔLNWG	C, T, 0	-4.54	-4.8	-3.342	是
LNWS	C, N, 0	2.843	-1.966	-1.605	否
ΔLNWS	C, T, 0	-4.56	-3.791	-3.342	是
LNWW	C, T, 2	0.123	-3.829	-3.363	否
ΔLNWW	C, T, 0	-4.493	-3.791	-3.342	是

2. 协整检验

假定一些经济指标被某经济联系在一起，那么从长远看来这些变量应该具有均衡关系，这是建立和检验模型的出发点。采用 EG 两步法检验两变量之间是否协整。若两个序列都是 d 阶单整的，用一个变量对另一个变量回归，即有：

第一步：运用最小二乘法 OLS 对 $LNWW$、$LNWG$、$LNWS$ 和 $LNEX$ 分别进行协整回归，建立回归方程得到：

$$LNWW_t = 3.765568 + 0.711666LNEX_{t-1} + 0.054218LNEX_t + \hat{\mu}_t$$
$$(1.612489)(4.340586) \quad (2.521246) \tag{3.2}$$
$$R^2 = 0.717 \quad D.W. = 2.290$$

$$LNWG = 6.716564 + 0.660181LNEX + \hat{e}_t$$
$$(0.84523)(25.71559) \tag{3.3}$$
$$R^2 = 0.979 \quad D.W. = 1.329$$

$$LNWS = 6.391781 + 0.569654LNEX + \hat{\varepsilon}_t$$
$$(30.30859)(19.18023) \tag{3.4}$$
$$R^2 = 0.963 \quad D.W. = 1.788$$

方程中的系数实际上是出口贸易额对环境损害的弹性，表示贸易出口额每增加 1% 环境损害排放量的改变量。

第二步：对上式的残差进行单位根检验，由回归方程估计结果可得：

$$\hat{\mu}_t = LNWW_t - 0.711666LNEX_{t-1} - 0.054218LNEX_t - 3.765568 \tag{3.5}$$
$$\hat{e}_t = LNWG - 0.660181LNEX - 6.716564 \tag{3.6}$$
$$\hat{\varepsilon}_t = LNWS - 0.569654LNEX - 6.391781 \tag{3.7}$$

对 $\hat{\mu}_t$、$\hat{e}_t$、$\hat{\varepsilon}_t$ 进行单位根检验，不含常数和时间趋势，由 SIC 准则确定滞后阶数（见表 3-6）。结果显示，$\hat{\mu}_t$、$\hat{e}_t$、$\hat{\varepsilon}_t$ 序列均在 5% 的显著性水平下拒绝原假设，接受不存在单位根的结论，因此可以确定 $\hat{\mu}_t$、$\hat{e}_t$、$\hat{\varepsilon}_t$ 为平稳序列。所以，制造业出口额与制造业废水排放量、制造业废气排放量、制造业固体废物产生量存在协整关系，即具有长期的稳定发展关系。

表 3-6　　　　回归方程的残差 ADF 单位根检验结果

残差	ADF 检验统计量	概率值	1% 临界值	5% 临界值	滞后阶数
$\hat{\mu}_t$	-4.366325	0.0003	-2.754993	-1.970978	1
$\hat{e}_t$	-2.756646	0.0094	-2.728252	-1.96627	0
$\hat{\varepsilon}_t$	-3.632941	0.0016	-2.755986	-1.971978	2

3. 格兰杰因果关系检验

格兰杰因果关系检验在考察序列 x 是否是序列 y 产生的原因时采取的方法：先估计当前的 y 值被其自身滞后期取值所能替代的程度，然后验证通过引入序列 x 的滞后值是否可以提高 y 的被解释程度。如果是，则称序列 x 是 y 的格兰杰成因，此时 x 的滞后期系数具有统计显著性。一般的，还应该考虑另一面，即序列 y 是否是序列 x 的格兰杰成因。双变量回归模型如下（k 是最大滞后项阶数）：

$$y_t = a_0 + a_1 y_{t-1} + \cdots + a_k y_{t-k} + \beta_1 x_{t-1} + \cdots + \beta_k x_{t-k} \qquad (3.8)$$

$$x_t = a_0 + a_1 x_{t-1} + \cdots + a_k x_{t-k} + \beta_1 y_{t-1} + \cdots + \beta_k y_{t-k} \qquad (3.9)$$

检验的原假设是序列 x（y）不是序列 y（x）的格兰杰成因，即 $\beta_1 = \beta_2 = \cdots = \beta_k$（见表 3-7）。就本节选取的污染指标及样本期间而言，由检验结果可以得到如下结论：

表 3-7 格兰杰因果检验结果

零假设	F 统计量值	概率值
$LNWG$ 不是 $LNEX$ 的格兰杰原因	2. 22259	0. 18619
$LNEX$ 不是 $LNWG$ 的格兰杰原因	5. 56486	0. 03618
$LNWW$ 不是 $LNEX$ 的格兰杰原因	2. 11488	0. 17665
$LNEX$ 不是 $LNWW$ 的格兰杰原因	4. 32359	0. 04831
$LNWS$ 不是 $LNEX$ 的格兰杰原因	0. 18951	0. 83058
$LNEX$ 不是 $LNWS$ 的格兰杰原因	3. 06905	0. 09633

（1）制造业废气排放量与制造业出口规模关系检验接受了"中国制造业废气排放量不是导致制造业出口规模变化的格兰杰原因"的假设，同时，拒绝"中国制造业出口规模变化不是导致制造业废气排放量的原因"的假设，该结果表明，中国制造业出口规模变化是导致制造业废气排放量变化的原因；

（2）制造业废水排放量与制造业出口规模关系检验接受了"中国制造业废水排放量不是导致制造业出口规模变化的格兰杰原因"的假设，同时，拒绝"中国制造业出口规模变化不是导致制造业废水排放量的原因"的假设，说明中国制造业出口规模变化是导致制造业废水排放量变化的原因；

（3）制造业固体废物产生量与制造业出口规模关系检验接受了"中国制造业固体废物产生量不是导致制造业出口规模变化的格兰杰原因"的假设，同时，拒绝"中国制造业出口规模变化不是导致制造业固体废物产生量的原因"的假设，从而得出中国制造业出口规模变化是导致制造业废气排放量变化原因的结论。

4. 贸易—环境矩阵

为了进一步区分出制造业各行业的不同属性，我们借鉴波士顿矩阵的思路，引入贸易—环境矩阵（TEM）对制造业各行业的类别进行划分，找出制造业各行业贸易增长与环境损害之间的规律，为今后行业的贸易与污染的研究提供了一定的科学分析依据。[①]

对2005年中国制造业中18个行业进行因子分析。[②] 在选择因子时主要运用特征值的准则，即取特征值大于1的主成分为因子，放弃特征值小于1的主成分。并使用变量的相关矩阵进行提取因子的分析，以解决各指标量纲不统一的问题。为了得到两极分化更加鲜明的因子荷载矩阵使其具有更鲜明的实际意义，采用最大方差法进行旋转。

表3-8　　　　　　　　　　制造业各行业因子的分表

行业	FAC1_1	FAC2_1	行业	FAC1_1	FAC2_1
食品、饮料和烟草制造业	-0.344	0.45	塑料制品业	-0.167	-0.884
纺织业	0.448	0.195	非金属矿物制品业	-0.566	1.168
服装及其他纤维制品制造业	-0.391	-0.856	水泥制造业	-0.636	0.665
皮革毛皮羽毛（绒）及其制造业	-0.396	-0.804	黑色金属冶炼及压延加工业	-0.138	2.109
木材加工及竹藤棕草制品业	-0.455	-0.851	有色金属冶炼及压延加工业	-0.329	-0.245
造纸及纸制品业	-0.232	1.379	金属制品业	0.294	-0.762
化学原料及化学制品制造业	0.216	1.632	机械电器电子设备制造业	3.818	-0.121
医药制造业	-0.509	-0.648	交通运输设备制造业	-0.195	-0.706
橡胶制品业	-0.47	-0.866	仪器仪表及文化办公用机械制造业	0.051	-0.855

结果显示：KMO值为0.564，属于比较差到一般的水平，巴特利特球体检验在a=0.001下显著，因此样本可以进行因子分析，成功抽取2个因子，累计方差贡献率77.547%，即前2个公因子大约提取了原始变量77.55%的信息。第一公因子在各行业出口额与进口额中具有较高荷载，分别为0.984和0.983，而以

---

① 波士顿矩阵是由美国大型商业咨询公司——波士顿咨询集团（Boston Consulting Group）首创的一种规划企业产品组合的方法。问题的关键在于要解决如何使企业的产品品种及其结构适合市场需求的变化，只有这样企业的生产才有意义。通过市场引力与企业实力两个因素相互作用，会出现四种不同性质的产品类型，形成不同的产品发展前景。

② 分析使用的制造业各行业贸易数据和污染数据来自《中国统计年鉴》（2006）。然而，海关统计中的分类方法是按照国际贸易标准分类法（SITC）进行，由于数据所限，与工业总产值及污染物排放数据相匹配的只有18个行业未涉及印刷业记录媒介的复制、化学纤维工业、石油加工及炼焦、文体教育用品、家具制造业，为研究的需要，增加了水泥制造业及服装及其他纤维制品制造业。

上指标反映了各行业的整体贸易水平；而第二公因子行业废气排放总量和行业废水排放总量上有高荷载，分别为 0.746 和 0.763，以上指标反映的是行业在经济发展中环境损害的情况。

由表 3 - 8 可以看出，各行业在贸易因子上贸易额的高低以及污染因子中污染程度不同。将各公因子的得分按取值的大小进行分类。[①] 将贸易因子分为两类：FAC1_1≥0 的行业为贸易额相对较大的行业，FAC1_1 < 0 的行业为贸易额相对较小的行业；同理，FAC2_1≥0 的行业为污染排放量相对较大的行业，FAC1_1 < 0 的行业为污染排放量相对较小的行业。根据贸易因子得分与环境损害因子得分，我们将 18 个行业划分为 4 类，在此基础上建立行业贸易得分与污染得分的分布图，命名为行业的贸易—环境矩阵（TEM）（见图 3 - 6），纵轴为行业的污染因子得分，横轴为行业贸易得分。

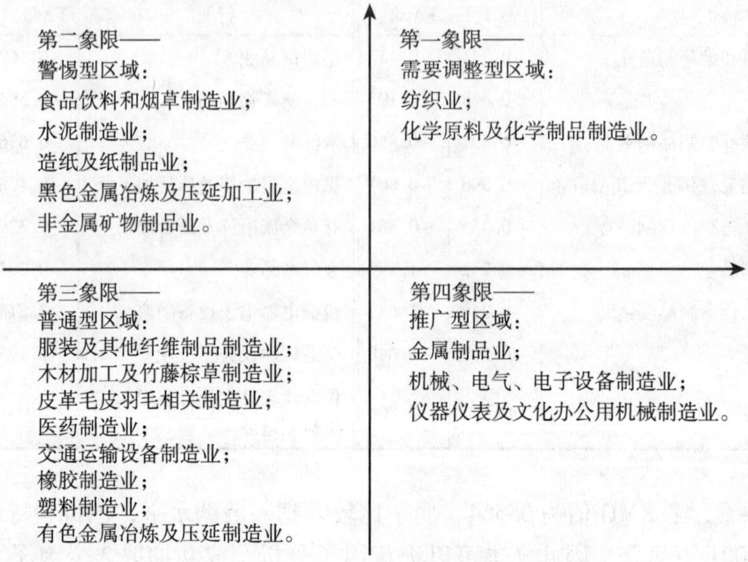

第二象限——
警惕型区域：
食品饮料和烟草制造业；
水泥制造业；
造纸及纸制品业；
黑色金属冶炼及压延加工业；
非金属矿物制品业。

第一象限——
需要调整型区域：
纺织业；
化学原料及化学制品制造业。

第三象限——
普通型区域：
服装及其他纤维制品制造业；
木材加工及竹藤棕草制造业；
皮革毛皮羽毛相关制造业；
医药制造业；
交通运输设备制造业；
橡胶制造业；
塑料制造业；
有色金属冶炼及压延制造业。

第四象限——
推广型区域：
金属制品业；
机械、电气、电子设备制造业；
仪器仪表及文化办公用机械制造业。

图 3 - 7　环境贸易矩阵

位于第一象限、第二象限污染因子得分大，是要特别关注的行业。2005 年，这 7 个行业的产值占制造业总产值的 38.77%；废水排放总量占制造业废水排放总量的 60.42%；工业废气排放总量、工业二氧化硫排放量以及工业烟尘排放量分别为 49.97%、27.62% 和 38.45%。由于研究对象是与贸易关联较大的行业，

---

① 因子得分是一个均值为 0，标准差为 1 的标准分。各行业因子得分总和为 0。正数表示超过平均水平，负数说明低于平均水平；贸易或环境因子得分为负说明该行业因子得分均在贸易额或污染程度平均水平之下。

所以聚焦在第一、第四象限。对第二、第三象限的研究将根据该行业外商投资额的大小占出口的比重再做分析。

根据各类行业所在象限的特征，把第一象限称为"需要调整型区域"，该区域内的行业贸易额相对较大，但是环境损害问题也相对突出；第二象限称为"警惕型区域"，位于该区域内的行业贸易额相对较小，但是环境损害相对较大。这两个区域的行业有必要对其优化产业结构，提高技术含量，实现又快又好的发展。把第三象限称为"普通型区域"，该区域的贸易额与污染相对其他行业较小；而第四象限称为"推广型区域"，即位于此区域的行业在贸易量较大的基础上污染却不大，是产业结构调整较为迅速的行业。

近几年，外商在制造业领域投资的分布以高科技产业、设备制造业、化工业、纺织业等行业为主。以2005年为例，外商在机械电子电气、交通运输设备制造业、服装及其他纤维制品制造业、化工业、纺织业、金属制品业这6个行业中实际使用外资金额的比重占外商在制造业领域中实际使用金额的56.67%，而这些行业均为污染密集型行业（见表3-9）。①

表3-9　　　　制造业行业出口额占该生产总值比重与三资企业总产值占
该行业工业总产值比重

行　业	出口比重	三资比重	出口比重	三资比重	出口比重	三资比重	出口比重	三资比重	出口比重	三资比重
年　份	2002		2003		2004		2005		2006	
纺织业	75.2	22.1	78.6	23.7	78.6	23.3	75.7	25.3	71.9	24.5
皮革、毛皮及制品业	42.9	53.2	42.1	51	43.9	49.3	40.8	52.8	29.6	52.9
服装及其他纤维制品制造业	38.1	45.3	37.8	46.4	39.3	47.8	40	46	34	45
机械、电气、电子设备制造业	29.2	48.4	32.1	51.6	36.2	55.4	52	56.2	35.4	54.6
塑料及其制品	26.7	41.9	27	42.8	29.5	41.4	27.7	42.7	27.8	41.3
化学原料及化学品制造业	16.8	22	16.6	23.5	17	23.7	18.6	25.7	14.7	27.2
橡胶及其制品	15.5	36.6	16.1	36.8	20.3	39.4	22	38.6	21.6	36.6
黑色金属冶炼及压延加工业	12.2	7.5	10.6	8.74	13.1	9.75	16.2	12.8	16.3	14.4
非金属矿物制品业	9.92	18.8	10.2	17	11.2	17.1	10.1	18.3	10.6	18.3
造纸及纸制品业	9.3	31.8	9.93	31.4	10.5	31.2	10.6	35	10.9	35.2
食品、饮料和烟草制造业	5.16	23.8	4.92	25.3	5.02	26.2	5.05	27.1	4.44	27.8

资料来源：根据《中国统计年鉴》（2003~2006）数据计算得出。

────────────

① 根据《中国对外经济贸易年鉴》（2006）整理得出。根据赛利罗等学者对15个亚太发展中国家的研究，污染密集型产业包括印刷、塑料、纺织印染、制药、制革、油漆、农药、金属加工、机械及设备制造、化工、钢铁石油冶炼等工业部门。

5. 进一步讨论

改革开放以来，中国逐步深层次、全方位地融入了经济全球化的浪潮，积极参与国际贸易和国际产业转移，吸引跨国公司和外商直接投资。中国利用外商直接投资的规模年年攀升，截至 2006 年年底，实际利用外资金额累计达 8 826.73 亿美元，居发展中国家第 1 位。如图 3 - 8 所示，中国外商直接投资额呈现出递增的趋势，外商在制造业的投资也在不断增加（2005 年出现小幅下降）。同时，如图 3 - 9 所示，外商投资企业出口值在中国出口总值中所占比重不断增加，从 1986 年的 1.88% 上升至 2005 年的 58.30%，并有进一步上升的趋势。

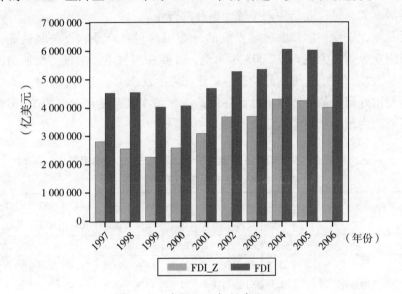

图 3 - 8　中国 FDI 与制造业 FDI

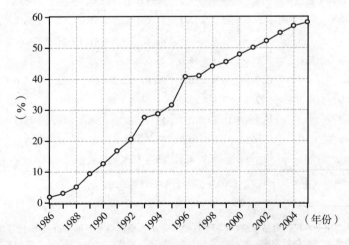

图 3 - 9　中国外商投资企业出口值占总出口值比重

为了更好地对近几年制造业发展中贸易与污染的情况进行考察，图3-10给出了1996~2003年中国制造业贸易—环境矩阵，从图中可以看到近几年来行业在矩阵中位置的变化。我们发现，食品、饮料、烟草制造业的污染因子有不断增大的趋势，该行业在1998年前位于普通型区域，但是在这之后却转到了警惕型区域，污染因子得分有进一步上升的趋势。

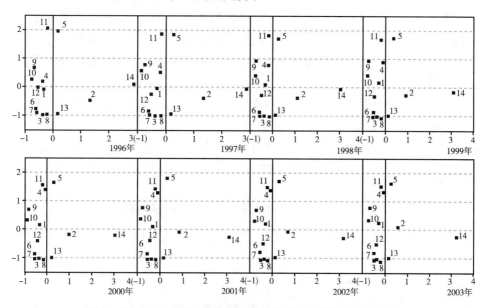

图3-10　1996~2003年中国制造业部分行业贸易—环境矩阵

注：14个行业依次为：1.食品、饮料、烟草制造业；2.纺织业；3.皮革、毛皮及其制品业；4.造纸及纸制品业；5.化学工业及其相关工业的产品；6.医药工业；7.橡胶及其制品；8.塑料及其制品；9.非金属矿物制品业；10.水泥制造业；11.黑色金属冶炼及压延加工业；12.有色金属冶炼及压延加工业；13.金属制品业；14.机械、电气、电子设备制造业。

而纺织业在2003年从普通型区域转变到需要调整型区域。加入世贸组织以来，中国纺织工业出口规模一直保持快速增长，2003年同比增长了30%。造纸及纸制品业的污染因子也在不断地增加。

有色金属冶炼及压延加工业、机械、电气、电子设备制造业的污染因子却呈现出减小的较好态势。皮革毛皮及其制品业、化学工业及其相关工业的产品、医药工业、橡胶及其制品、塑料及其制品、非金属矿物制品业、水泥制造业、黑色金属冶炼及压延加工业、金属制品业等行业的位置均没有太大的变动。

三、小结

实证分析的结果表明，制造业出口规模和制造业废气、废水排放与固体废物产生量之间具有正相关关系，说明随着中国出口规模的增加，污染有进一步加剧的可能，并且根据格兰杰因果检验，制造业商品出口规模的变化是导致中国制造业污染物排放量变化的原因。因此，要减少制造业污染物的排放，必须优化出口商品结构，逐步减少上述污染密集型行业的出口比重。

从近些年的数据可以看到，的确存在发达国家将一些高污染成本的行业转移的现象。这与发达国家环保水平不断提高而将其国内淘汰的高污染产业通过加工贸易转移到中国进行生产有关。为了达到保护环境、控制污染排放的目的，政府需要采取相关政策，进一步提高环境标准，严格限制高污染项目的引进，防止中国成为发达国家的"污染避难所"。

另外，根据贸易—环境矩阵可以看到，中国制造业部分行业有进入警惕型与调整型区域的趋势（见表 3 - 10）。对这些行业应逐步提高排污收费标准，同时引进先进的工艺和新材料，使用先进装备并采用科学管理手段，降低能源消耗，减少对环境的污染。

表 3 - 10 　　　　1996～2003 年制造业贸易—环境矩阵各项检验指标

年份	1996	1997	1998	1999	2000	2001	2002	2003
KMO 值	0.514	0.518	0.512	0.515	0.522	0.518	0.514	0.510
巴特利特球度检验 p 值	0.007	0.009	0.006	0.005	0.010	0.005	0.002	0.001
因子累积贡献率（%）	82.84	79.69	78.46	77.35	75.40	75.51	75.64	75.87

第 4 节　出口、外商投资与环境损害相关性分析

外商直接投资不仅可以为发展中国家引入新的商品和资金，还能引进发达国家先进的思想、技术和管理，为企业提供更为开放的竞争性环境，促进国内要素禀赋结构的提升和体制转变，最终促进发展中国家的经济增长。但是，外商直接投资也是一把"双刃剑"，在促进发展中国家经济增长的同时也对发展中国家的环境造成损害。本节我们使用基于 VAR 系统的分析方法来考察中国的环境损害与中国的 FDI、进出口贸易之间是否存在双向动态关系。

一、模型、变量与数据

1. 数据来源与处理

在研究环境损害与贸易关系的实证文献中，较多地采用中国工业废水排放量、中国工业废气排放量、中国工业固体废物产生量来度量环境损害的破坏程

度。由于考虑到数据的可获得性，本节也将采用这三类指标，并将对大气环境有较大破坏的工业 SO_2 排放量也纳入其中。本书的数据为年度数据，由于反映各类污染的变量历史数据始于 1985 年，因此样本区间为 1985～2006 年，数据来源由历年《中国统计年鉴》及《新中国 50 年统计资料汇编》整理及计算而得（见表 3 –11）。

表 3 –11　　　　　　　　主要变量符号、名称和单位及数据处理

变量符号	变量名称	单位	数据处理及来源
FDI_T	合同利用 FDI	亿美元	《中国统计年鉴》，《新中国 50 年统计资料汇编》
TRADE	进出口总额	亿美元	同上
IWG	工业废气排放总量	亿立方米	《中国统计年鉴》
IWW	工业废水排放总量	万吨	《中国统计年鉴》
ISO$_2$	工业二氧化硫排放量	万吨	《中国统计年鉴》
IWSOLID	工业固体废物产生量	万吨	《中国统计年鉴》

在建立模型时考虑到物价因素的影响，为了准确地衡量各名义变量之间的关系，必须剔除相应的价格指数，对历年合同 FDI 以及中国进出口总额进行价格平减（以 1985 年为 100），以消除物价波动对经济变量的影响。对数据取对数可以很好的消除异方差，而且不影响数据之间原有的协整关系，所以在实证的过程中我们将所有的变量对数化处理，得到新的变量分别用 *LNFDI_T*、*LNTRADE*、*LNIWW*、*LNIWG*、*LNSO$_2$* 和 *LNIWSOLID* 表示。

2. 单位根检验

现实中往往很多经济变量是不平稳的时间序列，采用传统的计量方法进行分析容易产生"伪回归"的问题。对于非平稳变量而言，只有被解释变量的单整阶数不高于任何一个解释变量的单整阶数，变量之间才有可能存在协整关系。因此，在协整分析之前首先要对序列进行平稳性检验，以确定变量的单整阶数。一般来说，如果一个变量的时间序列均值和方差在任何时间保持恒定，并且两个时期之间的协方差仅依赖于两个时期之间的间隔，而与计算这些协方差的实际时期无关，则该变量是平稳（宽平稳、协方差平稳）的，只要这些条件不完全满足，则该变量是非平稳的。如果非平稳变量的一阶差分是平稳的，则称此变量是一阶单整的，记为 I（1），依次类推。

本节利用 EViews5. 0 软件分别对 *LNFDI_T*、*LNTRADE*、*LNIWW*、*LNIWG*、*LNSO$_2$* 和 *LNIWSOLID* 及其一阶差分进行单位根检验，采用 ADF 检验来确定两个变量的平稳情况，该检验通过以下三个模型完成：

$$模型1: \Delta y_t = \gamma y_{t-1} + \sum_{i=1}^{p} \beta_i \Delta y_{t-i} + u_t \qquad t = 1,2,3,\cdots,T \qquad (3.10)$$

$$模型2: \Delta y_t = \gamma y_{t-1} + a + \sum_{i=1}^{p} \beta_i \Delta y_{t-i} + u_t \qquad t = 1,2,3,\cdots,T \qquad (3.11)$$

$$模型3: \Delta y_t = \gamma y_{t-1} + a + \delta t + \sum_{i=1}^{p} \beta_i \Delta y_{t-i} + u_t \quad t = 1,2,3,\cdots,T \qquad (3.12)$$

输出结果整理见表 3 – 12。我们可以发现，在 0.05 的显著性水平下，虽然变量均是非平稳的，但其一阶差分变量是平稳的。由此可知 *LNFDI_T*、*LNTRADE*、*LNIWW*、*LNIWG*、*LNSO_2* 和 *LNIWSOLID* 均为一阶单整序列 I (1)，满足协整分析的条件，我们可以利用协整分析方法分析它们之间的动态关系。

表 3 – 12　　　　　　　　　　　ADF 单位根检验结果

变量	检验形式	ADF 检验统计量	5% 临界值	1% 临界值	是否平稳
LNFDI_T	C, T, 1	−1.988	−3.021	−2.650	否
$\Delta LNFDI\_T$	C, N, 0	−3.302	−3.021	−3.809	是
LNTRADE	C, T, 3	−2.597	−3.691	−4.572	否
$\Delta LNTRADE$	C, T, 0	−3.940	−3.658	−4.498	是
LNIWG	C, N, 0	2.975	−3.012	−3.788	否
$\Delta LNIWG$	C, T, 0	−4.866	−3.658	−4.498	是
LNIWSOLID	C, N, 2	4.231	−3.030	−3.831	否
$\Delta LNIWSOLID$	C, T, 0	−8.850	−3.658	−4.498	是
LNIWW	C, T, 2	0.588	−3.674	−4.533	否
$\Delta LNIWW$	C, T, 1	−3.697	−3.674	−4.533	是
$LNISO_2$	C, T, 0	−1.566	−3.650	−4.468	否
$\Delta LNISO_2$	C, N, 0	−4.372	−1.959	−2.686	是

注：检验形式（C, T, K）分别表示单位根检验方程包括常数项、时间趋势和滞后阶数，N 是指不包括 C 和 T，加入滞后项是为了使残差项为白噪声，最优滞后项阶数由 AIC 准则确定，Δ 表示一阶差分算子。

二、检验结果与分析

进行协整关系检验时，通常采用两种方法，即 E – G 两步法和约翰森检验法。E – G 两步法使用方便，但小样本下 OLS 协整估计具有实质性偏差。另外，E – G 两步法只适用于单一协整关系的估计和检验。多变量协整关系检验通常采用约翰森极大似然检验法。基于 VAR 模型的约翰森极大似然检验法中，由于不存在外生变量与内生变量的区分，所有变量都被视为内生变量，它们是受比较动

态影响的联合系统。因此一般说来，约翰森极大似然检验法具有相对较高检验
势，用 VAR 模型检验分析变量的协整性优于用 E - G 两步法建立的单一方程。
因此，本节协整检验采用约翰森检验法。

1. VAR 模型结构的确定

VAR 多采用多方程联立的形式，在模型的每一个方程中，内生变量对模型
的全部内生变量的滞后值进行回归，从而估计全部内生变量的动态关系。在进行
协整检验前必须首先确定 VAR 模型的结构，对于 VAR 来说，在建模过程中需要
弄清两点：第一，共有哪些变量是相互有关系的；第二，确定滞后期 k 使模型能
够反映出变量间相互影响的绝大部分。

根据之前分析，本节主要研究污染排放量与贸易、FDI 之间的关系，主要包
括反映工业废水、废气排放、SO_2 排放以及历年合同 FDI 与进出口额等变量，从
而建立 4 组 VAR 模型：

VAR 模型 1：$Z_1 = ($ LNIWW，LNFDI_T，LNTRADE$)'$

VAR 模型 2：$Z_2 = ($ LNIWG，LNFDI_T，LNTRADE$)'$

VAR 模型 3：$Z_3 = ($ LN SO_2，LNFDI_T，LNTRADE$)'$

VAR 模型 4：$Z_4 = ($ LNIWSOLID，LNFDI_T，LNTRADE$)'$

除了确定模型中包含的变量，在建立 VAR 模型滞后期 k 的确定非常关键。
若滞后期太小，误差项的自相关会很严重，并且导致参数的非一致性估计。在
VAR 模型中适当的加大 k 值，即增加滞后项的个数，可以消除误差项中存在的
自相关。但从另一个方面来看，k 值过大会导致自由度大幅减少而直接影响模型
参数估计量的有效性。

为了保持合理的自由度使模型参数具有较强的解释能力，同时又要消除误差
项的自相关，我们首先选取最大滞后阶数为 3。采用以上形式的 VAR 模型，利
用样本数据对以上各模型进行估计，以模型中给内生变量为解释变量的回归函数
都通过了残差序列的检验，证明残差中不存在自相关。为了检验所选择的滞后阶
数是否合理，运用 Eviews5.0 软件对 4 个 VAR 模型进行测试，测试结果见表 3 -
13 ~ 表 3 - 16。

表 3 - 13　　　　　　　　　　　**VAR 模型 1 的滞后阶数 p 的确定**

Lag	LogL	LR	FPE	AIC	SC	HQ
0	- 22.74482	NA	0.003017	2.709981	2.859103	2.735218
1	48.00263	111.7065 *	4.62e - 06	- 3.789751	- 3.193263	- 3.688802
2	59.69917	14.77456	3.81e - 06	- 4.073596	- 3.029743	- 3.896935
3	74.59996	14.11654	2.61e - 06 *	- 4.694732 *	- 3.203513 *	- 4.442359 *

注：* 代表根据各种滞后标准选择的滞后阶数。

表 3 - 14　　　　　　　　　VAR 模型 2 的滞后阶数 p 的确定

Lag	LogL	LR	FPE	AIC	SC	HQ
0	- 12.74844	NA	0.001054	1.657730	1.806852	1.682968
1	58.22566	112.0644	1.58e - 06	- 4.865859	- 4.269371	- 4.764910
2	81.04017	28.81833 *	4.03e - 07	- 6.320018	- 5.276164 *	- 6.143357
3	93.60812	11.90648	3.53e - 07 *	- 6.695592 *	- 5.204373	- 6.443218 *

注：* 代表根据各种滞后标准选择的滞后阶数。

表 3 - 15　　　　　　　　　VAR 模型 3 的滞后阶数 p 的确定

Lag	LogL	LR	FPE	AIC	SC	HQ
0	- 27.74341	NA	0.005107	3.236149	3.385271	3.261386
1	35.79917	100.3304 *	1.67e - 05 *	- 2.505176 *	- 1.908688 *	- 2.404226 *
2	43.45972	9.676478	2.10e - 05	- 2.364181	- 1.320327	- 2.187519
3	52.68915	8.743671	2.62e - 05	- 2.388331	- 0.897112	- 2.135958

注：* 代表根据各种滞后标准选择的滞后阶数。

表 3 - 16　　　　　　　　　VAR 模型 4 的滞后阶数 p 的确定

Lag	LogL	LR	FPE	AIC	SC	HQ
0	- 17.95628	NA	0.001823	2.205924	2.355046	2.231162
1	48.76365	105.3473	4.27e - 06	- 3.869858	- 3.273370	- 3.768908
2	66.45458	22.34644 *	1.87e - 06 *	- 4.784693	- 3.740839 *	- 4.608031 *
3	75.91370	8.961276	2.27e - 06	- 4.833021 *	- 3.341802	- 4.580648

注：* 代表根据各种滞后标准选择的滞后阶数。

根据 5 个评价指标我们可以得到 Z_1、Z_2、Z_3、Z_4 应该分别建立滞后期为 3 期、3 期、1 期、2 期的模型是比较合理的。

2. 协整检验

协整检验模型实际上是对无约束 VAR 模型进行协整约束后得到的 VAR 模型，该模型的滞后期是无约束 VAR 模型一阶差分变量的滞后期。由于无约束 VAR 模型的最优滞后期为 k，所以协整检验的 VAR 模型滞后期确定为 $k-1$。通过模型选择的联合检验，确定常数项约束在协整空间内且协整方程有截距的模型作为最合适的协整检验模型。协整模型检验从检验不存在协整关系这一零假设开始，4 个 VAR 系统约翰森协整检验具体结果见表 3 - 17 ~ 表 3 - 20。

表 3-17 VAR 模型 1 的约翰森协整检验结果

CE (s) 假定	特征值	迹统计量	临界值 (0.05)	最大特征值	临界值 (0.05)
None	0.942815	84.61243	35.19275	53.29178	22.29962
At most 1	0.671775	31.32065	20.26184	20.05302	15.89210
At most 2	0.465263	11.26763	9.164546	11.26763	9.164546

注：迹检验说明在5%的显著水平上存在3个协整方程；最大特征值检验说明在5%的显著水平上存在3个协整方程。

表 3-18 VAR 模型 2 的约翰森协整检验结果

CE (s) 假定	特征值	迹统计量	临界值 (0.05)	最大特征值	临界值 (0.05)
None	0.752925	56.15736	35.19275	25.16517	22.29962
At most 1	0.605254	30.99219	20.26184	16.73121	15.89210
At most 2	0.547178	14.26098	9.164546	14.26098	9.164546

注：迹检验说明在5%的显著水平上存在3个协整方程；最大特征值检验说明在5%的显著水平上存在3个协整方程。

表 3-19 VAR 模型 3 的约翰森协整检验结果

CE (s) 假定	特征值	迹统计量	临界值 (0.05)	最大特征值	临界值 (0.05)
None	0.685511	37.88056	35.19275	23.13609	22.29962
At most 1	0.396588	14.74446	20.26184	10.10308	15.89210
At most 2	0.207108	4.641377	9.164546	4.641377	9.164546

注：迹检验说明在5%的显著水平上存在1个协整方程；最大特征值检验说明在5%的显著水平上存在1个协整方程。

表 3-20 VAR 模型 4 的约翰森协整检验结果

CE (s) 假定	特征值	迹统计量	临界值 (0.05)	最大特征值	临界值 (0.05)
None	0.673403	43.89806	35.19275	23.26152	22.29962
At most 1	0.513234	22.63654	20.26184	13.67948	15.89210
At most 2	0.375887	8.957061	9.164546	8.957061	9.164546

注：迹检验说明在5%的显著水平上存在2个协整方程；最大特征值检验说明在5%的显著水平上存在1个协整方程，迹检验和最大特征根检验存在冲突，这可能是因为协整方程的定义而导致的，用其他形式的协整方程进行检验，结果表明都存在协整关系。由于前面建立的模型主要是 VAR 模型，不涉及协整向量的选择，所以只用证明存在协整关系即可。相关内容详见高铁梅：《计量经济分析方法与建模——Eviews 应用及实例》，清华大学出版社 2009 年版。

检验结果表明，每一个 VAR 系统的变量之间都存在至少一个协整关系，这说明中国的工业废水排放、工业废气排放、工业 SO_2 排放和工业固体产生量与中国合同 FDI、中国的进出口总额在样本期间存在长期均衡关系。在以上约翰森协整检验过程中，如果变量之间存在一个协整关系，则包含全部变量在内的协整关系即为所求的长期均衡关系；如果变量之间的协整关系超过一个，则以最大特征值所对应的协整向量作为该经济变量之间的长期均衡关系。VAR 模型中协整方程依次为：

$$LNIWW = 0.159LNTRADE - 0.156LNFDI\_T + 14.157 \qquad (3.13)$$

$$LNIWG = 0.534LNTRADE - 0.052LNFDI\_T + 7.939 \qquad (3.14)$$

$$LNISO_2 = 0.135LNTRADE - 0.069LNFDI\_T + 6.571 \qquad (3.15)$$

$$LNIWSOLID = 0.513LNTRADE - 0.151LNFDI\_T + 8.342 \qquad (3.16)$$

从各工业污染排放变量与贸易的回归系数可以看出，在长期内，各工业污染排放量与贸易增长之间都是正相关关系，而与合同 FDI 呈负相关关系。因为对数据做了对数化处理，所以各变量前的参数为各变量的弹性。根据协整方程可以看到，贸易每增加 1%，工业废水排放量增加 0.159%，工业废气排放量增加 0.543%，工业 SO_2 排放量增加 0.135%，工业固体废物产生量增加 0.513%；贸易带来的各污染指标的弹性各不相同，其中，贸易导致工业废气排放量与工业固体废物排放量较大的弹性说明贸易对大气的污染与固体废物的污染要大于它对水资源的污染。

这就从数量上证明，在样本区间内，我国对外贸易的增长在不同程度上加剧了我国的环境损害问题；而合同 FDI 的增加却在一定程度上抑制了环境损害的增长。协整关系式只能说明各个变量之间的长期关系和趋势，下面基于变量之间存在的协整关系，进一步建立将短期波动与长期均衡联系起来的向量误差修正模型，对这些指标与工业污染排放量进行格兰杰因果关系检验，从而进一步明确它们之间存在的因果关系。

3. VECM 模型

协整检验结果证明中国工业污染排放物、合同 FDI 与贸易增长存在长期的均衡关系。这种均衡关系之间蕴含的因果关系还需进一步验证。用中国工业污染排放量、合同 FDI 和贸易增长构建 VECM，序列仍然采用协整方程有截距但是没有确定趋势的形式。估计各模型参数，具体估计结果见表 3 - 21、表 3 - 22。

表 3 – 21　　　　　　　　VAR 模型 1 的 VEC 模型回归结果

误差修正	D(LNIWW)		D(LNFDI_T)		D(LNTRADE)	
协整方程	− 0.548574	[− 3.43785]	0.277265	[0.14043]	− 0.016017	[− 0.05350]
D(LNIWW(− 1))	0.133276	[0.64696]	− 1.799	[− 0.70566]	0.589023	[1.52400]
D(LNIWW(− 2))	− 0.072	[− 0.35781]	− 0.706	[− 0.28331]	1.146945	[3.03452]
D(LNFDI_T(− 1))	− 0.008	[− 0.35008]	0.556418	[2.08677]	− 0.043	[− 1.07124]
D(LNFDI_T(− 2))	0.062	[2.68767]	0.059166	[0.20411]	0.144884	[3.29609]
D(LNTRADE(− 1))	0.425820	[4.25428]	0.350600	[0.28310]	0.071259	[0.37946]
D(LNTRADE(− 2))	0.099810	[0.77057]	− 1.239	[− 0.77319]	− 0.256	[− 1.05391]
C	− 0.102	[− 3.04008]	0.211173	[0.50894]	0.194132	[3.08544]
R-squared	0.753402		0.510276		0.752407	
Adj. R-squared	0.556124		0.118497		0.554332	

表 3 – 22　　　　　　　　VAR 模型 2 的 VEC 模型回归结果

误差修正	D(LNIWW)		D(LNFDI_T)		D(LNTRADE)	
协整方程	0.064824	[0.24890]	− 2.797787	[− 0.63834]	2.195174	[3.97682]
D(LNIWG(− 1))	− 0.182513	[− 0.54422]	10.67708	[1.89184]	− 0.589614	[− 0.82952]
D(LNIWG(− 2))	− 0.376099	[− 1.80272]	2.911971	[0.82940]	− 0.37709	[− 0.85281]
D(LNFDI_T(− 1))	0.024699	[1.26271]	0.284598	[0.86458]	− 0.107367	[− 2.58984]
D(LNFDI_T(− 2))	0.028298	[1.38143]	− 0.014662	[− 0.04253]	0.020886	[0.48107]
D(LNTRADE(− 1))	0.214767	[2.95544]	− 0.537045	[− 0.43916]	0.090305	[0.58634]
D(LNTRADE(− 2))	− 0.129734	[− 1.35788]	− 3.61662	[− 2.24940]	− 0.358677	[− 1.77131]
C	0.098705	[3.10826]	− 0.248798	[− 0.46556]	0.305646	[4.54127]
R-squared	0.849685		0.512451		0.829964	
Adj. R-squared	0.729433		0.122411		0.693935	

从误差修正模型中可以看出，误差修正系数为 − 0.548574，说明每期大约可以调节 − 54.86% 的废水排放，调节速度较大。因此，就样本区间数据而言，工业废水排放从短期偏离到恢复长期均衡所用的时间较短。由 FDI 的系数可知，短期内 FDI 对工业废水排放的影响极小，但 FDI 对工业废水排放的二期影响比一期影响要大很多，反映了 FDI 对工业废水排放的滞后效应较强。由中国贸易总额系数可知，短期内中国贸易总额对工业废水排放的影响非常大，但中国贸易总额对工业废水排放的二期影响迅速减小，说明了中国贸易总额对工业废水排放的滞后影响不大。

从误差修正模型中可以看出，每期大约可以调节 6.48% 的废气排放，调节速度很小。因此，就样本区间数据而言，工业废气排放从短期偏离到恢复长期均衡所用的时间很慢。由 FDI 的系数可知，短期内 FDI 对工业废气排放的影响极小，但 FDI 对工业废气排放的二期影响与一期影响相差不大，反映了 FDI 对工业废气排放的滞后效应不显著。由中国贸易总额系数可知，短期内中国贸易总额对工业废水排放的影响非常大，但中国贸易总额对工业废水排放的二期影响迅速减小，说明了中国贸易总额对工业废水排放存在滞后效应。

从表 3 - 23 误差修正模型中可以看出，误差修正系数为 - 0.970621，说明每期大约可以调节 - 97.06% 的工业 SO_2 排放，调节速度极大。因此，就样本区间数据而言，工业 SO_2 排放从短期偏离到恢复长期均衡所用的时间非常迅速。由 FDI 的系数可知，FDI 一期对工业废水排放的影响较小。由中国贸易总额系数可知，中国贸易总额一期对工业 SO_2 排放的影响也不是很大。

表 3 - 23　　　　　　　　VAR 模型 3 的 VEC 模型回归结果

误差修正	D(LNIWW)	D(LNFDI_T)	D(LNTRADE)
D(LNISO₂(-1))	- 0.970621　[- 2.57345] 0.010792　[0.05099]	2.668226　[1.45600] 0.315209　[0.30343]	- 0.08642　[- 0.21200] 0.164817　[0.67881]
D(LNFDI_T(-1))	0.098460　[1.93998]	0.504832　[2.02665]	- 0.069615　[- 1.19568]
D(LNTRADE(-1))	0.171435　[0.78698]	0.818279　[0.76535]	0.044685　[0.17881]
C	- 0.016455　[- 0.39953]	- 0.024808　[- 0.12273]	0.172537　[3.65175]
R-squared	0.404555	0.259363	0.137104
Adj. R-squared	0.245770	0.061860	0.093002

从表 3 - 24 误差修正模型中可以看出，误差修正系数为 - 0.447047，说明每期大约可以调节 - 44.7% 的固体废物排放，调节速度较大。因此，就样本区间数据而言，工业固体废物排放从短期偏离到恢复长期均衡所用的时间较短。由 FDI 的系数可知，短期内 FDI 对工业固体废物排放的影响很小，但 FDI 对工业固体废物排放的二期影响比一期影响要大，反映了 FDI 对工业固体废物排放存在滞后效应。

表 3 - 24　　　　　　　　VAR 模型 4 的 VEC 模型回归结果

误差修正	D(LNIWW)	D(LNFDI_T)	D(LNTRADE)
协整方程	- 0.447047　[- 1.49701]	- 7.08581　[- 2.31574]	0.430791　[0.75669]
D(LNIWSOLID(-1))	- 0.170162　[- 0.49592]	3.298453　[0.93818]	- 0.759315　[- 1.16078]
D(LNIWSOLID(-2))	0.017797　[0.06747]	4.348280　[1.60877]	0.114434　[0.22755]
D(LNFDI_T(-1))	0.017699　[0.61744]	0.907395　[3.08947]	- 0.03553　[- 0.65017]

续表

误差修正	D(LNIWW)	D(LNFDI_T)	D(LNTRADE)
D(LNFDI_T(−2))	0.045019 [1.55941]	0.301824 [1.02034]	0.092442 [1.67961]
D(LNTRADE(−1))	0.247312 [1.80468]	1.154651 [0.82231]	−0.047698 [−0.18257]
D(LNTRADE(−2))	0.021233 [0.16648]	−0.013264 [−0.01015]	0.080021 [0.32912]
C	0.005318 [0.10608]	−0.554049 [−1.07850]	0.182655 [1.91097]
R-squared	0.783788	0.560717	0.665633
Adj. R-squared	0.610819	0.209290	0.398139

由中国贸易总额系数可知，短期内中国贸易总额对工业固体废物排放的影响非常大，但中国贸易总额对工业固体废物排放的二期影响迅速减小，说明了中国贸易总额对工业固体废物排放的滞后影响不大。

VECM 模型整体检验结果表明，模型整体的对数似然函数值足够大（分别为74.58、89.10、52.00 和 72.77），同时 AIC 和 SC 值相当小（见表 3−25），说明模型总体解释能力较强。这些模型反映了解释变量构成的矩阵短期变化在受到中国各环境损害排放、合同 FDI 和进出口贸易总额之间的长期稳定的比例关系——协整关系的限制下对被解释变量短期变化的影响。

表 3−25 　　　　　　　　　　VECM 模型整体检验结果

	Z_1	Z_2	Z_3	Z_4
行列式残差协方差	7.81E−08	1.69E−08	8.42E−07	9.46E−08
对数似然值	74.58571	89.10469	52.00367	72.77287
赤池信息准则	−4.377444	−5.905756	−2.000386	−4.186618
施瓦茨准则	−2.737102	−4.265415	−0.360045	−2.546277

4. 格兰杰因果检验

在经济变量中有一些变量显著相关，但是它们未必都有意义。格兰杰解决了 x 是否引起 y 的问题，格兰杰因果关系检验实质上检验一个变量的滞后变量是否可以引入到其他变量方程中。一个变量如果受到其他变量的滞后影响，则称它们具有格兰杰因果关系。

基于 VAR 模型检验中国工业污染排放指标（LNIWW、LNIWG、LNISO$_2$、LNISOLID）、中国合同 FDI 与中国进出口贸易之间是否有显著的格兰杰关系，其结果见表 3−26 至表 3−29。

表 3-26　　　　　　　　　VAR 模型 1 的格兰杰因果检验结果

	原假设	Chi-sq 统计量	P 值
LNIWW 方程	LNFDI_T 不能格兰杰引起 LNIWW	8.721617	0.0332
	LNTRADE 不能格兰杰引起 LNIWW	21.05799	0.0001
	LNFDI_T、LNTRADE 不能同时格兰杰引起 LNIWW	21.65123	0.0014
LNFDI_T 方程	LNIWW 不能格兰杰引起 LNFDI_T	0.306491	0.9588
	LNTRADE 不能格兰杰引起 LNFDI_T	3.144601	0.3699
	LNIWW、LNTRADE 不能同时格兰杰引起 LNFDI_T	3.691808	0.7183
LNTRADE 方程	LNIWW 不能格兰杰引起 LNTRADE	8.301872	0.0402
	LNFDI_T 不能格兰杰引起 LNTRADE	9.347233	0.0250
	LNIWW、LNFDI_T 不能同时格兰杰引起 LNTRADE	23.32054	0.0007

表 3-27　　　　　　　　　VAR 模型 2 的格兰杰因果检验结果

	原假设	Chi-sq 统计量	P 值
LNIWG 方程	LNFDI_T 不能格兰杰引起 LNIWG	5.718172	0.1262
	LNTRADE 不能格兰杰引起 LNIWG	14.42130	0.0024
	LNFDI_T、LNTRADE 不能同时格兰杰引起 LNIWG	27.76638	0.0001
LNFDI_T 方程	LNIWG 不能格兰杰引起 LNFDI_T	5.288935	0.1518
	LNTRADE 不能格兰杰引起 LNFDI_T	7.459280	0.0586
	LNIWG、LNTRADE 不能同时格兰杰引起 LNFDI_T	10.48666	0.1056
LNTRADE 方程	LNIWG 不能格兰杰引起 LNTRADE	20.87955	0.0001
	LNFDI_T 不能格兰杰引起 LNTRADE	10.53044	0.0146
	LNIWG、LNFDI_T 不能同时格兰杰引起 LNTRADE	46.81611	0.0000

　　从结果可以看到，就选取的污染变量及样本期间而言：合同 FDI 与中国进出口额的变化是中国工业废水排放总量变化的原因，且它们共同的作用也能够导致中国工业废水排放总量的变化；检验结果接受了中国工业废水排放量的变化不能导致合同 FDI 的变化，也接受了中国工业废水排放总量与中国进出口总额同时引起合同 FDI 变化的假设；中国工业废水排放总量的变化导致了中国进出口总额的变化，而且中国工业废水排放总量与合同 FDI 的变化也引起了中国进出口总额的变化。

　　就本节选取的污染变量及样本期间而言：合同 FDI 的变化与中国工业废气排放总量的变化之间不存在因果关系；中国进出口总额的变化却引发了中国工业废气排放总量的变化，同时合同 FDI 和中国进出口总额的变化也引发了中国工业废气排放总量的变化；但是中国工业废气排放总量及它与中国合同 FDI 的变化却引起了中国进出口总额的变化。

从表 3 – 28 可以看到，三个方程的原假设只有一个被拒绝，说明就样本区间而言，中国进出口总额的变化引起中国工业 SO_2 排放总量的变化。其他的原假设在 0.05% 均被接受。

表 3 – 28　　　　　　　　VAR 模型 3 的格兰杰因果检验结果

	原假设	Chi-sq 统计量	P 值
$LNISO_2$ 方程	LNFDI_T 不能格兰杰引起 $LNISO_2$	5.364027	0.0684
	LNTRADE 不能格兰杰引起 $LNISO_2$	7.226785	0.0270
	LNFDI_T、LNTRADE 不能同时格兰杰引起 $LNISO_2$	8.244760	0.0830
LNFDI_T 方程	$LNISO_2$ 不能格兰杰引起 LNFDI_T	0.515682	0.7727
	LNTRADE 不能格兰杰引起 LNFDI_T	2.146248	0.3419
	$LNISO_2$、LNTRADE 不能同时格兰杰引起 LNFDI_T	2.822084	0.5880
LNTRADE 方程	$LNISO_2$ 不能格兰杰引起 LNTRADE	2.729043	0.2555
	LNFDI_T 不能格兰杰引起 LNTRADE	1.870249	0.3925
	$LNISO_2$、LNFDI_T 不能同时格兰杰引起 LNTRADE	3.088094	0.5432

就本节样本区间而言，合同 FDI 变化是中国工业固体废物产生量变化的格兰杰原因，但反过来中国工业固体废物产生量变化不能导致合同 FDI 变化；检验结果还表明中国工业固体废物产生量变化是中国进出口总额变化的格兰杰原因（见表 3 – 29）。

表 3 – 29　　　　　　　　VAR 模型 4 的格兰杰因果检验结果

	原假设	Chi-sq 统计量	P 值
LNIWSOLID 方程	LNFDI_T 不能格兰杰引起 LNIWSOLID	8.398139	0.0150
	LNTRADE 不能格兰杰引起 LNIWSOLID	25.06056	0.0000
	LNFDI_T、LNTRADE 不能同时格兰杰引起 LNIWSOLID	25.83733	0.0000
LNFDI_T 方程	LNIWSOLID 不能格兰杰引起 LNFDI_T	0.763411	0.6827
	LNTRADE 不能格兰杰引起 LNFDI_T	1.018016	0.6011
	LNIWSOLID、LNTRADE 不能同时格兰杰引起 LNFDI_T	3.112087	0.5392
LNTRADE 方程	LNIWSOLID 不能格兰杰引起 LNTRADE	17.84065	0.0001
	LNFDI_T 不能格兰杰引起 LNTRADE	4.492286	0.1058
	LNIWSOLID、LNFDI_T 不能同时格兰杰引起 LNTRADE	18.54466	0.0010

总之，从以上结果可以看到，中国贸易（进出口总额）变化是各类污染指

标（工业废水、工业废气、工业 SO$_2$ 和工业固体废物）变化的格兰杰原因；合同 FDI 变化是中国工业废水排放总量、中国工业固体废物产生量变化的格兰杰原因，但不是中国工业废气排放总量以及中国工业 SO$_2$ 排放量变化的原因；就样本区间而言，除中国工业 SO$_2$ 排放量，其他 3 个污染指标均是中国贸易变化的格兰杰原因，但所有污染变量变化均不是合同 FDI 变化的格兰杰原因。

5. 脉冲响应函数

经过前面的协整检验可知，4 个 VAR 模型中的时间序列向量是协整的，也就是说各个模型中的 3 个变量从长期来看具有均衡的关系，但在短期里由于会受到随机干扰的影响，这些变量有可能偏离均衡值，但这种偏离是暂时的，最终会回到均衡状态。对一个变量的冲击直接影响这个变量，并且通过 VAR 模型的动态结构传导给其他所有的内生变量。脉冲响应函数是描述一个内生变量对误差的反应，能够比较直观地刻画出变量之间的动态交互作用及其效应。为了直观形象地描述变量间的相互影响，图 3 - 11 至图 3 - 14 中间的曲线是响应曲线，上下两条虚线为用解析法计算的二倍响应曲线标准误置信带。

由图 3 - 11 可以看到，度量 FDI 大小的合同 FDI 变量 LNFDI_T 的一个单位的正向标准差冲击，使得 LNIWW 在滞后的 2 期内下降后略有上升，随后又经历了为数 2 期的下降后慢慢升至为 0，在总的滞后期都产生负向效应，说明由 FDI 带来冲击会使中国工业污水排放量逐渐减少。衡量贸易大小的进出口总额变量 LNTRADE 的一个单位的正向标准差冲击使得 LNIWW 在其滞后的 7 期内产生了正向的效应，从第 8 期后开始转变为负向效应，也就是说，在短期内，贸易增长确实恶化了中国的水环境，但是从长期看对水环境却有改善的作用。

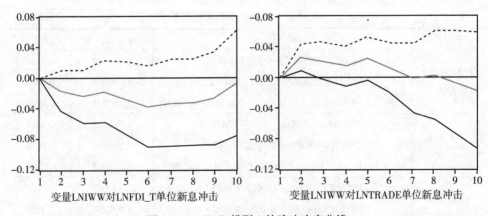

图 3 - 11　VAR 模型 1 的脉冲响应曲线

从图 3 - 12 可以看到，变量 LNFDI_T 的一个单位的正向标准差冲击使得变量 LNIWG 在滞后的时期内一直具有向下的趋势（部分时段稍有上升，但是幅度不大），在总的滞后期都产生负向效应，表明 FDI 在长期内对中国工业废气的排放起到了改善的作用。变量 LNTRADE 的一个单位的正向标准差冲击使得变量 LNIWG 在滞后的 1 期内上升，随后的滞后期内一直是小幅度波动，说明贸易对中国工业废气排放量的冲击影响不显著。

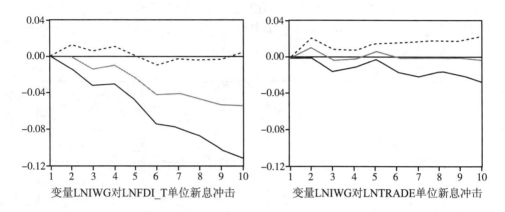

图 3 - 12　VAR 模型 2 的脉冲响应曲线

图 3 - 13 反映的是变量 LNFDI_T 的一个单位的正向标准差冲击对中国工业 SO_2 排放量的影响。如图所示，在滞后的 3 期内有了一个大幅减少，随后缓慢地上升，但总的来说正向冲击使总的滞后期都产生负向效应。说明 FDI 在前期对改善中国的工业 SO_2 排放有显著的作用，但随着时间的推移，这种作用会越来越小。变量 LNTRADE 的一个单位的正向标准差冲击使得中国工业 SO_2 排放在滞后 4 期内不断增加，随后趋于平稳，总的滞后期都产生了正向效应，这说明中国的贸易使得中国工业 SO_2 排放有所增加且幅度比较平稳。

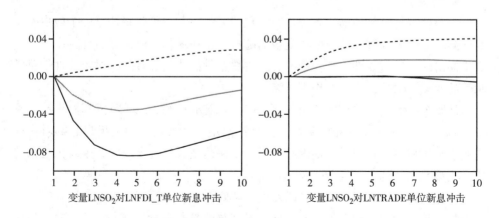

图 3 - 13　VAR 模型 3 的脉冲响应曲线

图 3−14 反映了变量 LNFDI_T 的一个单位的正向标准差冲击对中国工业固体废物排放量的影响。从图中可以看出，中国工业固体废物排放量在滞后 2 期内小幅上升，然后在滞后 3 期降到最低点，随后开始缓慢增高，但是从滞后期都产生负向效应说明 FDI 对改善中国工业固体排放物起到了积极的作用。变量 LN-TRADE 的一个单位的正向标准差冲击使中国工业固体废物排放量在滞后 2 期内增高，尽管在滞后 3 期有所下降，但是总体有增高的趋势且滞后期一直是正向效应，这说明贸易加剧了中国工业固体废物排放。

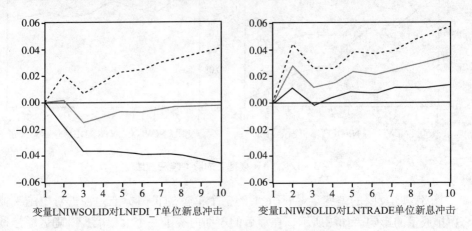

变量LNIWSOLID对LNFDI_T单位新息冲击　　　　变量LNIWSOLID对LNTRADE单位新息冲击

图 3−14　VAR 模型 4 的脉冲响应曲线

总之，从图 3−11 至图 3−14 可以看到，FDI 对中国工业污染的几类指标有着明显的改善作用，与此同时，中国贸易增加却加剧了部分工业污染。但从上面的脉冲响应函数图也可以看到，部分系统对冲击的反应不是很稳定。

6. 方差分解

方差分解是另一种描述系统动态变化的方法。其原理是将任意一个内生变量的预测均方误差分解成系统中各变量的随机冲击所做的贡献，然后计算出每一个变量冲击的相对重要性，即变量的贡献占总贡献的比例。根据相对重要性信息随时间的变化，估计该变量的作用时滞。

从图 3−15 可以看出，FDI 对中国工业废水排放总量的贡献率最大达到 47.86%，而且贡献率在滞后 9 期内都是逐渐增加的。而中国进出口总额对中国工业废水排放总量在滞后 2 期内经历了一个快速增长后逐渐平缓，呈现出递减趋势，在第 5 期达到最大值 26.18%。

对比图 3−15 与图 3−16 可以发现，尽管 FDI 对中国工业废水、废气排放总量贡献率趋势大致相同，但是在前期贡献率趋势却是截然不同的。FDI 冲击对中国工业废水排放总量的贡献率在滞后 3 期内迅速增大，而 FDI 冲击对中国工业废

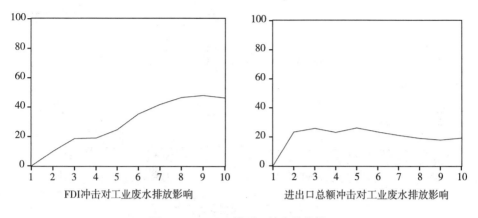

图 3 - 15　VAR 模型 1 的方差分解

注：不考虑中国工业废水排放总量自身的贡献率。

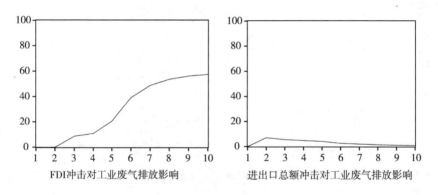

图 3 - 16　VAR 模型 2 的方差分解

气排放总量的贡献率在滞后 2 期内却非常平缓，存在一个明显的滞后效应。而进出口总额冲击对中国工业废气排放总量的贡献率非常小，最大也只到 6.99% 左右。

从图 3 - 17 可以看到，FDI 冲击对中国工业 SO_2 排放总量的贡献率在滞后 3 期内较平缓，然后增幅增加，在第 9 期达到 39.74%；而进出口总额冲击对中国工业 SO_2 排放总量的贡献率较小，最大也仅为 5.62%。

如图 3 - 18 所示，FDI 冲击对中国工业固体废物产生量的贡献率较小，在滞后 4 期达到最大值 8.36%，随后一直呈递减趋势；进出口总额冲击对中国工业固体废物产生量的贡献率在滞后 2 期内快速增长到 34.79%，说明进出口对中国工业固体废物排放影响较大。

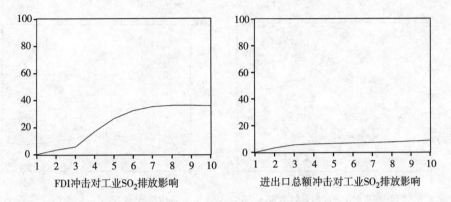

图 3 – 17　VAR 模型 3 的方差分解

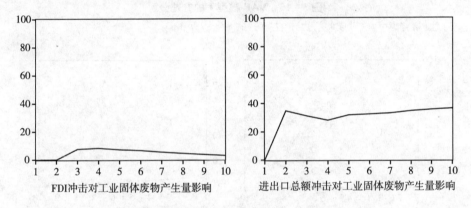

图 3 – 18　VAR 模型 4 的方差分解

综合以上各变量方差分析分解的结果，我们更清楚地了解了各变量对各环境损害指标的影响强度，除工业固体废物产生量外，FDI 对环境的影响均大于贸易对环境的影响。

三、小结

本节采用全新的经济计量分析技术，实证考察了 1985 ~ 2006 年间中国环境损害与贸易、FDI 变化之间的长期均衡关系和格兰杰因果关系以及相互动态影响效应，得到了我国环境、贸易和 FDI 时序关系结果：

首先，通过变量系数可以看出，合同 FDI 对环境的改善起到了积极作用，但是作用强度不一；进出口贸易在不同程度上对环境造成了一定的破坏。对时序数据的平稳性检验发现，污染指标、FDI 与进出口总额之间都存在一阶单整的现象，如果直接利用时序数据进行回归，可能出现伪回归的现象。本节基于约翰森协整检验结论发现变量之间具有协整关系，因此可以建立方程衡量其长期的关系。

其次，三类污染指标（工业废水、工业废气、工业固体产生量）变化与中国贸易变化互为因果的解释，一方面说明了中国的进出口贸易正在使中国环境损害状况加剧；另一方面说明中国的环境标准不高，从而存在部分投资涌向污染密集型行业的可能，即中国当前现实符合"竞相降低标准假说"。

再其次，广义脉冲响应函数的模拟结果表明，FDI 的一个正向标准差扰动对选取的中国环境损害具有明显的负向响应，说明其对改善中国的环境起到了积极的作用；而进出口贸易的一个正向标准差扰动则对选取的中国环境损害具有大小不等的正向响应（但对中国工业废气排放总量影响很小）。

最后，方差分解结果显示，中国贸易（进出口总额）与 FDI 对污染指标影响力度不一，故在治理污染的同时，可以对不同的环境损害排放物进行有区别、有重点的调整。

第5节　产业贸易与环境损害相关性分析：以中国造纸行业为例

前三节关于贸易环境效应的分析集中在贸易总量与环境损害的实证研究上，但从第1节可以看出，不同制造业部门的贸易引发污染量有很大差异。为了深入行业层次的贸易环境效应分析，本节以造纸业这一重污染行业为例，在贸易度量指标的基础上，借鉴安德维勒、科普兰和泰勒（2001）对贸易与环境的相关研究方法，构建了能够反映中国造纸业贸易环境效应机制的实证模型，并估计得出三种环境效应的方向及大小。

一、模型、变量与数据

1. 模型

以 V 表示造纸业贸易规模，以 PQH 来表示造纸业产品结构，建立由造纸业贸易所带来的环境污染 Z、贸易总量 V、贸易结构 PQH 与排污技术 E 四个变量间关系的实证模型，即：

$$LNZ = \lambda_1 LNV + \lambda_2 LNPQH + \lambda_3 LNE \tag{3.17}$$

系数 λ_1、λ_2、λ_3 分别度量了产业内贸易的规模效应、结构效应和排污技术效应的大小。其符号反映了三种效应的方向。例如，如果规模效应和技术效应的系数符号为正，表明这两种效应会使环境污染更加恶化。而结构效应系数则表明了随着产业内贸易结构的转变，环境污染的变化情况。

2. 数据说明与变量构建

（1）贸易总量与贸易类型分析。

依据《国际贸易商品标准分类》（SITC）准则，造纸及纸制品产业产品对应第四次修订版的 SITC 标准下第 6 部门第 64 类包括 641 和 642 两个 3 分位数产品类别。64 类为纸、纸板以及纸浆、纸和纸板的制品，641 类为反映纸和纸板的贸易数据，642 类反映切成一定尺寸或形状的纸板及其制品。根据国际标准化组织 ISO 规定，将定量（单位面积的质量）小于每平方米 225 克的纸页称为纸张，定量大于每平方米 225 克的纸页称为纸板。由于我国近 20 年的贸易数据均是依据《协调商品名称和编码制度》（HS）进行统计的，因此，考虑数据的可获得性，本节采用了 HS 商品编码下的数据作为实证研究的基础数据。造纸及纸制品产业产品与其第 48 类相对应，共包含 23 个子类。

本节以 1992～2010 年数据为样本区间，考察了中国加入世界贸易组织前后共 19 年的贸易情况。研究对象为中国与世界其他的所有国家的进出口贸易。进口的贸易术语为 FOB，出口贸易术语为 CIF。FOB（FREE ON BOARD）是指当卖方的货物在指定装运港越过船舷时即可完成交货，CIF（COST, INSURANCE AND FREIGHT）是指卖方的货物在目的地装运港越过船舷时完成交货，与 FOB 的差别之一是货物运至目的港前的费用和运费均由卖方承担。贸易金额和贸易数量分别以千美元和吨为度量单位。

产业贸易总量是反映我国造纸业整个产业的贸易情况。本节利用 EXCEL 软件对 HS 编码下，第 48 大类的 23 个子类的中国对世界其他所有国家的进出口贸易数据做简单相加，即得到了以百亿美元为单位的 1992～2010 年 19 年间的产业贸易总量值（见表 3 - 30）。

此外，我们使用 G - L 指数来判断造纸业的贸易类型，其测算公式为：

$$B_i = 1 - \frac{|X_i - M_i|}{X_i + M_i} \tag{3.18}$$

其中，i 代表 i 产业，X_i 和 M_i 分别表示 i 产业的出口额和进口额。B_i 值越大意味着产业内贸易水平越高。i 产业的贸易是否属于产业内贸易模式，是根据整个考察期内 B_i 的值是否大于 0.5 来划分的，大于 0.5 表示贸易模式为产业内贸易，小于 0.5 表示产业间贸易。倘若产业内贸易水平的涨速超过 0.05 说明是递增的，否则是稳定的。

利用 SPSS16.0 统计软件，依据联合国商品贸易统计数据库（UN Comtrade）的官方贸易统计数据，采用格鲁贝尔和劳埃德（Grubel & Loyd, 1975）提出的度量方法，可以整理计算出反映中国造纸业产业内贸易水平的 G-L 指数（见表 3-30）。由 1992~2010 年的贸易数据可以看出，在此考察期内我国造纸及纸制品行业除 1992 年、1994 年和 1998 年三年的数据大于 0.4 而小于 0.5 外，其他年份的指数值均大于 0.5，可以据此判断该行业的贸易模式属于产业内贸易。从数据变化趋势看，该产业的贸易形式越来越偏重于产业内贸易。

表 3-30 中国造纸业产业贸易总量及产业内贸易指数

年份	产业贸易总量	G-L 指数	产业内贸易结构
1992	0.2087506	0.441055499	1.173104435
1993	0.2122578	0.513853437	1.049390635
1994	0.2660709	0.487847412	1.164021164
1995	0.324347	0.553857443	1.157963446
1996	0.3778627	0.530166116	1.20055325
1997	0.4466633	0.544839928	1.202816901
1998	0.458495	0.491384203	1.256026059
1999	0.4907274	0.504805316	1.211286992
2000	0.5368923	0.567812576	1.182879377
2001	0.5132571	0.577905303	0.782389937
2002	0.5844608	0.584430641	0.778123058
2003	0.669921	0.688494315	0.814996927
2004	0.7483192	0.760553251	0.801985659
2005	0.8316141	0.944861805	0.847046414
2006	0.9612193	0.877024213	0.937980523
2007	1.1407172	0.751701473	0.989320388
2008	1.2108338	0.720716749	0.964890541
2009	1.1447495	0.677952338	0.936708861
2010	1.417925	0.650590687	0.948018902

资料来源：根据 UN Comtrade 数据库贸易统计数据计算得出。

（2）中国造纸业产业内贸易类型估算。

产业内贸易水平和结构能够较好地反映一国产业内贸易状况。产业内贸易水平可以用来判断一国某产业的贸易是否属于产业内贸易模式，并且刻画产业内贸易的发展程度。产业内贸易结构通常被用来描述产业内贸易的类型，以及根据贸易条件衡量一国在产业内贸易中所处的地位。

本节采用艾滋哈尔和艾略特（Azhar & Elliott，2006）的计量方法及产品价值的加权平均法对产业内贸易结构进行度量。i 表示产业，j 表示子产品，P_i^x 和 P_i^m 为 FOB 条件下 i 产业产品经过加权平均计算的出口单位价值和 CIF 条件下的进口单位价值，P_j^x 和 P_j^m 为子产品的出口和进口单位价值。X_j 和 M_j 分别表示各子产品的出口数量和进口数量，X_i 与 M_i 则表示 i 产业的出口和进口数量。

$$P_i^x = \sum_{j=1}^{23} P_j^x \times \frac{X_j}{X_i} \qquad (3.19)$$

$$P_j^m = \sum_{j=1}^{23} P_j^m \times \frac{M_j}{M_i} \qquad (3.20)$$

$$PQH = 1 - \frac{P_i^x - P_i^m}{P_i^x + P_i^m} \qquad (3.21)$$

当 $0.85 \leqslant PQH \leqslant 1.15$ 时，进出口产品质量相近，为水平型产业内贸易；当 $PQH < 0.85$ 时，为本国处于优势的垂直型产业内贸易；当 $PQH > 1.15$ 时，为本国处于劣势的垂直型产业内贸易。

关于 1992～2010 年中国造纸业产业内贸易结构的计量结果见表 3 - 30。根据艾滋哈尔与艾略特（2006）的划分标准，除 1993 年外，1992～2000 年我国在产业内贸易中处于劣势地位，2001～2005 年，我国在该产业的产业内贸易中处于优势地位，2006～2010 年我国的产业内贸易类型为水平型产业内贸易。从表 3 - 30 中可以看到，产业内贸易结构大致可以分为三个发展阶段：第一阶段是 2001 年前的 9 年时间，我国造纸及纸制品业的产业贸易总量较少，产业内贸易发展水平较低，产业内贸易结构类型为本国处于劣势垂直型产业内贸易。第二阶段是 2001～2005 年的区间，该产业的贸易条件有了很大改善，随着产业内贸易水平的上升，我国的贸易地位处于优势。第三阶段是 2006～2010 年，随着产业内贸易水平的下降，产业内贸易的地位再次降低，但仍高于第一阶段的水平。不难看出，在整个考察期内，产业内贸易结构的变化与 G - L 指数的变化保持较好的一致性。

（3）污染指标的构建。

本节所采用的中国造纸业的污染数据均来自《中国统计年鉴》。数据的样本区间为 1992～2010 年。其中，本论文完成时 2011 年《中国统计年鉴》（2010 年数据）尚未出版，因此，2010 年数据笔者采用相邻数据的平均法，且遇异常值跳过，保留两位小数的方法计算得出。缺损值的处理也运用了相同的方式。

《中国统计年鉴》在工业分行业排污情况中分别列出了中国造纸业的废水排放量、二氧化硫排放量、烟尘排放量、粉尘排放量和固体废物排放量。表 3 - 31 列出了 1992～2010 年我国造纸业各项污染物的排放状况。

表3-31 中国造纸业污染物排放情况 单位：万吨

年份	废水排放量	二氧化硫排放量	烟尘排放量	粉尘排放量	固体废物排放量
1992	224 100	28	20	3	37
1993	215 801	28.18	28.75	3.93	39
1994	218 281	27.07	18.26	2.59	35
1995	239 012	32.51	22.01	2.88	38
1996	212 462	27.85	20.14	3.97	34
1997	274 601	36.84	28.43	13.46	31
1998	314 795	35.95	25.95	10.45	28
1999	299 847	30.81	25.94	3.18	15
2000	352 876	33.52	20.95	3.73	15
2001	309 804	42.62	27.78	3.67	65
2002	319 303	35.02	22.62	1.4	32
2003	318 336	36.29	223.73	8.76	25.14
2004	318 705	39.1	22.8	1.4	18.27
2005	367 422	43.1	24.1	1.6	8
2006	374 407	42.8	20.9	1.2	6.84
2007	424 597	49.16	23.6	0.77	9.63
2008	407 675	46.3	23.99	0.8	5
2009	392 604	45.74	19.18	0.75	4.75
2010	377 533	45.18	14.37	0.7	4.5

资料来源：1993~2011年《中国统计年鉴》。

不难看出在造纸业的诸多污染排放项目中，水污染占据了重要的比例，其排放量达到了其他四项排放量总和的几千倍。在粗放式的发展模式下，废水排放量、二氧化硫排放量和烟尘排放量长期居高不下，废水排放量和二氧化硫排放量两项指标出现较大幅度的增长。2010年的废水排放量较1992年增长了68%，2010年的二氧化硫排放量较1992年增长了61%之多。

为了对当前我国造纸业造成的环境污染进行定量评价，本节使用上述5个指标构建了综合指标 Z，以为计量模型构建做铺垫。指标构建方式是通过对5个污染指标的加权平均法，而《中国统计年鉴》中的污染数据排放单位相同，均以万吨为单位，这就为污染综合指标的建立提供了可能性。应用SPSS16.0统计软件对上述数据进行处理，最终得出中国造纸业环境污染的综合指标 Z。计算结果见表3-32第二列，其度量单位为10亿。

表 3 – 32 　　　　　　　　　　　　中国造纸业污染及排污技术指标值

年份	污染指标	技术指标
1992	2. 24012046	4. 112603909
1993	2. 157012008	2. 728529406
1994	2. 18198122	4. 150812524
1995	2. 389166506	4. 776135649
1996	2. 123760858	4. 642663541
1997	2. 744913259	4. 028690262
1998	3. 146946911	4. 165409716
1999	2. 997720949	4. 960115727
2000	3. 528028203	7. 87333425
2001	3. 096650144	4. 520908849
2002	3. 192119946	6. 00561227
2003	3. 180425146	0. 571268317
2004	3. 186234584	7. 028681555
2005	3. 673452229	11. 48014953
2006	3. 743352799	24. 22672871
2007	4. 245138635	11. 08068704
2008	4. 075989309	18. 88096762
2009	3. 92533599	29. 31857314
2010	3. 774682671	40. 55408753

资料来源：1993～2011 年《中国统计年鉴》。

（4）排污技术指标。

《中国统计年鉴》列出了 1992～2009 年中国造纸业污染物处理数据。具体指标与污染物排放指标相对，分别为废水达标量、二氧化硫去除量、烟尘去除量、粉尘去除量和固体废物处置量五项指标。其中，2010 年数据系笔者采用相邻数据的平均法，且遇异常值跳过，保留两位小数的方法计算得出。从表 3 – 33 中可以看出废水达标量、二氧化硫去除量和烟尘去除量有着非常显著的增加，粉尘去除量与固体废物处置量变动较小。

五项污染处理指标虽然反映了污染物的处理情况，但无法反映造纸业的排污能力。为了更加全面客观地反映排污水平的变动，还需要将各项指标的污染排放量及处理量进行对比。本节拟用处理量与排放量的比值来度量各项指标的排污技术水平（见表 3 – 34）。通过纵向对比可以发现，除粉尘外，其他四项污染物的排污能力逐年显著提高。废水处理能力提高尤为显著，从 1992 年的 0. 14 上升至

2010 年的 0.95，烟尘的处理水平长期保持较高。

表 3 - 33　　　　　　　中国造纸业污染物处理情况　　　　　　单位：万吨

年份	废水达标量	二氧化硫去除量	烟尘去除量	粉尘去除量	固体废物处置量
1992	31 730	2	86	5	183
1993	31 416	2.18	85.15	3.95	126
1994	32 445	2.36	95.66	4.8	141
1995	32 774	3.01	124.36	5.31	193
1996	30 380	2.72	126.38	12.61	111
1997	55 137	3.49	143.26	7.61	107
1998	81 506	3.13	138.24	2.76	79
1999	112 210	3.74	146.03	1.99	78
2000	189 620	6.76	211.95	2.43	85
2001	244 854	7.34	175.97	4.71	68
2002	269 375	9.69	196.59	3.21	84.5
2003	273 333	12.04	22.54	2.25	2
2004	286 468	13.4	217.2	1.9	101
2005	335 581	16.4	221.8	1	115
2006	336 213	20.2	255.2	1.9	212.9
2007	382 974	20.17	309.31	2.41	116.2
2008	375 124	20.16	297.81	8.74	131
2009	367 176	23.42	344.34	1.44	177.2
2010	359 228	26.68	390.87	0.47	223.4

资料来源：1993~2011 年《中国统计年鉴》。

表 3 - 34　　　　　　中国造纸业各项污染物处理量与排放量之比

年份	废水	二氧化硫	烟尘	粉尘	固体废物
1992	0.14	0.07	0.81	0.63	4.95
1993	0.15	0.07	0.75	0.50	3.23
1994	0.15	0.08	0.84	0.65	4.03
1995	0.14	0.08	0.85	0.65	5.08
1996	0.14	0.09	0.86	0.76	3.26
1997	0.20	0.09	0.83	0.36	3.45
1998	0.26	0.08	0.84	0.21	2.82
1999	0.37	0.11	0.85	0.38	5.20

续表

年份	废水	二氧化硫	烟尘	粉尘	固体废物
2000	0.54	0.17	0.91	0.39	5.67
2001	0.79	0.15	0.86	0.56	1.05
2002	0.84	0.22	0.90	0.70	2.64
2003	0.86	0.25	0.09	0.20	0.08
2004	0.90	0.26	0.90	0.58	5.53
2005	0.91	0.28	0.90	0.38	14.38
2006	0.90	0.32	0.92	0.61	31.13
2007	0.90	0.29	0.93	0.76	12.07
2008	0.92	0.30	0.93	0.92	26.20
2009	0.94	0.34	0.95	0.66	37.31
2010	0.95	0.37	0.96	0.40	49.64

　　为了实现对中国造纸业环境污染物排放技术的定量评价，本节构建了技术指标 E。排污技术指标 E 用来反映一国对污染排放物的处理能力。中国造纸业的综合排污技术指标旨在反映该产业整体污染治理水平，需建立在针对以上五种污染排放物的处理技术之上。本节利用废水排放达标率来反映废水排放处理技术。工业废水排放达标率即工业废水排放达标量占工业废水排放量的百分率。关于二氧化硫、烟尘和粉尘的污染排放处理技术，可采用去除量除以排放量的方法计算得出。去除量，一般是指在所用的工艺条件下，能够处理掉多少污染物，用它来反映污染处理技术能够得到科学的数据。固体废物的排污技术，本节采用固体废物处置量与固体废物排放量之比来表示，其中，固体废物处置量是指以符合环境保护要求的方式将固体废物放置在不再回取的场所的工业固体废物量。关于综合排污技术指标的构建，本节对以上五种排污技术为原始变量，利用 SPSS16.0 统计软件采用主成分分析的方法求得。

二、模型结果与分析

　　本节利用 EVIEWS6.0 软件，采用基于 VAR 模型的多变量协整分析方法来建立反映中国造纸业 1992～2010 年由进行产业内贸易所带来的环境污染 Z、产业贸易总量 V、产业内贸易结构 PQH 与排污技术 E 四个变量间关系的实证模型。实证分析的具体步骤是，先对 VAR 模型进行构建，再对其分别进行单位根检验、稳定性检验、格兰杰因果关系检验和多变量协整关系检验，建立响亮误差修正模型，最后在 VAR 模型基础上进行脉冲响应函数和方差分解分析。

1. VAR 模型的构建

（1）VAR 模型滞后期的确定。

由于本节数据较短，所以在选择模型的滞后阶数时，最大可以包含的滞后阶数为 2。从表 3-35 中可以看出，五个准则均选择 1 期滞后，因此本节中将 VAR 模型的滞后期定为 1 期。

表 3-35　　　　　　　　　　　滞后期选择准则

Lag	LogL	LR	FPE	AIC	SC	HQ
0	34.19917	NA	3.37e-07	-3.552843	-3.356793	-3.533355
1	83.47271	69.56265*	7.21e-09*	-7.467378*	-6.487127*	-7.369939*
2	95.94033	11.73423	1.64e-08	-7.051804	-5.287352	-6.876414

注：*表示该项为各项准则所选择的滞后期结果。

（2）VAR 模型的建立。

向量自回归是基于数据的统计性质建立模型，VAR 模型把系统中每一个内生变量作为系统中所有内生变量滞后值的函数来构造模型，从而将单变量自回归模型推广到由多元时间序列变量组成的向量自回归模型。由于其内生变量全部出现在等式右端，使得参数模型的估计和推断变得相对简单。因而 VAR 模型是一种较好的非结构化模型。表 3-36 给出了 VAR 模型的估计结果，可以看到，由于可决系数较大，因此可判断模型的估计效果较好。

表 3-36　　　　　　　　　　　VAR 模型的估计结果

	LNZ	LNV	LNPQH	LNE
LNZ（-1）	0.024921	-0.471820	-0.769100	0.226681
	(0.26899)	(0.24310)	(0.32052)	(0.31886)
	[0.09265]	[-1.94083]	[-2.39955]	[0.71090]
LNV（-1）	0.416801	1.136949	0.300530	0.069425
	(0.13213)	(0.11941)	(0.15744)	(0.15663)
	[3.15449]	[9.52120]	[1.90887]	[0.44325]
LNPQH（-1）	-0.016571	-0.208203	0.687877	-0.194356
	(0.14621)	(0.13214)	(0.17422)	(0.17332)
	[-0.11333]	[-1.57561]	[3.94829]	[-1.12136]

续表

	LNZ	LNV	LNPQH	LNE
LNE（-1）	-0.262353	-0.074359	-0.207475	0.089204
	(0.24265)	(0.21930)	(0.28913)	(0.28764)
	[-1.08119]	[-0.33908]	[-0.71758]	[0.31012]
C	1.258237	0.685229	0.943373	-0.569400
	(0.34985)	(0.31618)	(0.41686)	(0.41471)
	[3.59653]	[2.16724]	[2.26304]	[-1.37301]
R-squared	0.892512	0.985441	0.737995	0.659867
Adj. R-squared	0.859439	0.980961	0.657378	0.555210

2. VAR 模型的检验

（1）单位根检验。

单位根检验是统计检验中普遍应用的一种方法，是对变量的平稳性进行检验。若模型含有单位根，则说明该时间序列是非平稳的；反之，则说明该时间序列是平稳的。本节采用 ADF 检验法对各个变量序列进行检验。该项检验的原假设为 H_0：序列含有单位根。备择假设为 H_1：序列不含有单位根。具体检验结果见表 3 - 37。四个变量为非平稳时间序列，经过一阶差分后变为平稳序列，所以四个原序列均为一阶单整变量 I（1）。

表 3 - 37　　　　　　　　单位根检验结果

变量	检验类型（c, t, k）	ADF 值	5% 临界值	DW 值	结论
LNZ	(0, 0, 1)	1.377433	-1.962813	1.960761	非平稳
ΔLNZ	(0, 0, 1)	-2.468107	-1.964418	2.033784	平稳
LNV	(c, t, 1)	-3.225789	-3.710482	2.006187	非平稳
ΔLNV	(c, 0, 1)	-3.109261	-3.065585	1.942156	平稳
LNPQH	(0, 0, 1)	-1.467591	-1.962813	1.838156	非平稳
ΔLNPQH	(0, 0, 1)	-2.563130	-1.964418	1.980606	平稳
LNE	(c, t, 1)	-2.675185	-3.710482	1.866650	非平稳
ΔLNE	(0, 0, 1)	-3.499486	-1.964418	2.114303	平稳

注：（c, t, k）表示 ADF 检验式是否包含常数项、时间趋势项以及滞后阶数；Δ 表示一阶差分。

（2）VAR 模型稳定性检验。

如果 AR 根的倒数全部落在单位圆内，说明 VAR 模型是稳定的；反之，说明 VAR 模型是不稳定的。如果模型不稳定，则不能够进行协整检验。从图

3-19 可看出，四个根的倒数全部小于 1，均落在单位圆内，说明模型是平稳的，可以进行多变量协整关系检验。

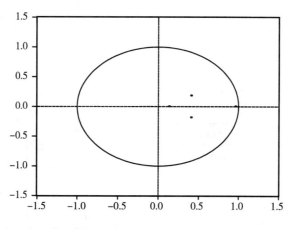

图 3-19　VAR 模型中 AR 根

（3）格兰杰因果关系检验。

格兰杰检验是判断两个变量之间是否存在因果关系的重要方法。它能够检验出一个变量能够在多大程度上被另一个变量的过去值所解释，即加入另一个变量的滞后期后是否能提高解释力度。对环境污染 LNZ、产业贸易总量 LNV、产业内贸易结构 LNPQH 与排污技术 LNE 四个变量的格兰杰因果检验结果（见表 3-38）。

表 3-38　　　　　　　　　　　　格兰杰因果检验输出结果

因变量：LNZ			
自变量	χ^2 统计量	自由度	显著性概率
LNV	9.950816	1	0.0016
LNPQH	0.012844	1	0.9098
LNE	1.168966	1	0.2796
全部	10.95352	3	0.0120
因变量：LNV			
自变量	χ^2 统计量	自由度	显著性概率
LNZ	3.766802	1	0.0523
LNPQH	2.482548	1	0.1151
LNE	0.114972	1	0.7346
全部	6.760640	3	0.0799

因变量：$LNPQH$

自变量	χ^2 统计量	自由度	显著性概率
LNZ	5.757849	1	0.0164
LNV	3.643769	1	0.0563
LNE	0.514914	1	0.4730
全部	6.332534	3	0.0965

因变量：LNE

自变量	χ^2 统计量	自由度	显著性概率
LNZ	0.505384	1	0.4771
LNV	0.196474	1	0.6576
$LNPQH$	1.257440	1	0.2621
全部	8.864617	3	0.0311

从表 3-38 中可以看出，在 1% 的显著性水平下，产业贸易量的增加会引起污染的加重；在 5% 的显著性水平下，污染排放量是引起产业内贸易结构变化的原因；在 10% 的显著性水平条件下，产业内贸易结构能够被产业贸易量的过去值所解释；在 5% 的显著性水平条件下，产业贸易总量、产业内贸易结构、排污技术三个因素对污染排放量的总体影响显著；在 10% 的显著性水平下，污染物排放量、产业贸易总量和排污技术三个变量能够解释产业内贸易结构的过去值；在 10% 的显著性水平下，污染物排放量、产业内贸易结构和排污技术能够解释产业贸易总量的过去值；在 10% 的显著性水平下，污染物排放量、产业贸易总量和产业内贸易结构能够很好地解释排污技术的过去值。

（4）多变量协整关系检验。

协整关系是指变量间存在的长期稳定的关系。如果一组非平稳时间序列存在一个平稳的线性组合，即该组合不具有随机趋势，那么这组序列就是协整的，这个线性组合被称为协整方程。关于时间序列协整关系的检验主要有两类：针对两变量的 EG 两步法与针对多变量的约翰森协整检验。多变量协整检验是比两变量检验更加复杂的检验方式。协整关系的存在前提是所检验变量必须具有相同的单阶整数。根据以上对四个变量的单位根检验，可以得出它们都是一阶单整的结论。从而可以对四个变量进行协整检验。协整检验的滞后期需与 VAR 模型的滞后期一致，因此，在 EVIEWS6.0 的操作界面选择滞后期为 1 期。同时，由于不能确定用哪一个趋势假设，所以本节在 0.05 的显著性水平下选择了包括所有假设情况的第六项来帮助确定假设的选择。

在表 3 – 39 中，第 2 至第 6 列表示各种选择条件对应的协整关系个数的结果，我们能够从表中发现，最佳的假设条件为特征根迹统计量与 λ – max 统计量（最大特征值）所测协整方程个数相同的第 1 种和第 2 种情况。第 1 种情况对应的是时间序列没有确定趋势，协整方程没有截距项；第 2 种情况为时间序列没有确定趋势，协整方程有截距项。两种情况均可选择，本节选用第 1 种情况。在表 3 – 40 和表 3 – 41 中，第一行第三列的数值均大于第一行第四列的数值，据此，我们可以拒绝变量间不存在协整关系的原假设，而判断出，变量间至少存在一种协整关系。在至多存在一个协整关系、至多存在两个协整关系和至多存在三个协整关系的原假设条件下，特征值迹统计量和最大特征值统计量的值均大于 0.05 显著性水平下的临界值，这说明不能拒绝原假设，即模型至多存在一个协整关系，综上可知，模型存在一个协整关系。

表 3 – 39　假设条件的选择结果

数据趋势	无	无	线性	线性	二次方程
检测类型	无截距 无趋势	有截距 无趋势	有截距 无趋势	有截距 有趋势	有截距 有趋势
迹	1	1	0	0	0
最大特征值	1	1	0	0	0

表 3 – 40　迹统计量检验结果

CE（s）假定序列	特征值	迹统计量	临界值（0.05）	P 值
None*	0.794129	47.25925	40.17493	0.0083
At most 1	0.551380	18.81016	24.27596	0.2094
At most 2	0.211128	4.381730	12.32090	0.6557
At most 3	0.006259	0.113018	4.129906	0.7820

表 3 – 41　最大特征值检验结果

CE（s）假定序列	特征值	最大特征值	临界值（0.05）	P 值
None*	0.794129	28.44909	24.15921	0.0124
At most 1	0.551380	14.42843	17.79730	0.1497
At most 2	0.211128	4.268712	11.22480	0.5860
At most 3	0.006259	0.113018	4.129906	0.7820

根据约翰森协整检验，提取一个协整方程的结果如下：

$$LNZ = 1.143529LNV + 0.150358LNPQH - 2.082583LNE \quad (3.22)$$
$$(0.33342) \qquad (0.80425) \qquad (0.59246)$$

括号内为标准误差。根据该式可知，变量 LNZ 与 LNV、$LNPQH$、LNE 之间存在长期变动趋势。从该协整方程可以看出，在长期内，产业贸易总量对环境污染产生正向作用，规模效应为正，产业贸易量每增加 1 个百分点，环境污染会增加 1.143529 个百分点。产业内贸易结构对环境污染的弹性为 0.150358，结构效应为正，产业内贸易结构越大，也就是本国在产业内贸易结构中的地位越不利，环境污染越严重。而排污技术对环境污染产生的弹性为负，表明排污技术的提高会减轻环境的污染程度，具体地说，排污技术每提高 1 个百分点，环境污染会减少 2.082583 个百分点。

（5）向量误差修正（VEC）模型。

如果 VAR 模型存在协整关系，则构建向量误差修正模型是十分必要的。向量误差修正模型反映了变量间的短期波动，此种模型是有约束的 VAR 模型。VEC 的滞后阶数要比 VAR 少 1，因此，滞后期项输入（0 0）。依据 EVIWES6.0软件，误差修正项 ECM_t 为：

$$ECM_t = LN(Z)_t - 0.373587LN(V)_t + 0.153109LN(PQH)_t$$
$$+ 0.137098LN(E)_t - 1.283524 \quad (3.23)$$

根据 VEC 输出表，可知 $LN(Z)_t$ 的误差修正模型估计结果为：

$$\Delta LN(Z)_t = 0.028988 - 0.861442ECM_{t-1} + \mu_t \quad (3.24)$$

因为 VEC 模型为 0 阶滞后，因此模型的形式简单。从误差修正模型中可以看出，误差修正项的系数为 -0.861442，说明当其他变量偏离长期均衡时，将以（-0.86144）的调整力度将非均衡状态拉回均衡状态。

3. 脉冲响应函数

脉冲响应函数用来描述一个内生变量对由误差项所带来的冲击的反应。以 LNV、$LNPQH$、LNE 三个变量为冲击变量，变量 LNZ 为脉冲响应变量做脉冲响应函数。图 3 - 20、图 3 - 21、图 3 - 22 分别表示 LNV、$LNPQH$、LNE 一个单位乔里斯基（Cholesky）的冲击对 LNZ 的响应。三幅图中，横轴表示滞后期数，纵轴表示响应变量，实线代表脉冲响应函数曲线，上下两条虚线为正负两倍标准差的偏离带。

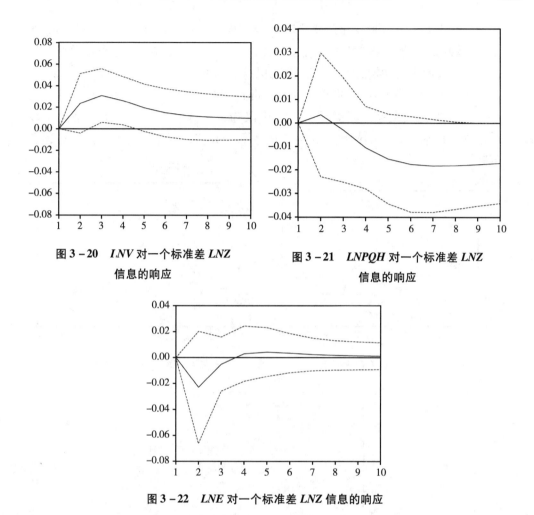

图 3 - 20　*INV* 对一个标准差 *LNZ* 信息的响应

图 3 - 21　*LNPQH* 对一个标准差 *LNZ* 信息的响应

图 3 - 22　*LNE* 对一个标准差 *LNZ* 信息的响应

依据图 3 - 20 可以看出，污染指数在对产业贸易总量的冲击进行响应的曲线呈现波动趋势，其影响经历了先增大后减小的动态过程，但始终保持为正向的响应，表明产业贸易量的提高增加了环境污染。污染指数在第 3 期调整至最大值0.55%，而在较长期内稳定在最小值 0.1%。观察图 3 - 21 不难发现，污染在对来自产业内贸易结构的冲击进行响应的过程中，污染在第 2 期调整至最大值0.02%，在第 7 期调整至最低点 - 0.28%，产业内贸易由优势逐步转变为劣势的初期会使环境的污染程度恶化。从图 3 - 22 我们可以看到污染对排污技术冲击的响应，污染在初期发生了强烈波动，在第 2 期调整至最低点 - 0.22%，在第 5 期达到最高点 0.02%，这说明在排污技术提高的初期急速地减少污染。

4. 方差分解

方差分解是研究 VAR 模型动态特征的另一个重要方法。它可以通过分析每个结构冲击对内生变量变化产生影响的程度来评价不同结构冲击的重要性。图中，横轴为滞后期，纵轴为贡献率。依据图 3 – 23 可以看出，产业贸易总量对环境污染的贡献率在初期急速增加，而后保持在 22% 的稳定状态。从图 3 – 24 可以看出，产业内贸易结构对环境污染的贡献率在滞后的 10 期内不断上升，最后达到 15% 的最高峰。根据图 3 – 25 可以知道，排污技术对环境污染的贡献率呈现先增加后减少的趋势，在第 2 期达到最大值，贡献率为 5%，而后逐渐下降。

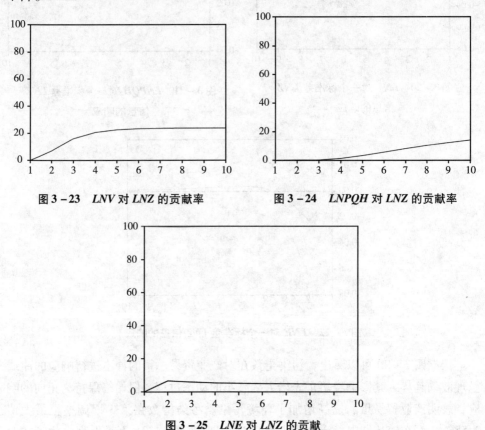

图 3 – 23　*LNV* 对 *LNZ* 的贡献率　　　　图 3 – 24　*LNPQH* 对 *LNZ* 的贡献率

图 3 – 25　*LNE* 对 *LNZ* 的贡献

三、小结

本节以中国造纸业这一污染密集型产业为切入点，利用 G – L 指数和 PQH 指数对其产业内贸易的水平和结构进行测算，得出结论：1992 ~ 2010 年 19 年间，中国造纸业的国际贸易类型属于产业内贸易，并且产业内贸易水平呈不断提高的趋势。在此基础上，本节对安特维勒、科普兰和泰勒（2001）贸易的环境效应分解模型进行修改，得到产业内贸易的环境效应模型，进一步估计了中国造纸业产业内贸易的规模效应、结构效应和技术效应及其系数。实证结果显示，随着产业贸易总量的增加，污染程度会加重。排污技术的提高有效减少了污染物的排放量。当中国在造纸业产业内贸易过程中处于不利地位时，污染会恶化，处于有利地位时，污染程度会减轻。

第6节 区域贸易增长与环境损害相关性分析

传统生产力布局的差异造成了我国各地区发展起点不完全一致，加之资源、技术、地域等条件的不同，我国各地区经济发展水平、贸易增长速度以及环境损害状况之间存在很大差异性。例如，1990 年我国东部地区对外贸易额占全国对外贸易总额的90% 以上，2003 年更是高达93.4%，相应地，东部地区的产值占国内生产总值的比重也从1990 年的54% 提高到2003 年的70%。然而，东部地区在经济、贸易快速增长的同时环境损害较之中西部地区也更为严重。2003 年我国东部地区工业废水、COD 和氨氮的排放量分别为253 亿立方米、681 万吨和46 万吨；中部地区则分别为179 亿立方米、388 万吨和45 万吨；西部地区分别是84 亿立方米、180 万吨和22 万吨。因此，我们就应对我国各地区贸易增长与环境损害情况进行分类研究和比较，以排除由于区域经济差异对贸易增长与环境损害情况分析带来的干扰。

本节我们对中国各地区的经济、贸易、产业结构、环境损害等因素进行因子分析，得出一个综合得分指标，找出近十几年来我国各地区经济、贸易发展和环境损害变化的共性，进而通过面板数据聚类分析把我国按照上述共性划分成四个区域，为第7 节区域经济增长与环境库兹涅茨曲线的研究奠定基础。

一、计量模型、变量与数据

为了较好地度量我国各地区十几年来经济、贸易、产业结构、环境损害等因素的变化，且考虑到数据的可获得性，选取如下 9 个指标：x_1：各地区的国内生产总值；x_2：各地区的第二产业占 GDP 的比重；x_3：各地区的第三产业占 GDP 的比重；x_4：各地区工业废气的排放量；x_5：各地区工业废水产生量；x_6：各地区城镇居民平均消费（之所以选择各地区城镇居民平均消费，是因为它比人均GDP 更能反映随着经济增长，人们对环境质量要求的欲望）；[①] x_7：各地区出口

---

① 王慧炯、甘师俊、李善同：《可持续发展与经济结构》，科学出版社1999 年版，第59 页。

额；x_8：各地区进口额；x_9：各地区外商直接投资。①

其中，x_1、x_6 是反映经济方面的指标，x_2、x_3 是反映产业结构方面的指标；x_4、x_5 是反映污染方面的指标；x_7、x_8、x_9 是反映贸易方面的指标。数据均来自《中国统计年鉴》（1993~2006）和《新中国五十年统计资料汇编》。由于海南和西藏的部分数据缺失严重或未能找到，将这两个样本删除，重庆市直到 1997 年才变为直辖市，按照传统的方法我们将其归入四川省。② 因此，我们最终收集了1996 年至 2005 年 28 个省级单位的数据用于分析。③

二、检验结果与分析

用 SPSS15.0 统计软件对 28 个省、市、自治区 14 年的指标分别进行因子分析，然后利用各成分所解释的方差占总方差百分比作为权重，求出 14 年每个省、市、自治区的综合因子得分。在选择因子时主要运用特征值的准则，即取特征值大于 1 的主成分为因子，放弃特征值小于 1 的主成分。因为各指标的量纲不统一，所以选择 Correlation Matrix 选项，即使用变量的相关矩阵进行提取因子的分析，可以解决量纲不统一的问题。

表 3-42 给出了 14 年的截面数据的 KMO 检验与巴特利特球度检验结果，用

表 3-42　　　　　1992~2005 年 KMO 检验与 Bartlett 球度检验结果

年份	KMO 检验	Barlett 球度检验	年份	KMO 检验	Barlett 球度检验
1992	0.729	257.789 **	1999	0.722	293.103 **
1993	0.666	295.267 **	2000	0.727	304.498 **
1994	0.666	292.238 **	2001	0.711	302.314 **
1995	0.643	269.114 **	2002	0.716	287.183 **
1996	0.699	294.918 **	2003	0.722	261.193 **
1997	0.656	290.246 **	2004	0.719	274.725 **
1998	0.720	299.383 **	2005	0.710	302.884 **

注：** 表示在 0.01 的水平上显著。

---

① 在研究经济增长与环境损害关系的实证文献中，较多地采用工业废水产生量和工业废气排放量。考虑到数据的可获得性，这里引入工业废水产生量和工业废气排放量代表环境损害指标。

② 将重庆市归入四川省后，四川省的人均消费由以下方法求出：（四川省城镇居民人均消费×四川省城镇居民人口数 + 重庆市城镇居民人均消费×重庆市人口数）/（四川省城镇居民人口数 + 重庆市城镇居民人口数）。

③ 由于面板数据的庞大且篇幅有限，原始数据不再列出。

于判断数据是否适合进行因子分析。KMO 检验的数值最小的为 0.643，而球度检验结果近似 χ^2 值均在 257.789 以上，自由度为 36，检验的显著性概率均小于 0.01，所以拒绝原假设，认为相关系数矩阵不能看成是单位矩阵，9 个变量间不是独立而是存在相关关系的，故此数据适合并需要进行因子分析。

14 年的截面数据均提取出 3 个公因子 F_1、F_2 和 F_3，对每年的因子分析中可以得出：从表 3-43 中可以看到，第一公因子在各地区外国直接投资、各地区进口总额、各地区出口总额、各地区城镇居民平均消费上有较高荷载，而以上指标从不同侧面反映了各地区的贸易与人民生活水平；而第二公因子在各地区的国内生产总值、各地区工业废气的排放量、各地区工业废水产生量上有高荷载，以上指标反映的是总体经济发展与环境损害的情况。在 14 年的因子分析中，前 3 个因子的累积方差贡献率都在 84% ~ 90% 之间，基本保留了原来指标的信息。以所选取的第一、第二以及第三个公因子的方差贡献率 λ_1、λ_2、λ_3 为权数，构造综合因子得分，$F_{综} = \lambda_1 F_1 + \lambda_2 F_2 + \lambda_3 F_3$。从而得出 28 个省、市、自治区 14 年来的综合得分的面板数据。

表 3-43　　　　　　　　旋转后的因子荷载矩阵提取的公因子

年份	公因子 1	公因子 2	公因子 3	因子累积贡献（%）
1992	x_7、x_8、x_9、x_6	x_1、x_4、x_5	x_3、x_2	86.74
1993	x_7、x_8、x_9、x_6	x_1、x_4、x_5	x_3、x_2	86.39
1994	x_7、x_8、x_9、x_6	x_1、x_4、x_5	x_3、x_2	86.03
1995	x_7、x_8、x_9、x_6	x_1、x_4、x_5	x_3、x_2	85.43
1996	x_7、x_8、x_9、x_6	x_1、x_4、x_5、x_2	x_3	85.85
1997	x_7、x_8、x_9	x_1、x_4、x_5、x_2	x_3、x_6	84.82
1998	x_7、x_8、x_9	x_1、x_4、x_5、x_2	x_3、x_6	86.39
1999	x_7、x_8、x_9	x_1、x_4、x_5、x_2	x_3、x_6	86.18
2000	x_7、x_8、x_9	x_1、x_4、x_5、x_2	x_3、x_6	87.07
2001	x_7、x_8、x_9、x_6、x_2	x_1、x_4、x_5	x_3	88.37
2002	x_7、x_8、x_9、x_6、x_2	x_1、x_4、x_5	x_3	88.7
2003	x_7、x_8、x_9、x_6、x_3	x_1、x_4、x_5	x_2	88.18
2004	x_7、x_8、x_9、x_6、x_3	x_1、x_4、x_5	x_2	89.25
2005	x_7、x_8、x_9、x_6	x_1、x_4、x_5	x_3、x_2	89.86

为了了解近十几年来我国经济增长、贸易的增加、产业结构变迁和环境损害的情况，找出发展程度相似的地区，从而更好地研究这些区域的经济、贸易、产

业结构和环境损害情况，对 1992 年至 2005 年全国 28 个省、市、自治区综合指标进行面板数据聚类分析。进行面板数据聚类分析的研究，不仅可以弥补聚类分析的理论，解决原有的聚类分析方法只能解决静态问题的缺陷，而且还可以从动态的角度描述事物的类别。通过选择欧氏距离作为该面板的相似指标，根据离差平方和法进行面板数据聚类分析绘制全国 28 个省、市、自治区综合指标聚类树形图（见图 3－26）。①

从图 3－26 我们可以看到，近十几年，广东省的动态发展单独归为一类；北京、上海、浙江、江苏归为一类；天津、福建、辽宁、山东归为一类；其他省、市、自治区为一类，分别称为 1 类地区、2 类地区、3 类地区和 4 类地区。

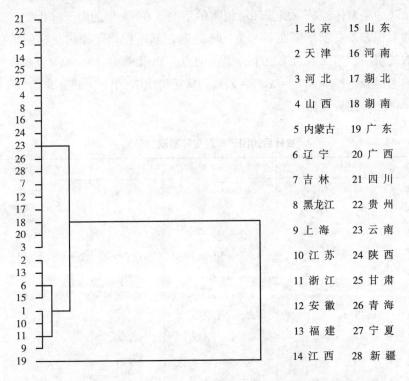

1 北京	15 山东
2 天津	16 河南
3 河北	17 湖北
4 山西	18 湖南
5 内蒙古	19 广东
6 辽宁	20 广西
7 吉林	21 四川
8 黑龙江	22 贵州
9 上海	23 云南
10 江苏	24 陕西
11 浙江	25 甘肃
12 安徽	26 青海
13 福建	27 宁夏
14 江西	28 新疆

图 3－26　1992～2005 年全国 28 个省、市、自治区综合得分的聚类树形图

三、小结

通过聚类分析，我们将广东单独聚为一类，将京津冀中的北京划分到了长江

---

① 朱建平、陈民恳：《面板数据的聚类分析及其应用》，载于《统计研究》2007 年第 4 期。

三角洲一类，将天津与福建、辽宁、山东归为一类，河北与其他省份归到一类。广东在经济、贸易与污染等因素上综合得分很高，与其他各地区指标有很大的区别；京津冀地区面临着很多问题：主要表现在区域经济联系松散，产业分工不合理，大型基础设施不能共享，生态环境治理缺乏整体安排，地方利益主体冲突不断等。每个行政区分别追求利益最大化的结果是两败俱伤，本位理性最终导致整体非理性。[①]

　　1992年1类地区、2类地区、3类地区的 GDP 占全国 GDP 的比重分别为8.51%、18.62%、13.19%，而到2005年，这个比重上升至12.16%、25.98%、20%。三个地区 GDP 总值占到了中国 GDP 的58.14%，而进出口贸易额占全国进出口贸易额的比重更是高达90%以上（见图3–27）。在实际利用 FDI 方面（见图3–28），2类地区从1999年开始有了大幅增加，明显高于1类地区和3类地区，到2005年占全国实际利用外资额的比重达到50%以上。主要原因是：1类地区属于劳动密集型地区且表现为出口导向特征，而2类地区则属于以进口替代、资本深化为特征的资本和技术密集型。2002年年底，1类地区出现的"民工荒"和"能源荒"使大部分企业从1类地区向2类地区转移，从而加快了2类地区进出口总额的增长速度。

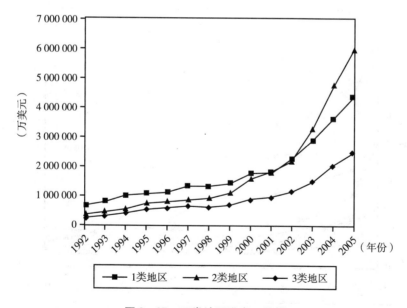

图3–27　三类地区进出口总额

---

①　景体华等：《2004～2005年：中国区域经济发展报告》，社会科学文献出版社2005年版，第57页。

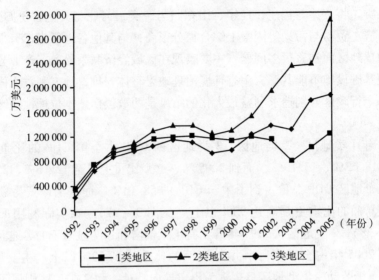

图 3 - 28　三类地区实际利用 FDI 情况

如图 3 - 29、图 3 - 30 所示，在进出口总额不断增加的情况下，2 类与 3 类地区的单位进出口总额的污染排放量一直呈现出递减趋势。2 类地区的单

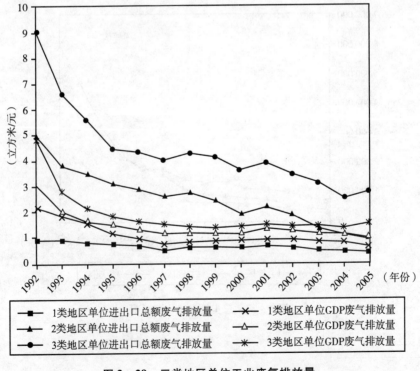

图 3 - 29　三类地区单位工业废气排放量

位进出口总额工业废气排放量远远小于 3 类地区，而单位进出口总额工业废水
排放量从 1997 年开始小于 3 类地区。1997 年前，1 类地区的单位 GDP 污染排
污量呈下降趋势，与之趋势相对稳定的单位进出口总额污染排放量形成鲜明对
比，说明单位 GDP 污染排放量的减少是由与贸易关联较小的其他行业产值的
增加造成。

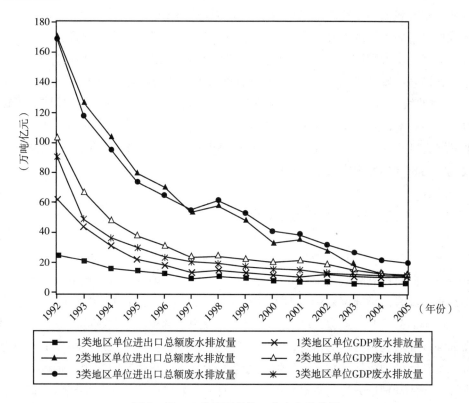

图 3 – 30　三类地区单位工业废水排放量

　　通过聚类分析我们发现其结果与传统的区域划分有很大的区别。这种划分的
方式是通过计算经济、贸易、产业结构、环境损害等因子的综合得分情况下做出
的动态聚类，具有以下两个主要作用：第一，区分区域发展趋势。从动态的角度
来看，几个区域近十几年来发展存在较大差异，如 2 类地区因为在经济、贸易迅
速增长的同时单位排污量降幅也在不断增加。第二，为研究经济增长、贸易发
展、产业结构调整以及环境损害等问题提出一个合理的划分依据。实证分析结果
对于有关区域贸易与环境损害的后续研究，包括贸易管制政策与环境保护政策的
协调，都具有一定的借鉴意义。

第7节　区域经济增长与环境库兹涅茨曲线

在上节中，我们指出了传统的区域划分在研究贸易与环境政策问题时的局限性，并将我国各地区根据经济、贸易以及环境等因素动态变化的共性划分为四个区域。本节我们利用这四个区域内的经济（人均 GDP）与各环境损害指标的面板数据对各区域经济发展与环境损害之间的关系进行进一步实证验证。

大多数学者利用各国横截面数据证实了环境库兹涅茨曲线（EKC）的存在，指出各国经济发展的不平衡、环境质量的其他影响因素方面的差异导致了倒"U"型曲线的出现。事实上，就我国地区经济发展而言，区域经济发展不平衡以及其他影响因素的差异也可能使得我国环境—收入之间出现不同类型曲线。本节的研究结论同时反映了我国四类经济区域间同一时期以及各区域内不同发展阶段经济增长与环境损害关系存在的差异。

一、模型构建及数据来源

迪娜（Dina，2004）指出，环境—收入库兹涅茨曲线形状不仅具有时序维度特征，同时也具有截面维度的特征。基于上一章中国各省市、自治区的聚类分类结果，综合四类地区截面与时间序列数据，在实证分析中采用面板数据模型（Panel-date Model）。它是 20 世纪 50 年代开始用于解决经济问题的，综合了时间序列和截面数据两方面的信息，在时间序列上取多个截面，在这些截面上同时选取样本观测值构成样本数据，能够显著地减少缺省变量带来的问题，是近几十年来计量经济学理论方法的重要发展之一，具有很好的应用价值。从理论上讲，一般的线性面板数据模型可表示为：

$$y_{it} = \alpha_{it} + \beta_{it} + \varepsilon_{it}(i = 1,2,\cdots,N;t = 1,2,\cdots,T) \tag{3.25}$$

其中，y_{it} 为被解释变量，x_{it} 为解释变量，$x_{it} = (x_{1it}, x_{2it}, \cdots, x_{kit})$，$k$ 为外生变量个数，α_{it}、β_{it} 为估计参数，$\beta_{it} = (\beta_{1it}, \beta_{2it}, \cdots, \beta_{kit})$，$\varepsilon_{it}$ 为随机扰动项，T 为时期数，N 为横截面个数。根据截距向量 α 和系数向量 β 中各分量的不同限制要求，可以将面板数据分为三种类型：

① 混合估计模型：　　　$y_i = \alpha + \beta x_i + \varepsilon_i$ （$i = 1, 2, \cdots, N$）

② 变截距模型：　　　　$y_i = \alpha_i + \beta x_i + \varepsilon_i$ （$i = 1, 2, \cdots, N$）

③ 变系数模型：　　　　$y_i = \alpha_i + \beta_i x_i + \varepsilon_i$ （$i = 1, 2, \cdots, N$）

混合估计模型是指在个体成员上既无个体影响也没有结构变化；变截距模型

指假设在个体成员上存在个体影响而无结构变化，并且个体影响可用截距项 $\alpha_i(i=1,2,\cdots,N)$ 的差别来表示；在变系数模型中，个体成员上既存在个体影响，又存在结构变化，即在允许个体影响由变化的截距项 $\alpha_i(i=1,2,\cdots,N)$ 来说明的同时，还允许 $k\times1$ 维系数向量 $\beta_i(i=1,2,\cdots,N)$ 依个体成员的不同而变化，用以说明个体成员之间的结构变化。

考虑到面板数据包含变量、截面、时间的三维信息，如果模型设定得不正确，估计结果将与实际相差巨大。所以，建立正确面板数据的首要任务就是检验被解释变量 y_{it} 的参数 α_i 和 β_i 对所有个体的截面是否相同，从而避免模型设定的偏差，改进参数估计的有效性。

原假设 H_0：　　　　　　$\beta_1=\beta_2=\cdots=\beta_N$

备择假设 H_1：　　　　　$\alpha_i=\alpha_2=\cdots=\alpha_N$

　　　　　　　　　　　$\beta_1=\beta_2=\cdots=\beta_N$

如果接受备择假设 H_1，则可以认为样本数据符合混合估计模型；如果拒绝备择假设 H_1，并且接受原假设 H_0，则认为样本数据符合变截距模型，否则，则认为样本数据符合变系数模型。在备择假设 H_1 下检验统计量 F_2 服从相应自由度下的 F 分布，即：

$$F_2 = \frac{(S_3-S_1)/[(N-1)(k+1)]}{S_1/[NT-N(k+1)]} \sim F[(N-1)(k+1),N(T-k-1)]$$

(3.26)

若计算所得的统计量 F_2 的值不小于给定置信度下的相应临界值，则拒绝备择假设 H_1，继续检验原假设 H_0，反之，则认为样本数据符合混合估计模型。在原假设 H_0 下检验统计量 F_1 服从相应自由度下的 F 分布，即：

$$F_1 = \frac{(S_2-S_1)/[(N-1)k]}{S_1/[NT-N(k+1)]} \sim F[(N-1)k,N(T-k-1)] \quad (3.27)$$

若计算所得的统计量 F_1 的值不小于给定置信度下的相应临界值，则拒绝原假设 H_0，用变系数模型；反之，则认为样本数据符合变截距模型。S_1、S_2、S_3 分别表示混合估计、变截距、变系数模型的残差平方和。

1. 模型构建

根据环境库兹涅茨曲线（EKC）假说，利用四类地区的人均 GDP，各环境损害指标建立环境–收入的三次多项式简化模型进行分析：

$$LNP_i = \alpha_1 + \alpha_2 LnGDP_i + \alpha_3 LnGDP_i^2 + \alpha_4 LnGDP_i^3 + \varepsilon_i \quad (3.28)$$

其中，LnP_i 为各地域的环境损害指标，$LnGdp_i$ 为人均各地域 GDP。根据公式（3.28）的回归结果可以判断环境—收入的集中可能曲线关系：①如果 $\alpha_2>0$，

$\alpha_3 < 0$ 且 $\alpha_4 > 0$，则为三次曲线关系或者说呈"N"型曲线关系；反之，如果 $\alpha_2 < 0$、$\alpha_3 > 0$ 且 $\alpha_4 < 0$，则为倒"N"型曲线关系；②如果 $\alpha_2 > 0$、$\alpha_3 < 0$ 且 $\alpha_4 = 0$，则为二次曲线关系即倒"U"型曲线关系；反之，如果 $\alpha_2 < 0$、$\alpha_3 > 0$ 且 $\alpha_4 = 0$，则为"U"型曲线关系；③如果 $\alpha_2 \neq 0$，$\alpha_3 = 0$ 且 $\alpha_4 = 0$，则为线性曲线。

估计步骤是：首先对同时包括人均 GDP 的平方项、立方项的方程进行估计，然后根据估计系数的 t 统计值判断是否存在"N"型曲线或倒"N"型曲线关系，如果人均 GDP 立方项不显著，则对剔除了人均 GDP 立方项的方程重新进行估计。另外，根据估计结果的 D. W 值可以判断回归方程残差是否存在序列自相关问题，如果残差存在序列自相关问题则可以加入 AR 项消除。

2. 数据来源

我们采用污染排放物指标来衡量环境损害程度与环境质量，本节则选取中国工业废水、废气排放总量及中国工业固体废物产生量三个指标，分别记为 iww、iwg、isolid，数据由各期《中国环境年鉴》与《中国统计年鉴》整理而得。由于本节中所讨论的地区为聚类后所得，故各地区的环境损害量由相应各省、市、自治区的加总而得。各地区人均 GDP 则根据地区内各省、市、自治区的 GDP 总和除以该地区的人口总和，GDP 由历年《中国统计年鉴》计算得出，地区人口数据由《中国统计年鉴》中各地区年底总人口加总得出。为了消除通货膨胀的影响，以 1988 年居民消费价格指数为基期，将名义人均 GDP 除以各年的居民消费价格指数得到实际人均 GDP。

二、检验结果与分析

根据上节介绍的模型选择方法，对三个方程分别进行检验，如表 3 - 44 所示，三个模型的 F_1 的值均大于 $F_{0.05(3,68)} = 2.740$，F_2 的值均大于 $F_{0.05(6,68)} = 2.235$，所以三个模型均采用变系数模型的形式。

表 3 - 44　　　　　　　　　　模型的 F 检验结果

	S_1	S_2	S_3	F_1	F_2
LNIWW	0.057	0.093	0.147	14.316	17.895
LNIWG	0.113	0.164	0.337	10.23	22.466
LNISOLID	0.098	0.117	0.312	4.395	24.748

根据系数变化的不同形式，变系数模型分为固定影响变系数模型和随机影响变系数模型两种类型。我们可以利用豪斯曼统计检验来确定模型的选取，在原假

设随机效应与解释变量不相关的假定下，内部估计量（对虚拟变量模型）和 GLS 得出的估计量均是一致的，在备择假设随机效应与解释变量相关的假定下，GLS 不再是一致的，而内部估计量仍是一致的。这里我们采用 Eviews5.0 软件进行操作，结果如表 3 - 45 所示。

表 3 - 45　　　　　　　　　　　豪斯曼检验的统计量

	卡方统计量	卡方检验 DF 值	P 值
LNIWW	129. 860	3	0. 000
LNIWG	246. 702	3	0. 000
LNISOLID	28. 636	3	0. 000

由表 3 - 44 可知，各模型的豪斯曼检验的统计量均在 0.01 水平下拒绝了随机影响变系数模型的原假设，应该建立固定影响变系数模型。综上分析，1988 ~ 2006 年中国各环境损害指标与人均 GDP 的问题应该建立固定影响变系数模型，也就是表明，地区间环境库兹涅茨曲线（EKC）在结构上存在着显著的差异。其对应的系数是跨截面变化的，采用 GLS 法对模型进行估计，加权方式为 Cross-section SUR，即允许模型存在截面异方差和同期相关。

1. 工业废水污染与人均 GDP 的 EKC 检验

由于立方项不显著，所以采用平方项拟合，结果如表 3 - 46 所示。我们可以清楚地看到各地区的工业废水环境库兹涅茨曲线呈现正 "U" 型，也就是说就选取的样本区间而言，四类地区工业废水均随着人均 GDP 的增加先出现递减的趋势，当人均 GDP 到达一定程度时工业废水随人均 GDP 增加而增加。四类地区的工业废水排放之间二次项系数的不同且在 0.01 下通过显著性水平检验，意味着中国地区间环境库兹涅茨曲线存在结构性差异。

表 3 - 46　　　　　　工业废水污染排放与人均 GDP 的估计结果

变量	系数	标准差	T 统计量	P 值
1 类地区 - LNGDP_1	- 4. 768191	1. 040101	- 4. 584354	0. 000000
2 类地区 - LNGDP_2	- 1. 895227	0. 374337	- 5. 062896	0. 000000
3 类地区 - LNGDP_3	- 2. 463717	0. 358805	- 6. 866448	0. 000000
4 类地区 - LNGDP_4	- 2. 493958	0. 343562	- 7. 259116	0. 000000
1 类地区 - LNGDP_1^2	0. 271293	0. 058174	4. 663508	0. 000000
2 类地区 - LNGDP_2^2	0. 103649	0. 020381	5. 085514	0. 000000
3 类地区 - LNGDP_3^2	0. 140520	0. 020750	6. 772170	0. 000000
4 类地区 - LNGDP_4^2	0. 143394	0. 020441	7. 015111	0. 000000

变量	系数	标准差	T 统计量	P 值
1 类地区 – C	32. 594350	4. 613684	7. 064713	0. 000000
2 类地区 – C	21. 682280	1. 694029	12. 79924	0. 000000
3 类地区 – C	23. 400880	1. 535863	15. 23630	0. 000000
4 类地区 – C	25. 360940	1. 426554	17. 77777	0. 000000
可决系数	0. 999750	因变量均值		162. 990500
调整的可决系数	0. 999707	因变量标准差		217. 296200
回归标准差	1. 086338	残差平方和		75. 52837
F 统计量	23281. 540	德宾沃森统计量		1. 636958
P 值（F 统计量）	0. 000000			

　　如图 3 – 31 所示，1 类地区在 8. 776 时达到了最低点，也就是说，当 1 类地区人均 GDP 约为 6 476. 92 元（结合数据可知转折点出现在 1994 年）之前，工业废水排放随着人均 GDP 的增加减少；当人均 GDP 超过 6 476. 92 元时，工业废水随着人均 GDP 的增加而出现递增的趋势。2 类地区和 3 类地区的转折点分别出现在人均 GDP 的值为 8 946. 34 元和 7 442. 78 元（分别出现在 1998 年与 1995 年）。2 类地区与 3 类地区拟合的环境库兹涅茨曲线比较近似，它们的交点分别

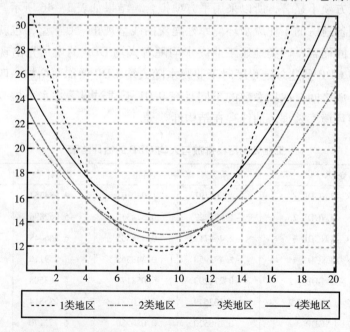

图 3 – 31　各地区工业废水排放与人均 GDP 的发展关系

为 4.16（64.07 元）与 11.32（82 454.34 元）。尽管目前 2 类地区的废水排放高于 3 类地区，但 3 类地区如果不改变产业结构，对环境损害问题加以控制，在人均 GDP 超过 82 454.34 元时工业废水的污染排放将超过 2 类地区。4 类地区则在人均 GDP 为 6 781.81 元时出现了转折点，工业废水的污染随着人均 GDP 的增加而上升。

2. 工业废气污染与人均 GDP 的 EKC 检验

用 GLS 法对变系数模型进行估计时，由于 D. W 检验值表明存在着残差序列自相关现象且常数项不显著，故模型是加入了一阶自相关 AR（1）项、不包括截距项的估计模型。

如表 3 - 47 所示，各地区的工业废气与人均 GDP 之间是一种正 "N" 型关系；各系数均通过了 0.01 的显著性检验，说明各地区的环境库兹涅茨曲线间存在较大差异。各地区环境库兹涅茨曲线的第一个转折点均在很早出现（见图 3 - 32），

表 3 - 47 工业废气排放与人均 GDP 的估计结果

变量	系数	标准差	T 统计量	P 值
1 类地区 - LNGDP_1	5. 64327	0. 81092	6. 95912	0. 00000
2 类地区 - LNGDP_2	4. 55805	0. 47429	9. 61026	0. 00000
3 类地区 - LNGDP_3	5. 72267	0. 29003	19. 73160	0. 00000
4 类地区 - LNGDP_4	6. 90961	0. 85263	8. 10392	0. 00000
1 类地区 - LNGDP_1^2	- 0. 76728	0. 16848	- 4. 55409	0. 00000
2 类地区 - LNGDP_2^2	- 0. 68865	0. 10001	- 6. 88594	0. 00000
3 类地区 - LNGDP_3^2	- 0. 95952	0. 06427	- 14. 92945	0. 00000
4 类地区 - LNGDP_4^2	- 1. 13752	0. 21047	- 5. 40462	0. 00000
1 类地区 - LNGDP_1^3	0. 03150	0. 00900	3. 50189	0. 00090
2 类地区 - LNGDP_2^3	0. 03366	0. 00526	6. 40463	0. 00000
3 类地区 - LNGDP_3^3	0. 04962	0. 00354	14. 00947	0. 00000
4 类地区 - LNGDP_4^3	0. 05735	0. 01280	4. 48046	0. 00000
1 类地区 - AR（1）	0. 93497	0. 02231	41. 91303	0. 00000
2 类地区 - AR（1）	0. 33395	0. 19206	1. 73880	0. 08760
3 类地区 - AR（1）	0. 35312	0. 18449	1. 91399	0. 06070
4 类地区 - AR（1）	0. 89372	0. 06307	14. 17086	0. 00000
可决系数	0. 995104	因变量均值		134. 9862
调整的可决系数	0. 993792	因变量标准差		56. 53133
回归标准差	1. 11726	残差平方和		69. 9031
德宾沃森统计量	1. 964657			

重点是关注第二个转折点。1 类地区、2 类地区、3 类地区及 4 类地区的第二个转折点分别为 40 945.61 元（至今还未出现）、2 954.24 元（1992 年）、4 689.12 元（1994 年）、4 909.86 元（1996 年）。

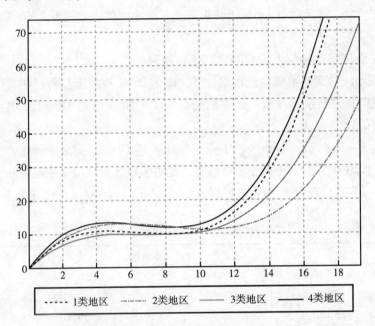

图 3 – 32　各地区工业废气排放与人均 GDP 的发展关系

从 1 类地区与 2 类地区环境库兹涅茨曲线的交点可以知道，就样本拟合的结果而言，随着各地区人均 GDP 的增长，2008 年以后 2 类地区工业废气排放将明显高于 1 类地区。近几年 3 类地区、4 类地区的工业废气增速也将随该地区人均 GDP 的增加而出现较大增幅。

3. 中国工业固体废物污染与人均 GDP 的 EKC 检验

表 3 – 48 给出了各地区工业固体废物排放与人均 GDP 的估计结果。截距项的估计仍未通过显著性检验，但从各系数均通过 0.01 的显著性检验的情况来看，各地区工业固体废物排放与人均 GDP 拟合出的正 "N" 型环境库兹涅茨曲线之间也存在一定的差异。

表 3 – 48　　　　各地区工业固体废物排放与人均 GDP 的估计结果

变量	系数	标准差	T 统计量	P 值
1 类地区 – LNGDP_1	4.43848	0.30955	14.33851	0.00000
2 类地区 – LNGDP_2	3.59475	0.18423	19.51196	0.00000
3 类地区 – LNGDP_3	4.62176	0.27141	17.02854	0.00000

续表

变量	系数	标准差	T 统计量	P 值
4 类地区 – LNGDP_4	5.35712	0.16782	31.92104	0.00000
1 类地区 – LNGDP_1^2	– 0.73301	0.06948	– 10.54944	0.00000
2 类地区 – LNGDP_2^2	– 0.50680	0.04098	– 12.36750	0.00000
3 类地区 – LNGDP_3^2	– 0.70886	0.06126	– 11.57062	0.00000
4 类地区 – LNGDP_4^2	– 0.83666	0.03937	– 21.24995	0.00000
1 类地区 – LNGDP_1^3	0.03672	0.00386	9.50348	0.00000
2 类地区 – LNGDP_2^3	0.02382	0.00225	10.56822	0.00000
3 类地区 – LNGDP_3^3	0.03477	0.00343	10.12896	0.00000
4 类地区 – LNGDP_4^3	0.04232	0.00229	18.51103	0.00000
可决系数	0.99984	因变量均值		166.03800
调整的可决系数	0.99981	因变量标准差		126.45920
回归标准差	1.08921	残差平方和		75.92877
德宾沃森统计量	1.65272			

就样本拟合结果看，目前 1 类地区的工业固体排放低于 2 类地区，但人均 GDP 到 189 094 元时，1 类地区的工业固体排放将超过 2 类地区并会以一个较快的速度递增，1 类地区的第二个转折点出现人均 GDP 达到 5 636.40 元（1994 年）时，其后出现了一个较快的增幅。而其他三类地区曲线的转折点在 lngdp = [0, 16] 的范围内并未出现，即这三类地区随着人均 GDP 的增长，工业固体排放一直呈现出递增的趋势，固体污染并未随人均 GDP 的增加而递减（见图 3 – 33）。

三、小结

环境损害与人均收入之间的关系具有不确定性，因为环境库兹涅茨曲线的估计结果很大程度上取决于度量指标的选择、样本数据的选择及估计方法，其中任何一项不同都会造成估计结果产生较大差别。综合上述三类污染指标与人均 GDP 的面板数据对四类地区环境库兹涅茨曲线曲线的估计结果，可以总结出以下主要结论：

四类地区的中国工业废水排放总量、工业废气排放总量以及固体废物产生量的环境库兹涅茨曲线存在一定差别，而且并不存在倒"U"型环境库兹涅茨曲线。中国几类地区的经济增长与工业废水之间表现为正"U"型曲线关系，与工业废气、工业固体废物排放均表现为正"N"型曲线关系，表明几类地区经济增

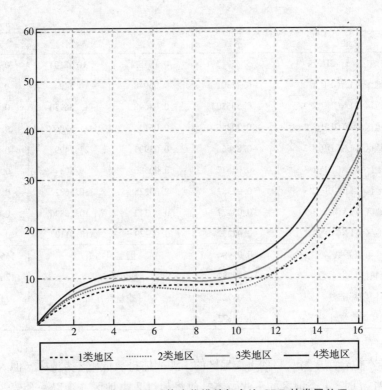

图 3 – 33　各地区工业固体废物排放与人均 GDP 的发展关系

长并不符合倒 "U" 型曲线关系，环境压力依然很大。另外，从不同地区的 EKC
线之间的交点还可发现，就样本区间拟合的结果来看，四类地区随着经济增长环
境损害的增速不同。不同国家，环境库兹涅茨曲线可能不相同，相同国家在不同
历史阶段环境库兹涅茨曲线也可能不一样的结论在此得到证实。

第 8 节　结 论 与 启 示

通过本章的实证分析，我们可以得出以下结论。

结论一：制造业出口规模与污染排放量之间呈正相关关系。运用协整分析的
结果表明，就样本区间而言，制造业出口规模和制造业废气、废水排放与固体废
物产生量之间具有正相关关系，这一实证结果说明随着中国出口规模的增加，污
染有进一步加剧的可能。我们通过对制造业废气排放量与制造业出口规模关系、
制造业废水排放量与制造业出口规模关系以及制造业固体废物产生量与制造业出
口规模关系进行格兰杰因果检验，得到以下几个结论：第一，中国制造业出口规
模变化是导致制造业废气排放量变化的原因；第二，中国制造业出口规模变化是

导致制造业废水排放量变化的原因；第三，中国制造业出口规模变化是导致制造业废气排放量变化的原因。

结论二：污染政策效果不明显，环境损害未得到改善。根据贸易因子得分与环境损害因子得分，我们将我国主要的18个污染排放行业划分为需要调整型区域、警惕型区域、普通型区域和推广型区域四类，在需要调整区域和警惕性区域内的行业属于高污染行业。根据1996~2003年我国制造业贸易—环境矩阵，我们发现，食品、饮料、烟草制造业的污染因子有不断增大的趋势，该行业在1998年前位于普通型区域，但是在这之后却转到了警惕型区域，污染因子得分有进一步的上升的趋势；而纺织业在2003年从普通型区域转变到需要调整型区域；有色金属冶炼及压延加工业、机械、电气、电子设备制造业的污染因子却呈现出减小的较好态势；皮革毛皮及其制品业、化学工业及其相关工业的产品、医药工业、橡胶及其制品、塑料及其制品、非金属矿物制品业、水泥制造业、黑色金属冶炼及压延加工业、金属制品业等行业的位置均没有太大的变动。这些分析结果说明我国不少污染密集型行业的环境损害并未得到改善，反而有进一步扩大的趋势，近年以控制环境损害为目的的贸易政策和环境政策效果并不显著。

结论三：环境技术进步的污染效应显著。借鉴王慧炯模型的思路对制造业出口污染排放量的来源进行分析，可以看到环境技术水平的改变对我国制造业单位出口值废水排放量的减少起了至关重要的作用；但同时我们也要注意到环境技术水平的改变使制造业单位出口值固体废物排放量增多，这可能是因为部分部门在注重减少污水排放的同时却忽视了工业固体废物的产生，从而单位出口值固体废物产生量有所增加；再加上近几年，工业污染治理完成投资中的治理固体废物投资一直在减少，已经从2001年的10.71%减少到2006年的3.77%。在生产过程中要重视各种污染物的减排，防止出现污染物排放此消彼长的局面。作为一个发展中国家，改善贸易结构、提高对外贸易效益是我国对外贸易和贸易政策发展的主要任务。随着对外贸易规模的增长，我国外贸结构也在积极改善，其主要表现为机电产品出口增幅继续高于出口总额增幅，初级产品进口增幅继续高于进口总额和工业制成品进口增幅，表明我国在国际贸易和国际分工格局中的工业国地位日益巩固，且出口商品结构趋向提升；而一般贸易进出口和出口增幅超过贸易总额、出口总额增幅，又表明我国贸易方式的改善。

结论四：环境损害、贸易和FDI之间存在相关关系。通过VAR模型，我们实证考察了1982~2006年间环境损害与中国贸易、合同FDI变化之间的长期均衡关系和格兰杰因果关系以及相互动态影响效应，得到以下分析结果：第一，基于约翰森协整检验结论发现变量之间具有协整关系，合同FDI对环境的改善起到了积极作用，但是作用强度不一，进出口贸易在不同程度上对环境造成了一定的破坏。第二，我们运用基于 VECM 模型和户田和山本（Toda & Yamamoto，2009）提出的改进格兰杰因果检验方法，考察了合同 FDI 与进出口总额、各环境损害变量之间的短期关系及双向因果关系。得到以下结论：中国贸易（进出口总额）变化是各类污染指标变化的格兰杰原因；合同 FDI 变化是中国工业废水排放总量、中国工业固体废物产生量变化的格兰杰原因，但不是中国工业废气排放总量以及中国工业 SO_2 排放量变化的原因；就样本区间而言，除中国工业 SO_2 排放量，其他三个污染指标均是中国贸易变化的格兰杰原因，但所有污染变量变化均不是合同 FDI 变化的格兰杰原因。第三，误差修正模型的结果显示当众多指标偏离长期均衡后，它们的调节到均衡速度是不相等的，而且中国进出口贸易与中国 FDI 对变量滞后期的影响也均不相同。第四，广义脉冲响应函数的模拟结果表明，FDI 的一个正向标准差扰动对选取的中国环境损害指标具有明显的负向响应，说明其对改善中国的环境起到了积极作用；而进出口贸易的一个正向标准差扰动则对选取的中国环境损害具有大小不等的正向响应。根据实证结果我们认为，我国 FDI 的引入从总体上说对环境保护起到了积极的作用，但是我们仍然不能掉以轻心，要逐步提高外商投资企业投资于资源消耗型、污染密集型产业的门槛。另外，国家对环境损害的治理应该区别对待，也就是说针对短期影响较大与长期影响较大的指标进行不同对待。

结论五：在安特维勒、科普兰和泰勒（2001）环境效应模型的框架下，经过对指标的构建和引入，我们搭建了能够论证中国造纸业产业内贸易环境效应的模型。以中国造纸业的历年进口金额、数量以及进出口金额比和进出口数量比为指标，我们刻画了中国造纸业产业贸易的现状。在此基础上，得出产业贸易总量在 1992 年至 2010 年 19 年的区间内持续上升的结论。通过对 GL 指数的度量，本章阐明了中国造纸业产业内贸易水平的变动趋势。为了对该产业的产业内贸易情况进行更深层次的研究，我们选用爱滋哈尔与艾略特（2006）的计量方法对产业内贸易结构进行度量，深刻地反映出该产业在产业内贸易活动中，由本国处于优势地位的垂直型产业内贸易转变为水平型，并再度恶化为本国处于劣势地位的垂直型产业内贸易的变化过程。中国造纸业产业内贸易环境效应的实证研究结果表明：规模效应为正、结构效应为负、技术效应为正。其中，环境污染与产业贸易总量存在反向变动的关系，产业贸易总量越大，环境污染越严重；环境污染与产业内贸易结构呈反向变动的关系，产业内贸易类型越低，环境污染越恶劣；环境污染与排污技术间存在正向变动的关系，排污技术越高，污染程度越轻。

结论六：我国不同区域 EKC 检验存在差异性。针对不少学者提出环境库兹涅茨曲线因地域不同而产生较大差别的结论，我们引入中国各省、市、自治区聚类分析。近十几年，广东的动态发展单独归为一类；北京、上海、浙江、江苏归为一类；天津、福建、辽宁、山东归为一类；其他省、市、自治区为一类，分别称为 1 类地区、2 类地区、3 类地区和 4 类地区。为研究经济增长、贸易发展、产业结构以及环境损害等针对性问题时提出一个合理的划分依据。通过对聚类后的地区环境损害与人均 GDP 的面板数据进行环境库兹涅茨曲线检验。面板数据提供了更为丰富的样本信息，而且由于环境库兹涅茨曲线的出现往往同时具有区域经济差异与经济发展水平的时间变化的两维特征，因此面板数据估计能够提供更为稳健、可靠的实证结论。四类地区的中国工业废水排放总量、工业废气排放总量以及固体废物产生量的环境库兹涅茨曲线存在一定差别，说明这几类地区环境损害水平随经济增长而呈现出不同的发展趋势。另外，从不同地区的 EKC 线之间的交点还可得知，就样本区间拟合的结果来看，随着经济的增长，环境损害的增速不同。

我国是一个人口众多、人均资源相对不足、环境空间相对狭小的国家，如果我们对环境保护掉以轻心，很可能会超过环境"承载阈值"，从而带来无法估量甚至不可逆转的严重后果。通过本章的实证研究，我们得到以下几个方面的启示：

启示一：增强企业竞争力，支持企业出口贸易。以自主品牌、自主知识产权和自主营销为重点，建立和完善政策支持与激励机制，引导企业增强综合竞争力。贯彻国家自主创新战略，支持企业自主性高技术产品和机电产品出口；继续发挥传统劳动密集型产业的比较优势，支持高附加值劳动密集型产品出口，引导劳动密集型产业转型升级。

启示二：逐步停止高耗能、高污染和资源性行业的加工贸易。近几年我国制造业各部门污染排放比重变化很小，部分行业污染排放比重有加剧的趋势。不同部门的污染排放强度相差悬殊，重污染行业绝大多数为高耗能、高污染、资源性行业。通过取消和降低出口退税，加征出口关税等措施，控制高耗能、高污染和资源性产品出口。

启示三：规范、引导和促进加工贸易发展。按照"有支持、有抑制、有退出"的原则，完善加工贸易产业指导目录、商品及企业分类目录，提高加工贸易行业准入标准，引导加工贸易向高技术含量和高附加值产品发展；吸引跨国公司把技术含量高的加工制造环节和研发中心转移到我国，增强加工贸易企业自主开发和创新能力，促进加工贸易从代加工逐步向代设计到自创品牌转变。研究制定引导加工贸易企业进入出口加工区的政策措施，规范加工贸易管理，促进加工贸易健康发展。加强对重要商品和主要市场的出口数量、金额、价格监测，建立健全重要商品出口预警机制，引导出口企业合理调节出口增长节奏，避免在某一市场集中过快增长。

　　启示四：提高环境保护标准，限制高污染项目进入。为了达到环境保护、控制污染排放的目的，政府还需要采取相关政策，进一步提高环境标准，严格限制高污染项目的引进，选择招商引资项目要从长远考虑，不能用牺牲环境来换取短期的经济效益，也不能把发达地区淘汰了的高能耗、高污染的项目引进来，以牺牲环境资源换取眼前的利益。已经引进的高耗能项目要千方百计节能降耗，防止中国成为发达国家的"污染避难所"。

第4章

贸易增长与环境损害相关性的
国际比较

近年来，很少有论题如国际贸易对环境的影响那样争论激烈。环境保护主义者常常举出如下实例说明贸易对环境的影响：由于与美国进行自由贸易，工业企业在墨西哥的制造业出口加工区大量集聚，导致当地的环境质量出现恶化；由于木材国际贸易，热带雨林的木材产量可能无法实现可持续开采；由于象牙等国际贸易，大象等物种的生存受到了威胁；由于经济增长依赖出口推动，中国部分地方的空气质量出现明显恶化，并伴有不少其他环境污染问题。与环境保护主义者相反，国际自由贸易的支持者们却指出，在过去的 30 年中，日本、美国和欧洲等地区空气和水的质量明显改善。因为国际贸易推动这些地区收入的增长，使得这些国家能够负担起更高的环境监管成本，从而促进了环境质量的提高。此外，他们还认为，解决环境问题的最好方式在于利用良好的环境政策，而不是对国际贸易进行限制。因为后者对环境的保护是无效的，也是不可靠的。

本章我们将就贸易增长和环境损害相关性问题进行相对统一、完整的国际比较。首先，我们将建立环境损害综合评价指标，而后分析环境损害指标和贸易指标的相关性；接下来利用 EKC 方法分析代表性国家经济、贸易增长与环境污染之间的关系；最后通过比较代表性国家贸易和环境的差异对实证分析结果做出部分解释。

第 1 节　文献综述

国际上关于贸易与环境问题的研究始于 20 世纪 70 年代，当时国际社会主要关注的是与环境相关的国际贸易产品标准和国际竞争力等问题，以及贸易自由化与环境保护的"两难"冲突及解决。90 年代以来，随着全球生态环境的恶化、环境保护的浪潮高涨，国际贸易中的环境问题再度成为学术界研究的热点，并持续升温，研究的深度与广度空前拓展，研究成果不断丰富。这为贸易和环境问题的国际比较积累了丰富的经验和成果，但是也由于研究区域和方法以及数据来源存在差异，致使研究结果多有差别，甚至相互矛盾。这里我们主要讨论基于两种研究方法的不同区域、不同数据来源的国内外实证研究，以期通过比较这些实证研究的异同，形成贸易和环境问题国际比较的理论框架，并且为本章后续的关于中国贸易环境的实证分析奠定理论基础。

一、基于 EKC 方法的贸易、经济增长与环境问题的实证成果

基于 KEC 方法的实证研究的开创性研究当属 1993 年格罗斯曼和克鲁格关于北美自由贸易区协议（NAFTA）潜在环境效应的研究报告。他们先后于 1993 年和 1995 年运用跨国面板数据，对城市大气污染浓度和水中重金属等 14 个环境指标与人均 GDP 的关系进行了回归分析。研究发现，大多数环境污染物质的变动趋势与人均 GDP 的变动趋势之间的关系呈倒 "U" 型曲线。他们还运用 GEMS 提供的数据，进一步估算了 EKC 的拐点：在上述 14 种污染物中有 13 种具有典型的 EKC 转折点（Turning Point，TP），其相对应的人均 GDP 介于 1 887 美元到 11 632 美元之间；其中只有 SPM 与人均 GDP 之间呈单调下降态势；大部分指标的 EKC 拐点发生于人均 GDP 8 000 美元（1995 年美元不变价）的位置。因此，研究认为，当达到一定的收入水平时，空气和水体质量可能随经济增长而得到改善。

此后的研究大多使用污染的排放量而非浓度数据对 EKC 进行检验。沙菲克和班德亚帕德耶（1992）利用包含人均 GDP、污染排放以及相关变量的线性对数、二次对数和三次对数计量模型，估计了 1960 ~ 1990 年期间的 149 个国家 10 种污染物的 EKC。污染指标包括清洁水短缺、城市卫生设施短缺、SPM 的大气密度、SO_2 的大气浓度、森林面积变化、森林采伐的观察值、水中的生物及化学需氧量、河流中的排泄物、人均生活垃圾和人均碳排放量等。研究结果表明，森林采伐量、城市空气污染与人均 GDP 之间存在倒 "U" 型关系，但饮用水质量和城市卫生与人均 GDP 之间不呈倒 "U" 型关系。

潘那约托（Panayotou，1993）使用横截面数据估计了 SO_2、NO_x、SPM 和森林采伐量的 EKC。研究发现，前三种污染指标的拟合结果是人均收入的对数二次方程；进而潘那约托对森林采伐量引入了人口密度，使用人口密度和人均收入拟合出一个反对数函数。结果显示，估计的所有曲线都是倒 "U" 型的，且倒

"U"型曲线的转折点与格罗斯曼和克鲁格以及沙菲克和班德亚帕德耶的研究中所得到的人均收入水平相似。

塞尔登和桑（Selden & Song，1994）采用世界资源（World Rsouree）的有关数据估计了 SO_2、NO_x、SPMT、CO 四种大气污染排放量的 EKC。研究发现，这四种环境指标与人均 GDP 之间均呈倒"U"型关系，但所估计的 SPMT 和 NO_x 的 EKC 转折点发生于超过人均 GDP 10 000 美元，而 SO_2 和 CO 排放量的 EKC 转折点则低于 10 000 美元，这个收入水平明显高于以污染浓度研究的结果。研究特别指出，由于其所研究的 EKC 的转折点高于大部分国家目前的经济发展水平，故污染排放量将在相当漫长的时期后才会出现下降，即全球大气污染在未来的年份里（估计几十年内）将继续恶化。

霍尔茨 – 埃金和塞尔登（Holtz-Eakin & Selden，1995）用面板数据分别利用二次函数和对数形式对 CO 排放量与人均 GDP 关系进行了回归分析。其研究结果表明，CO 排放量与人均 GDP 之间呈单调递增趋向，即使有转折点，其所对应人均 GDP 也应超过 8 000 美元。可能的原因是碳化物的排放具有国际外部性，各国的排放量影响整个地球，排放削减具有全球公共物品的性质。由于受"搭便车"的利益驱动，各国不可能单方面加强对碳化物排放量的管制。

希尔顿和莱文森（Hilton & Levinson，1998）对 48 个国家 20 年的汽车尾气中的铅排放量与人均 GDP 之间的关系进行了研究。其研究结果表明：第一，汽车尾气中的铅排放量与人均 GDP 之间呈倒"U"型关系；第二，曲线的峰值与所估计的函数形式和考虑的时间区间有关，其对应的人均 GDP 转折点为 7 000 美元；第三，汽车尾气中的铅排放量是每加仑汽油的含铅量（污染强度）和汽油消费两个因素的产物。曲线的下降临界取决于减少汽油的含铅量，而不是汽油的使用量。因此，他们认为，伴随着经济收入增长而来的环境质量的改善依赖于减少污染强度而不是减少污染活动的环境管制。

格罗特等人（2001）对中国 30 个省、市、自治区 1982～1997 年的污染排放和地区经济发展水平之间的关系进行回归分析，发现中国的 EKC 是否存在很大程度上取决于污染物的种类以及所选取的变量类型，如总污染排放水平、人均污染排放水平和实际单位地区产出的污染排放。研究发现，水污染具有典型的 EKC 特征；对于固体废物，如果按绝对水平衡量则具有倒"U"型的曲线特征，如果按单位 GRP 污染排放量则 EKC 曲线向右倾斜。废气排放的总量水平也具有典型的 EKC 特征，而人均废气排放随着收入增长则有所提高。

我国基于 EKC 的研究始于 90 年代末，迄今积累了大量的研究文献和成果。研究主要集中于对 EKC 在中国的适用性以及对不同区域、不同类型污染物 EKC 的实证研究。就所掌握的文献来看，国内学者张晓（1999）最先开始对中国

EKC 的计量分析。他运用中国的经验数据建立了经济发展与环境污染之间的二次函数形式的计量回归模型，以人均 GDP 为横轴，分别以人均废气排放量、人均 SO_2 排放量等为纵轴，得到了一组倒 "U" 型的 "弱环境库兹涅茨曲线"。说明中国在工业化进程中的环境变迁沿袭着发达国家所走过的轨迹，只是倒 "U" 型的曲线比较平缓。

范金 (2002) 以我国 81 个大中城市 1995～1997 年度氮氧化物、二氧化硫、总悬浮颗粒物浓度和年人均降尘量的面板数据，对环境库兹涅茨曲线进行实证分析；发现除氮氧化物浓度外，其余污染物与收入存在倒 "U" 型关系，但二氧化硫和总悬浮颗粒物的转折点处于几乎不可能达到的高收入水平上。

包群等 (2005) 采用 1996～2002 年期间中国 30 个省 (市、自治区) 的面板数据，对经济增长与包括水污染、大气污染与固体污染排放在内的六类环境污染指标之间的关系进行了检验。研究运用了三类面板数据模型估计 (齐性参数模型、固定效应和随机效应)，回归结果表明：第一，工业废水排放量和二氧化硫排放总量与人均 GDP 之间存在显著的库兹涅茨倒 "U" 型曲线关系；工业粉尘排放量与人均 GDP 之间存在着 "N" 型关系；工业废水中 COD 和工业烟尘排放量与人均 GDP 之间存在着线性关系；工业固体废弃物排放量与人均 GDP 存在着 "U" 型曲线关系。第二，对工业废水排放量和二氧化硫排放量的倒 "U" 型曲线转折点的测算明显低于国外文献研究结果 (一般为 5 000～20 000 美元)。因此，认为就上述污染物而言，我国东部沿海发达省市已经位于 EKC 的右半段，则进一步的经济增长本身就是缓解环境恶化压力、降低污染排放的有效途径。第三，倒 "U" 型 EKC 的验证结果很大程度上取决于污染指标、样本区域以及估计方法的选取。就估计方法而言，除了工业废水排放量与粉尘排放量这两个指标以外，其他四类污染指标均由于估计方法不同出现了估计结果的差异，尤其是齐性参数模型、固定效应模型与随机效应模型在估计二氧化硫排放总量与人均 GDP 关系时，出现了截然不同的结果。所以，研究认为，环境与收入变化的倒 "U" 型环境库兹涅茨曲线可能是一般规律，然而，由于众多经验研究的方法与取样等方面的差异，导致了一些并不支持这一规律的结论。

赵细康等 (2005) 运用经典的对数平方计量模型，采集中国 1981～2003 年的相关数据，分别对废水、废气的总排放量和人均排放等多项环境指标与人均 GDP 进行回归，结果显示，总量废水排放、人均废水排放、总量废气排放和人均废气排放均呈现正 "U" 型曲线特征。总量二氧化硫和人均二氧化硫排放虽然具有较好的拟合效果，但转折点的人均收入却高不可攀。这意味着二氧化硫的排放尚处于 EKC 的上升阶段。相对而言，总量烟尘和人均烟尘的排放具有 "弱 EKC" 特征。可见，其研究结论不支持 EKC 在中国成立，或者说中国污染物排放与人均 GDP 的关系或许正处于 EKC 的上升阶段，离转折点尚有较远距离。许士春等（2007）也得到了类似的结论，认为废水、固体废物符合 EKC 曲线，而中国经济增长与工业废气之间是一种"N"型曲线关系。李国璋等（2008）应用广义脉冲函数法实证了二氧化碳、二氧化硫排放量与中国人均 GDP 之间的关系，研究结果表明，EKC 在中国不成立，经济增长与环境质量变化之间双向互动。

除了在全国层面上的检验外，许多学者还从区域的角度进行验证。沈满洪、许云华（2000）通过对浙江省近 20 年来人均 GDP 与工业"三废"及其人均量之间相互关系的分析，建立了三次函数形式的计量模型进行回归分析，得出了一组"N"型的环境库兹涅茨曲线，即一条先是倒"U"型然后是"U"型的波浪式的环境库兹涅茨曲线。吴玉萍、董锁成（2002）使用 12 个环境指标研究了北京经济增长和环境质量间的关系，发现两者存在明显的 EKC 特征，并认为北京施行了比较有效的环境政策。赵银德等（2008）利用江苏省 1990~2005 年三废排放量及人均 GDP、出口总额的数据，构建江苏省 EKC 二次和三次计量模型，分别对环境污染与人均 GDP、环境污染与出口总额进行曲线回归模拟。结果表明，伴随着江苏省 GDP 的高速增长、贸易规模的扩大和产业结构的改变，所增加的污染超过了环境保护技术进步和相关政策法规改进所引起的污染减少数量。即江苏省目前仍处于工业发展期，环境污染物排放量尚未达到 EKC 曲线转折点；人均 GDP 提高和出口总额增长与环境污染的扩大是同步的。

二、基于贸易环境效应的贸易环境问题相关分析

在众多基于贸易环境效应的贸易环境问题的实证研究中，最具代表性的当属基于"环境三效应"理论框架的计量回归分析。安特维勒、科普兰和泰勒（Alltweiler, Copeland & Taylor, 1998, 2001）从理论和实证两个方面对贸易自由化的环境效应进行了系统研究。他们首先建立了一个决定贸易壁垒的降低如何影响污染水平的一般均衡贸易模型，继而构建了估计"环境三效应"的计量回归模型，该模型纳入人均收入、资本劳动比率、人口密集度和开放度等变量，采取逐步回归的方法，运用 GEMS 数据库有关环境数据，对 1971~1998 年全球 44 个发达国家和发展中国家的一百多个城市制造业 SO_2 排放密度与贸易开放的关系进行了实证分析。研究结果显示：第一，贸易对环境的规模效应在 0.1~0.4 之间，结构效应在 1 附近变化；技术效应在 -0.9~-1.5 之间变化。第二，考虑贸易开放度的交互作用后，样本中所有国家贸易诱致型结构效应均为负；规模和技术弹性的回归结果表明，如果贸易引致的产出和收入分别每提高 1%，则污染浓度将降

低大约 1%。因此，认为自由贸易是有利于环境改善的。之后，安特维勒、科普兰和泰勒的"环境三效应"计量模型（以下简称为 ACT 模型）成为经典，许多学者沿用或采用在此基础上修正的模型进行了大量的实证研究。

马修·A·科尔和罗伯特·J·R·艾略特（Matthew A. Cole & Robert J. R. Elliott，2004）在对 ACT 模型修正的基础上，采用 SO_2、NO_x、CO_2 和 BOD 四种污染物作为因变量，并以它们的人均排放量和密集度进行对比研究，发现与规模效应、技术效应和非贸易引致的直接结构效应相比，贸易引致的结构效应非常小。上述各类效应的强度因污染物指标的不同而不同。SO_2 和 BOD 的经验分析支持安特维勒、科普兰和泰勒的研究结论，即贸易自由化降低了 SO_2 和 BOD 的排放量，但对 NO_x 和 CO_2 的人均排放量的研究结果却相反。

中村俊辅、彰科诺和哲也（Shunsuke Managi, Akira Hibiki & Tetsuya Turumi，2009）认为大多数利用 ACT 模型的研究虽然考虑了贸易开放和收入对环境的影响，却忽视了贸易开放与收入内生性的问题及其动态演变。因此在对 ACT 模型修正的基础上，他们以国家地理、语言等因素作为贸易开放的工具变量，采用 GMM 估计方法，对 OECD 和非 OECD 国家相关数据进行实证分析。研究发现，贸易开放是否有益环境要视不同的污染物和国家类型而定。就长期而言，贸易开放度增加 1%，非 OECD 国家的 BOD 降低 0.155%，SO_2 和 CO_2 分别增加 0.920% 和 0.883%；而 OECD 国家的 BOD、SO_2 和 CO_2 均分别降低 0.224%、0.228% 和 0.186%。贸易开放对 OECD 国家的 SO_2 和非 OECD 国家 SO_2、CO_2 的短期及长期弹性效应较大，而对 OECD 国家的 CO_2，BOD 和非 OECD 国家 BOD 的短期及长期弹性效应要小得多。

除了 ACT 计量模型外，还有些学者运用可计算的一般均衡（CGE）模型和联立方程组的方法探析贸易与环境的相互关系与影响。如朱迪思·M·迪恩（2002）根据贸易与增长、环境库兹涅茨曲线等理论建立了一组联立方程：她采用 1987~1995 年中国各省水污染的面板数据，运用加权的两阶段最小二乘法对方程进行估计，从静态和动态两个方面考察了贸易和环境的相互作用。研究发现，从贸易条件角度看，短期内贸易自由化加重了环境破坏；但是长期来看，贸易带来的收入增加缓和了这一副作用，使其净效应为正，即贸易开放度提高有利于中国的环境改善。

国内学者对自由贸易环境效应研究起步较晚。早期的文献主要集中于贸易自由化与环境保护的关系上。叶汝求（2001）从国际贸易和可持续发展理论的角度系统分析了贸易自由化与环境保护的协调，提出中国应制定对外经济贸易可持续发展战略，建立、健全以可持续发展为导向的外贸法规、政策体系、决策机制和协调管理机制；建立对外贸易与环境保护的有效协调机制；建立污染密集产业特别控制区和加强国际环境合作，并充分利用绿色贸易壁垒的双重性，促进我国对外经济贸易的可持续发展。

兰天（2004）以传统比较优势理论（H－O Model）作为基本分析框架，运用一般均衡分析方法，探讨了将环境资本引入国际贸易理论的途径，构建了贸易与跨国界污染的理论分析框架；在此基础上对世界主要国家的贸易与污染排放间的关系，以及中国贸易开放对环境的影响进行了实证研究。其主要结论包括：第一，认同"贸易引致污染"假说，对发展中国家而言，自由贸易的规模效应和结构效应均为负面的；就发达国家而言，负面的规模效应大于正面的结构效应，总和效应仍为负。第二，中国贸易自由化引致的环境污染表现为"先强后弱"的趋势，但最终将"无害于中国的环境"。第三，中国的环境规制及其与其他国家环境规制之间的差异对贸易有一定的影响，表现为"成本贸易效应"和"创新贸易效应"两个方面。此外，研究还就贸易政策对跨国污染的抑制及其与环境政策的协调、国际环境合作的可能方案等诸多问题进行了系统的分析和论证。因而，该研究具有较强的理论和现实意义。

国内有关的实证研究大都借鉴上述 ACT 计量经济模型，采用中国相关经济、环境指标的截面、时序和或面板数据，运用多种回归估计方法而展开的。如张连众等（2003），陈红蕾和陈秋峰（2007），罗垒（2008），庄惠明、赵春明和郑伟腾（2009）分别考察贸易自由化对中国大气、水等环境指标的影响，普遍认同的结果是：规模效应加剧了我国环境的恶化，而技术效应一定程度上降低污染，结构效应的影响不稳定，但总体上贸易自由化有利于我国环境改善。彭水军等（2006）基于内生经济增长模型对中国对外贸易的环境效应进行经验分析，估计结果与上述结论基本相同。应瑞瑶和周力（2006）、朱启荣（2007）、何正霞和许士春（2009）等的研究则发现，出口增长是我国环境污染增加的格兰杰原因。另外，2006 年樊明太、郑玉歆应用中国可计算一般均衡模型，就中国承诺在WTO 后过渡期的贸易自由化对环境的影响进行了模拟和分析，研究认为在环境规制力度不变的条件下，中国贸易自由化的规模和结构效应共同导致了污染排放的增长，与环境规制相联系的技术效应尽管可以改善环境但并不能抵消前两者的共同作用。因此，研究认为贸易自由化与环境规制的结合会促进贸易与环境的和谐发展。刘林奇（2009）将"环境三效应"扩展到"市场效率"和"环境政策"等五个方面，考察了我国对外贸易的综合环境效应。研究首先构建了以污染供给与需求方程为主体的贸易的环境效应的理论模型，进而运用 2000～2006年我国 30 个省、市、自治区的工业污水排放指标，测算了我国贸易自由化的环境效应。结果表明，规模和结构效应加剧了我国环境污染，技术和市场效率效应则减少了我国的环境污染，环境政策减少了东部地区的污染却增加了中部和西部地区的污染。

第 2 节　基于国别比较的贸易指标和 环境损害综合指标的选取

通过第 1 节对 EKC 方法的文献梳理我们发现：在不同地区，不同国家甚至同一国家的不同区域，环境和贸易的现状以及环境和贸易之间的关系都有着一定的差异；不同学者在使用 EKC 方法研究环境损害与经济、贸易之间的关系时使用的污染指标也不尽相同。大多数学者仅分析了一个环境污染指标，例如 CO_2 与人均收入或贸易额之间的关系，部分学者虽然分析了多个污染指标，但基本上都是用单一污染指标与经济或者贸易指标分别进行 EKC 回归。这些分析从一个很重要的方面说明了贸易增长和环境损害的相关性，然而环境损害是多元的，需要通过综合指标做出评价。我们试图建立一个综合的、相对全面的环境损害评价指标，这个指标综合考虑了多个方面的污染，考虑到各个环境污染指标之间的内在关联性，并且基本能够代表环境损害的整体情况。

本节将选取贸易出口总额为相关贸易指标，选取大气、水体以及固体废物三方面的六个环境污染指标，通过因子分析法，构建出能够评价代表性国家历年环境污染水平的环境损害综合评价指标。通过该综合指标估计各代表性国家 1990～2008 年历年的环境损害状况，为后续的环境损害和贸易增长相关性分析以及 EKC 分析提供相对统一、全面的环境损害数据。环境损害是由于人类活动导致环境污染和生态破坏，从而损害他人权益或者公共利益的事实，环境污染和环境损害的含义并不完全相同，本章为了实证研究的方便，我们用环境污染指标来代替和描述环境损害程度。

一、贸易指标和污染分类指标的分析与选择

常用的贸易指标有进出口总额、进口额、出口额、进出口净额及贸易依存度等，我们这里主要研究有可能导致本国环境损害的那部分贸易增长与环境损害之间的具体的关系。通过前面的分析，我们知道在上述指标中出口额的增长与国际贸易需求增长相关，而相关需求的增长特别是污染产品需求的增长又与本国的环境损害密切相关，所以出口额无疑是和本国环境损害关系最为紧密的贸易指标。故而我们这里选取的贸易指标为国际上分析贸易和环境污染关系通用的各国贸易出口总额。

环境污染可以从多个维度进行度量，根据环境影响层次我们可以把环境影响

因素分为直接环境影响因素和间接环境影响因素。直接环境影响是指建设项目污染源排放的污染物（或能量）直接作用于接受者而产生的危害。如工业生产中排放到大气中的二氧化硫、烟尘、粉尘等污染物，它们直接作用于人体、动植物、建筑物、器物等而产生危害。间接环境影响是指建设项目污染源排放的污染物（或能量），在其传输、扩散的过程中发生变化，形成了二次污染物，二次污染物直接作用于人体、动植物、建筑物、器物等而产生危害。如一次污染物达到某一数量时，在阳光（紫外线）作用下会发生光化学反应，生成二次污染物，这些二次污染物将对人类生存环境产生影响，就称为间接环境影响。通过以上分析可看出，间接环境影响因素是通过一次污染物发生的一系列化学变化而生成的环境污染物，显然，如果控制住了一次污染物的排放将显著地减少二次污染的发生。直接环境影响因素虽然不能全部包括整个环境的污染物，但是能最直接地反映环境污染状况。再者，考虑到在经济发展过程中，第一产业和第三产业所产生的污染较小，污染的主要来源在于第二产业，特别是工业部门。因此这里选用工业部门中所包含的直接环境影响因素来建立环境污染评价指标体系。世界银行、国际货币基金组织以及联合国主要通过水、大气和固体废物三个方面对环境进行评价。因此，基于以上理由，我们综合考虑，决定在环境污染评价体系中选取三大类、六个环境污染指标，分别是水污染（总废水排放量、工业废水排放量）、大气污染（CO_2 排放量、工业 CO_2 排放量、甲烷排放量）、固体废物污染（总固体废物排放量）。

每一种污染物都有浓度和排放量两类数据，浓度数据来源于实际测量值，排放量数据是通过能源消耗量乘以实现估算的排放量系数计算得到的。显然排放量数据的准确性不及浓度数据，但是如果采用浓度数据来分析环境与人均 GDP 之间的关系却不太合适。正如徐青（2006）强调的，城市的环境质量受关注程度较高，因此很多污染产业会向经济相对落后的周边地区转移，这种发生在一国内部的产业转移会影响观测点的污染物浓度，但却不会影响人均 GDP。不仅如此，浓度数据只能反映监测点的污染状况，这些监测点多集中在大城市，而大城市的人均收入通常不同于一国的人均 GDP。所以，为了使回归结果更为准确，我们选用排放量构建我们的环境污染评价体系。

二、评价指标的建立

1. 计量模型、变量和数据

我们将使用因子分析法来构建我们的环境损害综合评价指标。因子分析（Factor Analysis，FA）是主成分分析的推广，相对于主成分分析，因子分析更侧重于解释被观测变量之间的相关关系或协方差之间的结构。因子分析的思想源于 1904 年查尔斯·斯皮尔曼（Charles Spearman）对学生考试成绩的研究。研究多指标问题时常常会发现，这些指标相关性形成的背景原因是各种各样的，其中共同的原因称为公共因子；每一个变量也含有其特定的原因，称为特定（特殊）因子。因子分析的实质就是用几个潜在的但不能观察的互不相关的随机变量去描述许多变量之间的相关关系（或者协方差关系），这些随机变量被称为因子。为了使这些因子能很好地替代原始数据，需要对这些因子给出合理的解释。同时为了使用这些因子，还需要对提取结果进行评价。

因此，可以简单将因子分析的目标概括为以下几方面：第一，首先考虑是否存在较少的不相关的随机变量可用于描述原始变量之间的关系；第二，如果存在公共因子，那么究竟应该选择几个；第三，对提取的公共因子的含义进行解释；第四，评价每一个原始变量与公共因子之间的关系；第五，可以将这些公共因子用于其他的统计分析。

假如对某一问题的研究涉及 p 个指标，且这 p 个指标之间存在较强的相关性，则基本的因子模型可以表示为

$$Z_1 = l_{11}F_1 + l_{12}F_2 + \cdots + l_{1m}F_m + \varepsilon_1$$
$$Z_2 = l_{21}F_1 + l_{22}F_2 + \cdots + l_{2m}F_m + \varepsilon_2$$
$$\vdots \qquad\qquad \vdots$$
$$Z_p = l_{p1}F_1 + l_{p2}F_2 + \cdots + l_{pm}F_m + \varepsilon_p$$

$$(4.1)$$

称（4.1）式中 F_1，F_2，$\cdots$，F_m 为公共因子，ε_1，ε_2，$\cdots$，ε_p 表示特殊因子，其中包含了随机误差，ε_i 只与第 i 个变量 Z_i 有关，l_{ij} 称为第 i 个变量 Z_i 在第 j 个因子 F_j 上的载荷（因子载荷），由其构成的矩阵 L 称为因子载荷矩阵。

（4.1）式进一步可以表示为下面的矩阵形式

$$Z = LF + \varepsilon \qquad\qquad (4.2)$$

其中，$F = (F_1, F_2, \cdots, F_m)'$；$\varepsilon = (\varepsilon_1, \varepsilon_2, \cdots, \varepsilon_p)'$。（4.1）式中的 F_1，F_2，$\cdots$，F_m 是不可观测的随机变量，因此，必须对随机变量 F 和 ε 做一些假定，使得模型具有特定的且能验证的协方差结构。

假设：$\qquad E(F) = 0, \qquad cov(F,F) = E(FF') = I \qquad (4.3)$

$$cov(\varepsilon,\varepsilon) = E(\varepsilon\varepsilon') = \Psi = \begin{pmatrix} \psi_1 & 0 & \cdots & 0 \\ 0 & \psi_2 & \cdots & 0 \\ \vdots & \vdots & & \vdots \\ 0 & 0 & \cdots & \psi_p \end{pmatrix} \qquad (4.4)$$

且 F 与 ε 独立，即

$$\text{cov}(\varepsilon, F) = E(\varepsilon F') = 0 \qquad (4.5)$$

满足（4.3）式～（4.5）式假定的模型（4.1）或（4.2）称为正交因子模型。

在我们的环境损害综合评价指标中，自变量有6个，分别是总 CO_2 排放量（单位：千吨），其他工业 CO_2 排放量（单位：百万公吨），甲烷排放量（单位：千吨），总污染水排放量（单位：每日公斤），其他工业污染水排放量（单位：占总污染水排放量的百分比），固体废物排放量（单位：公吨）；因变量有一个：环境污染综合评价值。对这些变量我们分别用以下字母表示：总 CO_2 排放量——T-CO_2；其他工业 CO_2 排放量——Ind-CO_2；甲烷排放量——CH_4；总污染水排放量——T-dwater；其他工业污染水排放量——Ind-dwater；固体废物排放量——solid；环境污染综合评价值——W。

环境污染指标数据来源于世界银行公开数据库以及联合国公开数据库。由于因子分析法忽略了不同指标的单位，我们在以后的讨论中，如非必要就不再标注各污染排放的单位。

2. 计量结果与分析

我们使用 SPSS 软件中的因子分析法对21个代表性国家进行了基于以上环境损害综合评价指标的因子分析，这里需要指出的是，我们选取的代表性国家主要包括经济发达国家如美国和欧洲各国；发展中国家如"金砖五国"；经济欠发达国家如非洲国家；西亚石油出口国家如伊朗等以及东南亚国家如印度、越南等。具体分析结果见表4-1。

表中 KMO-Measure 值都大于0.5，说明所有国家的环境污染指标数据都适合使用因子分析法进行分析。Rotation Sums of Squared Loadings 中的 total 项的数值为用于计算 W 的因子的权重数值，各个权重值间用分号分开。Cumulative% 项为用于计算 W 的因子累计包含的信息量占所有数据信息量的百分比，通过观察这项数值我们认为各个国家构成 W 的因子至少都包含了所有污染指标90%以上的信息量，这种包含比重是可以用少数的因子来衡量整个的环境水平的。

1990～2008年这19行数值表示各个国家从1990年到2008年的环境污染综合评价值，之所以从1990年开始计算是因为1990年之前的环境污染指标统计数据缺失严重，不能在我们建立的环境污染综合评价体系中使用，而原本考虑2008年由于全球金融危机会使该年的数据相对整个序列来说具有更强的意外波动，从而会降低数据序列的平稳性。但是在具体观察各国2008年和2009

年的环境污染指标和经济贸易指标之后，我们发现金融危机对经济贸易的影响滞后到 2009 年才全面表现出来，所以我们保留了 2008 年的数据，舍弃了 2008 年之后的数据。

表 4－1a　　　　　　　代表性国家环境污染综合评价结果

		中国	挪威	冰岛	加拿大	英国	法国
KMO-Measure		0.602	0.573	0.674	0.688	0.753	0.515
Rotation Sums of Squared Loadings	total	2.79;1.17; 1.00	2.46;2.15; 1.85	1.85;1.58; 1.23	3.15;2.27; 1.36	2.53;2.17; 1.20	1.89;1.61; 1.17;1.07
	Cumulative %	99.53	92.375	93.196	96.938	98.438	95.691
1990		－1.3822	－1.07218	－0.40875	－0.98286	1.024996	－0.47615
1991		－0.8999	－0.88255	－0.586456	－0.96829	0.951351	0.088128
1992		－0.6319	－1.00788	－0.770274	－1.03225	0.774153	－0.45575
1993		－0.3217	－0.74382	－0.470324	－0.82069	0.730568	－0.45967
1994		－0.017	－0.08713	－0.305712	－0.6395	0.360114	－0.43151
1995		0.00036	0.221743	－0.472762	－0.42114	0.307124	－0.42694
1996		0.00502	0.247312	－0.08308	－0.04775	0.222209	0.409974
1997		－0.1495	0.428549	－0.172048	0.121702	0.186937	－0.05549
1998		－0.1231	0.672187	－0.058241	0.259284	0.141287	0.376653
1999		－0.1093	1.009774	－0.088473	0.397512	0.095969	－0.30476
2000		－0.1393	0.684098	0.0723878	0.606649	－0.0763	－0.50621
2001		－0.0774	0.316458	0.0643724	0.519343	－0.24525	－0.5964
2002		0.00368	0.257479	－0.113942	0.551229	－0.33519	－0.07367
2003		0.1629	0.314184	－0.171135	0.649383	－0.6174	0.167872
2004		0.59308	0.119017	－0.008999	0.629863	－0.58159	0.401667
2005		0.74514	－0.08863	0.1261528	0.430684	－0.68061	0.747272
2006		1.02644	－0.11261	0.6508136	0.336297	－0.73177	0.622774
2007		1.31465	－0.09879	1.586258	0.290072	－0.74269	0.521836
2008		1.45315	－0.1772	1.21021	0.12045	－0.7839	0.500396

表4-1b   代表性国家环境污染综合评价结果

		德国	葡萄牙	日本	丹麦	巴西	阿根廷
KMO-Measure		0.68	0.718	0.785	0.56	0.665	0.614
Rotation Sums of Squared Loadings	total	1.45;1.26; 1.26	2.05;1.59; 1.23	2.21;2.06; 1.62	1.91;1.91; 1.00	1.80;1.16	1.03;1.02; 0.96
	Cumulative %	99.286	97.331	97.973	98.142	98.642	100
1990		0.839518	-0.86214	-1.10467	0.013152	-1.1014	-0.28283
1991		0.801921	-0.75457	-0.79807	0.563284	-1.16736	-0.24495
1992		0.588118	-0.76177	-0.24665	0.347164	-1.0457	-0.20878
1993		0.400977	-0.84035	-0.28451	0.372906	-0.87197	-0.1838
1994		0.388297	-0.74879	0.515505	0.416072	-0.64377	-0.08598
1995		0.395421	-0.61319	0.564759	0.424768	-0.35577	-0.03202
1996		0.273967	0.358916	0.774411	1.071642	-0.12538	0.005082
1997		0.434546	0.077252	0.802398	0.416776	0.324548	0.007846
1998		0.329012	0.096563	0.296144	0.374545	-0.05302	0.052061
1999		-0.13218	0.451159	0.336613	-0.00487	0.075975	0.031736
2000		-0.2032	0.805656	0.585037	-0.08075	-0.01738	0.050428
2001		-0.27962	0.136446	-0.58615	0.208076	0.29391	0.071472
2002		-0.29249	0.221888	-0.72639	-0.08801	0.278581	0.045521
2003		-0.36206	0.054523	-0.61207	-0.18059	0.350416	0.113136
2004		-0.36653	0.821961	-0.24111	-0.86996	0.479129	0.138039
2005		-0.65526	0.825754	-0.10003	-1.17024	0.514844	0.155275
2006		-0.66838	0.182849	0.121804	-0.85571	0.602951	0.180602
2007		-0.98867	0.037291	0.623155	-0.95826	0.950968	0.190491
2008		-0.9934	0.510544	0.079812	-1.04752	1.510	0.213429

表4-1c   代表性国家环境污染综合评价结果

		美国	澳大利亚	土耳其	越南	南非
KMO-Measure		0.573	0.668	0.756	0.868	0.618
Rotation Sums of Squared Loadings	total	1.47;1.13; 1.09	1.26;1.25	2.90;1.53; 1.44	2.31;1.53; 1.12	2.24;1.36; 1.17
	Cumulative %	92.174	83.48	97.882	99.085	95.224
1990		0.622232	-0.77722	-0.73413	-0.70957	-1.15607
1991		0.772445	-0.68075	-0.65669	-0.70556	-0.97912

续表

		美国	澳大利亚	土耳其	越南	南非
KMO-Measure		0.573	0.668	0.756	0.868	0.618
Rotation Sums of Squared Loadings	total	1.47;1.13; 1.09	1.26;1.25	2.90;1.53; 1.44	2.31;1.53; 1.12	2.24;1.36; 1.17
	Cumulative %	92.174	83.48	97.882	99.085	95.224
1992		0.508973	-1.34116	-0.58523	-0.66386	-0.77534
1993		-0.1749	-0.71461	-0.47627	-0.54471	-0.45856
1994		0.22528	-0.81244	-0.56917	-0.50632	-0.11176
1995		0.257599	-0.57022	-0.49784	-0.49705	0.077538
1996		0.401151	-0.32593	-0.36155	-0.45022	0.159153
1997		0.02822	-0.08223	-0.23247	-0.34488	0.202135
1998		-0.27372	-0.2815	-0.09097	-0.32208	0.199965
1999		-0.80563	0.065535	-0.161	-0.19902	0.111138
2000		-0.31322	0.086381	-0.07908	0.00541	0.132929
2001		-0.67556	0.249936	-0.24611	0.057844	-0.0063
2002		-0.82122	0.815397	0.070655	0.290858	-0.0485
2003		-0.8901	0.878868	0.240074	0.449337	0.3264
2004		-0.35004	0.990231	0.43198	0.7689	0.5828
2005		-0.46153	0.84013	0.706407	0.829286	0.744635
2006		0.581928	1.258702	0.895948	0.858926	0.700571
2007		0.360295	1.528542	1.1352	0.887901	0.798385
2008		1.007797	1.812343	1.210245	1.09481	0.814735

表4-1d　　　　代表性国家环境污染综合评价结果

		巴基斯坦	印度尼西亚	印度	俄罗斯
KMO-Measure		0.625	0.723	0.545	0.542
Rotation Sums of Squared Loadings	total	1.70;1.28	2.63;1.82	1.78;1.21	1.49;1.38; 1.06
	Cumulative %	99.565	97.614	99.744	98.141
1990		-0.79876	-1.04901	-0.99645	0.973154
1991		-0.67437	-0.85949	-0.84088	0.470264
1992		-0.67186	-0.61549	-0.753	1.369731
1993		-0.61165	-0.57952	-0.73115	1.049353

续表

		巴基斯坦	印度尼西亚	印度	俄罗斯
KMO-Measure		0.625	0.723	0.545	0.542
Rotation Sums of Squared Loadings	total	1.70;1.28	2.63;1.82	1.78;1.21	1.49;1.38; 1.06
	Cumulative %	99.565	97.614	99.744	98.141
1994		−0.59868	−0.54152	−0.61535	0.206162
1995		−0.4138	−0.56745	−0.53799	0.32879
1996		−0.32197	−0.21451	−0.36302	−0.07855
1997		−0.20513	−0.09406	−0.2248	−0.34577
1998		−0.1384	−0.94551	−0.31557	−0.50538
1999		−0.22444	−0.59761	−0.08453	−0.51364
2000		−0.02739	0.117867	−0.00453	−0.55746
2001		0.004947	0.515194	0.084451	−0.54144
2002		0.166973	0.591015	0.201787	−0.47673
2003		0.227756	0.604106	0.387856	−0.33968
2004		0.58929	1.036623	0.523729	−0.28145
2005		0.823949	1.094534	0.650315	−0.24738
2006		0.847486	0.473971	0.82011	−0.14579
2007		0.949339	1.159846	1.202107	−0.2018
2008		1.076707	1.171008	1.59693	−0.16237

W 值的计算公式为 $W = \dfrac{factor1 \times weight1 + \cdots + factorN \times weightN}{weight1 + \cdots + weightN}$，其中 $factor$ 为因子的列向量，$weight$ 为该因子的权重值。最后计算出的 W 值表示各国历年的环境污染水平，其数值的大小是每个国家历年的环境污染水平的比较值，只在本国具有纵向比较意义，而没有各国横向比较意义。历年的平均污染水平为 0，高于此污染水平的年份的 W 值为正，低于此污染水平的年份的 W 值为负，平移此污染水平值不会改变历年 W 值的比较关系。

三、小结

通过以上分析结果，我们可以得出以下几个结论：第一，现有数据支持基于因子分析法的环境损害综合评价指标体系。通过观察 KMO-Measure 值，我们发现所有 21 个代表性国家的 KMO-Measure 值都大于 0.5，即达到了用于因子分析法的标准；通过观察 Cumulative% 值，我们认为，所有代表性国家的参加计算 W 值的因子共同包含的污染指标的信息量都大于 90%，超过 80% 的标准值，这些因子都能很好地代表代表性国家整体的环境污染状况。第二，所得到的 W 值序列具有很好的统计学性质。W 序列是单一的列向量，为之后的相关性分析提供了简便而信息完全的环境污染数据；W 序列具有平移不变性等特点，为后续研究中通过变换来消除序列自相关和增强序列平稳性提供了理论支持。第三，此环境损害综合评价指标有较强的适应性和拓展性。因为因子分析法的使用，我们可以剔除某些国家缺失数据的序列，而在总体上不影响对其环境损害水平的评价。同样，在数据允许的情况下，我们可以拓展环境污染指标个数，从而使该环境污染评价体系能够更好地反映整体的环境污染情况。

第 3 节　贸易增长与环境损害的关联性比较

在之前贸易增长和环境损害的理论分析中，我们通过对贸易的环境效应进行分析，把贸易对环境的影响分成规模效应、结构效应以及技术效应三个方面，通过对每个效应的具体分析来考察贸易增长对环境的影响；在第 3 章对中国贸易和环境问题的实证分析中，我们通过考察中国进出口贸易和环境污染指标之间的关系，得出了"中国制造业出口规模与污染排放量之间呈正相关关系"的实证结论。现在我们可以放宽视野，提出这样的几个问题：现实世界中贸易增长和环境损害之间的关系和之前理论分析的结果一致吗？中国制造业和污染排放量之间的正相关关系是一个特例还是在全球大部分国家中都适用？世界各国贸易和综合环境损害之间是否存在显著的相关性？本章在第 1 节的文献综述中梳理了之前学者对这些问题的研究和回答，其中有很多极具价值的研究成果和结论，但是这些研究仍然没有清晰地回答以上几个问题，其主要原因可能有二：一方面，研究单个国家环境和贸易相关性问题的文献较多，但全面研究世界各国这一问题的文献相对匮乏；另一方面，学者研究不同的国家所使用的贸易数据一般比较统一，而使用的环境污染指标则没有统一性，这样的研究横向比较的价值不高。

在第 2 节中，已经通过因子分析法建立了一个相对统一、完整的环境损害综合评价指标，并且通过这个指标体系对各代表性国家的历史环境损害水平进行了估算。这就意味着使用相对统一的环境损害数据对世界代表性国家进行环境损害和贸易增长的相关性分析成为可能。本节将在之前研究的基础上更进一步，借助我们构建的环境损害综合评价指标，对全球代表性国家贸易和环境污染相关性问题进行分析。

我们主要通过灰色关联分析和协整分析来研究代表性国家贸易和环境污染的相关性问题。在研究两列时间序列数据之间的相关关系的时候，我们最常用到的计量分析方法就是协整分析，但是协整分析对时间序列数据的平稳性要求较高，我们的环境污染评价体系的 W 值是一个综合多个因子的序列，它的平稳性有待考察。故而我们先使用灰色关联分析法对贸易和环境污染之间的相关性进行初步分析，在确定其关联程度之后，再使用协整分析进一步具体考察贸易增长和环境污染之间的长期均衡关系。

一、贸易与环境问题关联度分析

1. 计量模型、变量和数据

灰色关联分析是指对一个系统发展变化态势的定量描述和比较的方法，其基本思想是通过确定参考数据列和若干个比较数据列的几何形状相似程度来判断其联系是否紧密，它反映了曲线间的关联程度。灰色系统理论（Grey Theory）是由著名学者邓聚龙教授首创的一种系统科学理论，其中的灰色关联分析是根据各因素变化曲线几何形状的相似程度，来判断因素之间关联程度的方法。此方法通过对动态过程发展态势的量化分析，完成对系统内时间序列有关统计数据几何关系的比较，求出参考数列与各比较数列之间的灰色关联度。与参考数列关联度越大的比较数列，其发展方向和速率与参考数列越接近，与参考数列的关系越紧密。灰色关联分析方法要求样本容量可以少到 4 个，对数据无规律同样适用，不会出现量化结果与定性分析结果不符的情况。其基本思想是将评价指标原始观测数进行无量纲化处理，计算关联系数、关联度以及根据关联度的大小对待评指标进行排序。灰色关联度的应用涉及社会科学和自然科学的各个领域，尤其在社会经济领域，如国民经济各部门投资收益、区域经济优势分析、产业结构调整等方面，都取得较好的应用效果。

关联度有绝对关联度和相对关联度之分，绝对关联度采用初始点零化法进行初值化处理，当分析的因素差异较大时，由于变量间的量纲不一致，往往影响分析，难以得出合理的结果。而相对关联度用相对量进行分析，计算结果仅与序列相对于初始点的变化速率有关，与各观测数据大小无关，这在一定程度上弥补了绝对关联度的缺陷。

灰色关联分析的具体计算步骤如下：

（1）根据评价目的确定评价指标体系，收集评价数据 m 个数据序列形成如下矩阵：其中 n 为指标的个数，$X_i = (x_i(1), x_i(2), \cdots, x_i(n))^T, i = 1, 2, \cdots, m$

$$(X_0, X_1, \cdots, X_m) = \begin{pmatrix} x_0(1) & x_1(1) & \cdots & x_m(1) \\ x_0(2) & x_1(2) & \cdots & x_m(2) \\ \vdots & \vdots & \vdots & \vdots \\ x_0(n) & x_1(n) & \cdots & x_m(n) \end{pmatrix}$$

（2）确定参考数据列 X_0 参考数据列应该是一个理想的比较标准，可以以各指标的最优值（或最劣值）构成参考数据列，也可根据评价目的选择其他参照值，记作

$$X_0 = (x_0(1), x_0(2), \cdots, x_0(m))$$

（3）对指标数据序列用关联算子进行无量纲化（也可以不进行无量纲化），无量纲化后的数据序列形成如下矩阵：

$$(X'_0, X'_1, \cdots, X'_m) = \begin{pmatrix} x'_0(1) & x'_1(1) & \cdots & x'_m(1) \\ x'_0(2) & x'_1(2) & \cdots & x'_m(2) \\ \cdots & \cdots & \cdots & \cdots \\ x'_0(n) & x'_1(n) & \cdots & x'_m(n) \end{pmatrix}$$

常用的无量纲化方法有均值化像法、初值化像法等。

$$X'_i(k) = \frac{x_i(k)}{\frac{1}{n}\sum_{k=1}^{n} x_i(k)}, X'_i(k) = \frac{x_i(k)}{x_i(1)}$$

$$i = 0, 1, \cdots, m; k = 1, 2, \cdots, n$$

（4）逐个计算每个被评价对象指标序列与参考序列对应元素的绝对差值，即：

$$\Delta_i(k) = |x'_0(k) - x'_i(k)|; k = 1, \cdots, n \quad i = 1, \cdots, m$$

（5）确定 $M = \min_{i=1}^{n} \min_{k=1}^{m} |x'_0(k) - x'_i(k)|$ 与 $m = \max_{i=1}^{n} \max_{k=1}^{m} |x'_0(k) - x'_i(k)|$

（6）计算关联系数。分别计算每个比较序列与参考序列对应元素的关联系数。

$$r(x'_0(k), x'_i(k)) = \frac{m + \xi \cdot M}{\Delta_i(k) + \xi \cdot M} \quad k = 1, \cdots, n$$

式中 ξ 为分辨系数，在（0，1）内取值，ξ 越小，关联系数间的差异越大，区分能力越强，通常 ξ 取 0.5。

（7）计算关联度：$r(X_0, X_i) = = \frac{1}{n}\sum_{k=1}^{n} r_{0i}(k)$

（8）依据各观察对象的关联序，得出综合评价结果。

本节我们的做法是：首先生成灰色序列。使用普通强化缓冲算子，在一阶条件，四位小数精度条件下，分别生成贸易指标和环境污染指标的灰色序列。然后通过相对灰色关联度分析方法，分析贸易和环境污染之间的关联程度。

生成灰色序列的公式为：设原始序列和其缓冲算子序列分别为

$$X = [x(1), x(2), \cdots, x(n)]$$
$$XD = [x(1)d, x(2)d, \cdots, x(n)d]$$

其中：

$$x(k)d = \frac{x(1) + x(2) + \cdots + x(k-1) + kx(k)}{2k - 1}, \quad k = 1, 2, \cdots, n-1$$
$$x(n)d = x(n)$$

则当 X 为增长序列、衰减序列或振荡序列时，D 为强化算子。

这里使用的变量有两个，一个是贸易指标：各代表性国家的出口贸易额；另一个是环境指标：各代表性国家的环境污染综合评价值。贸易指标用 EXPORT 表示，环境指标用 W 表示。这里之所以使用出口贸易额是因为我们这里的分析中忽略"污染藏纳场"效应，不考虑发展中国家承接发达国家高污染产业转移时对两国环境造成影响的情况，这一点在下一章的环境和贸易政策中会有提及。我们使用的贸易指标数据来源于 WTO 公开数据库，使用的污染指标数据是经世界银行和联合国的公开数据计算而得。

2. 灰色相对关联分析过程

我们使用灰色系统理论建模软件（GTM）来进行灰色关联分析的计算。生成灰色序列之后的相对关联度计算过程如下，这里列举了中国环境与贸易灰色相对关联度的计算过程，其他不再赘述。

-------------------------------- star --------------------------------

……序列[1]和序列[2]的相对关联度计算开始……

第一步：初始化操作（整理为等长度 1 - 时距序列）

序列[1]：

－1.3822，－1.0607，－0.8355，－0.6001，－0.3689，－0.2955，－0.2475，－0.2962，－0.2650，－0.2428，－0.2458，－0.2042，－0.1519，－0.0578，0.1799，0.2850，0.4578，0.6385，1.4531，

序列[2]：

57373999999.9999，63056666538.6667，71944600230.4000，78331000036.5715，98142333361.7778，117364818205.0910，135119920443.0770，158960199756.8010，164738608556.2350，175058691866.1050，211182072402.6670，227483580802.4350，267550428338.2400，336817104090.9620，435393746360.5520，

543066173111. 4840,676676102013. 8180,842946381898. 7430,1581713000000. 0000,

第二步:序列的初值像:

序列[1]:

1. 0000,0. 7674,0. 6045,0. 4342,0. 2669,0. 2138,0. 1791,0. 2143,0. 1917,0. 1757,0. 1778,
0. 1477,0. 1099,0. 0418,-0. 1302,-0. 2062,-0. 3312,-0. 4619,-1. 0513,

序列[2]:

1. 0000,1. 0990,1. 2540,1. 3653,1. 7106,2. 0456,2. 3551,2. 7706,2. 8713,3. 0512,3. 6808,
3. 9649,4. 6633,5. 8706,7. 5887,9. 4654,11. 7941,14. 6921,27. 5685,

第三步:序列的始点零化像:

序列[1]:

0. 0000,-0. 2326,-0. 3955,-0. 5658,-0. 7331,-0. 7862,-0. 8209,-0. 7857,-0. 8083,
-0. 8243,-0. 8222,-0. 8523,-0. 8901,-0. 9582,-1. 1302,-1. 2062,-1. 3312,-1. 4619,
-2. 0513,

序列[2]:

0. 0000,0. 0990,0. 2540,0. 3653,0. 7106,1. 0456,1. 3551,1. 7706,1. 8713,2. 0512,2. 6808,
2. 9649,3. 6633,4. 8706,6. 5887,8. 4654,10. 7941,13. 6921,26. 5685,

第四步:计算|s0|,|s1|,|s1-s0|

|s0| = 15. 63035;|s1| = 76. 52685;|s1-s0| = 60. 8965

结论:序列[1]和序列[2]的相对关联度 = 0.6047

3. 计量结果与分析

最后的灰色相对关联度分析的结果见表4-2。

表4-2　　　　代表性国家贸易与环境污染灰色相对关联度分析结果汇总

	中国	挪威	冰岛	加拿大	英国	法国
相对关联度	0.6047	0.7752	0.872	0.9512	0.8582	0.7699
	德国	葡萄牙	日本	丹麦	巴西	阿根廷
相对关联度	0.8824	0.8335	0.8022	0.5351	0.9672	0.9701
相对关联度	美国	澳大利亚	土耳其	越南	南非	巴基斯坦
	0.8741	0.9066	0.7503	0.5705	0.7595	0.9837
	印度尼西亚	印度	俄罗斯			
相对关联度	0.9016	0.7065	0.9211			

我们认为相对关联度在0.5以上的序列数据就表现出比较显著的趋同性。通过对表4-2的观察我们可以发现,所有21个代表性国家贸易和环境污染之间的相对关联度都在0.5以上,除了丹麦和越南分别为0.5351和0.5705以外,其他

国家贸易和环境污染的关联度都在 0.6 以上，超过 0.8 的有 13 个国家。从以上分析可以得出结论：代表性国家的贸易和环境污染之间存在显著的关联性。

二、环境与贸易问题相关性的长期均衡分析

1. 计量模型变量和数据

通过上面灰色关联分析，我们初步得出了贸易和环境污染之间存在显著关联性的结论，这个结论让我们有可能进一步使用协整的方法分析贸易和环境污染之间是否存在长期的均衡关系。这里我们选择传统的迪基—富勒检验（Dickey-Fuller Test）方法先对两列数据进行平方根检验，在同阶平稳的基础上再对序列进行基于 EG 两步法的协整检验。

协整分析的变量、数据和灰色关联度检验一致，这里不再赘述。但是有必要说明的是，为了增加时间序列的平稳性和剔除部分序列的自相关，我们实际进行协整检验的时候使用的序列是原数列的自然对数数列。环境评价值用 ENVIR 表示，出口贸易额用 EXPORT 表示，取自然对数之后的环境指标用 LNENVIR 表示，出口贸易额用 LNEXPORT 表示。这里需要特别指出的是，由于我们的环境评价值是使用因子分析法得到的，所以有些数值为负值，又由于此序列具有平移不变性的性质，我们做如下变换：

$$LNENVIR = \log (ENVIR + 2)，\quad LNEXPORT = \log (EXPORT)$$

2. 协整分析过程

由于涉及国家较多，检验过程复杂，我们这里只给出中国协整检验的具体过程，其他 20 个代表性国家只在计量结果中给出相关的重要参数和最终结论。我们使用 Eviews 软件，首先求出两个序列的对数序列，见表 4-3。

表 4-3 中国环境污染与出口贸易额对数表

	1990	1991	1992	1993	1994	1995	1996	1997
LNENVIR	-0.48162	0.095381	0.313455	0.517783	0.68463	0.693327	0.695656	0.615471
LNEXPORT	24.77286	24.91137	25.09039	25.18407	25.50178	25.71533	25.86889	26.05714

	1998	1999	2000	2001	2002	2003	2004	2005
LNENVIR	0.629595	0.636963	0.620955	0.653666	0.694985	0.771449	0.952846	1.009833
LNEXPORT	26.05804	26.11003	26.35649	26.42508	26.62424	26.90742	27.20916	27.45296

	2006	2007	2008					
LNENVIR	1.107386	1.198351	1.239287					
LNEXPORT	27.69087	27.92534	28.08953					

之后对 LNENVIR 序列和 LNEXPORT 序列分别进行单位根检验。检验结果见表 4 - 4 和表 4 - 5。

表 4 - 4a　　　　　　　　LNENVIR 序列单位根检验结果

统计量	- 5.262919	1% 自由度	- 4.5743
		5% 自由度	- 3.6920
		10% 自由度	- 3.2856

表 4 - 4b　　　　　　　LNENVIR 一阶差分序列单位根检验结果

统计量	- 4.948654	1% 自由度	- 4.6193
		5% 自由度	- 3.7119
		10% 自由度	- 3.2964

表 4 - 5　　　　　　　LNEXPORT 一阶差分序列单位根检验结果

统计量	- 3.271649	1% 自由度	- 3.8877
		5% 自由度	- 3.0521
		10% 自由度	- 2.6672

通过表 4 - 4，我们认为 INENVIR 序列在 1% 的显著水平下是平稳的（ - 5.262919 > - 4.5743），INENVIR 一阶差分序列在 1% 的显著水平下也是平稳的；通过表 4 - 5，我们得到 INEXPORT 一阶差分序列在 5% 的显著水平下是平稳的，故而 INENVIR 序列和 INEXPORT 序列都是一阶单整的，可以进一步进行协整检验。

使用最小二乘法对两序列进行拟合，并得到残差序列，残差序列值见表 4 - 6。对残差序列进行单位根检验，结果见表 4 - 7。

表 4 - 6　　　　　　　LNENVIR = a_0 × LNEXPORT + C 残差序列

- 0.624515	- 0.094537	0.06277	0.235302	0.294306	0.230514	0.18072	0.036634	0.050454	0.040171
- 0.059493	- 0.050064	- 0.076351	- 0.096009	- 0.017036	- 0.042802	- 0.026008	- 0.01463	- 0.029427	

表 4 - 7　　　　　　　　残差序列单位根检验结果

统计量	- 7.621851	1% 自由度	- 4.5743
		5% 自由度	- 3.6920
		10% 自由度	- 3.2856

通过表4-7我们认为表4-6的残差序列在显著水平为1%的情况下是平稳的，故而可以得出中国的 LNENVIR 序列和 LNEXPORT 序列是协整的，即中国的贸易和环境污染之间具有显著的长期稳定均衡关系。

3. 计量结果与分析

通过对21个代表性国家分别进行上述方法的协整分析，我们得到如表4-8所示的协整检验结果。

表4-8　　　　　　代表性国家环境污染与贸易协整检验结果汇总表

国家	单位根检验结果					协整检验结果				
	检验序列	检验形式	ADF	显著性	是否平稳	残差	检验形式	ADF	显著性	是否协整
中国	D(LNENVIR,2)	C,T,0	-4.9486	-3.71,5%	一阶平稳	D(RESID)	C,T,0	-7.6218	-4.57,1%	是
	D(LNEXPORT,2)	C,N,0	-3.2716	-3.05,5%	一阶平稳					
挪威	D(LNENVIR,2)	N,N,0	-2.8226	-2.71,1%	一阶平稳	D(RESID)	N,N,1	-1.6291	-1.62,10%	是
	D(LNEXPORT,2)	C,T,1	-5.6909	-4.67,1%	一阶平稳					
冰岛	D(LNENVIR,2)	N,N,1	-2.8954	-1.96,5%	一阶平稳	D(RESID)	N,N,1	-2.9297	-2.71,1%	是
	D(LNEXPORT,2)	C,T,1	-4.5114	-3.71,5%	一阶平稳					
加拿大	D(LNENVIR)	N,N,1	-1.9231	-1.62,10%	平稳	D(RESID)	N,N,1	-0.9087	-1.62,10%	否
	D(LNEXPORT)	C,T,1	-3.4984	-3.29,10%	平稳					
英国	D(LNENVIR,2)	C,T,0	-5.2447	-3.29,10%	一阶平稳	D(RESID)	N,N,1	-1.893	-1.62,10%	是
	D(LNEXPORT,2)	C,N,0	-2.8037	-2.66,10%	一阶平稳					
巴基斯坦	D(LNENVIR,2)	C,T,0	-5.197	-4.62,1%	一阶平稳	D(RESID)	N,N,1	-1.9079	-1.90,5%	是
	D(LNEXPORT,2)	N,N,0	-2.914	-2.72,1%	一阶平稳					
葡萄牙	D(LNENVIR,2)	N,N,0	-4.289	-1.96,5%	一阶平稳	D(RESID)	N,N,1	-1.7192	-1.62,10%	是
	D(LNEXPORT,2)	C,T,1	-4.2046	-3.73,5%	一阶平稳					
日本	D(LNENVIR,2)	N,N,0	-3.5994	-2.72,1%	一阶平稳	D(RESID)	N,N,1	-2.0753	-1.96,5%	是
	D(LNEXPORT,2)	N,N,0	-2.9332	-2.72,1%	一阶平稳					
丹麦	D(LNENVIR,2)	N,N,0	-4.3561	-1.96,5%	一阶平稳	D(RESID)	N,N,1	-2.7392	-2.72,1%	是
	D(LNENVIR,2)	C,T,1	-4.1133	-3.73,5%	一阶平稳					
巴西	D(LNEXPORT,2)	C,N,0	-4.029	-3.05,5%	一阶平稳	D(RESID)	N,N,1	-1.7793	-1.63,10%	是
	D(LNENVIR,3)	C,N,0	-3.059	-3.05,5%	一阶平稳					
阿根廷	D(LNEXPORT,3)	C,T,0	-7.1595	-4.67,1%	二阶平稳	D(RESID)	N,N,1	-1.0525	-1.63,10%	否
	D(LNENVIR,3)	C,N,O	-4.5194	-3.92,1%	二阶平稳					
美国	D(LNEXPORT,3)	C,T,0	-9.0972	-4.67,1%	二阶平稳	D(RESID)	N,N,0	-1.6308	-1.62,10%	是
	D(LNENVIR,2)	C,T,0	-4.854	-4.67,1%	二阶平稳					

国家	单位根检验结果					协整检验结果				是否协整
	检验序列	检验形式	ADF	显著性	是否平稳	残差	检验形式	ADF	显著性	
澳大利亚	D(LNEXPORT,2)	C,T,0	−7.1114	−4.62,1%	一阶平稳	D(RESID)	N,N,1	−1.825	−1.63,10%	是
	D(LNENVIR,2)	C,T,0	−4.9627	−4.62,1%	一阶平稳					
土耳其	D(LNEXPORT,2)	C,T,0	−4.7025	−4.62,1%	一阶平稳	D(RESID)	N,N,1	−2.3568	−1.96,5%	是
	D(LNENVIR,2)	C,N,0	−4.2522	−3.89,1%	一阶平稳					
越南	D(LNEXPORT,2)	C,N,0	−3.9872	−3.05,5%	一阶平稳	D(RESID)	N,N,1	−1.719	−1.63,10%	是
	D(LNENVIR,2)	C,N,0	−3.6512	−3.05,5%	一阶平稳					
南非	D(LNEXPORT,2)	N,N,0	−1.9407	−1.63,10%	一阶平稳	D(RESID)	N,N,1	−2.2064	−1.96,5%	是
	D(LNENVIR,3)	N,N,0	−1.9878	−1.63,10%	一阶平稳					
印度尼西亚	D(LNEXPORT,3)	C,T,0	−5.1751	−4.67,1%	二阶平稳	D(RESID)	N,N,1	−2.1818	−1.96,5%	是
	D(LNENVIR,2)	N,N,0	−3.8974	−2.73,1%	二阶平稳					
印度	D(LNEXPORT,2)	C,T,0	−5.0808	−3.71,5%	一阶平稳	D(RESID)	N,N,1	−2.0504	−1.96,5%	是
	D(LNENVIR,2)	C,N,0	−3.1802	−3.05,5%	一阶平稳					
俄罗斯	D(LNEXPORT,2)	C,N,0	−4.6799	−4.62,1%	一阶平稳	D(RESID)	N,N,0	−1.8114	−1.63,10%	是
	D(LNENVIR,2)	C,T,0	−5.4295	−4.62,1%	一阶平稳					
法国	D(LNEXPORT,2)	C,T,0	−5.5057	−3.71,5%	一阶平稳	D(RESID)	N,N,1	−2.7638	−2.72,1%	是
	D(LNENVIR,2)	C,N,0	−3.4449	−3.05,5%	一阶平稳					
德国	D(LNEXPORT,2)	C,T,0	−5.485	−3.30,10%	一阶平稳	D(RESID)	N,N,1	−2.6522	−1.96,5%	是
	D(LNEXPORT,2)	C,T,0	−3.5127	−3.30,10%	一阶平稳					

表 4 - 8 中的 D（LNENVIR）表示环境评价值对数序列，D（LNENVIR，2）表示环境评价对数序列的一阶差分序列，D（LNENVIR，3）表示环境评价对数序列的二阶差分序列，出口贸易额指标的个序列表示方法与环境评价值序列一致。C，T，0 项中的 C 表示检验方程中包括常数项，T 表示包括趋势项，如果没有常数项或者趋势向则用 N 表示，数字 0 表示滞后阶数为 0 阶，1 表示一阶滞后，以此类推。ADF 为 ADF Test Statistic 参数，显著性项前一个数字为临界值，后一个为显著性水平。

通过表 4 - 8 的检验结果，我们发现，无论是环境评价值对数序列还是出口贸易额对数序列本身都不是平稳的序列，表中 21 个国家中只有加拿大的两个序列在 10% 的显著水平下是平稳的，绝大多数（17 个）国家的环境评价值对数序列和出口贸易额对数数列都是一阶单整的，即一阶差分序列是平稳的，还有 3 个国家（阿根廷、美国、印度尼西亚）的两个序列二阶差分序列是平稳的。总的来说，所有代表性国家取对数之后的两个序列都通过单位根检验，都可以进一步进行协整检验。观察检验形式项我们可以发现，大多数环境和贸易对数序列都带有趋势项和常数项，大多数残差序列都没有趋势项和常数项。滞后阶数我们默认为一阶差分序列滞后阶数为 0，残差序列滞后阶数为 1。观察表 4 - 8 最后一项，我们发现，21 个代表性国家中有 2 个国家（加拿大和阿根廷）的贸易和环境污染序列不存在协整关系，即不存在长期均衡关系，19 个国家的贸易和环境污染序列存在长期均衡的协整关系。通过灰色关联分析，我们得到加拿大贸易和环境污染序列的相对关联度为 0.9512，阿根廷为 0.9701，即是说加拿大和阿根廷的贸易与环境污染序列具有高度的相关性，因此我们认为这两个国家的贸易和环境污染序列不存在协整关系的原因可能是它们之间的相关关系不平稳，即是说没有一个稳定的系数可以使两个国家的两列数据很好地拟合成回归方程。

三、小结

通过对表 4 - 8 的分析，我们可以得到以下几个结论：第一，代表性国家的贸易增长和环境污染之间存在显著的关联性。通过对表 4 - 2 的观察我们可以发现，所有 21 个代表性国家贸易和环境污染之间的相对关联度都在 0.5 以上，除了丹麦和越南分别为 0.5351 和 0.5705 以外，其他国家贸易和环境污染的关联度都在 0.6 以上，超过 0.8 的有 13 个国家。第二，代表性国家的贸易增长和环境污染之间存在长期均衡关系。21 个代表性国家中有 19 个国家通过了协整检验，证明它们的贸易和环境污染序列之间存在长期均衡关系，2 个没有通过协整检验的国家其相对灰色关联度都在 0.95 以上，这说明代表性国家贸易与环境污染之间的相关关系显著。第三，代表性国家的贸易指标和环境污染指标序列波动较大，但趋势明显。通过对代表性国家的贸易和环境污染对数序列进行单位根检验，我们发现，21 个国家中有 20 个国家的原对数序列是非平稳的，这可能和数据年份跨度较短有关，但是很有可能也与环境评价值的复杂性以及出口贸易额变化速率不稳定有很大关系。再进一步的研究中，我们希望能通过改善环境评价值的综合性以及增加数据的时间跨度来解决这个问题，绝大多数代表性国家两个对数序列的一阶差分序列都是平稳的，这说明代表性国家的贸易和环境污染指标序列变化趋势是明显的。第四，全球范围来看，贸易增长和环境损害之间总体存在显著的相关性。由于代表性国家的选取包含的发达国家、发展中国家、金砖五国以及欠发达国家，这些国家对全球的 200 多个国家应该具有较好的代表性，所以我们可以认为代表性国家的检验结果在全球范围内同样是适用的。

第 4 节　经济、贸易增长与环境损害现状的 EKC 比较

不少环境学家参与到国际贸易自由化利弊的争论当中，他们一方面承认国际贸易确实促进了实际收入水平的增长，但是同时认为，这种增长并没有实质性的意义，因为它最终只会导致环境质量的持续下降。这种观点好像与第 3 节的分析结果吻合，通过第 3 节的分析我们得出了"贸易增长和环境污染之间具有显著的关联性并且具有长期均衡关系"的结论，那么是不是意味着国际贸易带来的经济增长真的如一些环境学家所说的一样是没有实质性意义的呢？克鲁格和格罗斯曼在 1993 年一篇讨论北美自由贸易区得失的论文中得到如下结论：随着实际收入水平的上升，空气质量首先出现恶化，但是一旦人均国民收入超过 5000 美元，空气质量就开始改善。环境与实际收入水平之间的这种对应关系被称为"环境库兹涅茨曲线"（Environment Kuznets Curve，EKC）。

随着贸易的增长，实际收入水平的不断提高，环境污染水平会有一个先上升后下降过程，即是说环境污染水平和人均实际收入存在倒"U"型关系。这种倒"U"型关系也与我们上一节关于贸易与环境之间显著相关性论断相符。克鲁格和克罗斯曼之后大量的实证证明，某些特定的环境污染物排放水平和人均国民收入之间的确存在倒"U"型关系，但是他们的环境污染指标往往是单一的环境污染物排放量，使用综合的环境损害评价指标与人均收入进行 EKC 分析的相关文献比较匮乏，而且也鲜有对全球代表性国家分别进行 EKC 分析和比较的文献。本节将借助我们的在第 2 节建立的环境污染综合评价体系，分别用人均 GDP 和出口贸易额与环境损害评价指标做 EKC 分析。我们这里并不是有意验证 EKC 曲线的存在性与合理性，而是希望通过分析，能够描述目前全球经济、贸易增长与环境损害关系现状，通过代表性国家当前在长期 EKC 曲线上的位置来估计未来环境和贸易关系的发展趋势。

一、模型、变量和数据

EKC 曲线的理论模型在第 2 章的理论分析部分已有详细解释，这里不再赘述。这里我们主要解释下将要用的 EKC 分析的回归方程，变量和曲线形态判断标准。

在将要进行的 EKC 分析中，我们使用传统的 EKC 对数回归方程，即：

$$LNENVIR = a_0 + a_1 LNAGDP + a_2 (LNAGDP)^2 + a_3 (LNAGDP)^3 + \varepsilon$$

$$LNEXPORT = a_0 + a_1 LNEXPORT + a_2 (LNEXPORT)^2 + a_3 (LNEXPORT)^3 + \varepsilon$$

其中，lNENVIR 为环境损害评价指标的对数序列，INAGDP 为人均 GDP 的对数序列，INEXPORT 为出口贸易额的对数序列。在具体的回归过程中，我们定义如下变量：

$$LNAGDP1 = LNAGDP; LNAGDP2 = LNAGDP^2; LNAGDP3 = LNAGDP^3$$

$$LNEXPORT1 = LNEXPORT; LNEXPORT2 = LNEXPORT^2$$

$$LNEXPORT3 = LNEXPORT^3$$

这样回归方程又可以写成：

$$LNENVIR = a_0 + a_1 LNAGDP1 + a_2 LNAGDP2 + a_3 LNAGDP3 + \varepsilon$$

$$LNENVIR = a_0 + a_1 LNEXPORT1 + a_2 LNEXPORT2 + a_3 LNEXPORT3 + \varepsilon$$

这里，首先承认 EKC 曲线的存在，通过 EKC 分析得到的方程线性是短期的方程形态；在长期，通过对 LNENVIR 序列的预测图来估计当前曲线在长期 EKC 曲线上的位置，短期线性的判断标准见表 4-9。

表 4-9   环境与收入可能的几种曲线关系

a_1	a_2	a_3	形状
>0	<0	>0	"N"型
<0	>0	<0	倒"N"型
>0	<0	=0	倒"U"型
<0	>0	=0	"U"型
≠0	=0	=0	线性

我们的拟合步骤是：首先对同时包括人均 GDP 的平方项、立方项的方程进行估计，根据估计系数的 t 统计值判断是否存在"N"型曲线或倒"N"型曲线关系，如果人均 GDP 立方项不显著，则对剔除了人均 GDP 立方项的方程重新进行估计，如果平方项不显著，则剔除平方项重新拟合。另外，根据估计结果的 D. W 值可以判断回归方程残差是否存在序列自相关问题，如果残差存在序列自相关问题则可以加入 AR 项消除。对于环境和出口贸易额的拟合方法与 GDP 的相同，不再赘述。

二、EKC 比较过程

同样的由于国家个数较多，分解过程冗长繁复，这里以中国为例给出 EKC 分析具体过程，其他代表性国家只在计量结果中给出相关的重要参数和最终结论。

首先我们通过 Eviews 软件导入 ENVIR、AGDP 以及 EXPORT 序列，然后计算出三个序列的对数序列 LNENVIR，LNAGDP，LNEXPORT，再分别定义变量 LNAGDP1，LNAGDP2，LNAGDP3 以及 LNEXPORT 1，LNEXPORT 2，LNEXPORT 3。

我们先进行贸易和人均 GDP 的 EKC 分析。首先对方程 $LNENVIR = a_0 + a_1 LNAGDP1 + a_2 LNAGDP2 + a_3 LNAGDP3 + \varepsilon$ 进行回归分析，结果见表 4-10。

表 4-10　　　中国人均 GDP 与环境污染 EKC 分析（含三次方项）

因变量：LNENVIR
方法：最小二乘法
日期：04/24/12　时间：20：04
样本：1990 2008
列入观察：19

变量	参数	标准差	T 统计量	P 值
C	-105. 3499	49. 47117	-2. 129520	0. 0502
$LNAGDP1$	45. 09225	21. 75585	2. 072649	0. 0559
$LNAGDP2$	-6. 407952	3. 168474	-2. 022409	0. 0613
$LNAGDP3$	0. 304590	0. 152839	1. 992880	0. 0648
可决系数	0. 811947	因变量均值		0. 665758
调整的可决系数	0. 774336	因变量标准差		0. 395608
回归标准差	0. 187930	赤池信息准则		-0. 320833
残差平方和	0. 529764	施瓦茨准则		-0. 122004
似然对数	7. 047918	F 统计量		21. 58825
德宾沃森统计量	0. 791840	P 值（F 统计量）		0. 000011

分析表 4-10，我们发现 $INAGDP3$ 的 P 值大于 5% 的显著性水平，故而剔除三次方项再进行回归，得到表 4-11 结果。

表 4-11　　　中国人均 GDP 与环境污染 EKC 分析（不含三次方项）

因变量：LNENVIR
方法：最小二乘法
日期：04/24/12 时间：20：11
样本：1990 2008
列入观察：19

变量	参数	标准差	T 统计量	P 值
C	-7. 087410	4. 388255	-1. 615086	0. 1258
$LNAGDP1$	1. 799678	1. 288978	1. 396205	0. 1817
$LNAGDP2$	-0. 095905	0. 093972	-1. 020573	0. 3226

续表

可决系数	0. 762156	因变量均值	0. 665758
调整的可决系数	0. 732425	因变量标准差	0. 395608
回归标准差	0. 204638	赤池信息准则	− 0. 191205
残差平方和	0. 670030	施瓦茨准则	− 0. 042083
似然对数	4. 816449	F 统计量	25. 63549
德宾沃森统计量	0. 625462	P 值（F 统计量）	0. 000010

分析表 4 – 11，我们发现 $INAGDP2$ 的 P 仍然大于 5% 的显著性水平，剔除二次方项再次进行回归，得到表 4 – 12 结果。

表 4 – 12　中国人均 GDP 与环境污染 EKC 分析（不含三次方、二次方项）

因变量：LNENVIR

方法：最小二乘法

日期：04/24/12 时间：20：10

样本：1990 2008

列入观察：19

变量	参数	标准差	T 统计量	P 值
C	− 2. 634418	0. 468581	− 5. 622120	0. 0000
LNAGDP1	0. 486045	0. 068664	7. 078621	0. 0000

可决系数	0. 746673	因变量均值	0. 665758
调整的可决系数	0. 731771	因变量标准差	0. 395608
回归标准差	0. 204888	赤池信息准则	− 0. 233401
残差平方和	0. 713648	施瓦茨准则	− 0. 133987
似然对数	4. 217314	F 统计量	50. 10688
德宾沃森统计量	0. 607560	P 值（F 统计量）	0. 000002

分析表 4 – 12，我们发现 $INAGDP$ 的 P 值小于 5% 的显著性水平，基本不存在自相关问题。

故而我们写出回归方程：$LNENVIR = − 2. 634417529 + 0. 4860446681 \times LNAGDP1$

并且通过 INENVIR 的 Forecast 给出方程的回归图形，见图 4 – 1。

通过回归方程和回归图形，中国人均 GDP 与环境污染的 EKC 分析结果为：在短期，环境污染和人均 GDP 是线性关系，环境污染随着人均 GDP 的增加而加剧；在长期，中国目前环境污染和人均 GDP 之间的关系处于 EKC 倒 "U" 型曲

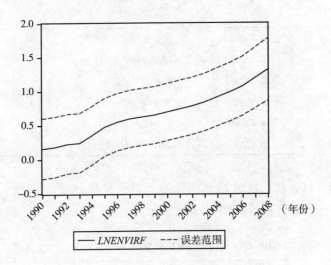

图 4 - 1　中国人均 GDP 与环境污染回归图

线的左端，环境污染随着人均 GDP 的增加而加剧。

出口贸易额和环境损害评价指标的 EKC 分析与上述人均 GDP 和环境损害评价指标的 EKC 分析过程相似，这里不再赘述，直接给出最后的回归方程和回归图（见图 4 - 2）。

$$LNENVIR = -3021.365453 + 341.4993341 \times LNEXPORT1 -$$
$$12.86399247 \times LNEXPORT2 + 0.1615356505 \times LNEXPORT3$$

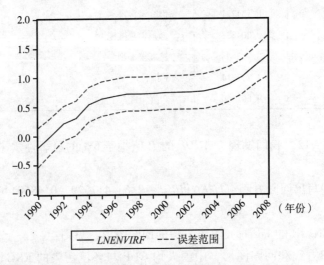

图 4 - 2　中国出口贸易额与环境污染回归图

通过回归方程和回归图，中国出口贸易额与环境污染的 EKC 分析结果为：在短期，环境污染和出口贸易额是"N"型关系，环境污染随着出口贸易额的增加而先增加后下降然后再增加；在长期，中国目前环境污染和出口贸易额之间的关系处于 EKC 倒"U"型曲线的左端，环境污染随着人均 GDP 的增加而加剧。

三、EKC 比较结果

表 4-13 中回归方程项中的函数为各代表国家人均 GDP 和出口贸易额分别与环境损害评价指标进行 EKC 回归得到的回归方程。预测回归图形项中的图形为基于回归方程的环境损害评价指标随年份推移的曲线图。短期项中描述的为拟合而成的 EKC 方程的性态，我们认为这个方程性态是短期的基于我们的统计数据的性态，在长期 EKC 曲线仍然为倒"U"型。位置项为我们估计的短期 EKC 曲线在长期倒"U"型 EKC 曲线上的位置，我们粗略地把这种位置分为三个：左侧、顶端、右侧。

表 4-13   代表性国家 EKC 分析汇总表

国家	回归方程		Forecast 回归图形	短期	长期
中国	人均 GDP	LNENVIR = -2.634417529 + 0.4860446681 × LNAGDP1		线性	左侧
	贸易额	LNENVIR = 9.982056419 - 0.9184542344 × LNAGDP1		N 型	左侧

续表

国家		回归方程	Forecast 回归图形	短期	长期
挪威	人均 GDP	LNENVIR = − 4545. 169892 + 1246. 10126 × LNAGDP1 − 113. 7667933 × LNAGDP2 + 3. 459475116 × LNAGDP3		N 型	右侧
	贸易额	LNENVIR = − 28112. 20298 + 3313. 182114 × LNEXPORT1 − 130. 124777 × LNEXPORT2 + 1. 703141076 × LNEXPORT3		N 型	右侧
冰岛	人均 GDP	LNENVIR = − 6. 279512312 + 0. 6662063874 × LNAGDP1		线性	左侧
	贸易额	LNENVIR = − 12299. 27504 + 1675. 191263 × LNEXPORT1 − 76. 06047808 × LNEXPORT2 + 1. 151299063 × LNEXPORT3		N 型	左侧
加拿大	人均 GDP	LNENVIR = − 126. 0255567 + 24. 9596119 × LNAGDP1 − 1. 223759437 × LNAGDP2 + [AR(2) = 0. 7858553472]		倒 U 型	右侧
	贸易额	LNENVIR = 15720. 77384 − 1824. 004807 × LNEXPORT1 + 70. 48521657 × LNEXPORT2 − 0. 9071619011 × LNEXPORT3		倒 N 型	右侧

续表

国家		回归方程	Forecast 回归图形	短期	长期
英国	人均 GDP	$LNENVIR = 9.982056419 -$ $0.9184542344 \times LNAGDP1$		线性	右侧
	贸易额	$LNENVIR = 21.84379348 -$ $0.7931397197 \times LNEXPORT1$		线性	右侧
巴基斯坦	人均 GDP	$LNENVIR = -48.15197866 +$ $14.35218714 \times LNAGDP1 -$ $1.045270029 \times LNAGDP2$		倒 U 型	左侧
	贸易额	$LNENVIR = -18.4722395 +$ $0.8259763471 \times LNEXPORT1$		线性	左侧
葡萄牙	人均 GDP	$LNENVIR = -136.0623111 +$ $27.97771522 \times LNAGDP1$ $- 1.428512832 \times LNAGDP2$		倒 U 型	顶端
	贸易额	$LNENVIR = -733.0086656 +$ $59.44539204 \times LNEXPORT1 -$ $1.203623918 \times LNEXPORT2$		倒 U 型	顶端

续表

国家		回归方程	Forecast 回归图形	短期	长期
日本	人均GDP	LNENVIR = − 1373. 106811 + 101. 2739529 × LNAGDP1 − 1. 866201631 × LNAGDP2		倒U型	顶端
	贸易额	LNENVIR = − 20. 58689965 + 2. 036518165 × LNEXPORT1		线性	顶端
丹麦	人均GDP	LNENVIR = − 8464. 400214 + 2393. 725546 × LNAGDP1 − 225. 4286289 × LNAGDP2 + 7. 070046098 × LNAGDP3		N型	右侧
	贸易额	LNENVIR = − 36251. 55182 + 4300. 937152 × LNEXPORT1 − 170. 0268345 × LNEXPORT2 + 2. 23972587 × LNEXPORT3		N型	右侧
巴西	人均GDP	LNENVIR = − 1. 534303793 + 0. 3118440766 × LNAGDP1 + [AR(2) = 0. 7505957231]		线性	左侧
	贸易额	LNENVIR = − 10960. 12812 + 1290. 705584 × LNEXPORT1 − 50. 66733165 × LNEXPORT2 + 0. 6630637853 × LNEXPORT3		N型	左侧

续表

国家		回归方程	Forecast 回归图形	短期	长期
阿根廷	人均 GDP	NA	NA	NA	NA
	贸易额	LNENVIR = −51.17889546 + 4.145879701 × LNEXPORT1 − 0.08268309778 × LNEXPORT2		倒U型	左侧
美国	人均 GDP	LNENVIR = −17729.0775 + 5165.334075 × LNAGDP1 − 501.400021 × LNAGDP2 + 16.21657353 × LNAGDP3		N型	顶端
	贸易额	LNENVIR = 1374.071179 − 99.3606704 × LNEXPORT1 + 1.796810411 × LNEXPORT2		U型	顶端
澳大利亚	人均 GDP	LNENVIR = −11.38262195 + 1.196065867 × LNAGDP1		线性	左侧
	贸易额	LNENVIR = −394.0879862 + 30.32243577 × LNEXPORT1 − 0.5813586731 × LNEXPORT2		倒U型	左侧

续表

国家	回归方程		Forecast 回归图形	短期	长期
土耳其	人均 GDP	$LNENVIR = -1.294258542 + 0.291101627 \times LNAGDP1 + [AR(1) = 0.9376244175]$		线性	左侧
	贸易额	$LNENVIR = 24.99158427 - 2.395202032 \times LNEXPORT1 + 0.05706225715 \times LNEXPORT2$		U型	左侧
越南	人均 GDP	$LNENVIR = 105.0119046 - 51.90940219 \times LNAGDPI + 8.507710155 \times LNAGDP2 - 0.4589525099 \times LNAGDP3$		倒N型	左侧
	贸易额	$LNENVIR = 1308.322134 - 166.9490381 \times LNEXPORT1 + 7.085783188 \times LNEXPORT2 - 0.09997482977 \times LNEXPORT3 + [AR(2) = 0.2512250108]$		倒N型	左侧
南非	人均 GDP	$LNENVIR = -2.187145563 + 0.3760535527 \times LNAGDP1 + [AR(1) = 0.768077424]$		线性	左侧
	贸易额	$LNENVIR = -34464.3799 + 4167.065626 \times LNEXPORT1 - 167.930263 \times LNEXPORT2 + 2.255685181 \times LNEXPORT3$		N型	左侧

续表

国家		回归方程	Forecast 回归图形	短期	长期
印度尼西亚	人均 GDP	$LNENVIR = -3.41326414 + 0.6049337665 \times LNAGDP1 + [AR(1) = 0.7505298486]$		线性	左侧
	贸易额	$LNENVIR = -19.07617767 + 0.7935510884 \times LNEXPORT1$		线性	左侧
印度	人均 GDP	$LNENVIR = -3.272382194 + 0.6418815648 \times LNAGDP1 + [AR(1) = 0.5775939895]$		线性	左侧
	贸易额	$LNENVIR = -66.76552065 + 4.965584286 \times LNEXPORT1 - 0.09058704584 \times LNEXPORT2$		倒 U 型	左侧
俄罗斯	人均 GDP	$LNENVIR = -25.00426067 + 6.126135961 \times LNAGDP1 - 0.3635401218 \times LNAGDP2$		倒 U 型	顶端
	贸易额	$LNENVIR = -101.9269414 + 7.607825824 \times LNEXPORT1 - 0.1412811162 \times LNEXPORT2 + [AR(2) = 0.7707625145]$		倒 U 型	顶端

续表

国家	回归方程		Forecast 回归图形	短期	长期
法国	人均 GDP	LNENVIR = -7.26073994 + 0.7782737715 × LNAGDP1		线性	左侧
	贸易额	LNENVIR = -13.61228829 + 0.5343766691 × LNEXPORT1		线性	左侧
德国	人均 GDP	LNENVIR = -171.0827958 + 33.41475024 × LNAGDP1 - 1.634193253 × LNAGDP2 + [AR(2) = 0.9066316344]		倒 U 型	右侧
	贸易额	LNENVIR = 18.82621817 - 0.6665219654 × LNEXPORT1 + [AR(1) = 0.4314050269]		线性	右侧

　　观察表 4-13，我们发现有 9 个国家人均 GDP 和出口贸易额与环境损害评价指标拟合的 EKC 方程的性态是一致的。短期来看，所有的 EKC 方程中有 15 个为线性性态，13 个为"N"型（先上升后下降再上升）或者倒"N"型（先下降后上升再下降）性态，有 11 个为倒"U"型性态，有 2 个为"U"型性态，1 个 EKC 方程无法拟合。从预测回归图形来看，各代表国家基于人均 GDP 的环境污染曲线与基于出口贸易额的环境污染曲线形状和趋势基本一致。从预测回归图形的波动性来看，基本所有的回归图形都比较平滑。长期来看，有 12 个国家目前经济、贸易和环境污染的状况处在长期倒"U"型 EKC 曲线的左端，这些国家分别是：中国、冰岛、巴基斯坦、巴西、阿根廷、澳大利亚、土耳其、越南、南非、印度尼西亚、印度、法国；有 4 个国家当前经济、贸易和环境污染的状况

处在长期倒"U"型 EKC 曲线的顶端，这些国家分别是：葡萄牙、日本、美国、俄罗斯；有 5 个国家当前经济、贸易和环境污染的状况处在长期倒"U"型 EKC 曲线的右端，这些国家分别是：挪威、加拿大、英国、丹麦、德国。

　　通过以上分析，可以得出以下几个结论：第一，人均收入增加和贸易增长对环境污染的影响趋势上一致，影响效果上有区别。通过各代表国家基于人均 GDP 的环境污染曲线与基于出口贸易额的环境污染曲线形状和趋势基本一致的描述，我们认为代表性国家人均 GDP 和出口贸易额对环境污染的影响趋势是一致的，即是说随着贸易额的增长环境污染水平也会有一个先上升后下降的过程，而且这个过程基本与收入增加引致的 EKC 曲线一致；另外我们发现只有 9 个国家人均 GDP 和出口贸易额与环境损害评价指标拟合的 EKC 方程的性态是一致的，这说明人均收入和贸易额对环境污染的具体影响效果是有差异的。第二，长期环境库兹涅茨曲线呈倒"U"型形态，在短期性态不确定。通过上面的分析，在长期，倒"U"型、"N"型、线性 EKC 曲线都可以很好地在长期 EKC 曲线的倒"U"型形状中找到适合的位置，而短期具有这些性态的曲线一共有 39 条，这说明长期 EKC 曲线的倒"U"型形态具有稳定性。在短期，EKC 曲线呈现出性态上的多样性，说明短期 EKC 曲线的性态不确定。第三，代表性国家中环境污染现状趋于好转的基本都为经济发达国家，环境污染状况仍在加剧的多为发展中国家。通过代表性国家经济、贸易与环境现状在倒"U"型 EKC 曲线上的位置我们发现，处于倒"U"型曲线顶端或者右侧的 9 个国家中有 8 个为经济发达国家，只有俄罗斯处在倒"U"型的顶端而不是经济发达国家；处在倒"U"型左侧的 12 个国家中，只有 3 个为经济发达国家，其他都是发展中国家；"金砖五国"中只有俄罗斯处在倒"U"型的顶端，其他四国全部处于倒"U"型的左侧。

第 5 节　贸易与环境现状存在差异的主要原因

　　通过第 3 节和第 4 节的实证分析，我们证实了贸易增长和环境污染之间显著的相关性，并通过 EKC 分析描述了代表性国家经济、贸易增长与环境污染关系的现状，现在我们进一步思考引致这些状况的原因。不同国家有着不同的环境观和贸易观，不同国家也有不同的环境保护政策和贸易政策，这些都可能是导致全球贸易与环境损害现状的原因。本节将对代表性贸易与环境差异进行比较，主要从发达和发展中国家贸易环境观、贸易对环境影响的不对称性和环境治理差方面进行比较，找出它们的异同点，从一个方面解释导致世界贸易和环境污染现状的原因，而在第 5 章我们将具体讨论环境和贸易政策对全球贸易—环境关系的影响。

一、发达和发展中国家贸易环境观

发达国家和发展中国家由于政治、经济等方面在全球的地位不同，导致它们在国际贸易中所处的地位不同；在经济贸易发展水平和发展目标上存在着差异，特别是出于资源保护和经济利益上的考虑，它们有着不同的贸易、环境价值观。价值观的不同直接导致了发达国家和发展中国家在环境和贸易的基本观点、环境和贸易现状以及环境和贸易的主要政策等方面存在着一定的差异。

1. 发达国家的基本观点与主要措施

发达国家凭借其经济、科技方面的优势，极力将环境问题与贸易条约紧密挂钩，把环境问题作为新的贸易壁垒，从而抵消发展中国家在资源与廉价劳动力方面的比较优势，限制发展中国家的经济发展，以保持其在国际多边贸易和经济领域的主导地位。所以发达国家对于贸易和环境的基本观点以及主要贸易、环境措施都倾向于以保护环境为前提的贸易保护。

(1) 发达国家的基本观点。

发达国家关于贸易与环境的基本观点为：第一，国际贸易应优先考虑保护环境，应减少和消除污染和破坏环境的产品的生产和销售，鼓励环保产品的生产和销售，推动环保市场的扩大。第二，在遵循非歧视原则、市场开放原则和公平原则的基础上，为了维护环境和居民的身体健康，任何国家都有权采取关税和非关税措施控制甚至禁止污染环境的产品出口。第三，任何产品都应将环境和资源费用计入成本，使环境和资源成本内在化，其计算标准应为国际标准。第四，为使世界贸易在公平的基础上进行，任何国家都不能以任何理由为借口，对企业进行"环境补贴"。

(2) 发达国家的主要措施。

发达国家的环保主义者认为，数十年之久的市场失灵和政府决策失误是环境恶化的主要原因，由于自由贸易的发展和政府、组织的重视不够，环境问题才日趋严重。所以它们提出应注重采取严格的贸易制裁措施，抵制破坏环境的产品生产和进出口。其主要措施为：

第一，有害物含量限制。发达国家假借保护环境、人类与动植物的卫生安全和健康之名，对商品中的有害物含量制定了较高的标准，从而限制了商品的进口。1999 年以来，欧洲相继发生"二噁英"、"疯牛病"、"疯羊病"以及"口蹄疫"事件，令发达国家更加重视商品的检疫和检验工作，过于苛刻的卫生检疫和检验规定也对发展中国家形成不必要的障碍，造成发展中国家的严重损失。

第二，"绿色贸易壁垒"的规定和使用。"绿色贸易壁垒"的实质，很大程度上是发达国家依赖其科技和环保水平，通过立法手段，制定严格的强制性技术标准，从而把来自发展中国家的产品拒之门外。绿色技术壁垒一经采用，便表现出它合情又合法、方便又隐蔽的特征。因此，发达国家自20世纪90年代以来将其逐级演进，发展完善。"绿色贸易壁垒"已经成为技术壁垒的主要表现形式，近几年发展很快，对发展中国家的影响也越来越大。

第三，清洁生产的实施。过去总是把注意力集中在污染物产生之后如何处理，以减少对环境的危害，而清洁生产是要从根本上解决工业污染的问题。在污染前采取防治对策，将污染物消除在生产过程之中，实行工业生产全过程控制。发达国家对环保的要求早已从最初的末端治理转向以污染预防为基本特征的清洁生产，将环境因素纳入原材料的选择、产品设计开发、生产工艺技术改革、生产运行操作管理以及废物在生产内部的循环再利用等生产的全过程。这给发展中国家的企业带来的不仅是信息搜集的困难，而且是额外的技术更新和成本负担，降低了发展中国家的产品在发达国家市场的竞争能力。

第四，频繁使用紧急进口限制措施。WTO允许其成员在特定情况下采用关税或数量限制等紧急进口限制措施。进入20世纪90年代后，发达国家频繁采用这类措施，对发展中国家的贸易造成新的障碍。紧急进口限制措施给发展中国家的商品出口带来的不仅是直接禁止，也不仅体现在某一种或几种商品上，而是关系到两国间的所有贸易往来，其影响是长远而广泛的。

2. 发展中国家的基本观点与主要措施

发展中国家认为发达国家必须对贸易与环境承担义务，要求发达国家对其工业化进程中的环境欠账和现行的高度密集生产及奢侈性消费带来的环境后果负责，并向发展中国家转让环境技术，提供资金支持，反对发达国家动辄实施环境贸易制裁，损害发展中国家的经济利益。但是发展中国家又受制于其经济实力，不得不优先考虑发展，发达国家高收益、高污染的项目对发展中国家有很大的吸引力，但是其高污染的特性又与发展中国家的环保观念相冲突，这就形成了一个两难选择。

（1）发展中国家的基本观点。

关于贸易与环境的基本观点为：第一，优先考虑发展。保护环境的确是人类面临的共同任务，发展中国家也应参与到这一伟大的行动中。但是，对于发展中国家来说，目前面临的最大挑战是贫困，而消除贫困的唯一出路是发展。第二，反对为达到环境标准而采取不分国界的贸易措施，反对用歧视性的、统一的贸易措施规范其行为，极力主张环境措施必须建立在客观、公正和最低贸易限制的基础上。第三，发达国家主张的"环境成本内部化"对发展中国家是一种不合理要求。因为发展中国家的企业大多是中小企业，经济实力不强，无力承担治理环境的费用，环境和资源成本内在化，必然削弱发展中国家产品的竞争力，严重影响其出口能力。因此，发展中国家政府对本国企业给予一定的"环境补贴"是合情合理的。第四，反对发达国家采取双重环境标准。发达国家一方面设置"绿色壁垒"，阻止发展中国家产品进入其国内市场；另一方面鼓励跨国公司将一些污染和破坏环境的生产转移到发展中国家，使发展中国家蒙受贸易与环境上的双重损害。

（2）发展中国家的主要措施。

在协调贸易与环境保护中，发展中国家的观点和做法是优先发展经济和扩大对外贸易，与此同时注意保护和治理环境。其主要措施为：第一，积极参与建立多边绿色贸易制度，保持环保标准多样性。发达国家单方面建立的绿色贸易制度，一般标准较高，远远超出了发展中国家的承受能力，在相当程度上变成了阻碍发展中国家出口的"绿色壁垒"和"绿色陷阱"。对此，发展中国家应积极寻求或参与建立合理的、多边的绿色贸易制度。发展中国家与发达国家在科技水平和经济实力上悬殊，并不宜推行全球统一的环保标准。相对于发达国家，发展中国家的环保标准应适当放宽，执行时间也可延缓或分阶段进行。第二，加快建立可持续发展的贸易结构，防止国外污染密集型产业转移入境。发展中国家应改变大量消耗资源、污染环境的传统发展模式，积极推广绿色增长模式；建立绿色产品生产体系，调整并优化出口产品的结构；积极引进清洁生产技术和环保设备，提高环保产品的可持续发展能力。许多发展中国家都把对外开放和引进外资作为一项长期国策，但发达国家纷纷提高国内环保标准，将环境成本内部化，不少高污染行业为降低成本趁机转移到发展中国家。第三，提高环保意识，加强国际合作，构筑世界经济新秩序。发展中国家应加强对外经济贸易与环境保护方面的宣传，使本国的经贸工作者充分认识到环境在外经贸工作中的重要意义。发展中国家还应加强国际合作，抵制发达国家利用绿色壁垒采取的歧视政策。乌拉圭回合达成的《关于贸易与环境的决定》以及 ISO14000 系列标准等对发展中国家照顾性规定的条约、协议，在对外贸易中可以充分利用，以保证本国外贸的持续、顺利发展。第四，建立绿色贸易壁垒的预警机制。发展中国家应建立专门的协助克服绿色贸易壁垒的咨询和信息服务机构，收集、研究本国主要出口商品以及主要贸易国家可能采取的绿色贸易壁垒措施，特别是那些正在进行"暗箱"操作的，要立即采取应对措施。

二、贸易环境效应的不对称性

在发达国家与发展中国家经济不平衡发展的条件下，伴随着经济的全球化，发展中国家的贸易条件不断恶化，贸易的环境正效应主要发生于发达国家，负效应则更多地发生于发展中国家。也就是说，发展中国家接受了更多的环境成本，而发达国家接受了更多的环境收益。以下就从产品效应、规模效应以及结构效应分别进行具体的分析。

1. 产品效应的不对称性

贸易开放及自由化促进了产品在国际上更大规模的贸易，有关的产品效应是复杂的，在发达国家与发展中国家之间存在着不对称问题。

首先，贸易促进环境技术和服务的全球扩散，人们可能使用对环境危害更少的原料进行生产，产生环境正效应。环境市场的贸易直接提高了生产国和消费国的环境保护水平。虽然环境保护设备及环保服务对发展中国家的环境改善有好处，但是，此项投资对于相对落后的发展中国家来说是一种沉重的经济负担，事实上有关环保产品的交易主要在发达国家之间进行，因此，产品正效应更多地发生在发达国家。

其次，更加开放和自由的国际贸易也会促进有害于生态环境的产品的国家间交换，包括有害废物、危险化学品和濒危物种，而这些负面环境效应主要发生于发展中国家。危险废物的越境转移始于 20 世纪 70 年代，20 世纪 90 年代愈演愈烈。据报道，欧盟每年向亚非拉诸国出售有毒垃圾多达 1.1 亿吨。绿色和平组织的调查报告指出，发达国家正以每年 5 000 万吨的规模向发展中国家转移危险废物。由于发展中国家普遍贫困压力较大、环境标准相对较低以及环境管理效能低下，再加上缺乏处置危险废物的技术和手段，不断入境的危险废物对这些国家的环境和人民健康造成了严重危害。尽管于 1992 年生效的《巴塞尔公约》使废物越境转移的蔓延势头得到了一定的遏制，但其存在的诸多不足仍未能使问题得到根本的解决。

总之，贸易开放及其自由化引起什么样的产品效应，对发达国家与发展中国家的影响是有明显差异的。正效应更多地发生于发达国家，而负效应则更多地发生在发展中国家。产品负效应已使发展中国家面临诸如污染加剧等越来越严重的环境问题。

2. 规模效应的不对称性

规模效应是指贸易扩大了经济活动的规模，规模效应既可能为负，也可能为正。一方面，贸易带来的市场扩张和经济增长会造成稀有自然资源的进一步退化和更快衰竭，贸易对环境的规模效应是负的。另一方面，随着收入的增加，消费者越来越倾向于制定较严格的环境标准和税收制度以达到保护环境的目的；并且消费者会提高购买在较严环境标准下生产产品的意愿；收入水平的提高还可以使政府有更多的财力用于环境的保护和治理。从这方面来看，贸易对环境的规模效应是正的。

西方社会主流思想总体倾向于认为经济增长有益于环境改善，即规模正负效应之和为正，且国际贸易于环境有益。这在《里约宣言》中有所反映，宣言第 12 条原则称："各国应该开展合作，促进建立一个支持性的和开放性的国际经济体系。这个体系应能够在所有国家实现经济增长和可持续发展，更好地解决环境退化问题。"然而，即使贸易的全球净环境效应是正效应，也并不意味着每一地区的环境效应都是正面的。世界经济增长的环境效应存在着发达国家与发展中国家不对称的问题。

发展中国家在环境成本内在化、估价自然生态系统及界定和分配产权上明显落后于发达国家。而且发展中国家的收入水平偏低，非常明显的是，发展中国家负面的规模效应十分明显，而由于收入难以增长，特别是发展中国家的人口增长速度过快，相当多国家的国民收入的增长慢于人口增长，人均收入反而下降，结果正的规模效应大部分发挥不了太大的作用；相反，在发达国家，有限的规模负效应被正效应所抵消。正是由于这种不对称性，发达国家通过贸易环境得到更大程度的改善；而发展中国家却处于环境恶化之中。环境收益更多地在发达国家，环境成本更多地在发展中国家。

3. 结构效应的不对称性

结构效应是指贸易引起国际生产专业化或世界范围内的产业分工，导致污染密集型或清洁型产业转移到具有比较优势的国家或地区，由此带来对环境的影响。它对环境的影响是间接的。结构效应也具有正效应和负效应两个方面：一方面，贸易通过分配与不同国家的环境容量和条件相适应的经济活动并提高资源的使用效率，在更大范围内的资源优化配置具有对环境的正结构效应。但是，由于市场和政府失灵的存在，贸易有可能会对环境产生负的结构效应，贸易的增长会加剧不合理的经济活动的分布和强度，在缺少环境政策干预或存在市场外部化时，随贸易而来的某种商品和劳务的产量增长会导致更严重的环境退化。

一般而言，这种"市场和政府失灵"更多地发生于发展中国家，发展中国家资源价值的社会贴现率高、自然资源和环境资产估价偏低、环境管理粗放且水平偏低，在自然资源的开采方面具有比较优势。结果，发展中国家在资源密集型产品上接受大规模的专业化，环境方面更多地表现为负面的结构效应。

结构效应同与贸易相关的生产和资源使用方式有直接关系，贸易进一步加强生产方式与生产结构上的南北分工，有利于发达国家的资金、技术和管理经验流入发展中国家，发展中国家可以通过专业化生产和规模效益提高产量，但引入的新生产方式常常与当地传统生产模式相矛盾，形成对国外资金、生产资料和市场的依赖性，并与债务联系在一起，非但没有产生规模效益，反而构成了恶性循环。这是因为发展中国家的专业化生产是以工业贷款为基础形成的。为了使这种专业化生产维系下去，发展中国家必须不断增加出口，获取外汇，以购买生产资料和还债。当生产增加时，市场价格下跌迫使它们增加产量以换取同等数额的外汇。而要增加产量，它们必须增加生产资料的进口。为此，它们必须增加当地自然资源的出口和借新债，这样既导致本国环境因资源过度开发而恶化，又加重了债务负担。以巴西为例，在外资进入前，巴西南部的农民主要从事园艺和水果生产，供应国内市场，生产方式为传统的兼营多种作物的小规模经营。由于生产的外部投入低，这种经济虽然不富裕，但却是可持续的。20世纪70年代外资大量进入，农民可以轻易地得到贷款，他们改种专供出口的大豆，为增加产量，他们大量施用农药化肥并使用农业机械。一开始，出口贸易改变了生产条件，增加了农业收入，但随着产量增加引起价格下跌，这一外向型经济体系出现了危机。而且，农药和化肥的过量使用引起土壤肥力的不断下降，结果数以千计的农民破产，被迫进入亚马逊森林腹地靠毁林谋生，沦为继续破坏生态环境的生态难民。国际贸易开展不仅没有促进当地经济的发展，反而导致农民背井离乡，热带雨林和土壤肥力遭到破坏，水源被污染。

总之，关于贸易及其自由化对环境影响的效应分析还有很多，以上仅是阐述了几个基本效应的发达国家与发展中国家的不对称性，从一个侧面说明了贸易及其自由化可能是局部环境问题的直接甚至首要原因，某些发展中国家突出的环境问题可能直接根源于发达国家与发展中国家的贸易。

三、代表性国家环境治理的差异性

在环境治理方面，发达国家走的道路是"先增长、后环保"和"先污染、后治理"。而发展中国家的主要特点是贫困，由于贫困和伴随贫困的劳动生产率低下、人口过度增长、失业严重、对于初级产品出口的严重依赖以及在国际关系中处于劣势，使其经济实力弱小，在国际政治关系和经济关系中处于依附性和脆弱性地位。与发达国家相比，发展中国家进行环境保护面临更多的挑战，往往不能以有效率的方式使用资源环境。对贫困人口来说，环境资源的消耗是保持当前生存的必要代价，他们很难得到信用支持和先进技术，只能依靠开发自然资源维持生存。但是自然资源的消耗往往会引起环境的退化，而环境退化会降低贫困人口的生产率和潜在的长期收入，他们无力逃避环境危害，往往成为环境破坏的最大受害者。

1. 发达国家环境治理

英、美等发达国家进行工业化初期，世界经济的总量不大，大量的自然资源尚未开发，从总体上看，经济活动排放的污染物也没有超过自然环境的吸收能力。这一时期经济增长与环境治理的矛盾不突出，世界还处于"牛仔经济"时代。20世纪以来，在技术进步的推动下，发达国家对自然资源的开发强度增大，资本主义私有部门的逐利本性使其不愿在污染防治方面进行投资，污染排放逐渐接近甚至超过环境容量，环境危害不断积累，环境问题变得严重起来。

第二次世界大战后，为了弥补战争损失、恢复经济增长，各主要发达国家纷纷将增长作为第一目标，又因为这一时期世界能源价格低廉，发达国家普遍取得了较长时期的高速经济增长。一直到1973年能源危机，这些国家都维持了高速的经济增长。例如，1960~1973年欧盟国家GDP的平均年增长率达到4.8%，1948~1973年美国的年均经济增长率达到3.8%，日本的年均增长率甚至超过了10%。但同一时期，以水污染和空气污染为主的各种环境灾难也纷纷出现，其造成的巨大生命财产损失引发了人们对环境问题的关注。

从20世纪60年代开始，发达国家的民间环境运动逐渐兴起，20世纪70年代时是环境保护运动的辉煌时期，这一时期学者们对环境问题的研究不断深入，各发达国家的政府出台了大量的法律法规，制定了一系列的环境标准。这些环境法规和环境标准在促进污染防治方面发挥了巨大的作用。而且经过几十年的快速经济增长，到20世纪60年代末期，发达国家已具备了投资于环境管理和污染防治的实力。政府不仅运用直接管制手段和经济手段对污染者进行管理，还以大量的财政支出和信贷政策支持企业的污染防治行动。

与此同时，发达国家在科学技术领域，与污染防治和环境保护有关的研究和技术的开发应用也有了巨大进步。在发达国家，环境教育从小学到大学广泛开展，民众的环境意识得到了普遍加强，一些国家的议会中还出现了以环境保护为主要目标的政党。整个社会都在广泛地讨论和研究环境破坏的根源及防治政策，环境保护的观念已经深入人心。

20世纪80年代以来，以美国为代表的发达国家产业结构成功升级，污染强度较大的传统产业比重相对下降，新兴的技术密集型产业在经济中所占比重逐渐上升。产业结构的这种变化保障了前一阶段环境治理的成果，一些环境损害指数继续明显下降。

在环境政策、大规模的环境投资、技术进步和产业升级的过程中，发达国家成功清理了自己的后院。但值得注意的是，发达国家国内的物质消费并没有减少，这意味着它们对环境的压力可能并没有真正减轻。还有一些学者认为，在发达国家产业结构升级的过程中，向发展中国家转移了污染严重的产业和工厂。如今，许多发达国家从发展中国家进口自然资源和污染密集型产品，向发展中国家出口废弃物。因此，发达国家的环境改善在一定程度上是以其他发展中国家的环

境破坏为代价的。环境破坏没有减少,只是发生了转移,就像气球一样,从一方
挤压,它向另一方扩展,但总体积没有变。

2. 发展中国家环境治理

在经济持续快速增长的发展中国家,普遍出现了环境质量下降的局面,这种
现象在亚洲各国表现尤为突出。近 20 多年来,南亚、东南亚以及中国的经济开
始快速增长,但同时这些地区的空气和水污染、有毒和危险废弃物排放成为越来
越严重的环境问题。1975 ~ 1988 年间,泰国、菲律宾和印度尼西亚的污染强度
普遍上升,其中泰国上升了 10 倍,菲律宾上升了 8 倍,印度尼西亚上升了 4 倍。
与之相对应,日本自 20 世纪 60 年代至 1987 年污染强度下降了 2/3。

从表 4 - 14 可以看出,亚洲主要城市的空气中悬浮颗粒物指标都远远高于世
界卫生组织(WHO)的健康标准。

表 4 - 14   部分亚洲城市的空气污染状况

城市	悬浮颗粒物(毫克/立方米)	二氧化硫(毫克/立方米)
上海	246	53
北京	377	90
天津	306	82
孟买	240	33
加尔各答	375	49
新德里	415	24
雅加达	271	–
吉隆坡	85	24
曼谷	223	11
马尼拉	200	33

注:WHO 的空气健康标准是:悬浮颗粒物 90 毫克/立方米,二氧化硫 50 毫克/立方米。

资料来源:World Development Indicator, 2002.

表 4 - 15 则显示墨西哥为经济增长所付出的环境成本。人们既向往高增长带
来高水平的物质生活,又不希望因此导致环境的大规模退化,而在现实中,这两
个目标的同时实现是很难的,因此发展中国家往往陷入"两难局面"。发达国家
的历史经验表明:工业化是经济增长的核心,一国要实现现代化和经济增长,必
须经历工业化的阶段。工业与第一产业和第三产业相比,对自然资源的开发强度
明显较高,排放到环境中的废弃物也大大增加。发展中国家在获得经济增长的原
始资本后,也往往要经历工业化过程。在工业化的过程中,有的国家选择的是进
口替代战略,有的国家选择的是出口导向战略。

表4－15　　　　　　　墨西哥估算的环境损失的成本占 GDP 的比重　　　　　　单位:%

年份	1996	1997	1998	1999	2000	2001	2002
总成本	10.3	10.8	10.9	10.9	10.4	10.2	10
资源消耗成本	0.9	1.2	0.9	1	1	0.9	0.9
环境退化成本	9.4	9.6	9.9	9.9	9.5	9.3	9.1

资料来源: Environment Matters 2004; World Bank Report, 9.

选择进口替代型战略的发展中国家难以利用资源的比较优势，也难以及时吸收先进技术，大多处于粗放型增长状态，增长过程对资源环境的压力十分沉重。改革开放前中国的工业化走的就是进口替代道路，而这种工业化对自然资源环境造成了巨大破坏。选择出口导向战略的发展中国家可以按照资源的比较优势安排自己的经济结构，但却容易受到国际经济现有格局和国际经济波动的影响。其环境也容易受到国际经济一体化的影响，例如为了获得投资和外汇，发展中国家可能降低自己的环境标准，低价出售自己的自然资源。由于发展中国家的环境标准较宽松，因此可能会出现"污染天堂"和"垃圾贸易"问题。

第6节　结　论

本章我们通过因子分析法建立了综合6个环境污染指标的环境损害综合评价指标，并借助这个指标和21个代表性国家19年的贸易、经济数据，使用灰色关联分析法和协整分析法对代表性国家贸易增长和环境污染的相关性进行了实证分析；之后我们又使用 EKC 分析法对代表性国家经济、贸易增长与环境污染之间的关系进行了 EKC 估计；最后阐述了代表性国家环境和贸易的差异，在一个方面给出了以上实证结果的理论解释。通过本章的研究，我们可以得到以下几个结论：

结论一：代表性国家的贸易和环境污染之间存在长期相关关系。通过灰色关联分析和协整分析，21个代表性国家中有19个国家通过了协整检验，证明它们的贸易和环境污染序列之间存在长期均衡关系，2个没有通过协整检验的国家其相对灰色关联度都在0.95以上，说明代表性国家贸易与环境污染之间的相关关系显著。通过对代表性国家的贸易和环境污染对数序列进行单位根检验，我们发现21个国家中有20个国家的原对数序列是非平稳的，这可能和数据年份跨度较短有关，但是很有可能与环境评价值的复杂性以及出口贸易额变化速率不稳定有很大关系。在进一步的研究中，我们希望能通过改善环境评价值的综合性以及增加数据的时间跨度来解决这个问题，绝大多数代表性国家两个对数序列的一阶差分序列都是平稳的，这说明代表性国家的贸易和环境污染指标序列变化趋势是明显的。由于代表性国家的选取包含的发达国家、发展中国家、"金砖五国"以及欠发达国家，这些国家对全球的 200 多个国家应该具有较好的代表性，所以我们可以认为代表性国家的检验结果在全球范围内同样是适用的。

结论二：代表性国家人均收入增加和贸易增长对环境损害的影响趋势上一致，影响效果上有区别。长期环境库兹涅茨曲线呈倒"U"型形态，在短期性态不确定，代表性国家中环境污染现状趋于好转的基本都为经济发达国家，环境污染状况仍在加剧的多为发展中国家。通过各代表国家基于人均 GDP 的环境污染曲线与基于出口贸易额的环境污染曲线形状和趋势基本一致的描述，我们认为代表性国家人均 GDP 和出口贸易额对环境污染的影响趋势是一致的，即是说随着贸易额的增长环境污染水平也会有一个先上升后下降的过程，而且这个过程基本与收入增加引致的 EKC 曲线一致；另外我们发现只有 9 个国家人均 GDP 和出口贸易额与环境损害评价指标拟合的 EKC 方程的性态是一致的，这说明人均收入和贸易额对环境污染的具体影响效果是有差异的。通过我们前面的分析，在长期，倒"U"型、"N"型、线性 EKC 曲线都可以很好地在长期 EKC 曲线的倒"U"型形状中找到适合的位置，而短期具有这些性态的曲线一共有 39 个，这说明长期 EKC 曲线的倒"U"型形态具有稳定性。在短期，EKC 曲线呈现出性态上的多样性，说明短期 EKC 曲线的性态不确定。通过代表性国家经济、贸易与环境现状在倒"U"型 EKC 曲线上的位置我们发现，处于倒"U"型曲线顶端或者右侧的 9 个国家中有 8 个为经济发达国家，只有俄罗斯处在倒"U"型的顶端而不是经济发达国家；处在倒"U"型左侧的 12 个国家中，只有 3 个为经济发达国家，其他都是发展中国家；金砖五国中只有俄罗斯处在倒"U"型的顶端，其他 4 国全部处于倒"U"型的左侧。

结论三：环境损害综合评价指标具有可用性、适应性以及拓展性。通过观察 KMO-Measure 值，我们发现所有 21 个代表性国家的 KMO-Measure 值都大于 0.5，即达到了用于因子分析法的标准；通过观察 Cumulative% 值，我们认为所有代表性国家的参加计算 W 值的因子共同包含的污染指标的信息量都大于 90%，超过 80% 的标准值，这些因子都能很好地代表代表性国家整体的环境污染状况。W 序列是单一的列向量序列，为我们之后的相关性分析提供了简便而信息完全的环境污染数据；W 序列具有平移不变性等特点，为后续研究中通过变换来消除序列自相关和增强序列平稳性提供了理论支持。因为因子分析法的使用，我们可以剔除某些国家缺失数据的序列，而在总体上不影响对其环境污染水平的评价。同样，如果数据允许的情况下，我们可以拓展环境污染指标个数，从而使该环境污染评价体系能够更好地反映整体的环境污染情况。

第 5 章

环境损害控制政策与措施

进入 21 世纪，全球环境状况进一步恶化，发达国家正在品尝环境损害的恶果，发展中国家仍在加速其破坏环境的进程。为了控制和治理环境损害，各国政府都实施多项政策，包括直接针对环境损害的环境政策和以保护环境为目的的贸易政策。这种贸易与环境政策之间相互交融的现象，使得贸易与环境间的相互关系变得更为复杂。那么，这些贸易、环境政策的实施对环境会产生怎样不同的效果呢？本章我们将从以下几个方面研究这一问题。首先，在了解各种贸易政策不同特点的基础上，考察环境损害的单边贸易政策效果；其次，分析无贸易政策作用下的单边环境政策响应问题；最后，通过博弈论框架分析贸易和环境政策之间的协调问题，并在此分析基础上寻求国际环境合作的有效途径。

第 1 节 文献综述

这里所说的贸易环境政策①，包括两个方面的内容：一是与环境有关的贸易措施；二是与贸易有关的环境措施。与贸易有关的环境措施和与环境有关的贸易措施有相同之处，在实践中有时并不一定能很好地加以区分。这主要是由于两种措施都是以环境为目的，而且两类措施的实施结果也有相似之处。另外，两个概念目前均未形成统一的定义和明确的项目分类，这也使许多学者混同使用②。但出于理论研究的需要，有必要对两者的不同给予说明。

---

① 一般意义上的环境政策有不同的表述。ISO14001 对环境政策的解释为："一个组织对它的总体环境工作的意图原则的说明，它为行动提供框架，并需据此而建立它的环境对象与目标。"法国1994 年制定的 NFX30 - 200 对环境政策的解释为："一个组织或实体的总裁正式陈述的有关环境的目标。是一般政策组成部分。环境政策将尊重相关的环境立法与法规。"

② 与环境政策措施不同，贸易措施对商品和服务贸易直接构成影响，目前与环境有关的单向贸易政策措施主要有：环境税（出口税或进口附加税）、限制或禁止进口措施、环境许可证制度、环境配额。

与贸易相关的环境措施是指为保护环境所采取的环境措施，主要关注的是环境保护政策对贸易可能产生的间接影响，通常包括以环境保护为目的的国内政策和执行地区或多边协定的有关政策、法律、法规、管理条例；与环境有关的贸易措施也包括以环境保护为目的的国内政策和执行地区或多边协定的有关政策、法律、法规、管理条例，不同之处在于，它对商品和服务贸易直接构成影响，如征收生态关税、实行关税配额等。与环境有关的贸易措施通常被认为是实现环境目标的一种次优手段，这些政策和措施在某种程度上可以代替环境政策，起到保护环境的目的。两者的根本差别在于各自的适用范围不同。与贸易有关的环境措施既适用于国内也适用于国际贸易，而与环境有关的贸易措施却只适用于国际贸易。另外一个重要的差别在于，与环境相关的贸易措施只限用于贸易领域内，而与贸易相关的环境措施则较为宽泛。另外，在制定与贸易有关的环境措施时，一般要通过对贸易影响程度的测试。该测试的过程较为主观，一是受到资料来源的限制，使数量分析难以深入；二是判断结果往往受到贸易政策的干扰。

随着中国对外开放程度的提高，在贸易与环境问题的研究上，国内开展了与国外特别是发达国家之间的交流与合作。到目前为止，国内有关问题的理论研究一直在跟踪发达国家的相关研究，并结合中国的情况，拓展自己的研究领域。贸易政策的环境影响以及环境政策的贸易影响在 1972 年联合国发展与环境的斯德哥尔摩会议后逐步引起人们的关注，因为经济全球化作为一项合理的发展政策，对环境质量既有积极的影响也有消极的影响。贸易政策的环境影响我们在第 2 节通过具体的理论模型给予解释，这里重点阐述环境政策对贸易发展的影响以及环境、贸易之间的协调方法。

一、环境损害控制政策对贸易发展的影响

杜阿和埃斯蒂（1997）指出，作为全球贸易自由化的结果，各国会纷纷降低各自的环境质量标准以维持或增强竞争力，出现所谓的"向底线赛跑"。而且，一国严格的环境政策会迫使肮脏产业向环境管制宽松的国家转移，发展中国家会由此成为"污染避难所"。安德森和布莱克·赫斯特（1992）用局部均衡模型分析了贸易自由化对大国和小国环境质量的影响。当消费或生产以及进口或出口产生污染时，如果小国采取出口导向型的贸易战略，那么适宜的环境政策将改善福利与环境质量。但是，为了减少污染而采取的任何贸易干预手段都将产生福利损失。对于大国而言，进口污染密集型产品将提高福利水平。假设一种产品在小国不是污染密集型产品，那么国外的社会边际成本曲线就会与私人边际成本曲

线重合，而国内则不是这样。对此，如果大国采取最优环境政策，就会提高福利水平；而小国采取贸易自由化将改进福利，同时不再产生额外的环境恶化。因此，工业化国家的环境标准对与之进行贸易的落后国家具有借鉴意义。如果工业化国家进口竞争产品相对是污染密集型的，那么本国严格的环境标准就会改善落后国家的贸易状况。在国际间资本可以自由流动的情况下，污染密集型产品的生产将从发达国家转移到发展中国家。

玛尼和惠勒（1997）通过考察 1960 年到 1995 年期间世界主要经济体地区的贸易和生产模式的转变、收入增长、土地价格、能源价格与环境规制的关系，他们认为找到了与"污染避难所"假说相符的模式，污染密集型产出占整个制造业的百分比在经合组织成员方下降，而在发展中国家稳步上升。此外，发展中国家污染密集型产品净出口快速增长的时期与经合组织成员方减污成本迅速上升的时期是一致的。但是，他们提出，在实践中"污染避难所"可能是一种短暂的现象，因为发展中国家的经济增长将通过加强环境规制对污染者施加压力。

伯索尔和惠勒（1992）对"污染避难所假说"提出了一个不同的分析视角，即贸易和对外投资的进一步开放是否与污染密集型产业的发展相联系。他们假设，如果自由贸易导致污染避难所的存在，那么更开放的发展中国家应该有相对更高的污染密集型产业的发展。但是，证据（来自拉美国家）表明，在 20 世纪 70 年代和 80 年代，经济体越开放，其产业的清洁度就越高。因此两人得出结论，"污染避难所"存在于实行保护主义的经济体中。

惠勒（2001）发现，在巴西、中国、墨西哥这些经济快速增长的国家和主要的 FDI 流入国悬浮微粒的排放急剧下降。随着人均收入的增加，水污染同样也大幅下降。除了常见的解释（污染控制不是企业的关键成本因素以及大型跨国企业都遵守国际环境标准）外惠勒同时指出，即使不存在正式的规制或规制未能严格执行，低收入国家通常也会处罚危险的污染者。结论是环境质量的"底线"会随着经济的增长而上升。

由于担心 FDI 会流向环境标准较低的国家，因此一国会将环境标准降低到效率水平之下来吸引稀缺的投资，资本的流动性导致环境标准的降低。马库森等人（Markusen et al., 1997）通过考察地区间非合作型博弈均衡，认为可以把工厂区位与市场结构视为环境政策的一个函数。当工厂区位是外生时，地区政府会通过环境政策进行竞争，所以他们侧重研究环境质量与政府竞争。厄尔夫（Ulph, 1994）扩展了模型并得出结论：环境政策的影响要远大于早期竞争性模型的估计。两国政府在限制污染和利用垄断势力上的竞争会导致严格的规制政策和低水平的污染与贸易。厄尔夫和瓦伦蒂尼（Ulph and Valentini, 1997）用一个含有部门间关系的博弈理论模型分析了环境规制对非完全竞争企业区位的影响。他们发现，在某些情况下，环境规制可能会影响到产业在国家间的转移。

大量的经验研究都未能证明制造业出现了迁移到低标准国家的系统性倾向。在确定投资规模和投资区位时，除了环境规制外企业还考虑很多因素，如当地市场的规模、劳动力素质、是否有完善的基础设施、是否能将利润汇回母国、政治的稳定性以及国有化的风险等。因此，环境规制松紧度并不是企业区位决策的决定因素。

布兰德和斯宾塞（Brander & Spencer，1985）提出战略性贸易政策，认为寡头行业的最优贸易政策并非一定为自由主义。污染税在完全竞争情况下是适宜的，但在存在寡头的次优世界中不一定能产生最优的行为。康拉德（Conrad，1993）用一个生产具有负外部性的寡头模型分析了非完全竞争的国际市场中污染税与补贴的影响。他认为，在不完全竞争的条件下，应修正环境规制的结构，这也为在环境政策中引入补贴提供了激励。肯尼迪（Kennedy，1994）考虑了在非完全竞争的自由贸易条件下污染税的战略激励作用。他认为，国际市场中的非完全竞争使政府与污染税所造成的潜在无效扭曲之间存在战略性互动关系。巴伯和劳舍尔（Bar-bier & Raustcher，1994）认为，如果进口国希望出口国更多地保护森林，那么贸易干预是实现这种意图的次优选择。但是，出口大国不断增强的市场力量也有可能导致更多的森林保护。当国内产业是垄断的而国外产业为非完全竞争时，国内政府就有动力降低环境标准（Barrett，1994）。因此，不同的环境规制会改变非完全竞争条件下一国的竞争力。目前，对战略性环境政策的关注主要集中在发达国家与发展中国家的关系问题上。一方面，由于发达国家的环境标准通常高于发展中国家，因此，前者往往指责后者构成"生态倾销"，主张用贸易措施加以限制。出于对竞争力削弱的担心以及保护全球生态环境的需要，一些发达国家强调进行环境标准的国际协调。

二、贸易、环境关系的国际协调与合作

科普兰和泰勒（1994）考察了自由贸易、国际间收入转移以及跨境环境协议是如何影响福利水平和污染程度的。他们发现，由于国家间收入水平不同，自由贸易将增加世界的污染。西伯特（Siebert，1992）分析了跨境污染问题的合作型解决方案与非合作型解决方案，合作型方案往往通过各方共同承担费用的方式来解决跨境污染问题。在跨境污染的非合作型解决方案中，对污染国的产品开征进口关税是另一国优先采取的政策。科普兰（1996）提出一个政府用贸易政策控制别国污染的模型。由于遭受别国污染的国家最关心本国可能遭受的污染水平和污染密度，因此仅靠关税还不能完全解决问题，所以对进口产品开征污染含量

税或实施过程标准才是最优的解决方案。路德和伍顿（Ludema & Wooton，1994）采用两国的非合作型博弈模型，在其模型中，商品的生产对进口国造成了负外部性。他们发现在纳什均衡中两国为获取贸易中的垄断力量都会征收关税，结果往往是矫枉过正。因此，多边贸易自由化并不是国际谈判的一个正确目标，基于外部性的政策工具必须保证国家能从贸易中获益。厄尔夫（1996）的研究表明，虽然国家间环境规制的协调在理论上尚无依据，但国际性合作对控制全球污染是必要的，国际性合作，不意味着应使用统一的环境标准，因为这可能降低福利并扭曲贸易。施泰宁格（Steininger，1994）强烈建议对环境规制进行国际间的协调，特别是用来解决跨境环境问题对竞争力的影响。同时，他认为有必要建立以减轻市场失灵及政治失灵的国际性环境体制。目前，解决贸易与环境问题的国际机构还是单独行动的。环境与贸易之间不断增多的冲突表明，单独行动是不可取的。索萨（Sorsa，1992）结合 GATT 和 NAFTA 提出若干实现贸易与环境质量之间互补性的制度机制。李（Lee，1994）通过生产与过程标准（PPMs）分析了环境保护与贸易之间的关系，并建议 GATT 界定这些联系。

戴利和古德兰（Daly & Goodland，1994）探讨了自由贸易对环境与经济的各种影响。他们主张政府通过贸易进行干预以实现公平、效率和环境质量的改善，并号召 GATT 进行改革，对这些问题给予关注。科尔等（1998）分析了乌拉圭回合对 5 种空气污染物的影响，并得出结论：由于发展中国家和转型国家污染密集型的产出结构，空气污染可能会因为贸易协议而增加。惠利（Whalley，1991）用全球一般均衡模型证明了对全球碳排放的限制对世界经济具有极其复杂的影响。当环境政策与贸易政策相互竞争时，问题就会出现。环境问题极易扩散而影响到整个世界。而贸易措施则是贸易伙伴之间为了增加社会福利而达成的合作协议。对政策制定者而言，既要使世界的贸易组织意识到环境问题，又要限制其以此名义来设置贸易壁垒。而且环境政策的协调对实现"社会效率"的贸易是必需的。布拉克（Brack，1996）在其报告中，就蒙特利尔条约考察了贸易与环境保护之间的相互关系，他认为，条约中要求对缔约国和非缔约国之间的贸易采取限制的条款是保证全球性协议和预防产业迁移到非缔约国的一项重要因素。

兰天（2004）借助于主流经济学理论和现代计量经济学分析方法，探讨贸易与跨国界环境间的相互关系，并以此为依据提出了中国制定可持续贸易发展战略和科学、合理的环境保护目标。曹光辉（2006）深入分析经济与环境之间的内在关系，将环境作为经济增长的一个重要因素，研究在环境容量约束下的经济增长最大化的政策与手段，从而促进经济可持续的增长。彭水军（2006）侧重对中国环境容量约束下，从环境政策和手段的角度更加有效地促进经济增长，以期实现经济增长最大化。

协调贸易与环境关系，确立并坚持可持续发展原则，是学者们的基本共识。具体的协调原则就国际贸易来看，主要有五种观点：第一，联合国"可持续发展、尊重国家、不损害他国环境和各国管辖范围以外环境、共同但有区别的责任、损害预防、国际合作、共享共管全球共同资源"七项原则。第二，国际可持续发展研究院（IISD）"公平性、环境的完整性、属地管理优先、国际合作、科学与预防、开放性"六项原则。第三，何志鹏（2002）提出的"共同而有差别的责任、国际经济与环境合作、削减环境贸易壁垒、禁止污染转移"四项原则。第四，叶汝求（2003）"效率、平等、强化管理、有关方面参与、国际合作"五项原则。第五，任建兰（2003）"贸易与环境相辅相成、共同的但有区别的责任承担、制定各国环境与发展的宏观经济政策推进区域可持续发展、环境贸易壁垒不应成为贸易自由化的障碍、发展中国家和发达国家有发展经济与生存的权利"五项原则。

环境成本内在化成为主流，主要有四种观点：第一，任建兰（2003）认为从长期看，处理贸易与环境的关系需要重新审视两种体系中的相关因素，最终在一个新的相互结合的体系中将两个问题综合起来考虑，这或许需要一个世界环境组织来设定规则，像GATT在过去50年中制定贸易政策相同的方式来谈判多边协定，解决环境问题上的争端。第二，熊玉娟（2005）认为要保证贸易、经济、环境的良性互动，为贸易到经济增长的传递创造必要条件：贸易结构合理，符合比较优势原则；贸易量扩大不会使贸易条件恶化；不存在市场失灵和制度失灵。第三，杨晓杰（2003）认为，要建立一个良好的市场秩序，伦理道德对贸易与环境协调同样具有重要意义。第四，那力、何志鹏（2002）认为，需要改变旧的不平等的国际经济秩序，建立新的平等的国际经济秩序。

第2节　贸易政策与环境损害控制

为了应对当前严峻的环保形势，世界各国都实施了各种贸易政策措施，希望使用贸易限制手段以达到保护环境的目的。贸易限制措施包括两个方面的内容：一是针对单向环境损害外部性案例而实施的贸易限制政策；另一个是指国际环境协定的签约方使用贸易手段，通过控制"搭便车"行为，以实现国际环境协议规定的目标。在本节贸易政策措施对损害控制作用的讨论中，我们主要分析单向环境损害外部性案例，基于多边环境协议的贸易制裁和执行地区或多边贸易协定的政策措施我们将在第4节进行研究。

一、贸易政策对环境质量的影响

虽然，在处理环境损害时，各国都普遍采用了贸易与环境两种政策，但一国在保护本国的环境中是否应该使用单边贸易政策措施，却始终是贸易与环境讨论中的一个焦点问题。帕斯哥（Pethig，1976）和西伯特（1997）最早采用了将贸易与环境政策相分离的方法，研究贸易政策对环境质量和福利的影响。然而，安德森（1992）所提供的图形分析因其规范性而成为以静态局部均衡方式研究环境贸易政策问题的典范，其一般性结论是：生产或消费中的环境外部性，成为最优世界里唯一扭曲的源泉，恰当的政策回应应该指向扭曲的源泉。在解决环境损害时选择贸易措施可能会使福利恶化，控制环境损害的最优政策应该是针对损害源（对环境造成损害的生产活动或消费活动）的环境政策，如对造成损害的活动征税，以使环境成本内部化。贸易限制政策可以在一定程度上改善环境，但以牺牲经济福利为代价是次优选择。这一结论可以通过贸易国的损害控制实施过程中的福利变化加以说明。

假定一个贸易小国生产损害密集型产品供国内使用和出口（见图 5 - 1），由于生产过程产生损害外部性，社会边际生产成本 S_S 超过私人边际成本 S_P，在没有实行环境政策时的生产量为 Q_4，如果征收环境税 ab/aQ_3，产量降低到 Q_3，损害减少，将产生环境收益 $abcd$ 和社会收益 bdc。

如果，我们通过实行贸易政策来实现环境损害控制，那么我们对产品征收出口税，征收同样的从价税 ab/aQ_3 将使产量达到目标水平 Q_3。出口税的实施将使需求曲线从 D_W 向下移动到 $D_{W'}$，产量从 Q_4 减少到 Q_3。但出口税的实施同样使国内市场的价格从 P_2 下降到 P_1，并把 Q_1Q_2 的出口转变成额外的国内消费。国内消费增加了 Q_1Q_2，使消费者的价值增加了 Q_1fgQ_2（需求曲线下方相关的部分），但小于所放弃的出口收益 Q_1fhQ_2，等于三角形的面积 gfh。这是不使用生产税或直接限制生产所产生的扭曲成本，如果这部分成本超过了净环境收益 bdc，总的社会福利实际上是下降的。

因此，一般认为，以贸易政策来实现环境目标不如直接针对损害的环境政策更有效。[①] 如砍伐木材，直接对生产进行限制比对木材出口征税要好得多，因为出口限制将产生扭曲。有许多研究认为，即使一国无法采用最优环境政策解决环

[①] 另外，政策选择理论所得出的一般性命题是：要实现 N 个政策目标，就需要 N 个政策工具（戴金平，2000）。其含义是，对于一个存在生产环境外部性的国家而言，需要使用贸易政策实现贸易条件目标，即用进口关税（对另一国来说是出口关税）来改善贸易条件，使用庇古税或其他国内措施纠正环境外部性。

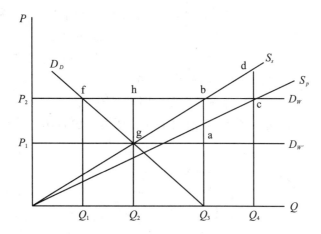

图 5 - 1　贸易政策措施的有效性分析

境问题，即在一个次优的经济中，贸易政策也不应用于解决环境问题。因为贸易政策在减少损害方面的作用是有限的，但它却会干扰国际贸易而产生大规模的资源不合理配置，并有可能使环境恶化。

现在我们对上述问题进行更深入的讨论。假定生产限制（如征收庇古税）由于某种原因无法实施，出口税是唯一可行的政策。这是一个"最优的次优"政策问题。事实上，正如图 5 - 1 中所显示的那样，尽管达到了保护环境的目的，但出口税会使福利恶化。最优的次优出口税应符合如下条件，即在边际上，来自减少外部性的附加利益正好等于其对价格扭曲产生的附加成本。虽然我们在图 5 - 1 中并没有画出，但这一点可通过引入出口税的小幅增加使 D_W 从初始水平下移体现出来。出口税小幅增加的利益用 S_S 与 D_W 之间的垂直距离表示，自 dc 开始；出口税的经济成本是 D_W 与国内需求曲线 D_D 之间的垂直距离，自 f 点开始。显然，随着增加的税收将生产自 Q_4 移向 Q_3，边际利益在下降；随着国内消费自 Q_1 上升到 Q_2，边际成本在增加。使上述两个垂直距离相等（边际成本等于边际收益）的税率是最优的次优出口税。这一税收为正值并使国内生产和损害水平处于高于 Q_3 的水平（Q_3 为存在生产税时的最优水平），这一出口税还使福利低于使用恰当的生产税时可以达到的水平。

二、贸易政策的环境损害控制效果

假定一国从邻国进口某种商品，该商品的生产过程产生环境损害，这使进口国遭受环境损害。如果进口国是一个贸易大国，可以影响贸易条件的话，那么，作为一种减少损害排放的次优办法，进口国可以对进口商品征收关税。这一

"次优"的关税将受害国所受的损失纳入了受害国的国内价格，因为受害国是大国，关税减少了该国对损害产品的需求，使损害产品的国际市场价格下降，从而减少了生产国的产出和损害。进口国的福利水平是否得到改善，取决于减少环境损害是否大于因征收关税所带来的消费者的损失。

　　考察两国世界，单向环境损害情形，即进口国生产只导致国内损害，而出口国生产产生环境损害，图5－2描绘了征收环境关税解决环境损害问题的经济效应。

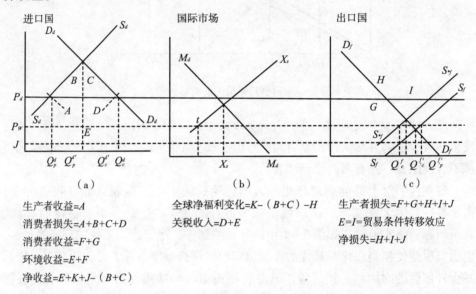

生产者收益=A
消费者损失=A+B+C+D
消费者收益=F+G
环境收益=E+F
净收益=E+K+J－（B+C）

全球净福利变化=K－（B+C）－H
关税收入=D+E

生产者损失=F+G+H+I+J
E=I=贸易条件转移效应
净损失=H+I+J

图5－2　进口国以环境关税解决环境损害的经济效应

　　图5－2（a）给出了进口国国内市场的供求状况。由于国内生产无跨国界污染，因此供给曲线 S_dS_d 同时表示生产该产品的私人边际成本和社会边际成本。在自由贸易条件下，按世界市场价格 P_w 生产和消费，进口数量等于国内生产与总需求的差额 $Q_c^d-Q_p^d$。图5－2（b）展示了向下倾斜的进口需求函数 M_dM_d 和出口供给函数 X_sX_s，均衡点示意出进口国的进口量和出口国的供给状况。先前的两国世界假定决定了出口商只向进口国出口货物。因此，其出口量 $Q_p^fQ_c^f$ 等于图5－2（a）中进口国的进口量。然而，出口国市场的私人供给函数 S_fS_f 位置低于包含流入进口国市场的环境损害造成的外部成本的供给函数，加入这些社会成本将产生供给函数 $S_f^*S_f^*$，这里假定出口国生产的所有社会成本都跨界进入进口国。

　　作为次优政策，进口国以征收图5－2（b）部分中相当于 t 的损害税。这将使进口品的国内价格增至 P_d。但是，由于出口供给函数 X_sX_s 并非完全弹性，关税产生的贸易条件效应使进口货物的世界价格降低至 P_f。关税引起的国内福利变化包括生产者剩余增加 A，消费者剩余减少 $A+B+C+D$ 和 $D+E$ 的政府增加收入，其中 E 代表贸易条件收益。然而，由于环境损害，进口国征收关税限制了出口国出口产品的生产，因而也通过外国降低损害商品的生产而获得相当于 $J+K$ 的利益，进口国因环境关税产生的净福利变化等于 $E+J+K-(B+C)$。

对出口国来说，由于出口商品价格下降，消费者剩余增加 $F+G$，但低于生产者剩余的损失 $F+G+H+I+J$，因而遭受相当于 $H+I+J$ 的净福利损失，见图 5-2（c）。从全球看，因贸易政策变化引发的净福利变化等于 $K-(B+C+H)$，其中 E 等于 I，等于从外国向本国的贸易条件转移收益。可以假定图 5-2 中的社会成本 $J+K$ 与进口商品生产过程相联系，而不是来自产品本身的某些特点（例如，过度包装将造成的垃圾以及与产品消费有关的健康、安全问题）。因此，将进口限制用作次优环境政策的一个必要条件是能够影响贸易条件的，这一点可以通过将图 5-2（b）部分的斜线放平一些得到证实。这样降低了进口国能够影响进口品国际相对价格的程度，减少了出口国遭受的损失和关税的环境利益。具有完全弹性的出口供给函数使消费者损失为 $A+B$，如同对保护代价的分析。因此，要使进口关税作为有效处理与贸易伙伴生产过程相联系的环境损害次优方案，其必要条件是该进口国在受影响的国家且在损害性产品的全球市场影响（规模）较大，是该种商品的进口大国，足以影响贸易条件。

当环境外部性与进口货物本身的某些特点相联系，而不是来自生产过程时，贸易限制也可能有效。例如，一些进口货物在消费时可能产生负的外部性，如垃圾，或成为潜在的健康和安全问题的起因。在这些情况下，进口国国内政策可能需要有边境措施予以补充，使其有效发挥作用。在这种情况下，会针对进口而歧视性地利用这种措施。

解决环境损害问题的另一种方式是出口国对损害进行限制，一种次优的贸易政策是对出口品征收出口税，具体说明可参见图 5-3。

假定国内私人边际成本函数为 $S_d S_d$，见图 5-3（a），而包含生产的环境成本的供给曲线 $S_d^* S_d^*$ 位于其上。在这种情况下，征收出口税 t 将使出口减少，出口品的国内市场价格下降，需求增加将使国内消费的产出自 Q_c 增至 Q_c'。国内消费者的收益相当于 $A+B$，生产者损失达到 $A+B+C+D+E$。国内政府的收入增加相当于 $E+F$，其中 F 为贸易条件收益。最后，因征收出口税减少社会损害成本等于 $D+G$。因此，国内净福利变化等于 $G+F-C$。那么，要使次优的出口税产生净收益，$F+C$ 必须大于生产者净损失 C。要考虑全球福利的变化，必须减去图 5-3（c）外国经济的净损失，其规模相当于 $I+J+K$。如同进口税的情形，J 等于贸易条件转移收益 F，因此全球净福利变化等于 $G-(C+I+K)$。

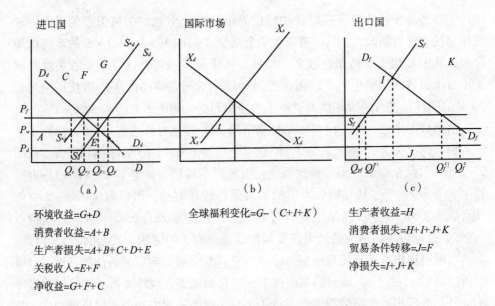

环境收益=G+D　　　　　　全球福利变化=G-（C+I+K）　　　生产者收益=H

消费者收益=A+B　　　　　　　　　　　　　　　　　　　　　消费者损失=H+I+J+K

生产者损失=A+B+C+D+E　　　　　　　　　　　　　　　　　贸易条件转移=J=F

关税收入=E+F　　　　　　　　　　　　　　　　　　　　　　净损失=I+J+K

净收益=G+F+C

图5－3　出口国征收出口关税解决环境损害的经济效应

实施出口税的国家越小，对进口商的影响越小，贸易条件效应越小。这一点可再次通过使图 5－3（b）的出口需求曲线的斜率变小加以说明。当 X_dX_d 具有完全弹性时，出口商对进口商的福利没有影响，因为进口商会直接使用替代品。因此，小国作为次优环境政策征收出口税的净变化等于 $G-C$。与图 5－2 征收进口税的情况不同的是，小国使用贸易限制措施仍能影响环境的外部性。这是因为外部性与国内生产相联系，因此，会受国内相对价格变化的影响。当存在与进口商品生产相联系的跨境外部性时，如果税收仅仅影响进口品国内相对价格，则不足以减少外部性；税收必须也要影响到进口品的国际相对价格，才能奏效。

因此，利用贸易手段解决环境损害问题的关键是实施贸易手段的国家是否是贸易大国。这种大小国家之间在处理与生产过程有关的环境损害的贸易限制措施效应上的不对称，构成了贸易环境争论中南北问题的一个部分。发展中国家在全球市场中一般规模较小，较易遭受发达国家基于环境的进口限制措施的影响，同时较难有效利用这些措施。

三、环境损害对贸易政策的影响

通过以上局部均衡分析，仅从单个国家的角度来看，一国可以借助于出口补贴和进口税使本国的贸易条件得到改善并由此增加其社会福利。但最佳贸易政策取决于该国是否大到能够影响世界价格，如果不能，任何支持本国生产者的努力都是无用的。需要指出的是，以上分析是基于单向环境损害的假定前提之下。事实上，当每一个国家都产生环境损害，即双向环境损害时，各国都有可能采取贸易政策控制环境损害，政策间的相互影响以及对跨国损害的控制似乎变得更为复杂。环境损害外部性与每一个国家在非合作情况下所选择的贸易政策有关，即便这些政策并没有影响到市场上的这些国家。

为了揭示环境损害与贸易政策间的相互关系，我们在下面使用一个简化的布兰德和斯宾塞（1984）模型，考察环境损害程度是如何影响国家间关税和出口补贴政策的反应，以及由此产生的非合作政策与福利均衡。

1. 建立模型

假设有两个国家，本国（H）和外国（F）。每个国家的垄断厂商生产相似的商品，并在相互分隔的市场销售。① 国家 i（$= H, F$）的厂商为国家 i 的市场生产 x_i^i 数量的产品，总产出为 $X_i = x_i^i + x_i^{-i}$，总需求为 $D_i = x_i^i + x_{-i}^i$。假定反需求函数是 $P_i = a - bD_i$。每国政府都对进口商品征收 t_i 的特别关税，并对出口商品进行 s_i 的出口补贴。

国家 i 的厂商利润为：

$$\pi_i = x_i^i p_i + x_i^{-i} p_{-i} - c X_i - t_{-i} x_i^{-i} + s_i x_i^{-i} - F \tag{5.1}$$

式中，c 是常边际成本，F 是固定成本。市场的相互独立性保证了一个国家的关税不会影响另一个国家的需求，一国的补贴也不会影响一个国家的需求。在市场上 i 的古诺 – 纳什均衡（Cournot-Nash Equilibrium）可通过解 $\partial \pi_i / \partial x_i^i = 0$ 和 $\partial \pi_{-i} / \partial x_{-i}^i = 0$ 获得。

在考虑生产产生固定损害的情形时。国家 i 产生的损害可以表示为：$g_i = \delta X_i$，δ 是常边际损害产出。当环境损害比率为 α（$\alpha \in [0, 1]$）时，国家 i 的总体损害水平是 $G_i = g_i + \alpha g_{-i}$。我们假定递增的和严格凸的总体损害函数形式如下：

$$z_i = \frac{k G_i^2}{2} \tag{5.2}$$

式中 k 为正的常数。由此，能够获得均衡产出下关税和补贴对环境损害的影响：

---

① 本模型是基于 Brander, J. A. 和 B. J. Spencer（1984）垄断竞争与国际贸易模型基础上通过引入损害的分析扩展。关于保护关税的基本结论参见 Brander, J. A. 和 B. J. Spencer, 1984, Tariff protection and imperfect competition in：H. Kierzkowski, ed., Monoolistic competition and international trade, Oxford University Press, Oxford.

$$\frac{\delta z_i}{\delta t_i} = \frac{\delta z_i}{\delta s_{-i}} = (1 - 2\alpha)k\delta BG_i \; ; \; \frac{\delta z_i}{\delta t_{-i}} = -\frac{\delta z_i}{\delta s_i} = (\alpha - 2)k\delta BG_i$$

其中 $B = \frac{1}{3b}$。国家 i 的关税对国家 i 损害影响的比较静态结果取决于环境损害比例。国家 i 的关税通过增加本国厂商的产出和降低国家 $-i$ 的产出增加了国家 i 的总体损害。因此，前者的影响程度是后者的一半。[①] 另一方面，国家 $-i$ 的关税对国家 i 的损害影响的比较静态结果是负的。同样，国家 i 的补贴对国家 i 损害影响的比较静态结果也是负的。

2. 环境损害与贸易政策调整

（1）关税措施。

现在假定两国政府所具有的唯一贸易政策工具是征收进口关税。国家 i 的社会福利由消费者剩余加上生产者剩余、关税收益并减去由生产损害所导致的环境损害所组成：

$$W_i \equiv \left[\int_0^B p(\xi)\mathrm{d}\xi - p_i D_i \right] + \pi_i + t_i x_{-i}^i - z_i \tag{5.3}$$

国家 i 社会福利最大化的一阶条件是：

$$\frac{\delta W_i}{\delta t_i} = (h - 3t_i)B - (1 - 2\alpha)K\delta BG_i = 0 \tag{5.4}$$

上式第一项为消费者剩余、生产者剩余与关税收入之和，第二项为环境损害。如果没有环境损害或环境损害比率为 1/2，那么第二项为 0，国家间非合作关税相互独立，这与斯宾塞（1984）无环境损害论述一样。如果环境损害比例小于（大于）一半，那么，非合作关税则小于（大于）$\frac{h}{3}$ 且它们是相互依赖的，因为总的损害 G_i 独立于两国的关税。令 $t^* \equiv h/3$。通过（5.4）式定义国家 i 的政府反应函数为：

$$t_i(t_{-i}) = \frac{\{1 - 2(1 - 2\alpha)(1 + \alpha)k\delta^2 B\}h + (1 - 2\alpha)(2 - \alpha)k\delta^2 Bt_{-i}}{(1 - 2\alpha)^2 k\delta^2 B + 3}, i = H, F \tag{5.5}$$

利用（5.5）式，以 α 为自变量求解纳什关税（Nash-tariff）。

---

① 对于 $\alpha \in [0, \frac{1}{2})$，$\partial z_i / \partial t_i > 0$ 和 $\alpha = 1/2$，$\partial z_i / \partial t_i = 0$ 和 $\alpha \in (\frac{1}{2}, 1]$，$\partial z_i / \partial t_i < 0$。同样，$\alpha \in [0, \frac{1}{2})$，$\partial z_i / \partial s_{-i} < 0$，$\alpha = 1/2$，$\partial z_i / \partial s_{-i} = 0$ 和 $\alpha \in (\frac{1}{2}, 1]$，$\partial z_i / \partial s_{-i} < 0$。

$$t(\alpha) = \frac{\{1 + 2(2\alpha - 1)(1 + \alpha)k\delta^2 B\}h}{3 + (2\alpha - 1)(1 + \alpha)k\delta^2 B} \tag{5.6}$$

因为假定了两个国家是对称的，所以就双向环境损害而言，纳什关税在两个国家是相同的。从这一点可以看到当 $1 - 2k\delta^2 B > 0$，对于 $\alpha \in \left[0, \frac{1}{2}\right)$ 纳什关税为正，同样对于 $\alpha \in \left[0, \frac{1}{2}\right]$，纳什关税也为正。

关于方程（5.6）对 α 求导，有：

$$t'(\alpha) = \frac{5hk\delta^2 B(1 + 4\alpha)}{\{3 - k\delta^2 B(1 - 2\alpha)(1 + \alpha)\}^2} > 0 \tag{5.7}$$

这表明纳什关税与环境损害比例正相关。直观地看，为了避免由损害引起的环境损害，一国政府有动力通过降低关税率用进口产品取代本国垄断商品以降低环境损害比例。如果国家 $-i$ 的政府增加关税，那么由于国家 i 总体损害水平的下降，它会削减国家 i 关税对其环境损害的影响。

进一步对方程（5.5）进行全微分，国家 i 的政府反应函数的斜率为：

$$\Phi_i(\alpha) \equiv \frac{\mathrm{d}t_i}{\mathrm{d}t_{-i}} = -\frac{\partial^2 W_i / \partial t_{-i} \partial t_i}{\partial^2 W_i / \partial t_i^2} = \frac{(1 - 2\alpha)(2 - \alpha)k\delta^2 B}{(1 - 2\alpha)^2 k\delta^2 B + 3} \tag{5.8}$$

式中 $\partial^2 W_i / \partial t_i^2$ 是负的，因为它是国家 i 福利最大化的二阶条件。$\partial^2 W_i / \partial t_i^2$ 的符号取决于跨国损害比率的水平。从方程（5.8）我们看出，反应函数对于 $\alpha \in \left[0, \frac{1}{2}\right)$ 是正的斜率，对于 $\alpha \in \left(\frac{1}{2}, 1\right]$ 是负的，而对于 $\alpha = \frac{1}{2}$ 斜率为 0。由方程（5.4）可以清楚地看到，当 $\alpha \in \left[0, \frac{1}{2}\right)$（$\alpha \in \left(\frac{1}{2}, 1\right]$）时，如果国家 $-i$ 的政府增加关税，那么由于国家 i 总体损害水平的下降，它会削减国家 i 关税对其环境损害的影响。因此，为求补偿，国家 i 政府的最佳回应是增加（或降低）关税，它能够削弱国家 i 的关税对它社会福利的影响，除了环境损害之外，加强由于国家 i 总体损害增加的环境影响。而且，方程（5.8）显示国家 i 反应函数的斜率在 $\alpha \in \left[0, \frac{1}{2}\right)$ 时小于 1，对于 $\alpha \in \left(\frac{1}{2}, 1\right]$ 则大于 -1。如，对于 $\alpha \in \left[0, \frac{1}{2}\right)$，国家 i 对国家 $-i$ 关税的最佳反应是部分进行报复。因此，以 $\alpha = 1/2$ 作为损害跨界分水岭，我们看到，跨国界比例小于（大小）一半，那么两国间的关税是战略互补的，反之当环境损害比例大于一半，两国间的关税是战略替代的。

（2）出口补贴。

现在，假定两国政府相互间在出口上只实施出口补贴。国家 i 的福利由消费者剩余加生产者剩余减去出口补贴再减去生产损害所引起的环境损害，我们有：

$$W_i \equiv \left[\int p(\xi)\,d\xi - p_i D_i \right] + \pi_i - s_i x_i^{-i} - z_i \tag{5.9}$$

国家 i 福利最大化的一阶条件是：[①]

$$\frac{\delta W_i}{\delta s_i} = (h - 4s_i)B/3 + (\alpha - 2)k\delta B G_i = 0 \tag{5.10}$$

方程（5.10）左边的第一项是消费者剩余加上生产者剩余减去出口补贴的影响，第二项是环境损害的影响。如果没有环境损害，那么第二项是 0，非合作出口补贴相互独立，且取值为 $h/4$。非常清楚，只要存在损害，那么非合作出口补贴小于 $h/4$，并因总的损害 G_i 取决于两国的补贴额而使它们相互依赖。令 $s^* \equiv h/4$，与关税的处理方式相同，国家 i 的政府反应函数为：

$$s_i(s_{-i}) = \frac{\{1 + 6(\alpha - 2)(1 + \alpha)k\delta^2 B\}h + 3(\alpha - 2)(2\alpha - 1)k\delta^2 B s_{-i}}{4 + 3(\alpha - 2)^2 k\delta^2 B}, \quad i = H, F \tag{5.11}$$

在具有双向环境损害的条件下，作为 α 函数的纳什出口补贴为：

$$s(\alpha) = \frac{\{1 + 6(\alpha - 2)(\alpha + 1)k\delta^2 B\}h}{4 - 3(\alpha - 2)(\alpha + 1)k\delta^2 B} \tag{5.12}$$

显然，这一等式的符号不能确定。然而，在假定排除出口税后的纳什补贴为正，关于方程（5.12）对 α 求导，有：

$$s'(\alpha) = \frac{27(2\alpha - 1)hk\delta^2 B}{\{4 - 3(\alpha - 2)(\alpha + 1)k\delta^2 B\}^2} \tag{5.13}$$

当 $\alpha \in \left[0, \frac{1}{2}\right)$ 时，$s'(\alpha)$ 为负；$\alpha \in \left(\frac{1}{2}, 1\right]$ 时为正，$\alpha = \frac{1}{2}$ 时为 0。

国家 i 的政府反应函数的斜率是：

$$\varphi_i(\alpha) \equiv \frac{ds_i}{ds_{-i}} = \frac{3(\alpha - 2)(2\alpha - 1)k\delta^2 B}{4 + 3(\alpha - 2)^2 k\delta^2 B} \tag{5.14}$$

可以看出，反应函数的斜率在 $\alpha \in \left[0, \frac{1}{2}\right)$ 时为正，在 $\alpha \in \left(\frac{1}{2}, 1\right]$ 时为负，而当 $\alpha = \frac{1}{2}$ 时为 0。而且方程（5.14）表明，国家 i 的反应函数斜率在 $\alpha \in$

---

① 对于福利最大化的二阶条件应满足 $\partial^2 W_i / \partial s_i^2 = -\{(\alpha - 2)^2 k\delta^2 B + 4\}B < 0$。

$\left[0, \dfrac{1}{2}\right)$ 时是小于 1 的，而在 $\alpha \in \left(\dfrac{1}{2}, 1\right]$ 时大于 -1。因此，如果损害是非跨界的（跨界的），即环境损害比例小于一半（大于一半），那么出口补贴是战略互补（战略替代）的。不难看出上式为负值，因此，反应函数的斜率与环境损害比例负相关。

第 3 节　环境政策措施与环境损害控制

在商品和要素市场相互依赖的开放世界里，一国的环境政策与他国的环境政策并非相互独立。存在环境损害的情况下，一国实施的环境政策即便能够对本国的环境和贸易产生积极的影响，本国同时也会遭受来自外国的环境损害，这种外来的环境损害以环境漏出效应为代表。本节将讨论非合作情况下，一国环境政策对另一国环境损害排放的影响。

为了说明环境政策与环境损害间的相互关系，首先，解释与环境损害相关的环境政策漏出效应及其产生机制；其次，使用带有内生厂商数量的经典迪克西特－斯蒂格利茨垄断竞争模型（Dixit－Stiglitz Model），讨论当生产产生环境损害时，环境政策对本国和外国市场结构的影响，以及这种市场结构效应所引起的外国损害排放量变化；最后，在此基础上导出最佳环境政策条件。

一、环境政策及其种类

一般认为，凡是对国际贸易产生影响的环境措施都可以称为与贸易有关的环境措施。该环境政策主要分为三类：一是为环境目的所采取的直接管理工具；二是自愿执行与产品相关的环境措施（环境标准制度、包装和回收）、环境管理体系（ISO14000）；三是类似于环境税、贸易许可证的经济激励措施。这些措施影响到生产、销售和消费，对贸易有着间接的影响。

1. 直接管制措施

直接管制是指使用非市场途径的法规和规则，通过限定生产过程、限制产品的消费或在规定的时间和地点限制直接损害者的行为达到限制损害物的产生。直接管制措施包括命令和控制。命令是指示损害者一定不能超过已经预先确定了的环境质量水平，例如提出具体的损害物排放控制标准或发放"排污许可证"；控制是对标准的监督和强制执行，例如在对生产过程的管制中，政府不允许使用某些品种的煤，或要求厂商使用洗涤器和其他减污设备，或修建规定高度的大烟囱等。直接管制措施中的命令和控制一般都以环境标准的形式出现。①

通常，政府制定环境标准，并由一些专门机构监督环境标准的落实情况。潜在的损害者必须要达到这些标准，达不到标准的将受到处罚。其中，最有代表性的就是实施排污标准，即由管制部门制定并依法强制实施的每一损害源特定损害物排放的最高限度。排污标准往往和惩罚相联系，超过标准，排污者将受到惩罚。因此，当直接管制损害水平可行时，政府更愿意采用这种措施。

从国家层面上看，直接管制是对一国生产和消费过程中所涉及的损害活动的直接干预，它不考虑厂商之间成本与收益的差别，而是"一刀切"；这些直接干预都带有法定性质，一旦不遵守就会有严重的法律和经济后果，所承担的责任风险远远高于控制成本或边际收益；其最为明显的特征是中央集权式的运行管理机制。制度的确定及执行均是由政府行政当局一手操办，当局可能要了解一些市场状况和厂商经营情况，但市场和厂商在严格的行政管制中没有活动余地，缺乏灵活性。此外，直接管制虽然依从了环境标准，但在经济上却缺乏效率，成本较高。直接管制的高成本还有两个局限性：第一，政府当局为了有效控制各种类型的损害源排放，必须了解数以千计的生产损害的产品和活动的控制信息，这在实际中往往难以实施；第二，为了能够对新的环境状况和变化做出反应，政府需要逐个根据生产工艺或产品制定详细的规定，一般需要数年时间才能完成。而一旦采用这种规定，政府又很难对新技术的采用作出及时反应。

目前，确有一些研究结果表明这种基于命令和控制的成本是很高的。蒂坦伯格（Tietenberg，1990）发现，在美国，这一方法的成本同基于市场的方法的成本之间的比率很高，这意味着命令和控制手段的成本非常高。② 在 11 个案例中，有 4 个案例的比率在 1~2，有 5 个案例的比率在 2~10，有 2 个案例的比率超过了 10。

从国际层面上看，由于各国环境损害程度不同以及对损害消化、吸收能力上的差异，各国制定的环境标准高低不一，尤其是发展中国家和发达国家的标准差距很大。经济发展落后，缺乏有效损害处理技术的发展中国家由于技术及资金上的困难，不可能对本国工业提出不切实际的环境标准。而且在资源短缺的情况下，发展中国家政府必须在发展经济和提高环境质量之间做出取舍，它们往往决定将有限资源的大部分用于发展经济，而暂不考虑环境问题，因而也不会制定较

---

① 环境标准有广义和狭义之分，广义的环境标准可以理解为包括食品卫生标准等在内的有关技术规定和加在产品上的各种环境保护要求；狭义的环境标准是指环境质量标准和环境损害物排放标准。环境标准用于保护制定一国的生态环境，也通过国际市场用于影响其他国家在本国的贸易行为。

② T. Tietenberg，"Economic Instruments for Environmental Regulations"，*Oxford Review of Economic Policy* 6（1），1990，pp. 17 - 34.

高的环境标准。在这种情况下，西方国家严格的环境标准对发展中国家的贸易政策是一种压力，发展中国家出口产品在遇到严格的环境标准时，会由于不确定性和成本的增加而遭受损失。

2. 自愿安排

自愿安排包括环境标志、包装、标签、废物回收、环境标准以及 ISO14000 这样的环境管理体系。虽然在原则上要求自愿遵守，但实际是强制性的规定。以下我们介绍几种主要的自愿安排。

（1）环境标志制度。

环境标志是由政府部门或由公共或民间团体依据一定的环境标准向有关申请者颁发的其产品或服务符合要求的一种特定标志。可见，环境标志制度是依据产品对环境的不同影响而区分产品的一种政策工具。环境标志制度的认证标准包括资源配置、生产工艺、处理技术和产品循环、再利用及废弃物处理等各个方面。因此，该制度的实质是对产品的全部生产过程进行控制管理。自从 1978 年西德率先推出环境标志以来，目前世界上已有 30 多个国家的政府推出了环境标志制度，并且一些国家和地区的政府也正在制定环境标志。[①]

环境标志一方面向消费者表明该产品或服务从研制、开发、生产、使用、回收利用和处置的整个过程符合环境保护的要求，这不仅对环境保护有着独特的作用，而且在消费意识上引导了公众的环保消费，这对增强环境保护观念有着积极的影响。另一方面，如果一个产品取得了环境标志，就等于取得了进入实施该制度国家的市场"通行证"，这对提高产品的国际竞争力也有一定的帮助。但需要指出的是，环境标志也有可能被保护主义者用来阻碍别国产品的市场进入，扭曲国际贸易和投资格局，这使得国际上对环境标志存在着两种根本不同的态度。[②]

对环境标志的质疑主要有：第一，环境标志是一种潜在的非关税贸易壁垒。[③] 由于各国的环境标志基本上都是以各自国家的标准为基础，相互间差别很大，要求互不一致，对国际贸易在客观上形成了一种技术壁垒。表现在，此标准不客观或缺乏科学根据或未能适当考虑到他们国家的生产情况；证明达到标准的程序过于严格，使得外国产品几乎不可能取得此标志；此制度的采用是针对那些

---

① 各国和地区的环境标志、授予产品类别、政府采购和零售中使用环境标志的情况请参见 WTO（2000a）相关条款。

② 对环境标志持否定态度的观点认为，环境标志的主观性、透明度、非关税壁垒特性，以及申请审批的国别差异都可能成为阻碍进口产品的手段。

③ 世贸组织（WTO）贸易与环境委员会认为，给对环境友好的产品加贴标签是一项重要的政策工具。但从 WTO 的角度来说，其问题在于，加贴标签的要求和做法不应造成歧视，不管是贸易伙伴之间（应适用最惠国待遇原则），还是在本国产品或服务之间（国民待遇原则）。参见世界贸易组织秘书处编，张江波等译：《贸易走向未来——世界贸易组织（WTO）概要》，法律出版社 1999 年版。

几乎全部依赖进口的商品，且进口国对是否能够取得标志有决定权。第二，环境标志在授予标志的国家里，标志也不总是能对有关产品的销售造成明显的影响。例如，德国实施的"蓝色天使"制度，其对某些商品的销售份额影响很大，但有些无标志的商品销售情况并无多大的改变。第三，与环境标志配套的标准水平的动态变化，其趋势不断上升，从而使发展中国家与发达国家同类的产品难以达到要求。如德国和加拿大制定的环境产品标志，其本国达标产品比例也只在15%，发展中国家的产品达标率则更低。

（2）环境管理国际标准（ISO14000）。

另一个自愿安排是环境管理体系中的 ISO14000 国际标准，它是国际标准化组织（ISO）专门技术委员会 TC207 于 1995 年颁布，并要求世界各国制造商在确保其自身质量管理和质量保证体系 ISO9000 系列标准的同时，其生产环境也应满足 ISO14000 标准要求和自己国家制定的环保法规。与产品的技术标准相比，ISO14000 标准反映了工业产品和服务更为复杂的情况。①

ISO14000 环境管理体系旨在减小人类活动对环境造成的损害和破坏，实现可持续发展。其要求在企业内部建立和保持一个符合要求的环境管理体系，通过不断的评价、审核活动，推动这个体系的有效运行。ISO 包含环境管理体系、环境审计、环境影响评估、环境标志、产品生命周期和技术条件等基本要素。通过实施 ISO14000 系列标准，可以使组织自身主动制定环境方针、环境目标和环境计划，并通过第三方认证和审核制度，建立企业环境行为的有效约束机制。

ISO14000 标准包括了发展中国家的特别条款，从以下五方面考虑发展中国家的特殊情况：经济基础；在国际经济、贸易中的地位；评价质量的变化性；所需的技术信息和技术帮助；该标准得不到实施时所造成的潜在不利影响。有关研究还认为，ISO14000 标准的执行对中小企业有一些负面影响。中小企业可能不愿意承担该标准的费用②，因为他们担心会影响自身在国际市场上的竞争力。

（3）产品加工标准与包装的环境损害要求。

产品加工标准除了要求产品本身符合环保标准外，其整个生产过程使用的技术与方法也必须符合环境标准。由于同类产品加工和生产工艺方法不同对生态环境的影响也不同，应限制或禁止不利于环境的产品加工标准的产品贸易。生产加工过程中达不到标准者，即使是"相似产品"也要禁止进口。这一标准意味着

---

① 虽然比产品的技术和其他环境标准更为复杂，但 ISO14000 是环境管理标准，所以它基本上不涉及损害监控技术及排放标准。

② 美国一项研究报告称，实行这一标准的费用为 10 万~60 万美元，平均要达到 24.5 万美元，建立一套完善的系统所需的时间为 6~24 个月，平均要 12 个月。欧盟 1995 年的调查显示，中小企业需安排 40 个劳动力专门负责此项工作。

环境保护方面的管理将贯穿于产品生命周期的全过程，允许采取贸易限制措施来冲销进口产品所用生产方法及其加工过程中产生的负面环境效应。从环境保护的角度来看有其合理性，当一国环境做法危及别国环境质量或全球环境和共有资源濒临危境时，采取这类针对加工过程和生产方法的贸易限制显然不无道理。但从贸易的角度看，是否要推行，制定全面、统一的产品加工的国际标准，各国对此争议颇多。由于不同方法和技术生产出来的同类产品对环境的影响并不一样，而各国的环境保护水平、吸收同化能力和社会价值偏好也不一样，因此，生产加工过程很难确定一个统一的国际标准。由于发展中国家经济发展水平低，出口产品的加工标准不如发达国家，若滥用产品加工标准，将对发展中国家出口产生严重后果。

环保包装或绿色包装是指节约资源、减少废弃物，用后易于回收再利用或再生产的易于分解、不损害环境的包装。发达国家已经通过制定有关损害建立绿色包装制度，主要内容包括：第一，以立法的形式规定禁止使用某些包装材料；第二，建立存储返还制度；第三，强制再循环或再利用损害；第四，征收原材料税、产品包装税等。其中减少使用包装材料（Reduction）、回收（Reclaim）、再利用（Reuse）和再循环（Recycle）往往被称作绿色包装的 4R 策略。由于这些规定是按照西方国家国内资源禀赋、消费偏好等因素确定的，发展中国家必然难以适应，这在一定程度上限制了发展中国家的出口贸易。

3. 经济激励手段

通过经济激励手段同样可以实现基于命令和控制方式的环境标准所预期的目的。美国的布兰德把这一手段定义为："为改善环境而向损害者自发的和非强迫的行为提供金钱刺激的手段。"[①] 一般来说，所谓经济激励手段，是指从影响成本和收益入手，利用价格机制，采取鼓励性或限制性措施促使损害者减少、消除损害，从而使损害外部性内部化，以便最终有利于环境的一种手段。

关于经济激励手段的分类在文献中非常多而杂。[②] 仅从损害外部性的内部化来说，经济激励手段可以分为三大类：价格控制、数量控制和责任制度。

价格控制主要是对生产者行为或产品实行税收、收费或补贴。税收手段旨在通过调整比价、改变市场信号以影响特定的消费形式或生产方法以降低生产过程和消费过程中产生的损害物排放水平。理论上说，税收水平应该等于具体活动所

---

① Boland, J. J. and Bell, M. E. , "Environmental infrastructure Management", Springer, 1997, P. 178.

② 比较有代表性的是在 OECD 环境委员会早期研究中，由奥斯彻（Opschoor）和沃斯（Vos）的分类，分为收费、补贴、押金—退款制度、建立市场和执行刺激五大类。他们还列举了意大利、瑞典、美国、法国、联邦德国、荷兰六国的损害控制手段，共计 85 种。其中 50% 是收费，30% 是补贴，剩下的有押金—退款制度和排污权交易等。

造成的边际外部成本。在完全竞争的条件下，如果每个人都想使利润最大，则税金和帕累托最优值的静态平衡位置一致。该手段可分为三大类：对环境、资源和产品的税收以及对损害的税收；对有利于环境和资源保护的行为实行的税收减免；对不同产品实行的差别税收，即对那些有益于环境的产品实行低额税收。与税收手段类似，收费制度旨在通过对有害于环境的活动和产品，以及对相应的"服务"征收一定的费用，从而使造成外部性的主体承担相应的外部成本或外部效果，即损害者和使用者对损害和环境服务的支付，可以进入到其私人的费用—效益分析和计算中，并可以达到资源配置的帕累托最优。关于补贴手段，有两种情况：一种是政府根据厂商带来的损害程度为它们提供补贴，一般可以采取允许厂商用治理损害设备的支出抵扣税收的形式。补贴的数额应等于边际社会成本与边际私人成本之差，在这里又等于损害控制成本。另一种是对损害的受损者进行补贴。庇古在《福利经济学》中曾列举，受火车火花影响的车轨旁的种田者应该得到政府的补贴。对各种损害的受害者也应如此，补贴额等于损害的外部成本。

数量控制则是通过分配市场许可设定可接受的损害水平。厂商向政府购买（或被授予）排污许可证，从而被允许释放一定量的损害。政府只发行足够的许可证，以使损害水平与在命令和控制方法下的损害水平相同。厂商也被允许出售它们的许可证。因此，如果一个厂商将其损害减少一半，那么它就可以把一些许可证卖给其他想扩张生产因而增加其损害物排放的厂商。这就给那些削减成本相对较低的损害者以刺激，鼓励他们在市场上出售许可证。由于颁发了在总数上正好足够达到质量标准的许可证，总的环境标准并没有变化。损害者之间重新配置许可证可以使达标费用最小化，即能够确保以最低的社会成本达到特定的损害或排放目标。

责任制度则是设立一个社会可以接受的行为基准，如果生产者违反这个基准，他会遭受某些财政性的后果。其中的债券和押金—退款制度等可归入责任制度。这两项制度都要通过事先向生产者和消费者收费的方式把控制、监测和执行的责任转嫁到单个生产者和消费者身上。一旦证明了生产者和消费者已经履行了有关规定，个人或厂商就可以获得其债券和押金的退款。如果他们确实损害了环境和资源的话，政府就可以利用这些债券和押金来治理环境或恢复（减轻）环境损害。经济激励手段虽然各有一些局限性，但与其他内部化手段相比，有其独特的优势：第一，这类方法比直接管制方法在整个经济中能更有效地配置损害削减。一个管理机构要在所有个人损害者之间有效地分配损害削减，就需要获得有关个人费用和状况的大量信息，而利用价格机制可节省大量所需的信息。第二，对"动态效率"和革新的刺激。例如，由于损害者对他们所造成的任何单位的损害都需继续支付税收，所以，为了减少损害行为，税收便持续不断地刺激技术革新；第三，可为政府和损害者提供管理上和政策执行上的灵活性。对政府机构来说，修改和调整一种收费比调整一项法律或规章制度更加容易和快捷；对损害者来说，可以根据有关的收费情况来进行相应的预算并在此基础上做出相应的行为选择。正是基于以上观点，经济学者主张在损害内部化上更多地采取经济激励手段。

二、环境损害与单边政策响应

目前，对单边环境政策效应的讨论主要集中在环境政策对本国厂商国际竞争力的影响以及环境损害与国家环境政策的相互影响上。我们知道，环境损害日益严重的原因是由于制度失灵（市场和政府失灵）使产品的价格没有包含或没有完全包含其环境成本，从而使生产者或消费者不必完全承担其经济活动所造成的环境后果。那么，以治理环境损害为目的的环境政策所要做的就是环境成本内部化，使环境成本反映在产品的价格中。然而，单边环境政策的实施力度直接关系到内部化环境成本的大小，如果内化的环境成本较大，该国产品的国际竞争力将会受到影响。

1. 单边环境政策与环境损害漏出

对于环境政策与竞争力的关系在国际学术界却存在着不同的观点。第一种观点认为，严厉的环境政策不利于本国企业在国际市场上竞争。持这种观点的学者有帕斯哥（1976），西伯特（1977），约埃（Yohe，1979），麦克奎尔（McGuier，1982），帕默、奥茨和帕特（Palmer，Oates & Portnery，1995）等。他们认为，一国较高的环境标准会降低本国厂商的国际竞争力，严厉环境政策带来的利益甚至有可能被国外市场的丢失而抵消，并认为更严厉的环境标准会成为厂商追求利润最大化问题的新约束，具有更多约束的相同最大化问题只能导致同样或更低利润。严厉的环境政策意味着高的环境标准和高的环境成本投入。一国的环境标准越严厉，其环境成本就越高；反之，一国的环境管制越宽松，其环境成本越低。在各国有权制定自己的环境标准的情况下，不同的环境标准就会影响一国产品的国际竞争力。在实施较高环境管制国家生产的产品，因法律要求环境费用内在化而需配置高标准的损害控制设备，或需支付额外的环境清洁费用，其生产成本显然高于在较低标准国家生产的相同产品。在其他条件不变的情况下，环境标准宽松的国家将面临着较低的适应成本，因而比环境标准严格的国家以更低的成本在市场上销售产品，因而增强其国际竞争力。辛普森和布拉德福（1996）就认为严厉的环境管制对被管制产业的业绩影响是不尽相同的，也是无法精确描述的。实际上，人们无法找到一个合适的例子说明制定更为严格的环境标准确实能够提高产业的长期竞争力。因此，以获得有利竞争条件为目的严厉环境管制，恰恰走到了另一个相反的方向。

另一种观点认为，虽然从理论上分析环境成本内部化以后，对环境（政策）标准的高低将对产品的国际竞争力产生较大影响，但从一系列宏观经济研究来看，环境管制水平与竞争力之间似乎没有必然的联系。因为从总体上看，工业中损害控制总成本相对较低，即使在环境措施比较严格的国家如美国，工业部分的实际成本结构中，用于执行环境标准的成本只占企业生产总成本的 1% ~ 3%。即使在美国损害控制费用占产值最高的水泥行业，这一比重也不过 3.17%。因此，国际上环境标准的差异对厂商在世界市场上的竞争力产生的影响很小。另外，环境成本在影响竞争力的众多因素中只起很小的作用，与国际贸易其他因素相比，例如劳动力价格差异、运输和原材料价格的差别、生产力和产品质量等的差别相比，由不同的环境标准所产生的不同的环境成本可忽略不计。[①]

与单边环境政策有关的另一个焦点问题是与环境损害直接相联系。如果说一国严厉的环境政策能够导致厂商因环境成本而降低国际竞争力的话，厂商的战略选择将导致损害密集型产生的跨国转移。然而，当生产具有环境损害特性时，一国环境政策措施会产生漏出效应（Leakage Effect）：损害密集型产业有可能移到国外，但仍然会遭受到来自国外的环境损害。漏出效应作为环境政策的结果能够破坏一国环境政策的有效性，并因此削弱其健全单边环境政策的能力，并有可能恶化国际环境问题。

一般认为，无论是商品市场，还是要素市场都能导致漏出效应，最为典型的有：第一，能源市场。严厉的国内环境政策降低能源需求和价格。使用外国能源，产出增加，能源产出的副产品——损害跨越国界，对实施严厉的国内环境政策国给予环境损害。第二，商品市场。严厉的国内环境政策会使得损害密集型产品更加稀缺。它们的价格会上升并引起外国产量的增加，引起环境损害。第三，要素市场。严厉的国内环境标准使资本随后会被国外损害密集型产业所吸引，密集型产业扩张并导致环境损害。第四，寡占市场上厂商间的相互作用。严厉的环境标准会增加国内生产成本，古诺竞争下的负反应曲线斜率会增加外国生产者的供给和损害排放。[②]

---

① Anggito Abimanyu, "Impact of Free Trade on Industrial Pollution", *ASEAN Economic Bulletin*, July, 1996.

② Ulph（1994）通过引入环境标准的寡占厂商市场竞争模型分析了古诺竞争下环境标准对厂商生产成本的影响，其结论是厂商间存在着战略替代关系。具体论证过程参见 Ulph, D. (1994), "Strategic Innonvation and Strategic Environmental Policy", in C. Carraro, ed., Trade, Innovation, Environment. Dordercht: Kluwer Academic Publishers, pp. 205 – 228.

以上四种漏出效应的发生机制本质上可以认为是国内环境政策的变化改变了能够在本国经营获利的厂商数量，影响了消费商品的供给，商品品种的数量发生了变化。最终商品可用性的变化影响了消费者行为，并进而产生一些补偿效果，即生产者能够对超过边际成本的部分收费。因此，在外国厂商的数量也会受到影响，外国的排污便随之改变。由此可见，与环境损害相关联的环境政策漏出效应实际上一个市场结构效应问题。[①] 为此，我们将沿着环境政策的市场结构效应路径探讨环境损害与环境政策的相互关系。

2. 模型

根据迪克西特－斯蒂格利茨垄断竞争模型的分析思路[②]，考察只有两个国家（本国和外国）进行产业内贸易的情况。用 $c(i)$ 和 $m(I)$ 分别代表国内生产商品 i 和进口商品 I 的消费数量（大写字母表示国外相应变量），n 和 N 代表本国和外国的商品品种数量，令 $e(i)$ 和 $E(I)$ 代表两个国家每一生产者的损害排放，并假定损害是跨国界的。进一步假定在两国的消费者都有相同的偏好，环境损害可以用递增的凸的函数表示 $v(\cdot)$，故有：

$$u = \int_0^n c(i)^\theta \mathrm{d}i + \int_0^N m(I)^\theta \mathrm{d}I - v\left(\int_0^n e(i)\mathrm{d}i + \int_0^N E(I)\mathrm{d}I\right) \tag{5.15}$$

式中 θ 是一个偏好参数，$0<\theta<1$。$(1-\theta)^{-1}$ 是这两个商品间的常替代弹性，并假定

$$\theta'(n+N) > 0 \tag{5.16}$$

标准的预算约束 $y = \int p(i)c(i)\mathrm{d}i + \int p(I)m(I)\mathrm{d}I$（$y$）代表收入，$p(i)$ 和 $P(I)$ 代表本国和外国商品的价格），我们能够推导出与迪克西特和斯蒂格利茨（1997）相似的所有商品的需求函数：

$$c(i) = \frac{yp(i)^{1/(\theta-1)}}{np^{\theta/(\theta-1)} + NP^{\theta/(\theta-1)}} \tag{5.17}$$

$$m(I) = \frac{yP(I)^{1/(\theta-1)}}{np^{\theta/(\theta-1)} + NP^{\theta/(\theta-1)}} \tag{5.18}$$

① 真正借助于理论模型框架讨论环境政策漏出效应的第一人应该是 Markusen（1975），以后的其他学者则对他的结果给予了进一步的提炼和扩展。对于 Markusen 论文的综述，请参见 Rauscher（1997），International Trade, Factor Movements, and the Environment, Oxford: Clarendon Press, pp. 335 - 354, Olibeira-Martins et al.（1992）和 Felder, Rutherford（1993）对漏出效应问题进行了量化研究。

② 本模型基于 Dixit-Stiglitz（1977），Monopolistic Competition and Optimum Produt Diversity, The American Economic Review, pp. 290 - 302；Nicolg Gürtzgen & Michael Rauscher（2000），International Trade, Factor Movements, and the Environment, Oxford: Clarendon Press, pp. 335 - 354.

一国相同的技术和相同的需求价格弹性使我们能够只考察一个具有代表性的厂商（外国也同样）。产量是资本变量 k 和排损害量 e 的凹函数 $f(.,.)$，具有正的一价偏导和负的二阶偏导以及正的混合偏导。凹性暗示着 $f_{kk}f_{ee} - f_{ke}^2 \geq 0$（式中的下标代表偏导数）。排污 e 由环境政策所决定。在资本市场借贷的资本 k 的利率是 r，它对于厂商来说是既定的。我们假定在生产发生前必须投入一个固定的资本量 k_0，因此存在固定的生产成本。厂商的最优问题是最大化：

$$\pi = pf(k,e) - r(k + k_0) \tag{5.19}$$

k 服从 $f(k, e) = c + M$ 的约束。利润最大化的条件是：

$$\theta p f_k = r \tag{5.20}$$

为描述方便省略了表达式中的函数变量。零利润条件有：

$$pf - r(k + k_0) = 0 \tag{5.21}$$

令 $\bar{k}$ 是经济社会的要素供给，n 为本国厂商的数量，要素市场均衡可表示为：

$$n(k + k_0) = \bar{k} \tag{5.22}$$

外国也有同样的结构，我们能够获得供给方的条件：

$$\theta P F_K = R \tag{5.23}$$

$$PF - R(K + K_0) = 0 \tag{5.24}$$

$$N(K + K_0) = \bar{K} \tag{5.25}$$

从零利润条件我们可知，家庭收入分别为 $y = npf$ 和 $Y = NPF$。产品市场均衡条件：

$$f(k,e) = c + M \tag{5.26}$$

$$F(K,E) = C + m \tag{5.27}$$

将需求函数和家庭收入函数代入方程中，有：

$$\frac{p}{p} = \left[\frac{f(k,e)}{F(K,E)}\right]^{\theta-1} \tag{5.28}$$

8 个未知数的 7 个方程即方程（5.20）~（5.22）、方程（5.23）~（5.25）和方程（5.28）可以决定这一均衡，令 $P = 1$ 可删除一个变量。因此，方程（5.28）决定了作为本国和外国厂商产量函数的贸易条件。分别删除资本回报率 r 和 R 并简化剩余方程，有：

$$f - \theta f_k (k + k_0) = 0$$

$$n(k + k_0) = \bar{k}$$

$$N(K + K_0) = \bar{K}$$

$$F - \theta F_K (K + K_0) = 0 \tag{5.29}$$

这一系统决定了本国环境政策对每一厂商产量的影响，以及两国厂商的数量。

3. 开放贸易下环境政策效果

由方程（5.29）所决定的内生变量分别是资本存量 k，K，以及厂商数量 n 和 N，全微分得下式：

$$\begin{bmatrix} (1-\theta)f_k - \theta f_{kk}(k+k_0) & -\theta' f_k(k+k_0) & -\theta' f_k(k+k_0) & 0 \\ n & k+k_0 & 0 & 0 \\ 0 & 0 & K+K_0 & N \\ 0 & \theta' F_K(K+K_0) & -\theta F_K(K+K_0) & (1-\theta)F_K - \theta F_{KK}(K+K_0) \end{bmatrix} \begin{bmatrix} dk \\ dn \\ dN \\ dK \end{bmatrix} =$$

$$\begin{bmatrix} \theta f_{ke}(k+k_0) - f_e \\ 0 \\ 0 \\ 0 \end{bmatrix} de.$$

方程左边矩阵行列式的值显然为正，我们用 Δ_1 表示。本国环境政策变化的市场结构效应是：

$$\frac{dn}{de} = \frac{1}{\Delta_1} [f_e - \theta f_{ke}(k+k_0)] n \{ (K+K_0)[(1-\theta)F_K - \theta F_{KK}(K+K_0)]$$

$$+ N\theta' F_K(K+K_0) \} \tag{5.30}$$

$$\frac{dN}{de} = -\frac{1}{\Delta_1} [f_e - \theta f_{ke}(k+k_0)] n N\theta' F_K(K+K_0) \tag{5.31}$$

显然，从上式中不能确定 dn/de 和 dN/de 的正负，这主要是由于方程（5.30）和方程（5.31）中右边括号内的第一项因素所引起。另外，我们还能看到，本国和外国的市场结构效应是相反的。如果 n 增加，那么 N 下降；反之亦然。

e 对 n 有两种效应。它们与方程（5.30）和方程（5.31）中 f_e 和 f_{ke} 项有关。第一种效应可以称为直接利润效应，第二种效应可以称为间接资本生产力效应。利润效应是正的效应。如果每一个厂商的排污量因环境政策的宽松而增加，那么每一个厂商的产量增加，利润变为正值。这会使新的厂商进入市场，n 会增加。另一种效应则正好起到相反的作用。随着损害的增加，资本变得更具生产效率，对这一要素的需求及要素报酬会增加。如果这一影响超过直接利润效应,利润将会变为负值,一些厂商将不得不退出市场。e 对 N 的影响恰好是另一种方式。如果本国厂商的数量增加,那么 θ 增加,所有商品的需求会因消费者选择集的增加而变得更有弹性。随着 θ 的增加,最初外国垄断竞争者的补偿变得太高,他们的利润变为负值。因此,一些外国厂商将退出市场直到零利润条件下的均衡重新建立为止。当然,通过 θ 的变化,这对本国经济会再一次产生影响。然而,这种间接效应只能加强直接效应,并不会产生质的改变。

在模型中的漏出效应仅仅是一种市场结构效应。如果外国厂商的数量增加,外国的排污量会按比例增加。值得关注是 $\mathrm{d}N/\mathrm{d}e > 0$ 的情形。本国严厉的环境标准意味着外国较少的损害排放。这种情况在标准的国际贸易与环境控制模型中是不可能的,会出现这一结果的条件是:

$$f_e < \theta f_{ke}(k + k_0) \text{ 或 }, \frac{1}{\theta}\frac{k}{k + k_0} < \frac{f_{ke}k}{f_e} \tag{5.32}$$

$1/\theta > 1$ 是垄断者的补偿要素,$k/(k + k_0) < 1$ 是生产性资本占总资本的份额,$f_{ke}k/f_e$ 是技术参数,如果假定生产函数为标准的 C - D 生产函数,那么 $f_{ke}k/f_e$ 等于资本的产出弹性。不等式(5.32)不仅仅是理论上可能发生的情况,反直觉的漏出效应在现实中也可能发生,只要固定成本足够大,而且需求具有弹性,以至于生产者无太大的市场控制能力。

三、最佳单边环境政策

在假定了环境政策对市场结构、产出和排污的比较静态影响效果下,我们能够讨论最佳环境政策。将需求函数方程(5.17)、方程(5.18)代入效用方程(5.15),得到本国典型家庭的间接效用函数:

$$w = \frac{\gamma^\theta(np^{\theta/(\theta-1)} + NP^{\theta/(\theta-1)})}{np^{\theta/(\theta-1)} + NP^{\theta/(\theta-1)}} - v(ne + NE)$$

代入 y,将外国商品视为标准单位(即 $p = 1$),整理得:

$$w = n(f(k,e))^\theta\left(1 + \frac{N}{n}p^{\frac{\theta}{1-\theta}}\right)^{1-\theta} - v(ne + NE) \tag{5.33}$$

同样,对于外国而言,间接效用函数为:

$$W = N(F(K,E))^\theta\left(1 + \frac{n}{N}p^{\frac{\theta}{\theta-1}}\right)^{1-\theta} - v(ne + NE) \tag{5.34}$$

右边括号内的项目大于 1。在封闭条件下,它应该等于 1,因为在国内市场上外国商品的数量为0。因此，这一项代表来自贸易的利得效果。它与贸易条件以及本国市场上外国商品的数量正相关。国内商品数量的负面影响可以被解释为贸易利得的出现可以作为公式中的一个要素，即本国越大，贸易利得的百分比越小。为了简化表达，令 ω 和 Ω 分别代表这一贸易利得因素。

作为一种可能涉及的情况，我们考察封闭状态下的情形。在此情况下，贸易获利项消失，外国排污 NE 并不依赖于本国环境政策。因此，封闭状态下的本国间接效用 w^a 为：

$$w^a = n(f(k,e))^\theta - v(ne + NE) \tag{5.35}$$

最佳环境政策由下式决定：

$$\frac{\mathrm{d}w^a}{\mathrm{d}e} = n\theta f^{\theta-1}f_e - nv' - ev'\frac{\mathrm{d}n}{\mathrm{d}e} + n\ln(f)f^\theta\frac{\mathrm{d}\theta}{\mathrm{d}n}\frac{\mathrm{d}n}{\mathrm{d}e} + f^\theta\frac{\mathrm{d}n}{\mathrm{d}e} + n\theta f^{\theta-1}f_k\frac{\mathrm{d}k}{\mathrm{d}e} = 0^{①}$$

注意 $\mathrm{d}n = -n/(k + k_0)\ \mathrm{d}k$，由方程（5.22）可知，右边的最后两项因利润最大化的一阶条件相互抵消。因此，最佳条件能够重写为：

$$f_e = \left(1 + \frac{\mathrm{d}n/n}{\mathrm{d}e/e}\right)\frac{v'}{\theta f^{\theta-1}} - \frac{1}{\theta}ln(f)f\frac{\mathrm{d}\theta}{\mathrm{d}n}\frac{\mathrm{d}n}{\mathrm{d}e} \tag{5.36}$$

在式（5.36）左边，排污增加的边际利益是一种商品产出的边际增加。式（5.36）右边第一项是因排污增加所引起的环境边际损害。除了厂商排污增加需要考虑在内外，能够影响整个损害总量的厂商数量变化也要被考虑在内。这一影响可由括号内的第二项表示。式（5.36）右边第二项的存在是因为替代参数 θ 对于政策制定者来说是内生变量，它由消费者和生产者所决定。如果排污增加导致厂商数量和商品品种增加，那么替代可能性得到改善，θ 增加。对于福利的积极或消极影响则取决于厂商的产出是大于1还是小于1。因此，这一项的问题就取决于产出测度的单位。而且，它还受到基本私人家庭偏好结构的修正效用函数的影响。② 关于这一项我们在此不做更深入的讨论。

作为所提及的情况，我们已经导出了封闭经济下的最佳环境政策，现在我们能够继续考察开放经济条件下，产业内贸易的最佳环境政策。利用方程（5.28）的贸易项，将相对价格代入方程（5-35），福利能够表示为：

$$w = n(f(k,e))^{\theta}\left(1 + \frac{N(F(K,E))^{\theta}}{n(f(k,e))^{\theta}}\right)^{1-\theta} - v(ne + NE) \qquad (5.37)$$

最优问题的第一阶条件是:

$$f_e = \left(1 + \frac{dn/n}{de/e}\right)\frac{v'}{\omega\theta f^{\theta-1}} - \frac{f}{\theta}\left(\ln(f) + \frac{1}{\omega}\cdot\frac{d\omega}{d\theta}\right)\frac{d\theta}{dn}\left(\frac{dn}{de} + \frac{dN}{de}\right)$$

$$+ \omega^{1/(\theta-1)}\frac{NF^{\theta}}{nf^{\theta}}f_e + v'\frac{d(NE)}{de} \qquad (5.38)$$

假设而不是证明方程(5.38)满足二阶条件,对封闭情况的研究已经知道了方程(5.38)第一和第二项的含义,它们是受制于经济政策变化的环境损害和偏好参数的影响。考察到贸易利得,这两项与封闭条件下的情况稍有不同。第三项测度环境政策的贸易条件效果。尽管模型有些复杂,它的正负号却是相当明确的:考察了贸易条件会导致更严厉的环境政策。① 当然,改善贸易条件的最优政策应该是关税,在我们的模型中,它没有被列入政策制定者可使用的工具集中。对于产业内贸易模型的最优关税问题请参见格罗斯(1987a)。第四项是漏出项。它的符号依然不能确定,就像我们在第三、第四部分所讨论的那样,漏出效果可正也可负。

通过考察两国在非合作情况下选择各自环境政策的纳什均衡,扩展我们的分析是十分有趣的。然而,这是一个非常难处理的问题,除了模型的复杂性之外,还有在最佳环境政策的第一条件下二阶导数是否存在的问题。这意味着当人们要推导反应曲线或与纳什均衡进行静态比较时,第三导数必须存在。我们所能做的就是对本国与外国环境政策对其他国家的外部影响进行分析。如果在纳什均衡(假定它存在)下进行分析的话,人们能够推断出非合作环境政策是太宽松还是太严厉。

假设环境政策工具是每一厂商的排污水平。因此,在一国厂商的排污并不会受另一国环境政策的影响。② 国内福利函数对外国环境政策变量的微分是:

$$\frac{dw}{dE} = \frac{dw}{d\theta}\theta'\frac{d(n+N)}{dE} + (1-\theta)\left(1 + \left(\frac{NF}{nf}\right)^{\theta}\right)^{-\theta}NF'^{\theta-1}F_E$$

$$- v'\left(e\frac{dn}{dE} + N\left(1 + \frac{EdN}{NdE}\right)\right) \qquad (5.39)$$

式(5.39)第一项测度外国环境政策对偏好参数 θ 的影响。它是模糊不清

---

① 注意这一项是与方程左边相关联的。这会导致一个小于1的因素并通过它使 f_e 倍增。由于缺乏直观的解释,我们不能对其有更多的说明并将贸易条件项放在方程的右边。

② 如果政策措施是排污税,那么,在每个国家第一个厂商的排污将取决于其他国家的环境政策。

的也不易于更进一步的讨论。第二项是贸易条件效应，它是正的。外国排污的增加使外国商品的可获得性增大，并减少了它的相对价格。第三项包含了环境外部性。外国环境政策通过市场结构效应影响着国内厂商的数量，并进而影响着环境质量。然而，存在着国际环境损害，在正常情况下 dN/dE 为正或负且很小。另外，还存在着外国环境标准对本国经济的负外部效应。通过以上分析，我们能够得出如下结论：贸易条件效应至少可以部分地抵消环境损害的负作用，然而市场结构效应意味着损害漏出可以是负的，并存在将环境损害外部性内部化的动力。

第 4 节　贸易政策与环境政策的协调

贸易与环境保护之间并不存在无法调和的矛盾，它们是可以相互促进、共同发展的。然而理论和现实的明显差距使两者之间的国际协调面临着诸多困扰，我们有理由去深入探索出现这一难题的起因，并努力寻求解决问题的有效途径。本节我们将运用博弈论的分析框架寻找国际环境合作的有效途径。

在第一部分，我们首先分析参与国际环境合作的各方在自利行为激励下的策略选择结果，并在此基础上探索基于国际贸易协议的环境损害控制方法；在第二部分，我们将考察国际环境协调的区域合作途径，研究多边环境协议中贸易制裁的有效性问题。

一、贸易与环境政策协调的现实困难

虽然各国都意识到环境保护的重要性，环境保护的最佳途径是环境成本内部化，但跨国界污染使外部性进一步增大，本国政府没有直接的动力解决其国内生产对外国所产生的外部性问题。从污染控制的角度来看，这意味着治理环境损害的跨国界外部性需要寻求国际合作。下面我们就从贸易与环境政策协调的理论可能、南北分歧以及贸易与环境协调必须解决的几个问题共三方面来论述这一问题。

1. 贸易与环境政策协调的理论可能

实际上，如果已知污染控制的边际成本和边际收益，我们就能证明从整个世界福利的角度出发，完全合作解是最优结果。此时，控制（减少）污染的成本加上污染带来的损害，从整个世界范围而言是最小的。由于污染损害的减少通常被假定为纯公共产品，因此，有：

$$\sum_{n-1}^{N} MAC_n = MAC_n \quad \forall n = 1, \cdots, N$$

上式意味着 n 个国家的边际损害成本（MDC）的总和等于每个国家的边际控制成本（MAC）。值得注意的是，污染的边际损害成本从另一个角度来看，可以被视为是控制减少污染所带来的边际收益，所以上式的含义为：由于控制或削减污染是一种纯公共品，故此，各国控制污染的边际收益之和等于每个国家控制污染的边际成本。如图 5－4 所示（Barrett，1994），假定 MDC 和 MAC 的函数是线性的，则合作的结果是 Q_c。此时每个国家把自己的 MAC 设定为等于全球控制（消除）污染所带来的边际收益 MDC。

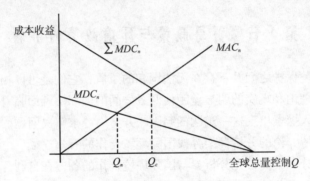

图 5－4　污染问题的完全合作与不合作比较

　　然而，整个世界福利的增进并不意味着每个国家的福利都会因此而增加。有些国家由于控制污染，其状况有可能恶化（比如该国必须减少煤炭的使用，而代之以更清洁的能源，它付出的成本有可能超过环境改善带给它的好处）。这样，如果不存在收益国对受损害国的单边支付（作为一种补偿），上式所提供的完全合作解将不是一个均衡解。又由于控制污染是一种纯公共品，这样国家 n 完全可以通过不合作增加自己的福利。每个国家纯粹的利己行动将导致纳什均衡解。这时每一个国家使其自身的 MAC 和 MDC 相等。这是一国对其他所有国家利己行动的最优反应，即：$MDC_n = MAC_n$，其中 $n = 1$，…，N。这样产生了一个相对于完全合作结果的帕累托次优解，在图 5－4 中表现为 Q_n，此时，每个国家使其边际损害成本等于边际控制成本，可以看出 $Q_n < Q_c$。

　　通常可能存在着其他不同的均衡，它能使每一个国家的状况至少与在纳什均衡下相同，甚至更好。比如，这样的解可以通过附加单边支付的方法得出，也可能存在许多种单边支付，将合作的收益在获益者和受损害者之间进行分配，这样可以使受损害者得到补偿，从而愿意进行国际合作。

　　应该说，以上分析虽然为各国指出了进行国际环境合作的理论可能性。但在实现国际环境合作的过程中，的确存在着一些无法逾越障碍。首先，在模型中我们假定，已知污染控制的边际收益和边际成本，这不仅是模型成立的基础，也是进行单边支付的前提条件，而这一很强的假设在现实中很难得到验证。另外，如何确定单边支付的准则以及建立单边支付的转移机制也是一件十分困难的事，目前的实践让人们对此并不乐观。巴雷特（1992）讨论的两种可能性是根据一国的人口或者根据每个国家合作的程度进行分配，但由于没有超国家权力机构，再加之缺乏有效的附加处罚机制或诱因，各国仍然会有"搭便车"的动机。

将环境问题与贸易自由化谈判挂钩，是目前协调贸易与环境问题正在探索的途径。贸易自由化谈判往往包含着消除歧视，相互妥协的内容。一项多边或地区贸易协议的达成，往往需要有关各方相互谅解。如果一方预期它们的谈判对手将做出让步，那么，它自身也会产生让步的激励。如果对谈判对手降低要价的做法不抱太大希望，那么，它们做出让步的可能性也很小。用博弈论的观点分析贸易自由化谈判，双方的这种策略行为通常被描述为"保证问题"（Assurance Problem，AP），这里，均衡的结果可能有两个：一是含有妥协内容的成功协议；二是谈判宣告失败。但是，即使贸易自由化目标无法一步到位，理论上仍然可能找到帕累托最优解，即谈判双方都能在一定范围内获得经济福利的改善。

而国际环境合作的博弈行为通常被描述为典型的"囚徒困境"（Prisoner's Dilemma，PD）[1]。环境问题的一种解决方式是依靠外部力量的约束，采用强制实行的办法使参与者采取合作的策略。而国际环境合作的难度在于，由于不存在超越一国主权的强制执行机构，因而参与这一博弈的有关各方不会产生主动提供公共物品的意愿。下面我们根据格兰特·豪尔和福特·朗格（Grant Hauer & Ford Runge，1999）提出的贸易与环境捆绑解决思路，利用博弈论的方法考察将环境问题纳入贸易谈判的可能性。

（1）建立模型。

如图 5-5，每次博弈中的支付用 u_{jk}^i 表示，上标代表局中人，$i=1$，2，下标的第一个字母 j 是局中人 1 所采取的策略，用 c 表示合作，d 表示背叛，下标的第二个字母 k 是局中人 2 所采取的策略。博弈的支付结构具有如下形式：

$$u_{cc}^1 > u_{dc}^1 = 0 = u_{dd}^1 < u_{cd}^1 \text{ 和 } u_{cc}^2 > u_{cd}^2 = 0 = u_{dd}^2 < u_{dc}^2$$

如果把合作的支付结构归入贸易模型，则有：

$$u_{cc}^1 > u_{cd}^1 \geq u_{dc}^1 \geq u_{dd}^1 \geq 0 \text{ 和 } u_{cc}^2 > u_{dc}^2 \geq u_{cd}^2 \geq u_{dd}^2 \geq 0$$

显然，存在一个超优战略：削减贸易壁垒，相互开放贸易。

---

[1] 在非合作博弈理论中，如果将一个"囚徒困境"的博弈作为生成博弈进行无限次重复，那么两个局中人的理性选择就有可能导致帕累托有效的结果。

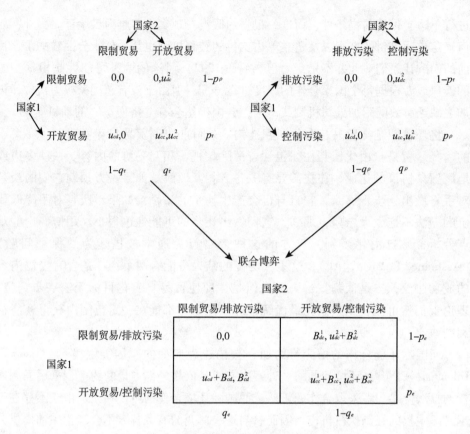

图 5—5 贸易与环境的联合博弈

为了使模型更接近实际情况，这里假设有两个"纳什均衡"存在于 AP 之中，一个是相互的贸易保护，另一个是相互开放贸易。在相互开放贸易的情形下，双方都是有利可图的。AP 也有混合策略均衡，即双方根据不同的情况采取两种策略。在国家 2 采取合作策略的情况下，国家 1 采取合作策略的概率为 P^τ；在国家 1 采取合作策略的情况下，国家 2 采取合作策略的概率为 q^τ。$1 - p^\tau$ 和 $1 - q^\tau$ 分别代表国家 1 和国家 2 采取背叛策略的概率。通过确定 p^τ 来计算概率，并使预期的合作支付等于预期的背叛支付。例如，对国家 2 可用下式计算：

$$E(\Pi_c) = p^\tau u_{cc}^2 + (1 - p^\tau)u_{dc}^2 = p^\tau u_{cd}^2 + (1 - p^\tau)u_{dd}^2 = E(\Pi_d)$$

这里，Π_c 是从合作中所获得的支付，Π_d 是从背叛中所得的支付，p^τ 是国家 1 将在贸易博弈中采取合作策略的可能性。如果预期国家 1 的合作概率大于 p^τ，那么国家 2 将采取合作策略。概率 p^τ 的作用在于传达在同一博弈中局中人的行动信息，例如，如果国家 1 掌握了国家 2 将要削减贸易壁垒的信息，其概率大于

p^τ，那么它也将会减少贸易壁垒。跨国界污染问题也可以表述为一个简单的有两个局中人的博弈。但与贸易博弈相反，支付结构为 PD（国家 1 和国家 2 采取合作策略的概率分别用 p^ρ 和 q^ρ 来表示）。

PD 支付结构为：

$$B^1_{dc} > B^1_{cc} > B^1_{dd} = 0 > B^1_{cd} \text{ 和 } B^2_{cd} > B^2_{cc} > B^2_{dd} = 0 > B^2_{dc}$$

这里，控制污染的一方通过付出控制成本取得收益，而其他局中人可以通过"免费搭车"的做法，在不付出控制成本的情况下获得收益。

（2）博弈合并。

把上述两个博弈合并考虑的目的是，试图利用贸易博弈中取得的收益改变环境博弈中的激励结构，以便使环境问题不再是囚徒困境。基于这一思路，可以对目前把环境问题与贸易谈判挂钩的做法进行分析。

在合作同时达到帕累托最优的基本原则是：双方利用贸易博弈赢得改变环境 PD。同样，一方在环境博弈中做出背叛的决定，也会增加另一方在贸易博弈中采取背叛行为的可能性。博弈合并后的合作策略均衡为"开放贸易—控制污染"，背叛的策略是："限制贸易—排放污染"[1]。两个博弈各自的支付相加得出合并的博弈，见图 5 – 6。

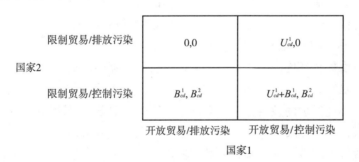

图 5 – 6 环境问题与贸易自由化谈判挂钩的福利分配

下面进一步说明合并博弈的情况。假设贸易博弈中保证问题（AP），而环境博弈是囚徒困境（PD）。[2] 博弈的结果既可能是 PD，也可能是 AP。如果 $U^1_{cc} + B'^1_{cc} > B^1_{dc}$ 及 $U^2_{cc} + B^2_{cc} > B^2_{dc}$，即从贸易博弈中获得的好处足以抵消环境博弈中放宽对污染控制的好处，那么合并在一起的贸易环境博弈就是 AP。如果前者无法抵

---

① 另外两种策略"开放贸易—排放污染"和"限制贸易—控制污染"作为次优战略被剔除。

② 豪尔和朗格（Hauer & Runge, 1999）分析了其他三种可能存在的策略结构：贸易博弈是 AP，而环境博弈也是 AP；贸易博弈为相互贸易自由化，而环境博弈是 PD；贸易博弈为相互贸易自由化，而环境博弈是 AP。

消后者，那么就会形成 *PD*，在这种情况下，把贸易与环境保护联系起来对博弈中的各方来说没有益处，因为潜在的贸易收益会由于与具有囚徒困境特征的环境博弈相联系而减少。这里隐含的政策结论是：从相互间贸易自由化行动中获得的收益应大于提供环境公共物品的成本，否则贸易与环境两个博弈的合并既会对贸易自由化造成威胁，也无助于对环境问题的解决。

另一个需要考虑的重要问题是，博弈合并后，双方的策略选择将取决于对方合作的意愿，即需要判断对方的合作概率。假设国家 1 在合并博弈中采取合作策略的概率为 p^e，则：

$$E(\Pi_c^e) = p^e(U_{cc}^2 + B_{cc}^2) + (1 - p^e)(U_{dc}^2 + B_{dc}^2) = p^e B_{cd}^2 = E(\Pi_d^e)$$

求解得：

$$p^e = \frac{-U_{dc}^2 - U_{dc}^2}{U_{cc}^2 - U_{dc}^2 + B_{cc}^2 - B_{cd}^2 - B_{dc}^2}$$

因为有 *PD* 为前提，$U_{cc}^2 + B_{cc}^2 > B_{cd}^2$ 且 $B_{cc}^2 - B_{cd}^2 < 0$（囚徒困境支付假设），则：

$$B_{cc}^2 - B_{cd}^2 - B_{dc}^2 > 0，或 B_{cc}^2 - B_{cd}^2 - B_{dc}^2 \leqslant 0，这表示 p^e > p^\tau。[1]$$

上述分析表明，把环境问题纳入贸易自由化谈判，是解决国际贸易与环境问题的一个有效办法，但这种把两者归为一体的过程往往使问题变得更为复杂，原因是，这一做法凸显了发达国家与发展中国家的矛盾与分歧。

（3）发达国家与发展中国家的利益分配。

贸易自由化与环境问题在谈判中同时解决，可能会改进相关各方的福利，下面讨论这些福利如何分配的问题。这里基于不同收入阶层对环境质量需求存在差别的前提，环境保护的效益分配在多数情况下对发达国家有利。[2] 用国家 1 表示发展中国家，国家 2 表示发达国家。考虑的情况是，双方从贸易自由化政策中获得的福利改进均减少，而污染控制的成本超出发展中国家愿意承受的限度。在这种情况下，$0 \geqslant B_{cc}^1 \geqslant B_{cd}^1$ 且 $B_{dc}^1 \geqslant 0$，发展中国家（国家 1）在环境博弈中没有采取

---

[1]　为证明这一点，设 $a = -U_{dc}^2 > 0$，且 $b = U_{cc}^2 - U_{dc}^2 > 0$，且 $d = B_{cc}^2 - B_{cd}^2 - B_{dc}^2$，如果 $d \leqslant 0$，显然 $p^e = (a + b)/(b + d) > a/b = p^\tau$。要证明 $d > 0$ 的情况，假设 $0 \leqslant (a + b)/(b + d) < a/b < 1$ 得 $ab + cd < ab + ad$，但 $cb > ad$，且 $c/d < a/b$。由于 $d > 0$，显然当 $B_{cc}^2 - B_{cd}^2 < 0$ 时，$c/d > 1$，由于 $a/b < 1$，所以 $p^e > p^\tau$。

[2]　Baumol，Ostes（1998）和 Pearce（1993）研究了不同收入阶层对环境质量的需求问题。认为环境是一个偏向于富人的公共物品。即环境项目的效益分配对富人有利。由于环境质量享用的非排他性，因此，由某一集团付出成本而使环境质量得以改善，其他人会无差别获得这种收益。其隐含的意义是：如果发达国家比发展中国家拥有更多的政治权利，那么，前者倾向于强迫后者提供更多的环境公共物品。而这种经济发展与环境保护的取舍不一定是后者所希望的。这对于理解发达国家与发展中国家在贸易和环境问题上的关系有着重要意义。

合作策略的激励。① 这里假设污染控制的收益对发达国家（国家 2）来讲，相对于发展中国家更为有利。所以，它们会要求在贸易自由化谈判过程中加入环境议题，并强调把贸易谈判的结果与环境问题挂钩，迫使发展中国家在环境问题上采取合作态度，签订所谓的"一揽子"协议。当然，要使这一威胁成为"承诺行动"②，需要满足：

$$B_{cc}^1 + U_{cc}^1 > B_{dc}^1 \geq 0$$

另一个假设是，发达国家能够预期发展中国家采取"开放贸易—排放污染"的策略，因此，发达国家向发展中国家传达这样的信息：如果对方采取"开放贸易—排放污染"的策略，发达国家的反应将是"限制贸易—排放污染"。在发达国家做出承诺并采取这种策略的情况下，发展中国家的合理选择策略应是"开放贸易—控制污染"。

在这种情况下，产生的一种可能解是，由于发展中国家在污染控制方面得到的收益少于发达国家，因此，它们会拒绝把环境问题与贸易谈判联系起来。发展中国家会倾向于"开放贸易—排放污染"的策略选择。对此，发达国家会以在贸易谈判问题上采取不合作策略相威胁，如果发展中国家预期发达国家的这种威胁是可置信的，那么，对发展中国家来说，相对有利的策略是同意把二者挂钩，尽管这并不符合发展中国家短期内所追求的利益最大化原则，但为了避免损失更多的自由贸易收益，只能做出这个次优选择。

2. 南北分歧

从理论上讲，将环境问题与贸易自由化同时纳入谈判议题，是解决贸易与环境问题值得探索的途径。但是，这种把两者归为一体的过程，存在着很大的问题。发达国家与发展中国家在贸易与环境问题上的不对称现实以及缺乏有效公平的协调机制，是这一理论模型在付诸实践时的重要障碍。

（1）发展中国家和发达国家的不对称现象。

在贸易自由化与环境的关系问题，发达国家和发展中国家之间存在着不对称现象，主要表现在：第一，贸易自由化带来的增长质量的差异，即前者的环境质量可能更多地得益于贸易自由化，而后者的环境质量在实践中受到更多不利影响的冲击；第二，增长路径选择不同，虽然环境质量和增长之间呈负相关关系，但是环境质量和增长路径不是唯一的，经济高增长、低增长和负增长都可以带来环

---

① 当然，如果贸易博弈本身是一个有着相互占优的均衡，那么合并博弈可能是 *AP*。

② "承诺行动"是当事者使自己的威胁战略变得可置信的行动。只有当不实行这种行动便会遭受更大的损失的时候，这种威胁才是可置信的，或者说，参与者要为自己的失信付出成本，参见张维迎：《博弈论与信息经济学》，上海三联书店 1996 年版，第 25 页。

境的高破坏，① 但也存在着环境低破坏和经济高增长的可行路径。问题的关键在于利用结构效应和技术效应的积极作用抵消规模效应的负面影响。而发展中国家现行的贸易增长模式与可持续发展并不完全一致。造成这种不对称影响的原因除了经济与技术水平的"南北"差异外，主要还包括：可持续发展意义上的资源禀赋差异，消费与贸易结构的不平衡，国际合作中地位的主动与从属矛盾。

可持续发展意义上的资源禀赋差异在一定程度上反映了"南北"之间的不对称现实。世界银行（1995）提出了新国家财富指标，该指标体现了经济可持续性、生态可持续性和社会可持续性发展的核心思想，并综合了自然资本、生产资本、人造资本和社会资本四要素去判断各国或地区的实际财富，以及可持续发展能力随时间的动态变化。其中，自由资本，又称自然资源或天然资源，是大自然赋予人类的财富，它包括土地、水、森林、渔业资源、净化能力、石油、煤、黄金和矿产等；生产性资本，又称产品资本，是人类过去生产经济活动积累起来的财富，它包括所使用的机器、厂房、道路等；人造资本，又称人力资源，是指一个国家或地区的公民所具备的知识、经验、技能和管理与创新能力等方面的价值；社会资本，是指以集体形式出现的家庭和社会之类的人员组织和机构生产，包括社会赖以正常运转的制度、文化凝聚力和共有信息等的价值，它属于财富计算的内容之一，但目前这方面的估算尚未进行。

按照上述的衡量指标，如果一国的经济活动给未来留下了与现在相等或更多的财富，那么，该国的经济活动就是可持续的。世界银行以 1990 年的数据为基础，确定了全球 192 个国家和地区的人均财富和价值，全世界人均财富为 86 000 美元，其中澳大利亚为 835 000 美元，居第 1 位；日本为 565 000 美元，居第 5 位；美国为 421 000 美元，居第 12 位；中国为 6 600 美元，居第 162 位；埃塞俄比亚为 1 400 美元，居最后 1 位。同时进行其他相关计算所获得的一个重要结论是：全世界的自然资本、生产资本和人造资本的构成比例是 20：16：64，且占世界人口不到 16% 的高收入国家却拥有全球财富的 80%，而占世界人口 80% 以上的发展中国家仅拥有全球财富的 20%。

世界银行（2000a）采用了真实国内储蓄率的概念与计算方法，即在扣除了自然资源（特别是不可再生资源）的枯竭以及环境损害损失之后的一个国家真实的储蓄率。结果显示，1997 年发展中国家国内储蓄率为 25%，但是减去对自然资本过度开采之后，真实国内储蓄率只有 14%，这说明发展中国家的经济增长质量较低。如果仅仅以经济效率为准则推行贸易自由化，无疑会加剧这些国家

---

① 世界银行（2000）在其《增长的质量》的研究报告中将中国和印度列为经济高增长、环境高污染的国家。

脆弱的生态环境。

发达国家和发展中国家之间的不对称现实还与贸易结构密切相关，发展中国家的农业和初级产品占有相当高的比重，而发达国家则侧重于工业和服务业。根据世界银行关于各国生产与贸易结构的统计，发展中国家的出口商品中，初级产品及主要以初级产品为原料的纺织品占50%以上。与此相反，发达国家的初级产品出口只占其总出口额的20%以下，日本只占2%，这种生产与贸易的格局意味着发展中国家通常以资源的大量消耗来取得自由贸易的收益；发达国家则以资源加工获取高附加值，最大限度地利用全球环境资源，充分得益于比较优势的发挥。

（2）国际协调过程中的主动与从属矛盾。

一方面，随着乌拉圭回合谈判的结束，世界性的贸易自由化已成为不可逆转的趋势，但它所经历的过程是曲折的。一些经济强国从自身的利益出发，按照它们固有的理念和思路拟定国际贸易标准和重建国际贸易秩序，严重限制了发展中国家的发展，给真正意义上的贸易自由化带来了巨大阴影。正如世界贸易组织总干事穆尔1999年年底世界贸易组织年度会议上发表的文章中指出的："富裕国家向贫穷国家商品所征收的关税，事实上比富裕国家之间所实施的关税还要重。"这从一个侧面反映了不公正、不健康的国际经济秩序，说明了发达国家通过贸易自由化把自己的繁荣建立在发展中国家的萎缩之上。

另一方面，在环境保护的国际合作实践中，两者的影响力迥然不同。与国际贸易相关的环境政策措施大多是由发达国家倡导制定并积极推广的。它们所具有共同特点是试图在全球范围内，通过制度安排或市场激励等手段来实现环境成本内部化，通过统一的环境标准抹平两者之间在环境成本内部化程度上的差异，从而达到保护环境与所谓"公平贸易"的目的。从某种意义上讲，发达国家推选的环境政策措施，很大程度具有"环境壁垒"的色彩。

贸易与环境讨论中不平衡现象导致了发展中国家在国际争论中采取防守姿态。例如，在贸易与环境的讨论中，只是探讨了贸易与环境挂钩的部分问题，例如WTO贸易与环境委员会（CTE）重点讨论了多边环境协定所采取的贸易措施与多边贸易体制的关系，以及与产品相关的加工工艺和生产方法（PPMs）的环境标志问题。尽管在多边环境协定和多边贸易体制之间进行协调非常重要，以及非歧视性的环境标志与多边贸易体制之间的关系也非常重要，但是并没有提到发展中国家的问题，如对保障法及市场准入、控制国内禁用品、技术转让等未给予应有的重视。

（3）贸易与环境问题上的观点分歧。

在贸易自由化与环境问题的关系上，发达国家和发展中国家的认识存在着难以调和的分歧。发达国家认为：第一，贸易限制是解决环境问题的重要手段。任何国家都有权采取关税和非关税措施，控制甚至禁止污染环境产品的进口或出口。但这些措施应遵守非歧视性原则、市场开放原则和公平原则，并保证一定的透明度。发达国家相对于发展中国家，其环境标准较高，认为国内产业处于比较劣势。但是同时发达国家不愿意降低环境标准与发展中国家持平。例如，美国希望有权达到自己认为适宜的健康、安全和环境保护目标，即使标准高于国际标准。这样做的原因是迎合公众环境保护意识的要求以及保护国内产业。所以发达国家提出：①当一种产品在不同国家生产税收不同，或出口国家有较低的税收负担时，国际组织（如 WTO）应该允许一国对社会倾销采取抵消措施，也就是环境法规与竞争力的观点，要求在国际上协调环境标准；②较低的税收负担将导致环境向低者看齐，各国竞相降低环境标准导致发达国家环境标准水平下降，所以国际组织还应该允许反补贴税来抵消社会倾销。这一观点要求一种合作性解决方案，没有协调的内容。第二，国际贸易应优先考虑保护环境。环境的污染破坏已日益威胁到人类的生存和发展。为了社会经济的可持续发展，贸易应减少和消除污染与破坏环境产品的生产及销售，鼓励环境产品的生产和销售，推动环保市场的扩大，强调环境成本内部化的适用性。第三，统一国际环境标准。这是南北关系中争议最多的问题之一。发达国家认为，无论一国经济处于何种发展阶段，均应采用一致而又适当的环境标准，并置于多边贸易体制的管辖之下，反对任何国家对企业进行"环境补贴"。

发展中国家认为：第一，对于发展中国家来说，目前面临的最大挑战是经济发展和消费贫困。因此，在处理环境和发展问题时，发展中国家与发达国家难以形成相同的政策优先次序。第二，发达国家实施的所谓与环境保护有关的关税和非关税措施，是名副其实的"绿色壁垒"。严重影响了发展中国家的出口。[①] 在历史上发达国家经常使用贸易制裁，南北之间形成事实上的不平等。尤其是美国，经常使用贸易制裁和壁垒。发展中国家因此认为以环境主义为幌子的保护主义使美国和欧盟成为堡垒。此外，一些发展中国家也表达了对发达国家过度消费的关注。20% 的世界财富集中于北方，消费世界资源的 80%，产生世界污染量的 80%，要求将贸易与环境挂钩之前将此因素考虑进去。第三，发达国家为保护本国"夕阳工业"而制定的环境保护技术标准和生态标识制度，是隐蔽的贸易保护形式。而且，这些标准和标识是以发达国家的技术条件和水平制定的，将

---

① 有发展中国家提出，反对用环境措施作为贸易壁垒的任何行动，认为用 GATT1994 第 20 款来处理环境问题中的例外已经足够灵活。该条款允许采用与其他 WTO 义务不一致的贸易措施来保护环境。参见杨静：《WTO 新一轮中贸易与环境问题》，载于《国际商报》2000 年 1 月 12 日。

发达国家的环境标准强加给低收入的发展中国家，在内部将人为地提高发展中国家的生产价格，在外部削弱了出口部门的相对优势。因此，对发展中国家应考虑采用某些特殊条款。第四，发展中国家的企业大多经济实力不强，环境治理费用必然加大这些企业的负担。基于这种情形，政府可以对企业和产品给予一定的"环境补贴"。第五，发达国家不能采取双重标准，一方面设置非关税壁垒，阻止发展中国家产品进入其国内市场，另一方面鼓励本国企业将一些污染环境的生产转移到发展中国家。

3. 南北贸易与环境协调必须解决的几个问题

（1）发达国家实施的单边贸易措施。

发展中国家对发达国家经常采取单边行动非常不满。发达国家以保护环境为名采取的所有歧视性措施中，均是出于保护主义动机的。金枪鱼/海豚以及虾/海龟两个案例是此领域争论的焦点，两个倡议均来自美国国内环境团体的游说，而不是来自产业界的声音。美国禁止从墨西哥进口金枪鱼以及禁止从未对海龟进行保护的捕虾国进口虾是美国采取的单边行动，涉及美国相关法律的特别管辖权问题。在国际环境关系中单边主义是拥有一个较长历史的传统，单边主义实际上使国内法律应用于域外。美国法律涉及从限制DDT的进口及其他伤害环境的物质，到禁止象牙进口，以及对使用拖网伤害太平洋鲑鱼和海豚的国家采取贸易措施。美国的污染阻止法许可美国当局禁止从环境标准宽松于美国的国家进口商品，美国的全球清洁水激励法对不符合美国清洁水法标准的制造过程的外国产品征税也是一例。

单边主义是美国的主要贸易策略，如在特殊制裁方面（超级301）、知识产权等方面。自WTO成立以来，美国曾多次威胁对中国因违反知识产权而使用超级301条款，对日本和韩国的汽车和零件使用超级301条款，将亚太的几个国家和地区列入知识产权违反者的优先观察名单。发展中国家在平衡的世界中难以接受单边贸易措施，使用贸易制裁为取得环境目标是不公平的，在WTO有关环境的贸易争端中，半数是因富裕国家制裁针对贫穷国家而引发的。尽管发达国家采取单边措施时常有特定的理由，但是在国际关系中单边主义措施愈演愈烈，加深了国家间及南北间的不信任，在环境问题上更是这样。

（2）基于加工工艺和生产方法的贸易限制措施。

如果在WTO下将贸易与环境挂钩，发达国家将极力建议因加工工艺和生产方法（PPMs）不同而采取贸易限制措施具有合法性，将极大地影响发展中国家向发达国家市场的准入程度，导致发展中国家增长下降，损害发展中国家在国际环境谈判中的地位。贸易自由化产生规模效应使一国的总产出增加，相应的污染排放量也会增加。如果因PPMs使发展中国家市场准入受到影响、经济力量下降导致污染量下降，将造成国际环境力量天平向发达国家倾斜。这是因为：第一，虽然发达国家可以使用单边措施使存在环境问题的国家就范，但是缺少在国际环境谈判中做出妥协的动力。例如，美国在因捕虾过程中诱捕濒危海龟而禁止虾的进口之前，没有在《濒危野生动植物物种国际贸易公约》（CITES）会议上提出这样的问题，美国至今未签署迁移物种保护公约或联合国海洋公约，未批准生物多样性公约，没有参与所有可能的保护濒危物种的多边行动的途径。第二，随着经济增长下降，发展中国家像过去一样不得不求助于发达国家的技术转让以及资金援助，损害到发展中国家自主能力及独立的意识。所以，如果 WTO 贸易规则承诺基于 PPMs 的贸易歧视行为是合法的，发展中国家在多边环境论坛中的力量将被削弱，因为其经济力量下降，污染排放降低，削弱发展中国家对环境谈判过程和结果的影响能力。

尽管发达国家促使非产品相关的 PPMs 上的贸易限制合法化（包括单边措施及特别管辖权），但是对有利于环境的技术的传播重视不够，有利于环境的技术可以帮助发展中国家采用对环境无害的 PPMs。一些发展中国家的非政府组织指出，发展中国家应该有更多的机会从国际社会得到环境技术及政治支持，从国际机构得到环境保护资助。世界银行的代表指出，如果允许对其他国家的污染和环境恶化采取单边措施将使贸易体制依赖于力量而不是规则。尽管一些建议 TBT协议涵盖环境标志（包括非产品相关的 PPMs），但是缺乏发展中国家如何从使用传统和本土知识的有利于环境的产品贸易中受益这一问题的分析，这样，在某种程度上可以认为环境标志是一种工具，提供给消费者产品信息，提供给有环境标志的产品以市场优势。促进基于本土知识的产品的可持续贸易实际上有利于保护，基于本土知识的产品不仅可以授予专利（防止发展中国家出口此类产品），产品有商标或有标志也便于销售。

如果 WTO 贸易规则坚持否认 PPMs 基础上单边贸易歧视行为的合法性，发达国家将不得不对协调环境标准付出代价或与发展中国家真诚地谈判来保证协调的成功。伴随着发展中国家经济增长及发达国家的市场准入程度的提高，发展中国家将增强用自有资源购买有利于环境的技术的能力，这样从根本上改变了发展中国家过去自己铸就的受害者的地位，恢复基于国际环境政治中应有的自主能力。

（3）发达国家对发展中国家的调整能力关注不够。

发达国家在关注贸易措施及其他措施对环境影响的同时，对发展中国家采取较严的环境规范和提高环境质量而进行的建议关注不够。发达国家在指责发展中国家在贸易与环境整合上努力不够的同时，没有注意到这样做会使发展中国家支出一定的调整成本。在解决全球问题上没有充分考虑到发展中国家的能力。所以，虽然贸易措施对于发达国家是有效的，但是在发展中国家身上未必体现出来。发展中国家缺乏必要的能力来建立可信的认证机构，在采纳国际标准时通常遇到问题。执行环境标准在发展中国家也存在一定的问题，缺乏财政支持、协调机构等，使发展中国家采纳较高的标准也存在困难。

贸易与环境问题使发展中国家意外地团结一致。一些发展中国家的环境非政府组织支持官方将贸易与环境脱钩的做法，相信环境问题应通过其他手段及在其他的论坛中加以解决。例如，新德里科学与环境研究中心支持印度政府抗议美国对虾禁止进口。尽管他们知道印度政府未能充分地保护海龟，还是谴责美国在环境问题上使用单边措施。建议建立申诉与惩罚机制来执行国际环境条约。其他亚洲环境主义者反对美国建议的只根据多边环境协定的简单规则来进行贸易限制，以及对受损害的生产者补偿及提供技术援助来向可持续性的PPMs靠拢。

总之，将环境问题与贸易自由化谈判挂钩，体现了国际上贸易与环境问题捆绑决策的一个趋势。这种基于效率的做法更符合发达国家的利益，发展中国家出于对贸易保护主义的担心，又不得不遵循这一游戏规则，但并不希望其朝着机制化的方向发展。对于开放贸易市场，发展中国家的顾虑正在减少。然而，对于经济发展和环境保护的关系，发展中国家有着不同于发达国家的权衡取舍标准和政策优先次序。尤其是两者在利益分配上的不均，直接影响着将贸易与环境政策相协调的实践效果。

二、区域环境合作

随着贸易自由化的不断深入以及国际间环境问题的日益突出，在全球多边框架内实现贸易与环保决策一体化已经引起了国际社会的广泛关注，并有可能成为下一轮多边贸易谈判的主要议题。但是，国际社会要达成共识却面临着诸多制约因素，其过程极为艰难、复杂，结果往往会导致无休止的谈判。下面我们首先就区域环境合作的主要制约因素进行分析，然后论述区域合作达成该目标的可行性以及存在的问题。

1. 区域合作途径的理论探索

个体理性和集体理性的矛盾与冲突为我们描述了国际环境合作的困境。市场失灵所导致的无效状态使该问题更为突出。这一理论的含义是：如果国际环境合作机制不能同时满足各国的要求，它将难以实行下去。所以，解决这一矛盾的办法不是否认单个国家的存在，而是设计一种机制，在考虑各国实际情况的前提下达成集体合作的选择。下面我们通过对国际环境合作的公共物品的需求特征、供给特征以及集体行动理论对寻求区域合作进行理论分析。

（1）国际环境合作的公共物品的需求特征。

市场是配置资源的有效方式，但它必须满足确定的条件。如果一种商品具有公共物品的特征，并且它的供给严格限制于市场决定，那么就难以产生帕累托有效率的量。全球范围的环境保护需要各个国家付出相应的努力，即提供公共物品，但市场自身的缺陷制约了这一目标的实现。

假定区域内某种公共资源环境为 R（空间资源、地面资源、海洋资源或地下资源等），这种公共资源环境作为没有排他性所有权的区域资源，在区域空缺超国家政府权力监督的前提下，区域内理性国家 i（$i = 1, 2, \cdots, n$）对公共资源环境 R 的需求（如对矿产资源的开采、对水资源的使用、对河道排放污染水、对空气中排放废气等均视为对资源环境 R 的需求）为 q_i，则区域内对公共资源环境 R 的总需求为 $Q = \sum_{i=1}^{m} q_i$。为简便起见，区域内公共资源在被消耗了 Q 单位后，单位公共资源环境对区域内各理性国家的平均利用价值、平均获得成本均相同，分别记为 $V(Q)$ 和 $C(Q)$，不失一般性，我们设 $V(Q)$ 则随 Q 的增加而大幅上升，如水资源 R 的可利用价值 $V(Q)$ 随着排污染量 Q 的增加而递增，即：

$$V'(Q) \leqslant 0, V''(Q) \leqslant 0 \text{ 而 } C'(Q) \geqslant 0, C''(Q) \geqslant 0$$

这时，区域内国家 i 消耗 q_i 单位的公共资源的损益值 π_i 满足：

$$\pi_i = q_i [V(Q) - C(Q)]$$

若从每一个国家的利益出发，区域内 n 个国家消耗公共资源环境 R 的最优化问题将转化成区域内 n 个理性国家的完全信息静态博弈问题：

$$\max \pi_i = q_i [V(Q) - C(Q)]$$
$$\text{s. t.} \quad Q = \sum q_i \quad i = 1, 2, 3, \cdots, n$$

使 π_i 最大化，则 $\delta \pi_i / \delta q_i = 0$，国家 i 的最佳消耗量 q_i^* 应满足下述的一阶条件：

$$V(Q) - C(Q) + q_i [V'(Q) - C'(Q)] = 0 \quad i = 1, 2, 3, \cdots, n$$

将 n 个一阶条件相加，得：

$$\begin{cases} n[V(Q^*) - C(Q^*)] + Q^*[V'(Q^*) - C'(Q^*)] = 0 \\ Q = \sum_{i=1}^{m} q_i \end{cases}$$

即：

$$
\begin{cases}
V(Q^*) - C(Q^*) + \dfrac{Q^*}{n}[V'(Q^*) - C'(Q^*)] = 0 \\
\pi^* = \displaystyle\sum_{i=1}^{n} \pi_i^* = Q^*[V(Q^*) - C(Q^*)]
\end{cases}
$$

若 n 个国家不是从自身利益出发来考虑公共资源环境 R 的消耗问题, 而是从区域内整体利益的角度来考虑, 这时, 它们的帕累托最优问题为:

$$
\max_{Q} \pi_i = Q(V(Q) - C(Q))
$$

上式的最优一阶条件和帕累托最优损益值 π^{**} 分别为:

$$
V(Q^{**}) - C(Q^{**}) + Q^{**}[V'(Q^{**}) - C'(Q^{**})] = 0
$$
$$
\pi^{**} = Q^{**}[V(Q^{**}) - C'(Q^{**})]
$$

因为, $V'(Q) - C'(Q) \leq 0, V''(Q) - C''(Q) \leq 0$ (且均不恒等于 0), 容易证明:

$$
\begin{cases}
Q^* > Q^{**} \quad ① \\
\pi^{**} > \pi^*
\end{cases}
$$

上式表明, 在区域内公共资源环境消耗问题上, 若区域内部没有适当的制度安排约束和管制各国的经济行为, 对于追求自身利益最大化的理性国家, 将会寻求其公共资源环境消耗的纳什均衡而不会去寻求区域整体性最优的帕累托均衡。从而造成公共资源环境被过度地、低效率地消耗, 即产生了所谓的 "公共地悲剧" 现象。

(2) 国际环境合作的公共物品供给特征。

在自由的市场经济中, 作为追逐个体最优的每一个理性国家, 它们在公共资源的需求与供给两方面的追求上, 则有着两个截然相反的动机: 各国对公共资源的需求往往存在着过度需求的动机, 而对其供给则寻求供给不足的动机。显然, 在前面的分析中, 我们已经证实了理性国家对公共资源的过度需求现象, 下面我们将进一步证明公共资源供给不足现象的普遍存在性。

假设区域内有 i ($i = 1, 2, \cdots, n$) 个国家, 在自觉自愿的情况下, 对公共资源环境 R 的供给 (不失一般性, 我们把一国对不可再生资源的节约、可再生

---

① 反证法: 若 $Q^* \leq Q^{**}$, 则有 $0 < V(Q^{**}) - C(Q^{**}) \leq V(Q^*) - C(Q^*)$, 因为 $0 \geq Q^{**}[V'(Q^{**}) - C'(Q^{**})] \geq Q^{**}[V'(Q^*) - C'(Q^*)] \geq \dfrac{Q^*}{n}[V'(Q^*) - C'(Q^*)] > Q^*[V'(Q^*) - C'(Q^*)]$, 又因为 $V'(Q^*) - C'(Q^*) < 0$, 所以 $Q^{**} > Q^*$ (矛盾)。同理, 由 $Q^* > Q^{**}[V(Q^{**}) - C(Q^{**})] > \pi^* = Q^*[V(Q^*) - C(Q^*)]$。

资源的维护、"三废"治理等相关问题视为该国对公共资源环境 R 的供给），并记区域内 n 个理性行为国家提供公共资源环境 R 的总量为 S，且 $S = \sum_{i=1}^{n} s_i$，s_i 为 i 国的提供量。进一步地，我们假定理性国家 i 预算收入为 M_i、消费其他物品（非公共资源环境）的消费量为 x_i；提供单位公共资源环境的成本为 P_c，购买其他物品的平均价格为 P_x；i 提供 s_i 单位公共资源购买 x_i 单位其他物品的效用 $U_i = U_i(x, S)$，且理性国家关于 x_i 和 S 的边际效用及其边际替代率是递减的，即 $\partial^2 U_i / \partial x_i^2 < 0$，$\partial^2 U_i / \partial S^2 < 0$ 和 $MRS_{SX_i} = (\partial U_i / \partial S) / (\partial U_i / \partial x_i)$ 是 S 的减函数。显然，区域内 n 个理性国家提供公共资源环境 R 个体最优化问题将变为区域内 n 个理性国家的完全自信静态博弈问题：

$$\max U_i = U_i(x_i, S)$$
$$\text{s. t.} \quad M_i = P_x x_i + P_C s_i$$
$$S = \sum_{i=1}^{n} s_i$$

那么，国家 i 选择自身的最优策略 (x_i, s_i)，使下列的目标函数（拉氏函数）最大化：

$$L_i = U_i \left(x_i, \sum_{i=1}^{n} s_i \right) + \lambda (M_i - P_x x_i - P_c s_i)$$

式中 λ 为拉格朗日乘数。其最优化一阶条件为：

$$\begin{cases} \dfrac{\delta U_i}{\delta S} - \lambda P_c = 0 \\ \dfrac{\delta U_i}{\delta x_i} - \lambda P_x = 0 \end{cases} \Rightarrow MRS_{SX_i} = \frac{\partial U_i / \partial S}{\partial U_i / \partial x_i} = \frac{P_c}{P_x}$$

上式表明，n 个理性国家在区域内公共资源与环境供给的博弈中，若每个国家从自身利益出发，则其纳什均衡 $\{(s_1^*, s_2^*, \cdots, s_n^*), S^* = \sum_{i=1}^{n} S_i^*\}$ 满足上式的恒等关系，即：

$$MRS_{SX_i}(S^*) = \frac{P_c}{P_x}$$

若 n 个理性国家不是独立决定其公共资源与环境的提供问题，而是以合作的方式从整体出发来考虑这一问题，这时整个帕累托最优供给构成下述的优化模型：

$$\max U = \sum \alpha_i U_i \quad \text{s. t.} \quad \sum_{i=1}^{n} M_i = P_x \sum_{i=1}^{n} x_i + P_c S$$

式中的目标函数系数 α_i ($\alpha_i \geq 0$, $\sum_{i=1}^{n} \alpha_i = 1$) 为权数,若 n 个理性国家在区域联合体中的地位平等,则 $\alpha_i = 1/n$;若地位不一样,处于较高地位(在这个联合体属于较重要的国家),则其对应的权数 α_i 较大。显然,该模型的帕累托最优的一阶条件为:

$$\begin{cases} \sum \alpha_i \dfrac{\delta U_i}{\delta S} - \lambda P_c = 0 \\[2mm] \alpha_i \dfrac{\delta U_i}{\delta x_i} - \lambda P_x = 0 \end{cases}$$

从以上方程中消除 α_i 和 λ,易得,帕累托最优 S^{**} 满足:

$$\sum_{i=1}^{n} \frac{\partial U_i / \partial S}{\partial U_i / \partial x_i} = \frac{P_c}{P_x} \Rightarrow \frac{\partial U_i / \partial S}{\partial U_i / \partial x_i} = \frac{P_c}{P_x} - \sum_{j \neq i} \frac{\partial U_j / \partial S}{\partial U_j / \partial x_j}$$

不难发现:

$$MRS_{Sx_i}(S^{**}) = \frac{P_c}{P_x} - \sum_{j \neq i} \frac{\partial U_j / \partial S}{\partial U_j / \partial x_j} < \frac{P_c}{P_x} = MRS_{Sx_i}(S^*)$$

以上不等式及边际替代率 MRS_{Sx_i} 为 S 的递减函数,我们可以得到:$S^{**} > S^*$,即帕累托最优的公共资源将大于纳什均衡的公共资源供给。这表明,对于区域内公共资源环境的提供问题,若仅从自愿提供的情况下,理性国家将会提供不足的公共资源环境,这种不良现象将在区域内普遍存在。

(3)集体行动理论。

集体行动问题的理论有助于理解在全球多边框架内解决贸易与环境问题的复杂性和难度。传统观点认为,形成集团的目的在于增进其共同利益,集团规模越大就越有效率;如果存在共同利益,小规模未必就好。奥尔森的独到之处在于借助"集体行动的逻辑"推翻了上述论断。[①] 奥尔森认为,由于免费搭车现象的存在,对集团有好处的行动不会自然产生,其产生必须具备两个条件:一是集团规模足够小;二是存在着某种迫使或诱使个体努力为集体行动作出贡献的激励机

[①] 在亚当·斯密看来,寻求自身利益的个人行为在"看不见的手"的指引下,将促成整个社会的繁荣。因而个人理性与集体理性并行不悖。奥尔森也正是在这一点上与亚当·斯密分道扬镳。奥尔森认为,在经济学乃至整个社会科学中,存在两个定律:其一与"看不见的手"相一致;其二是指在某些情况下,如公共物品提供、免费搭车以及囚徒困境等,前一个定理失效。即不管个人如何精明地追逐自己的利益,社会的理性结果不会自发出现。只有借助"引导之手"或适当的制度安排才能求得有效的集体结果。

制，即所谓"选择性激励"。集团规模小意味着个体的影响力将会相对提高，还意味着可以降低由个体行动向集体行动过渡的成本。在大集团中要形成统一意见并且在执行过程中实施有效的监督远非轻而易举。

该理论指出，大集团成员有强烈的免费搭车倾向。集团越大，其成员提供公共物品的消极性就越强，免费搭车的潜能越大，因而推进其共同利益的可能性越弱。① 此外，由于缺乏一个超越主权国家的权威机构，使全球环境保护只能过多地依赖市场力量。而相关协议大多不具有约束力，一个国家是否在环境问题上采取合作态度，完全取决于该国自身的选择，这也为免费搭车行为提供了激励。

例如，臭氧层的保护需要全球各国采取行动，控制有害化学气体的排放。但是，这种集团行动产生的结果是非竞争性、非排他性的公共物品。在这种情况下，每个国家都会发现，自己也许可以享有集体利益（减少排放污染带来的好处），却不承担集体成员的成本（控制自身污染排放数量）。因此，全球环境状况无法依靠市场机制来根本改善。

2. 区域环境合作的实现原则

为了整体利益，各国都必须协调贸易与环境的关系。本国必须采取必要的环境措施，但这些措施又不能对他国造成歧视，而且必须符合比例原则。与此同时，各国也要积极通过立法，确立适用于统一市场的环境标准，减少国内环境法规之间的差异对统一市场的影响。下面我们就以欧盟以及《北美自由贸易协定》为例来探讨区域环境合作的一般原则。

（1）欧盟的贸易与环境协调。

欧盟是当今世界上一体化程度最高的区域经济组织，从一个6国的关税同盟发展到今天的15国经济联盟，其经济一体化取得了巨大的成绩。同时，欧盟的环境保护在40多年中走过了从各成员国自行负责到形成共同的法律和行动，从工业环境为主到全面的生态环境保护，从治理污染到主动预防，从国家到区域到全球行动，在环境领域中取得了骄人的业绩。

在欧盟一体化过程中，环境政策与贸易政策的协调得到了足够的重视，欧盟协调贸易与环境主要从两个方面入手，一是避免环境保护措施成为贸易自由化流动的障碍，二是避免生产加工方法的差异导致成员国产生竞争力扭曲。即一个是市场准入问题，一个是竞争力问题。

第一，市场准入问题。

解决市场准入问题一直是欧盟的主要任务，创立共同市场，让货物在成员国

---

① 参见乔·B·史蒂文斯著，杨晓维等译：《集体选择经济学》，上海三联书店、上海人民出版社1999年版，第113页、第126页。

之间自由流通始终是欧洲经济一体化的主要目标。欧盟在此过程中采取了各种方式保证商品在区域内的自由、无阻碍的流动。

为了保证货物在区域内的自由流动，欧盟条约第 30 ~ 34 条规定：禁止对成员国之间的进口贸易采取数量限制以及所有具有同等效果的措施。所谓与数量限制具有同等效果的措施，是指"可能直接或间接、实际或潜在地阻碍共同体内贸易的任何规定"。① 例如，关于进口许可证、动植物卫生检疫、商品标志等的规定。这类措施的形式包括法律、条例、行政法规以及一切由公共机关颁布的文件，甚至包括没有法律拘束力的建议。欧盟法禁止成员国彼此采取数量限制和具有同等效果的措施，目的是保障欧盟区域内的商品自由流通。

但对于这一原则性规定，也允许有例外。欧盟条约第 36 条规定：第 30 ~ 34 条不应妨碍为保障人与动物的健康和生命或为保护植物而禁止或限制进出口或过境。若仅从这一条款的字面上看，环境保护当初显然没有被列入在限制商品自由流通的正当理由中。但是，在近十年间，随着欧盟内环境保护的重要性日益突出，公众要求加强环境保护的呼声日渐高涨，欧洲法院的司法实践也逐渐向强调环境利益方向倾斜。在几个重要案件的判决中欧洲法院都明确表示，贸易自由化不应阻碍成员国制定正当的环境标准。

在协调贸易与环境关系时，一般欧洲法院是在市场准入与环境保护发生具体冲突时介入。作为解决冲突的仲裁者，欧洲法院所持的立场是，环境保护是欧盟的基本目标之一，可以成为限制商品自由流通的正当理由。但是，成员国所采取的限制措施必须是环境保护所必需的，不得在成员国之间造成任何歧视，而且必须符合比例原则，即采取的措施与追求的目标相比，必须是适当的。②

欧洲法院处理市场准入与环境保护关系最著名的判决是在 1988 年 9 月 20 日对"丹麦酒瓶案"所做出的。1986 年 12 月 1 日，欧共体委员会向欧洲法院起诉丹麦，指丹麦制定的啤酒和清凉饮料包装回收制度实际上将使其他成员国的啤酒和清凉饮料被排斥在丹麦市场之外，丹麦因此违反了欧共体条约第 30 条。丹麦所主张的理由是，在这个问题上，不存在能够有效保护的其他办法。欧洲法院的判决认为，丹麦的包装回收制度确实是为保护环境的需要而必须采取的措施，但这个制度中所作的某些数量规定对于制度所追求的目标而言却是没有必要的，不符合比例原则。"丹麦酒瓶案"判决的重要意义在于，欧洲法院第一次明确承认，环境保护是限制商品自由流通的迫切需要。这样，欧洲法院实际上为欧盟成

---

① 1969 年 12 月 22 日，欧共体委员会关于消除具有相同效果的第 75/50 号指令，《欧共体公报》1970 年 1 月 19 日。

② 张若思：《欧共体法律体系内贸易与环境关系的协调》，载于《欧洲》2000 年第 1 期。

员国制定各自的环境保护规范亮出了绿灯，即使这样做可能是以影响商品自由流通为代价。

欧洲法院在欧盟法律体系中的地位可谓举足轻重，其司法实践对于平衡自由贸易与环境保护的关系具有重要意义，大量的贸易争端案件为欧盟积累了处理贸易与环境问题的经验。

欧盟保证市场准入的另一策略则是通过立法使成员国的产品标准趋于一致。欧盟建立统一市场的一个重要手段是使成员国的国内法彼此接近，这就是欧盟立法中常使用的方法——协调。在处理贸易与环境的关系问题上，欧盟同样广泛使用这个方法，其法律根据是欧盟条件第 100A 条。欧盟协调成员国之间产品标准具有双重目的，既要避免存在于这些标准之间的差异阻碍商品的自由流通，又要在整个共同市场范围内实现高水平的环境保护。不过，采取什么样的协调方式则取决于具体的产品。在欧盟协调产品标准的过程中，采取了多种协调方案，主要有统一标准、最高标准、国际标准和基本要求协调。这些协调方案为世界范围内环境保护标准的协调提供了很好的样本。

统一标准，是指所有国家或地区都采用一致的标准。每个国家都执行完全相同的环境要求，不允许高于也不允许低于该标准。这种完全协调防止了使用环境标准可能产生的混淆，同时这种形式的协调可以促进管理上的规模经济，不同国家的政府可以共享资料、决策战略和实施技术。最后，由于遵守共同的标准，可以在污染控制技术、培训计划、法律体系或其他环境管理体制方面取得规模经济效应，避免各个国家各行其是造成的资源浪费。

最高标准，是在环境保护要求中规定一个最高标准，成员国不得制定超过最高标准的标准。最高标准可以促进贸易更多地流动。因为，产品要求差异的减少有利于公司进入新的市场。然而，高标准不能杜绝由于一些国家采用次优的标准而引起的环境恶化。

国际标准，是指当进口商品满足公认的国际标准时才允许进入市场。使用国际标准的优点是，规则十分清楚，管理者不需要搜集资料分析损害或建立标准，他们只需要借用现成的标准要求。但是由于在多边基础上达成协议的困难性，国际标准通常代表着最低的标准，可能并不能完全适合某个借用国家的情况，在一些情况下太富弹性，在另一些情况下又太受限制。国外，采用国际标准通常没有适当的公众参与。

基本要求协调，是指在基本的环境要求上必须一致，但达到这些基本要求的具体技术规则由各单个国家或标准化组织来制定，这种方法可以使国家间在关键环境目标上达成一致，并导致最优程度的协调。在欧盟，以欧洲标准化委员会规定的某些产品标准作为欧盟认可的"基本要求"，成员国的产品只要符合这个"基本要求"，就可以在欧盟范围内自由流通，成员国一般不应再予以限制。这种协调的中心特征是把协调限制在欧盟必要的"基本要求"水平上，以保证产品的自由移动。根据这些基本要求起草具体的规则让欧洲标准组织去解决。

虽然多种多样的协调方式既保证了产品环境标准的差异不会成为商品自由流动的障碍，又可以在整个欧盟范围内实行高水平的保护。但环境主义者对欧盟的协调过程仍然持批评态度。环境主义者认为，由于政策制定程序的复杂性和成员国之间竞争利益的存在，协调统一的欧盟标准经常反映的是最低的环境标准。为此，在1986年采用的单一欧洲法中，在欧盟条约中增加了几个条款以解决这些问题。用合格的多数投票制度取代了全体一致同意投票制度。首先，100a（1）条很大程度上简化了决策程序，这样就排除了落后国家的反对，促进了严格的排放标准的采用；其次，100a（3）条要求在有关健康、安全、环境和消费者保护方面，委员会应采取高水平保护标准；最后，100a（4）规定，在某些情况下，如果成员国认为对保护环境是必要的，他们有权采取更严格的国内标准而不是欧盟的协调标准。①

第二，竞争力问题。

20世纪90年代以前，欧盟主要集中于减少与环境有关的产品标准对贸易的影响，近年来，人们越来越多地关注成员国之间与环境有关的工艺标准的差异对欧盟内部贸易的影响，由于各成员国对污染控制要求有严格与宽松之分，这种差异会扭曲竞争，从而破坏统一市场的动作。尤其是高环境标准的成员国如德国越来越担心污染控制要求的差异将产生竞争扭曲，并将破坏共同市场的正常运行，一致的环境加工标准引起的竞争扭曲的负面影响大量地出现在欧盟指令的前言中、欧洲法院的判决中和法律文件中。欧盟主要通过以下方式解决由环境问题引起的竞争力扭曲问题。

其一，协调成员国之间的工艺标准。与对待产品标准一样，欧盟通过立法来协调成员国之间不同的工艺标准。一些指令规定最低工艺标准，例如，对一些行业的垃圾处理、废物排放、水的质量规定最低标准。用以维持基本的公平竞争条件，减少生产者以低环境成本取得竞争优势，但最低工艺标准并不禁止成员国规定更严格的标准。

由于各成员国的经济发展水平不同，它们各自生态系统的吸收能力也存在着差异。在某些情况下，欧盟一直被迫选择更富有弹性的PPMs协调策略，即将成

① Daniel C. Esty and Damien Geradien， "Market Access, Competitiveness and Harmonization: Environmental Protection in Regional Trade Agreement"， *Harvard Environment Law Review*， Vol. 21， No. 2， 1997.

员国划分为几类，对不同类型的成员国规定不同的生产工艺标准。例如，欧盟采用了多重协调战略规范大型直燃机工厂的空气污染。德国强烈要求对大型燃烧厂排放的 SO_2 和 NO_2 实施严格限制，以便与其国内的要求相一致。然而，许多其他成员国如希腊、爱尔兰、葡萄牙和西班牙认为严格的排放限制将给国内的工业造成负面影响并将阻止其经济的发展。因此，在指令 88/609 中进行了折中，在要求所有直燃机工厂减少二氧化硫和氮氧化物排放的同时，对不同成员国规定了不同的达标期限。对于经济相对落后的希腊、爱尔兰和葡萄牙，甚至允许它们在一定时期内增加排放。

从经济上讲，差别标准较完全一致的标准更有效率，因为它能够更好地结合本地的环境要素禀赋，在各国利益多样性与中心标准之间寻求平衡，而共同的长期环境目标又确保了这种标准的差别不可能永久存在。

到目前为止，通过协调生产工艺来确保欧盟内公平的竞争条件并不十分有效，这是因为，即使欧盟的环境指令规定了一定的工艺标准，但成员国之间在指令的实施上却存在很大的差异。一些成员国如德国、丹麦和荷兰制定了复杂的实施机制，提高了企业的环境成本，而另一些成员国如希腊、意大利、葡萄牙和西班牙执行环境指令的情况却欠佳。

欧盟主要依靠于各国的环境努力，事实上，当欧盟委员会得知一个成员国没有完成和实施欧盟标准，在欧洲法院对该成员国没有按照欧盟法律下的义务进行起诉之前，除了劝告外，它唯一的方法只能是进行法律申诉。这种程序非常缓慢，并且到目前为止对宽松环境标准国家的威慑力很小。

其二，制定欧盟的竞争规则。欧盟确保公平正当竞争的机制是共同市场的另一主要支柱。欧盟条约第 85~90 条规定了欧盟内私人企业之间的竞争规则以及成员国政府对本国私人企业提供支持或帮助的规则。但随着各成员国环境意识的加强，它们所采取的一些环境措施与欧盟竞争规则中的部分内容发生了冲突，主要体现在环境协议与环境补贴两个方面。

环境协议。近年来，自愿环境协议已经成为欧盟许多成员国环境保护政策中越来越重要的内容，它是指私人企业之间或私人企业与公共机构之间签订的协议，旨在主动减少危害环境的行为，在环境保护方面进行合作。例如，企业之间为促进废弃产品的回收利用而签订的协议，政府的环境部与某个行业的企业就垃圾处理、废物排放等问题签订的协议，一般说来，签订环境协议比通过一项法律更容易、更迅速，能给有关企业更多的自由，因而具有较大的灵活性。而且，环境协议使企业主动承担环境保护责任，鼓励企业更好地将环境保护结合到企业管理中。但是，这样的环境协议却可能在某种程度上与欧盟条约第 85 条第 1 款相抵触。该条款规定：禁止所有那些可能影响成员国之间贸易，旨在阻碍、限制或歪曲共同市场内的竞争或具有这样效果的企业间协议、企业联合决定和协调行动，这些协议、决定和行动是与共同市场不相符合的。对于成员国内越来越受青睐的自愿环境协议与欧盟竞争规则之间的关系，欧盟委员会的立场非常明确。它认为，可以适用欧盟条约第 85 条第 3 款规定的例外条件来对两者予以协调。根据该条款，欧盟竞争规则并不排除那些可以改善生产或销售、促进技术和经济进步、有利于使用者的企业间协议。在 1995 年关于欧盟竞争政策的一份报告中，欧盟委员会清楚地指出，它"将根据欧盟条约第 85 条第 3 款，适用比例原则，权衡环境协议对竞争的限制与协议要实现的环境目标之间的关系，尤其是环境保护被视为有利于改善生产或销售并促进技术进步的因素"。

环境补贴。为了支持或帮助企业保护环境，欧盟成员国都在不同程度上给予企业补贴，例如资助企业购买净化设备或生态产品、对重视环境保护的企业给予减免税费的鼓励等。环境补贴已经成为成员国普遍使用的重要的环境保护手段。但它们却可能与欧盟条约第 92 条第 1 款有所冲突。该条款规定，"凡歪曲或威胁歪曲竞争、有利于某些企业或某些生产的国家补贴或以某种形式的国家资源提供的帮助，影响成员国之间的贸易，是与共同市场不相容的。"

考虑到维护共同市场和环境保护的双重需要，欧盟努力在环境补贴问题上平衡贸易与环境的关系。欧盟的具体做法是，并不全面禁止环境补贴，而是援引欧盟条约第 92 条第 3 款中关于国家补贴的例外规定，对成员国实行的环境补贴进行"个案审查"。根据欧盟条约第 93 条第 3 款的规定，成员国应在适当的时间内将其实施环境补贴的计划通知欧盟委员会，欧盟委员会则对每一项补贴是否符合欧盟条约的有关规定做出裁定。欧盟委员会对成员国发放环境补贴的行为规定了四条基本原则。这四条基本原则是：国家环境补贴例外只能是适应新的、难于负担的环境义务；这样的补贴只能发给那些在新的更严格的环境标准生效至少两年前已经安装了环境保护设备的企业；发放的补贴最多不应超过增加投资的50%；成员国须向委员会提供关于所发放补贴和必要的环境规划投资的详细资料。

欧盟贸易与环境最初发生冲突本质上是共同利益与成员国利益之间的冲突。为了实现共同市场必须在成员国之间推行自由贸易，而成员国为了保护本国的生态环境所采取的一些措施却可能影响共同体内的自由贸易。然而，随着经济一体化的深入，环境保护也成为共同体的基本目标之一，并被明确载入欧盟条约中，保护环境与维护共同市场在共同体政策的制定与实施中具有同等重要的地位。一方面，成员国的环境措施不应阻碍共同体内的商品自由流通，影响公平竞争；另一方面，共同市场的建立与动作应同时实现高水平的环境保护。

因此，为了统一市场的整体利益，欧盟必须协调贸易与环境的关系。它允许成员国根据本国的情况采取必要的环境措施，但要求这些措施不得在成员国之间造成歧视，而且必须符合比例原则。与此同时，欧盟积极通过立法，确立适用于统一市场的环境标准，减少成员国国内环境法规之间的差异对统一市场的影响。由于欧盟条约允许成员国制定比欧盟更严厉的环境标准，尽管欧盟已经通过立法和司法手段做出许多协调的努力，贸易与环境在欧盟内发生冲突的可能性仍然存在。因此，协调贸易与环境的关系将是欧盟的一项长期任务。

(2)《北美自由贸易协定》中的贸易与环境问题。

1991 年 6 月到 1992 年 8 月进行的《北美自由贸易协定》（以下简称 NAF-TA）谈判，受到了美国和加拿大诸多劳工团体、环境保护团体及其他民间团体的关注，在这些利益集团的压力下，该协定比较充分地考虑了环境问题，并第一次在多边贸易协定规定了环境条款。为了控制 NAFTA 对环境可能造成的负面影响，加强区域内环境合作，在《北美自由贸易协定》的基础上，美、加、墨三国在 NAFTA 生效之前，进一步就环境保护问题进行磋商，于 1993 年 11 月 18 日批准了 NAFTA。作为发达国家与发展中国家之间签署的多边贸易协议，NAFTA 在环境方面所做出的尝试，对 WTO 新一轮多边贸易谈判有一定的借鉴意义。

第一，《北美自由贸易协定》中与环境相关的内容。

NAFTA 在序言中强调成员国通过扩大在自由贸易区内的贸易和投资机会，促进三国企业在全球市场上的竞争力以及在保护环境的条件下履行三国在促进就业和经济增长方面的责任。NAFTA 的贡献在于第一次在多边贸易协定中将环境保护纳入经济稳定增长的目标中，并使之成为各国发展经济时所应承担的国际义务。序言的这一规定决定了在该协议中有关环境方面的规定是一切其他规定的根本，在一个成员国的经济责任和环境责任发生冲突时，环境责任应当优先履行。

NAFTA 在一定程度上解决了自身与其他环境协定冲突的矛盾。NAFTA 第104 条明确规定，有关濒危物种、消耗臭氧层物质及有害废物的具体国际环境协定的贸易条款优先于本协定。主要包括三种多边环境协定：一类是三个成员国都签字生效的多边公约，如《濒危物种国际贸易公约》、《蒙特利尔议定书》和《巴塞尔公约》等；一类是双边的区域性协议，如《美加关于危险废弃物越境转移的协定》和《美墨边境地区环境协定》等；还有一类是第 104 条规定的"缔约国三方同意包括在内的其他国际协定"。这就在一定程度上解决了 NAFTA 与国际法律协定的冲突，确保 NAFTA 不会削弱各国根据这些国际环境协定采取行动的权利，也不影响其承担环境协定的义务。

在环境保护中，环境标准的制定一直是一个关键的问题。NAFTA 第 904 条允许缔约国制定和实施它们认为适当的环境与健康方面的标准，这类标准的要求可以高于其他多边协议所制定的标准。不符合上述标准的产品将被禁止进口。但适用上述标准必须是非歧视性的，不能构成对贸易的不必要的障碍，而且是为了达到保护人类、动植物健康以及环境和经济稳定增长的合理目标。为了保证这类标准不构成贸易壁垒，NAFTA 规定各缔约国应努力使各自的标准措施更趋一致，并考虑制定国际标准，以促进贸易及减少因需达到不同国家不同标准而产生的额外成本；要求缔约国公开其环境措施，接受其他缔约国的咨询，应对方的要求和双方共同同意的条件提供技术信息及帮助。NAFTA 还建立了一个标准措施委员会对各国进行监督，促进各国标准措施的一体化，以便于解决该领域发生的纠纷。

此外，在解决使用有争议的环境措施导致的争端时，NAFTA 突破了以往在国际法实践中由被告国来承担举证责任的方法，而由控告国负责证明被告国实施的环境和健康措施不符合 NAFTA 的规定。当国家之间在环境问题上发生冲突时，应当由控告国负责举证，证明这种环境措施属于一种绿色壁垒，被告国没有责任向控告国解释实施这种环境措施的理由。这种规定在有利于一国不受干扰地实施其环境政策，从而对环境有积极的影响。与环境相关的贸易争端发生时，可以通过北美自由贸易区争端解决机制来解决，也可以通过 WTO 的争端解决机制解决。一旦确定，不得更改。

环境与投资。NAFTA 的第 11 章对投资问题作出了规定。根据第 114 条，缔约国认识到，"以放松国内健康、安全和环境措施来吸引投资是不适当的。"这一规定的目的要求随着墨西哥的加入，缔约国不能再以降低环境标准的方式吸引外来投资。这在某种程度上对发达国家向发展中国家转移污染性企业有一定的控制作用。但这一条的规定并不是强制性的。条文的用语"不适当的"表明这种做法并不是被禁止的。而且这一条款也没有规定相应的救济措施。如果一个缔约国认为另一缔约国在用降低环境标准的方式吸引外来投资，它可以与另一缔约方协商，但该条款并没有提供任何争端解决机制。这种规定只强调了合作，却没有为解决问题提供一个有效的机制。如果墨西哥放松了它的环境标准，该条款并不能阻止墨西哥的做法。所以，第 114 条更多的只是表达了一个良好的愿望。

NAFTA 的第 7 章规定了卫生和检疫措施，这些措施保护动植物免遭虫害或疾病，保护人类免受添加剂、污染物或食物和饮料中的有机物的危害。这些措施对于保护人类的健康和国家的环境都是极其重要的，但它们同时也可能被滥用来保护国内的农业免受进口产品的竞争。所以，有关卫生和检疫措施的法律要在国家主权和保护环境之间进行平衡。虽然有学者认为国家有采纳比国际标准更高的环境标准的自由，但 NAFTA 关于卫生和检疫的规定却对此有限制。第 712 条第 1 款和第 2 款规定，每一缔约国有权建立它自己的保护人类、动植物的生命和健康的标准，即使保护水平比国际标准严格。但接下来，第 712 条第 3 款却限制了缔约国的这一权利。第 712 条第 3 款要求每一缔约国确保其卫生和检疫措施：建立在科学的原则之上；如果没有科学依据就不能维持；以风险评估为依据。另外，根据第 712 条第 3、4、5 款和第 6 款，这些措施不能在相似产品之间造成武断的或不公正的歧视，而且，这些措施必须在实现它的保护水平所必要的范围内实施，它们不能构成变相的贸易壁垒。

NAFTA 对卫生和检疫措施进行风险评估作了相应的规定。第 715 条第 1 款要求国家在进行风险评估时考虑如下因素：科学依据，生产和加工方法，检验方法，有关的疾病和虫害治疗措施。一个缔约国在制定它认为适当的保护水平之前要考虑：替代方法，减少对贸易的负面影响的需要，保护水平的连贯性。根据上述规定，要建立一个高于国际标准的卫生和检疫措施无疑是很困难的。

第二，《北美环境合作协议》。

总体说来，NAFTA 中与环境有关的规定比 WTO 和《美加自由贸易协议》中的内容更完善。可以说，NAFTA 是至今为止最"绿"的多边贸易协议。它向其他国家传递的信息是：要么遵守 NAFTA 承认的环境标准，要么面对贸易壁垒。像所有贸易政策一样，NAFTA 也没有考虑价格和市场没有完全反映生产对环境的负面影响、过度开发自然资源以及污染性的和有害的产品的贸易问题。它尤其没有充分考虑墨西哥的环境问题，这些问题遭到了多方面尤其是美国环境保护主义者的严厉批评。美墨边境地区的环境问题成为批评的焦点之一。美国和加拿大认为 NAFTA 有可能会导致其在环境保护方面遭受批评。鉴于 NAFTA 在环境保护方面没有满足缔约国的期望，他们才又签订了关于环境保护的补充协议，即《北美环境合作协议》。

《北美环境合作协议》（以下简称"环境协议"）主要是为了解决墨西哥的环境问题而签订的，它使墨西哥接受了一个环境保护议程，确保了美国的环境政策不会受到威胁，使美国工业免受南方边界地区的不公平竞争。

环境协议的主要内容。环境协议的前言再次重申，要努力在保护环境和国家主权及贸易自由之间寻求平衡。前言称，缔约国"确信在他们的领土内维护、保护和改善环境的重要性，以及在这些领域同合作以实现当代和后代人福利的可持续发展的重要性；重申国家根据他们自己的环境和发展政策开发他们的资源的主权和权利，以及他们确保他们管辖或控制下的活动不对其他国家或国家管辖范围以外的环境造成损害的责任"；环境协议将环境保护的重要性和承认国家主权并列在一起，确定了其主要目标是：①通过合作保护环境以促进经济和可持续发展；②支持 NAFTA 的环境目标的实现，避免新的贸易壁垒的产生；③加强环境法的制定及贯彻执行上的合作，增进透明度及公众参与程度。三个成员在此方面的承诺是：改善环境法规、有效执行环境法规、报告环境状况、公开有关信息。

环境协议希望能帮助墨西哥实施更发达的环境基础设施法规，使之能与美国或加拿大的环境法规相比。环境协议第3条规定，每一缔约国有建立他们自己的环境保护水平和优先事项的权利，每一缔约国要确保他们的环境保护水平是高的，并且应不断努力提高环境保护水平。第5条的标题是"政府的实施行动"，包括：①监督守法情况和调查可疑的违法行为，包括到当地调查；②公开不遵守法规的信息；③发行关于实施程序的小册子或其他刊物；④定期地制定司法、准司法或行政的程度以对违反环境法律的行为实施制裁或给予救济；⑤确保缔约国的国内法中有对违反环境法律的行为进行制裁或给予救济的司法、准司法或行政程序。

环境协议第6条规定，有利害关系的人有权要求缔约国的有关当局调查被指控的违法行为，有权申请强制实施程度，以及在该缔约国的管辖之下通过起诉获得赔偿或其他救济。第7条要求缔约国确保其司法、准司法和行政程度是公正、公开和平等的。但是，应该注意到对有关利害关系人个人的司法救济是没有的，除非所指控的行为与贸易问题有关。第20条至第21条规定了环境合作、提供信息和协商事项。这些条款的目的是为了给墨西哥提供帮助以使其环境保护的水平赶上美国和加拿大。

环境协议的第3部分创设了一个环境合作三方委员会。该委员会由理事会、秘书处和一个联合咨询委员会组成。理事会有广泛的职能，主要是为缔约国的环境事项提供指南。虽然理事会的决议是建议性的，但它仍然很重要。它可以帮助争端解决小组审理环境争端，就环境事项的各个方面做出建议。理事会还负责监督环境协议的执行。

目前，环境合作委员会已完成了三年工作计划《共同行动议程》和《北美2000～2002年行动计划议程》。在新的计划议程里，北美自由贸易区的环境合作将集中在四个核心领域：环境、经济与贸易，生物多样性保护，污染与健康，法律与政策。在这四个方面又分别有一系列的项目计划来实现其目标。例如，环境、经济和贸易计划，评价环境贸易关系，金融与环境三个具体项目的实施来加强公众对环境、经济与贸易联系的理解，以及通过促进绿色产品与劳务贸易、加强生物多样性的保护、发展自然景区的可持续性旅游三项措施保障绿色产品和劳务工作的展开。

在北美自由贸易区协调贸易与环境问题的过程中，重点加强了墨西哥的环境工作。墨西哥是个发展中国家，与美国、加拿大相比，在整个社会性的环境意识、环境法规及环境保护水平各方面都逊色一些，因而北美自由贸易区环境工作的重点之一是力图提高墨西哥的环境保护水平。这主要是通过数据资料共享、培训和经验交流来提高墨西哥的污染预防、环境监控和法律实施等方面的能力，并以各种形式体现在环境合作委员会项目之中。环境合作委员会制定了一份墨西哥对环境教育培训需求的研究报告，并提出了专家交换计划。墨西哥环境当局也已经关闭了一些污染性的工厂，通过签发许可证和营业执照来加强对环境保护的监督与审计，对违反者处以罚款。

三、多边环境协议与国际贸易

为了保护全球环境，国际社会签署了 200 多项多边环境协议（MEAS），其中约有 20 个包含有与贸易有关的内容，主要是使用贸易限制措施来达到环境保护的目的。这些多边环境协议对国际贸易产生了一定的影响，同时也引发了多边环境协议中的贸易限制措施与 WTO 原则是否相冲突的争论。下面我们将对几个与贸易有关的主要的多边环境协议进行介绍，分析其对国际贸易的影响，并探讨其对中国对外贸易的影响和中国应采取的措施。

1. 多边环境协议中的贸易制裁及其局限性

如果国家间只是在提供全球公共产品上产生相互影响，如区域层面上的保护，那么，这种公共产品的提供能够被自我增强型的国际环境协议（IEAS）所支持，只有在一方做而另一方未做下的威胁才是可信的。但是由于这种惩罚既伤害环境协议的签约方也损害非签约方，所以相当多的处罚很可能是不可信的，搭便车也很有可能得不到有效的制止。[①]

然而，当国家间在其他领域内相互影响时，惩罚非合作的战略范围就能够扩展。确实，非常具有代表性的是全球公共产品供给能够自动地与国际贸易相联系。比如，国际环境协议签约方减少了污染排放，在污染密集型产业的比较优势很可能转换到非签约方，并使全球污染的下降少于签约方所承受的污染减少，即所谓的漏出现象。合作国家能够通过征收边境税校正这种漏出。[②] 但对于国际环境协议的签约方也许愿意实施更严厉的贸易措施，因为如果贸易限制能够更多地对非签约国给予伤害，那么可以证明，他们在阻止搭便车上比对增加排污的威胁更有效。

斯科特·巴雷特（Scott Barrett，1997）将巴雷特（Barrett，1992，1994）、卡拉罗和西尼斯卡尔科（Carraro & Siniscalco，1993，1994），以及赫尔（Hoel，

---

① 在巴雷特（1994a）的相关讨论中，我们看到当公共产品的供给完全独立于其他事物时，一个自我增强的 IEA 是不可能支持完全合作的。不论博弈过程是否被模型描述成一个阶段性博弈或是重复博弈。

② 在跨国界污染下的边境税收调节分析请参见马库森（1975），"Cooperative contrdof international palution and common property resources", *Quarterly Journal of Economics* 89，618－632；Hoel（1996），"Should a carbon tax be differentiated across sectors", *Journal of public economics*，pp. 234－251.

1992）所建立的模型与布兰德（1981）、布兰德和克鲁格曼（1983）① 著作之后的流行的国际贸易模型相互结合，建立了基本的两阶段博弈模型，即在两国情况下，政府首先确定本国厂商所必须面对的污染削减水平，而后厂商同时各自决定他们的产出。两个博弈间的差异是政府最初（第一阶段）是不合作的，但在第二阶段是完全合作的。斯科特·巴雷特利用这些博弈解所提供的基准，进一步构造了具有贸易制裁的国际环境协议的三阶段博弈模型，在产业内贸易局部均衡分析中，模型假定不完全竞争厂商生产相同产品，但市场处于分隔状态。第一阶段，所有国家同时选择是否成为国际环境协议的签约国；在第二阶段和第三阶段，签约方和非签约方分别选择他们的削减标准；在博弈的最后阶段，厂商决定他们在分隔市场的产出。斯科特·巴雷特（1997）分析了在提供全球公共产品的政策与市场分隔下的国际贸易间的联系。他的研究表明，实施贸易制裁的可信威胁可以支持公共产品供给上的完全合作，只要这种制裁附带有协调政府行为的最小参与条款。在均衡条件下，贸易并不会受到限制。但如果实施制裁的威胁并没有被博弈规则所允许，那么公共产品的供给将是帕累托无效的。

斯科特·巴雷特（1997）对国家间存在贸易下的全球公共产品供给的可持续性国际合作的含义进行了初步的调查。我们在这里之所以说是初步，是因为他所建立的是一个极为特殊的模型，它只考察与环境问题直接相关的商品贸易（如 CFCs 的贸易），并很自然地假定贸易限制无论如何都必须校正漏出，就像蒙特利尔草案中的贸易制裁仅限于 CFC 和相关产业一样。特别是他在模型中使用了非常简单的函数关系，使所得到的结果并不具有一般性，正如斯科特·巴雷特（1997）本人在文章就所说的那样，"虽然我们不能主张一般性，但在这里所提出的分析确实对国际环境协议所使用的贸易制裁战略提供一些有价值的思考"②。研究所得出的结论表明，实施贸易制裁的可信威胁也许完全足以阻止免费搭车；制裁必须伴随着最小的参与条款，当然他们必须是激励相容的。关于耗尽臭氧层物质的蒙特利尔草案就是国际环境协议禁止签约国与非签约国进行贸易的著名例子（条约所规定的物质，以下称为 CFCs，以及包含和利用 CFCs 的产品）。正如蒙特利尔草案美国首席谈判代表（Benedick）所说，"制裁只是用于激励尽可能多的国家参加该协议，并防止非参加国享有比较优势和削弱 CFC 生产设施向这些国家的转移"，但制裁所起的作用比堵塞贸易漏出更多。用本尼迪克（Benedick）的话说，"制裁是至关重要的，因为他们在草案中建立起了唯一的强制执

---

① Cesar 和 De Zeeuw（1994）以及 Carraro 和 Siniscalco（1994）都考察过国际环境保护和其他影响因素间的相互关系，但他们的文章都有没有考虑到与贸易联系。

② "Internation cooperation for sale"，*Europen Economic Review*，Vol. 45，Issue 10，pp. 1835 - 1850.

行机制"。① 在蒙特利尔草案中的贸易制裁是专门用于阻止免费搭车的。因为还不存在相反的例证，所以贸易制裁的有效性还不能被经验所检验。值得注意的是，尽管有许多签约国提出取消的要求，即存在着一些国家想要实施制裁而另一些国家则反对他们的使用，但蒙特利尔草案没有遭受任何重大的免费搭车现象。

在蒙特利尔协议中的贸易制裁也是与最小参与条件相联系的。为了能够约束当事人（在法律意义上），该协议至少需由 11 个国家批准，这 11 个国家至少要占据全球所消费的控制物质（1982 年水平）的 2/3。正如本尼迪克（1991）所指出："为了使约束有效，草案将不得不由美国和六国其他消费大国中的四个所批准……或者由美国和欧盟所批准。"② 根据本尼迪克（1991）所说，最小参与条款的目的是对那些潜在的大的坚持不合作者给予足够的压力以促使其加入条约。然而，蒙特利尔草案几乎毫无疑问地违反多边贸易规则，但没有哪一个国家对此问题给予了官方解答。正如上面的例子一样，这暗示着在协议中对贸易制裁的支持已经很普遍了。③

我们知道，贸易限制分为双边贸易限制和国际性限制。双边贸易限制是指针对单向外部性案例所进行的贸易限制。国际性贸易限制是指国际环境协定的签约方使用贸易限制手段，以控制免费搭车的行为。也就是说，要采用集体行动来强制实施，通过多国努力来胁迫违约者，以此加强全球多边环境合作。

在市场机制本身不能解决"外部效应的国际传输"或"免费搭车"问题时，贸易限制的办法是一项尝试（Barrett，1999）。④ 但它存在很大局限性。主要表现在：

第一，造成进一步的扭曲。解决环境问题的办法应该选择与市场失灵原因最直接的政策工具。而基于贸易因素考虑的政策手段，只能是次优选择。尤其是针对与环境问题无关的产品，采取单边的贸易措施会产生贸易摩擦，从而影响各国合作的前景。

第二，关税调整可能与世界贸易组织规则相抵触。主要表现在两个方面：首先，如果一些 WTO 成员并不是国际环境协定（IEA）的成员，那么关税的调整会违反 WTO 的非歧视原则，一部分 WTO 成员就要面对与其他成员不同的关税待遇。其次，关税调整是基于可贸易商品的生产和加工方法而不是产品本身的特点，那么就会对来自不同产地的商品征收不同的关税。这种差别对待在贸易规则中是被禁止

---

① Ozone Diplomacy: New Directions in Safeguarding the Planet, Harvard University Press, 1998, pp. 235, 312.
② Benedick: Further Pisassion of the protocol, European Enviroument Review, 1991, P. 213.
③ 实际上单边支付无疑也对贸易制裁起到了极大的帮助作用。
④ Barrett（1999）认为贸易制裁比起适当的关税来说显得较为生硬。但这种方法对控制贸易漏出是有效的。

的。尽管 WTO 成员可以为此进行不懈的谈判，但具体实施过程依然困难重重。

第三，当单向外部性案例出现，即进口品对进口国产生外部效应时，关税在理论上可以作为解决问题的次优政策选择。[①] 但是，对进口来说最优的保护关税不一定是对全世界最优的。虽然关税可以起到庇古税在国内的作用，但关税并不是庇古税的完全替代。因此，如果负外部性效应的产生国根据本国所受损害征收庇古税，同时其他受害国根据自身受害程度设置关税，其效果并不等于环境问题的产生国设立国际最优的庇古税。原因在于：首先，污染产生国的价格不受受害国关税的直接影响；其次，进口国关税只反映该国境内所受到的外部性效应的影响，因此进口国消费者所支付的也小于其消费的全部社会成本。一个极端例子是，甲国产生外部效应，乙国受到外部效应影响但不进口产品，丙国进口产品但不受外部效应的影响。这种情况下，虽然有外部效应的国际传输，但没有对带来污染的产品征收关税。因此，用关税对付外部效应的国际传输是一个次优方法。

第四，目前大多数多边环境保护协定中并没有贸易限制条款。[②] 除以上列举的原因外，如何使贸易限制措施成为"可以置信的威胁"，也是多边环境保护协定面临的问题。要使贸易限制手段起到阻止"免费搭车"的作用，必须满足两个基本要求：一是贸易限制对"免费搭车者"不利，如果实行贸易制裁，非签约国一方会遭受损失；二是采取贸易限制措施的国家，其福利必须因此改进。但问题是，即使满足第一个条件，实施制裁的签约国也可能损失一部分贸易收益。例如，假设签约方数量足够多，国际环境协定可以通过各成员的自我约束提供公共物品，以维持合作。在这种情况下，贸易限制手段可以阻止"免费搭车"行为。但是，如果一个签约国撤出该协定，而其签约国无须对其实施贸易限制就可以取得较高的支付（高于采取贸易限制时的支付），那么，威胁使用贸易限制的做法具有不可置信的一面。

当然，贸易限制手段是否具有可置信的特点，还与贸易泄露的程度有关。假如泄露情况严重，签约国就会有实施限制措施的激励，贸易制裁才是令人置信的。[③] 因

---

① 在这里的假定前提是，外部效应的受害国具有足够的市场力量通过关税影响外部效应产生国的价格。

② 在《蒙特利尔公约》中含有贸易限制条款，它禁止在签约方和非签约方之间进行条约所规定的制成品贸易，同时也禁止从非签约方进口包含这类制成品的商品。其目的在于防范环境协定被缔约方与非缔约方之间进行的贸易破坏。贸易限制条款一般不利于非缔约国。因此，这些国家会有积极的激励加入该协定。

③ 在污染密集型方面具有比较优势的产业转移到非签约国，会使全球污染排放下降的数量少于签约方所承担的污染控制数量，这种现象称为"泄露"。例如，签约方减少二氧化碳有害气体的排放会使与之相关的可贸易商品（如燃料）的世界价格下降，而非签约国会增加这些燃料的消费。在欧盟单方面削减二氧化碳气体排放的案例中，所预测的泄露率在 2%~80%（Fisher，1996）。即欧盟每减少 100 吨的二氧化碳排放，全球排放量减少的数量在 20~98 吨。如果 2% 的估算接近正确的话，这种泄露不会造成大的影响；但如果泄露率为 80% 的话，恐怕单边削减计划是难以执行的。

此，贸易限制在解决"免费搭车"问题上，其可信性存在一定的问题。对非签约国一方来讲，如果制裁的威胁是不可信的，那么"免费搭车"问题就难以解决。另外，尽管贸易限制对签约国来说是一项有用的政策工具，但签约国在决定是否使用贸易限制手段以及在什么情况下使用时也要解决一系列的技术性问题。

2. 多边环境协议中的贸易限制

（1）保护臭氧层多边环境协议中的贸易限制。

《关于消耗臭氧层物质的蒙特利尔议定书》（以下简称《蒙特利尔议定书》）是国际社会为了保护臭氧层而签署的一项重要的多边环境协议。从达到其目的程度的角度来说，《蒙特利尔议定书》被认为是国际社会已签署的最成功的多边环境协议之一，其中贸易限制措施起了很大的作用。

第一，《蒙特利尔议定书》的目的与内容

早在20世纪70年代，国际社会就意识到了保护臭氧层的重要性，并积极寻求国际合作保护臭氧层的途径，为此联合国环境规划署做了许多工作。

1985年国际社会在维也纳召开臭氧层保护大会，与会各国签署了《保护臭氧层的维也纳公约》并于1988年9月生效。1985年维也纳公约是国际社会第一个关于臭氧层保护的国际公约，它获得了世界上绝大多数国家的支持。但是该公约仅是一个框架性的规定，虽然规定了国家应遵守的一般义务，但没有明确的国家责任制度，对国家如不承担义务所应承担的责任没有强制性的规定。所以公约的目仅仅是为了促进国际社会对臭氧层问题的统一认识，它没有涉及一些破坏臭氧层的实质方面，没有涉及防止臭氧层损耗的具体措施。

1987年9月，由联合国环境规划署发起，国际社会在蒙特利尔召开有关臭氧层保护大会，会议通过了《关于消耗臭氧层物质的蒙特利尔议定书》。议定书的宗旨是："作为公约的缔约国，铭记着它们根据公约有义务采取适当措施保护人类健康和环境，使其免受足以改变或可能改变臭氧层的人类活动所造成的或可能造成的不利影响，认识到全世界某些物质的排放会大大消耗和以其他方式改变臭氧层，对人类健康和环境可能带来的不利影响，意识到为保护臭氧层不致消耗采取的措施应依据有关和科学知识，并顾及到技术和经济的考虑"，"决心采取公平地控制消耗臭氧层物质全球排放总量的预防措施，以保护臭氧层，而最终目的则是根据科学知识的发展，并顾及到技术和经济的考虑，来彻底消除这种排放。"

1987年蒙特利尔议定书的目的是为了最终消除消耗臭氧层的物质的生产与消费，以达到保护臭氧层的目标。从上述议定书内容来看，许多规定都是切实可行的。据预测，如果各国都遵守议定书规定，控制和消耗受控物质的使用量，那么到20世纪的第二个10年，臭氧层消耗的趋势将趋于平缓，将在小于10%的范围内变化，将CFCs类物质对全球变暖的不良影响减少了1/3。同时议定书在某些方面兼顾了发展中国家的需求，特别是在建立国际基金和技术转让问题上所达成的协议，为在环境领域中的发展中国家和发达国家的合作提供了良好的榜样。

但是议定书也存在明显不足，首先是受控物质仅为 8 种，范围大小；其次控制措施不够严格，缺乏制裁措施；最后对发展中国家的援助义务缺乏具体的规定。议定书在有些问题上对发展中国家有歧视性规定，这主要体现议定书的第 4 条第 2 款和第 2 条第 9 款。前者规定发展中国家从 1993 年 1 月 1 日起，不得向非缔约国出口任何受控物质，而对发达国家则没有这个限制。后者规定如果受控物质的生产量和消费量作进一步的调整和减少，各缔约国应尽可能以协商一致方式达成协议，如果未达成，最后则由至少占受控物质消费总量中的 50% 的缔约国出席，并按参加投票缔约国的 2/3 多数通过此种决定，这样，发展中国家就有可能失去了发言权。

由于议定书存在一定的不足以及保护臭氧层方面出现的新问题，国际社会在联合国环境规划署的主持下，召开了多次会议，对议定书进行了一定的修正和补充，这些修正和补充对于有效地保护臭氧层发挥了重要作用。

1989 年 4 月，联合国环境规划署在芬兰的赫尔辛基主持召开了公约缔约国第一次会议和议定书缔约国第一次会议，通过了《保护臭氧层赫尔辛基宣言》，宣言同意在适当考虑发展中国家的特殊情况下，尽可能快地但不迟于 2000 年取消议定书控制的 CFCs 类物质的生产和消费，并为此目的压紧议定书中的已同意的时间表；同意促进发展中国家获得有关科学情报、研究结果和培训并寻求发展适当的资金机制，促进以最低价格向发展中国家转让技术和替代设备。

在联合国环境规划署的主持下，议定书第四次工作会议和缔约国第二次会议于 1990 年 6 月在伦敦召开，会上对议定书作了许多修改，并在此基础上通过了议定书伦敦修正案，该修正案于 1992 年 8 月生效。修正案把受控物质从 2 类 8 种扩大到 5 类 20 种，建立了基金机制，确保技术转让在最有利的条件下进行；加强对于非缔约国的有关物质及相关产品的控制措施。修正案规定在本修正案生产后的 1 年或 3 年内，将先后禁止每一个缔约国向非缔约国进口或出口修正案所受控的物质。

议定书修正案第四次会议于 1992 年在丹麦哥本哈根召开，会议最主要的任务是根据新的情况和问题修正、调整受控物质的停止生产和消费时间。除氟氯烃外，其他受控物质停止使用的年限提前到了 1996 年，由于发展中国家的坚持，发展中国家 10 年的宽限期限不变。哥本哈根会议的贡献在于使发达国家提前停止 CFCs 工业化学品生产，并认识技术和基金援助对发展中国家削减受控物质生产和使用的重要性，建立了正式多边基金会。

1995 年的维也纳会议对受控物质停止生产和消费的时间表进行了调整，并对一些东欧国家不遵守议定书的行为进行了处理。1996 年 1 月，议定书第八次缔约方大会在哥斯达黎加召开，会议对多边基金的有关内容进行了补充，并继续对不遵守议定书的行为采取了制裁措施。《蒙特利尔议定书》现在有 162 个缔约国，115 个国家批准了伦敦修正案，66 个国家批准了哥本哈根修正案，可以说，《蒙特利尔议定书》已经在国际范围内获得了广泛的认可。

第二，《蒙特利尔议定书》中的贸易限制。

从环境保护的角度来看，保护臭氧层的公约和议定书及其修正案对保护臭氧层起了重要的作用，但同时对许多相关性产品的国际贸易产生了很大的影响。客观地说，贸易限制措施（限制或禁止某些相关产品的贸易）是使《蒙特利尔议定书》在现实中成功地达到其目标的重要因素之一。

尽管保护臭氧层的公约和议定书及其修正案规定的受控物质仅涉及 5 类 20 种，但由于这些物质都是基本化学品，用途极广，使用这些物质的相关产品很多。此外，1990 年伦敦修正案还规定了 34 种过渡性物质也将被淘汰，因此这些物质的控制对相关产品的国际贸易影响是很大的，一些制冷剂、清洁剂、空调和冰箱等产品的进出口贸易都将受到国际公约和国内法规限制。

保护臭氧层的议定书及修正案或限制或禁止受控物质及其相关产品的国际贸易，议定书第 4 条明确规定，在议定书生效后的 1 年内，各缔约国应禁止从任何非缔约国进口受控物质，从 1993 年 1 月 1 日起，发展中国家缔约国不得向非缔约国出口任何受控物质。同时，各缔约国应阻止向非缔约国出口生产和使用控制物质的技术，阻止向非缔约国出口便利于受控物质生产的产品、设备、工厂或技术，而向它们提供新的津贴、援助、信贷、担保或保险方案。在议定书生效的 3 年内，各国应依照维也纳公约第 10 条和程序，将含有受控物质的产品列入附件清单，没有依照上述程序提出反对意见的缔约国应在附件生效后的 1 年内，禁止从非缔约国进口这类产品。在议定书生效 5 年内，缔约国应确定禁止或限制从非缔约国进口使用受控物质的生产的、但不含有受控物质的产品一事是否可行，如果可行，缔约国应依照上述程序将产品列入清单中，没有提出反对的国家应在附件生效 1 年内，禁止或限制非缔约国进口此种产品。

这项规定限制或禁止了相关产品的国际贸易，尤其从 1996 年 1 月 1 日起，发达国家已停止 CFCs 的生产和使用，这实际上也禁止了发展中国家缔约国向发达国家缔约国出口这些产品。

第三，《蒙特利尔议定书》对发展中国家的利益反映。

这主要表现在三个方面：①10 年的宽限期，对受控物质的淘汰基本上可延迟到 2010 年。②建立的资金机制可为发展中国家淘汰受控物质和开发、利用替代物质提供资金方面的帮助。议定书还要求发达国家承担义务，通过各种方式为发展中国家使用替代物质和技术提供津贴、援助和信贷、担保或保险等方面的便利。③要求发达国家配合资金机制建立的方案，在公平和优惠的条件下迅速向发展中国家转让现有的最佳的、无害环境技术，并协助迅速利用这些技术和产品。

但是发展中国家的对外经济贸易利益依然受到很沉重的打击。首先，很多出口到发达国家的相关产品将面临禁止，因为发达国家在1996年就已停止受控制物质的生产和消费。发展中国家很难迅速开发替代产品，这将严重损害发展中国家的出口利益。其次，议定书及修正案都规定缔约国生产的任何一类受控物质的总额在不超过规定限额的情况下，可以把它转让，从现实情况来看，发展中国家受控物质的生产和使用往往没有规定限额，但由于1996年发达国家已全面禁止使用受控制物质，因此，转移给发达国家就不可能。在这种情况下，发达国家往往利用直接投资的方式在发展中国家从事受控物质生产，这实际上是利用了公约及议定书对发达国家和发展中国家淘汰受控物质不同时间的规定，这无疑对发展中国家淘汰受控物质增加了难度。对于这一后果，公约和议定书都没有充分考虑到，实际上对发展中国家是很不利的。

由于有关保护臭氧层受控物质及相关产品的使用年限已划定，各缔约国都纷纷调整其国内产业政策和外贸政策，这必将影响有关产品的国际贸易。虽然《蒙特利尔议定书》及其修正案限制了许多破坏臭氧层物质相关的产品的国际贸易，但同时也提供了许多新的商机，研制开发臭氧层破坏物质的替代品，并将之应用在产品生产中，可以给企业提供新的进入国际市场的机会。海尔集团开发无氟冰箱进入欧美市场获得成功，就是一个典型的例子。

（2）保护生物多样性的多边环境协议与国际贸易。

为了保护地球上的生物多样性，防止某些物种的灭绝，国际社会签署了许多保护生物多样性的多边环境协议，其中《濒危野生动植物物种国际贸易公约》具有特殊的地位。在20世纪中期，野生生物贸易一直比较兴旺，大量的生物因为过量的贸易而面临灭绝或处于濒临灭绝的境地。为了有效地保护濒危野生动植物资源，特别是减少国际贸易对它们的消极影响，在国际自然资源保护同盟的倡导下，国际社会于1973年签署了《濒危野生动植物物种国际贸易公约》（以下简称"公约"），相比于其他类似的公约，《濒危野生动植物物种国际贸易公约》所制定的原则得到大多数国家的认可，其保护措施比较行之有效，它也是与国际贸易相关性比较大的一个多边环境协议。

根据物种的稀有程度和受贸易的威胁程度，公约规定了三类濒危物种进行国际贸易应遵守的原则。第一类物种包括所有受到或可能受到贸易的影响而有可能灭绝的物种。这些物种标本的贸易必须加以特别严格的管理，以防止进一步危害其生存，基本原则是禁止贸易，只有在符合公约规定的条件下，才能允许进行贸易，公约共规定了 600 种这样的物种，列入附录一中。第二类物种包括所有那些目前虽未濒危灭绝，但如不对其国际贸易严加管理，以防止不利其生存的利用，就可能变成有灭绝危险的物种；还包括为了使上述物种的贸易得到有效控制而必须加以管理的其他物种，对这类物种的贸易应严格限制。公约共规定了约 3 万种这类物种，从非洲象直到仙人掌，包括了动物和植物，列入附录二中。第三类物种包括任何一个成员国认为属其管辖范围内，应进行管理以防止或限制开发利用，而需要其他成员国合作控制贸易的物种，列入附录三中。

公约明确规定，除遵守本公约各项规定外，各成员国都不许就上述三类物种进行国际贸易。《濒危野生动植物物种国际贸易公约》凭借其 100 多个成员国的事实成为全球被广泛接受的野生生物保护协议。与其他类似的多边环境协议不同，其成员国既包括生产国也包括消费国。在国际环境合作领域，该公约以它严格的政策，比较成功地禁止了附录一中的物种标本的贸易，并尽可能地减少了附录二中的物种标本的贸易。公约为做到这些而付诸的努力，包括各成员国和非成员国的国内法律合作，使公约成为野生生物国际保护中的一个重要的里程碑。

公约实施以来，有关禁止、限制影响生物多样性的野生动植物及其制品进出口的条款使得这类物种的国际贸易受到很大冲击。各成员国为执行公约的有关物种标本的贸易管制措施，纷纷制定配套的国内法规，采取贸易控制措施以减少国内野生生物资源的压力，支持国际野生生物的保护。一般说来，各国禁止野生生物的范围不同，有的是全部禁止野生生物物种的贸易，如墨西哥、玻利维亚等一些拉美国家。有的限制特定物种的贸易，如一些非洲国家禁止非洲象的出口贸易，有的是禁止大部分濒危物种的贸易。实践表明，如果一个国家能有效实施其国家野生生物的贸易控制，并且还有管理国内消费及栖息地保护开发利用的有效政策，那么野生生物濒危灭绝的威胁就会减轻。尽管这可能会使国家承担一定的由于贸易控制带来的经济损失，但比起由此带来的环境效益，这些损失是值得的。

然而，随着野生生物保护的进一步深入，公约本身的一些弊端也暴露了出来，这突出地表现在以下几个方面：

第一，缺乏足够的建立贸易标准的生态和贸易数据，因此可能会设立不适当的贸易限制或者放松贸易限制。如公约允许成员国的管理机构确认物种的出口"是否有害于该物种的生存"，如果管理机构没有掌握一个准确的数据，走私者就可以通过各种手段包括行贿来说服有关官员相信一个大概的数据。公约允许附录二中物种的出口不需要获得出口许可证，但同时又规定当科学机构确认，此类物种的出口应受到限制，以便保持该物种在其分布区内的生态系统中与它应有的作用相一致的地位，或科学机构认为此类物种的出口大大超过该物种能够成为第一类物种所属范畴的标准时，该科学机构就应建立主管的管理机构采取适当措施，限制发给出口许可证，进口也需交验出口许可证或证明书。这种规定的措辞比较主观，如果科学机构的确认标准是有争议的，就会出现要么控制过严，要么控制过松的情况，事实上这也是一些国家内诉讼的产生原因。如美国一家野生生物保护公司就曾经起诉美国的濒危物种科研署，控告它在没有充分科学资料的情况下，认定 1980 年度美国计划出口的红猫毛皮（列入公约附录二）数目不会损害红猫的生存。因此公约应制定一个为成员国管理部门在决定贸易是否损害物种生存时所遵循的客观数量标准，以代替主观判断。

第二，公约对附录中物种标本的贸易控制设立了一些例外规定，它们包括野生生物的旅行展览、非商业贸易、个人财产、过境商品、捕获后喂养的物种，其目的是为了公约的普遍性和长期有效性，但在具体执行中却反映出公约的弱点。如公约允许非商业性贸易，但对"商业目的"定义不明确，因此各成员国的管理机构和科学机构对这一术语的解释对贸易就有很大影响。以动物园进口野生生物为例，如果有关部门认为动物园不是"商业机构"，而是带有科研性质的机构，那么动物园就能进口或出口野生生物，这就给走私带来机会。因此公约必须重新考虑其例外条款的内容，明确专业术语的解释，加强许可证的管理，并尽可能在许可证上注明物种的饲养情况，包括物种母体的所有者、母体的特征以及物种指印测定。

第三，公约的保留条款削弱了公约的普遍效力。公约规定，任何国家将其批准、接受、核准或加入本公约的文书交付保存的同时，可就下列具体事项提出保留：附录一、附录二和附录三中所列举的任何物种；附录三中所列的各物种的任何部分或其衍生物。这种无限制的保留使得一些国家加入公约时，出于政治或经济的考虑，对某些物种的贸易限制作出保留，这样这些国家就可以以同非成员国或对相同物种的贸易限制作出保留的其他成员国进行贸易，影响公约的实施效力。如日本在加入公约时就对附录一作了 14 项保留，保留条款成为规避公约规定的一种合法手段。另外，并非所有国家都加入了公约，而非成员国是不受公约约束的，只要某个国家认为可以在野生生物贸易中获得丰厚利润，它就可以选择不加入该公约。如果这个国家在国际贸易中地位重要，那么它的活动就会削弱公约控制下的所有成员国的努力。因此，公约应考虑对任何非成员国的野生生物贸易加以管理和限制，同时也应考虑是否制定有限的保留条款，对必须严格控制的物种贸易不允许国家提出保留。

第四，公约对中转贸易问题没有明确规定，这不造成中转贸易在物种的非法走私中占有较大的比例。这对附录二中的物种威力最大，因为公约规定附录二的物种贸易只需要出口许可证，不需要获得进口许可证，因此如果中转国是非缔约国，那么只要能够把生物标本出口到这个中转国，该贸易就不受公约的控制。以非洲象为例，在 1989 年前，它列入附录二中，由于象牙的国际需求市场非常兴旺，对非洲象的走私活动很猖獗。据公约秘书处估计，1986 年至少有 300 吨象牙从非洲非法出口，大部分是从布隆迪经阿拉伯联合酋长国到新加坡，走私活动加上正常的出口使得非洲象的数目从 1979 年的 130 万头锐减到 1989 年 62.5 万头，这说明公约在非洲象的贸易控制方面是失败的。1989 年 10 月，公约第七次成员国大会将非洲象从附录二移到附录一，但这不能弥补造成的非洲象面临濒危灭绝的事实。

3. 多边环境协议与 WTO：潜在的冲突

由于多边环境协议使用不同的贸易措施来达到环境目标①，其与管辖贸易的国际法律制度之间的关系是贸易与环境问题中重要的一个方面。多边环境协议与 WTO 规则有潜在的冲突地方，在处理两者的关系时存在不同的观点。

（1）多边环境协议与 WTO 的关系。

到目前为止，还没有出现在履行 MEAs 中贸易条款义务与 WTO 权利之间的冲突而提交到正式争端解决程序的情况，包括 WTO 的争端解决制度，原因在于由许多国家签署的条约出现问题的可能性较小。此外，WTO 也非常重视与 MEAs 的关系，WTO 成员同意并支持在国际合作与协商一致基础上的多边解决方案是政府间解决跨国界或全球性质的环境问题最好和最有效的途径。WTO 协定和 MEAs 是国际社会追求共同目标的体现，相互支持，相互尊重。

由于参加 MEAs 的成员越来越多，也降低了冲突的可能性。《巴塞尔公约》的缔约国有 121 个，《濒危野生动植物物种国际贸易公约》有 144 个成员，《蒙特利尔议定书》有 168 个，WTO 成员有 144 个。大部分国家是 WTO 成员和三个环境协定的缔约国，一些国家是 WTO 的成员，但不是三个环境协定之一的缔约国。在两个国家均是 MEAs 缔约国和 WTO 成员情况下，一个国家不太可能将在 MEAs 下的措施申斥到 WTO。但在采取与 MEAs 有关但并非 MEAs 所要求的措施时可能出现一些问题。例如，《濒危野生动植物物种国际贸易公约》规定不影响缔约国采取比公约所要求更严厉的国内措施，《蒙特利尔议定书》也包含这样的条款，指出缔约国可以采取比《蒙特利尔议定书》更严格的措施，所以缔约国在采取更严格的限制贸易的国内措施上可以存在不同。

---

① MEAs 中采取贸易措施的目的一般是为了禁止或限制 MEAs 规定的目标产品或物质的贸易、建立法规框架来规范 MEAs 中的产品或物质的贸易、限制产生环境问题的产品的销售、鼓励更多的国家加入 MEAs 以及避免免费搭车。

但是如果产生争端，是在 WTO 还是在 MEAs 法律制度内解决争端呢？例如，《巴塞尔公约》要求缔约国通过谈判或其他平和方式解决争端，如果缔约国不能在非正式方式下达成和解，在争端双方同意情况下，《巴塞尔公约》要将争端提交到国际法院仲裁，根据国际法原则解决争端。最有可能出现冲突的情况是 MEAs 的贸易条款对非 MEAs 缔约国且为 WTO 成员的影响，非 MEAs 缔约国很有可能对 MEAs 的贸易措施提出挑战。当争端提交到 WTO 争端解决程序时，争端解决小组需要决定争端与 WTO 协定的关系，这里有 MEAs 的贸易措施是否符合 WTO 条款的问题，实际上，MEAs 措施与 WTO 制度之间存在一定的冲突。

所以，在贸易与环境问题上，分清 MEAs 与 WTO 的关系非常重要，这样可以：一是减少国际贸易冲突。澄清 MEAs 中贸易措施的地位将促进非歧视原则、国民待遇原则及公平的市场准入，可以改善政策制定过程中的透明度，有助于争端解决、促进非缔约国遵守 MEAs 或 WTO 义务。二是改善全球环境保护以及合作。MEAs 中的贸易措施是协定中不可缺少的一部分，MEAs 的成功运行非常重要。如果使贸易措施在全球范围内成为一种有效地达到环境目标的手段，可以支持多边贸易体制的目标。三是为工商业和环境团体提供明晰的政策轮廓以及政策落实上的确定性。工商业及环境团体需要一个统一的、确定的规则体系，现行的 MEAs 中的贸易措施的不确定性不利于工商及环境团体制订计划。四是为将来的 MEAs 谈判提供确定性和可预见性。对 MEAs 与 WTO 制度一致性的理解可为现在及将来 MEAs 的谈判提供重要的指导。

（2）多边环境协议与 WTO 规则的潜在冲突。

GATT 允许一个国家采取任何行动来保护环境，GATT 对一国保护环境，防止受到国内生产的或者进口产品的消费对环境的伤害几乎没有限制。通常一个国家可以使用适用于本国产品的规则来针对进口和出口产品（国民待遇），也可以采取认为是必要的行动来保证本国的生产加工过程不伤害环境。但是，环境协定中的贸易措施与 GATT 的基本义务存在冲突的地方。

——第一条：最惠国待遇。

当一个国家在履行 MEAs 中的义务时，能否给予其他 WTO 成员以最惠国待遇。MEAs 限制与非缔约国贸易，则出现这一问题。例如，A 国是《巴塞尔公约》缔约国，同时也是 WTO 成员，B 国是 WTO 成员，但不是《巴塞尔公约》缔约国，A 国将限制与 B 国危险废物的进出口贸易。这时 B 国则认为 A 国对其他《巴塞尔公约》的缔约国给予了优惠或特权，而对来自 B 国的"相同产品"却有歧视。当危险废物或其他废物是重要的原材料时，这种优势则更为突出。

第一条最惠国待遇也与 CITES 有关。第一条要求 WTO 成员对来自不同成员的"相同产品"同等待遇，来自野生的动植物与饲养和繁殖的是否认为是相同的？根据 CITES，一个国家限制野生物种进口，但是允许饲养和繁殖的物种进口，这不符合最惠国待遇原则。此外，对不同附录名单中的物种的贸易待遇也不同，实际上形成差别待遇。

如果 MEAs 中的措施与最惠国待遇条款不一致，贸易限制措施仍然会被认为在 WTO 相关的例外规定是正当的，这主要与第二十条的规定有关。

——第三条：国民待遇。

MEAs 的进口限制对国民待遇构成了挑战。为落实国民待遇原则，国内措施在目的和作用上不应是为了保护国内产品，措施应基于最终产品，而不是建立在加工工艺和生产方法（PPMs）基础上。因此，MEAs 以 PPMs 作为标准对相同产品进行区分来限制进口不符合国民待遇原则。《蒙特利尔议定书》依据是否含有损耗臭氧层物质（ODS）来区分产品，即是以 PPMs 对产品进行区分。

但是为了满足国民待遇，要对国内区分"相同产品"的法规措施进行评审，要看措施本身的目的和效果是否保护了国内生产。一旦进口产品进入了一个国家，第三条国民待遇原则要求给予国内相同进口品以同等待遇。一些成员曾使用一些法规和税收措施来落实《蒙特利尔议定书》中生产和消费逐步淘汰计划，如果对进口品和国内产品待遇不同，则违背了第三条，然而，至今没有这样的情况出现。

——第十一条：取消数量限制。

第十一条规定除关税以外不应采取其他的措施限制进口（农产品除外）。MEAs 一般采用进出口禁止措施，这是否违背了 GATT 的第十一条呢？第十一条一般是与第二十条的例外规定联系起来考虑的。在 CITES 中，对附录一、附录二、附录三中物种有进出口许可证限制，限制或禁止附录一中物种的贸易，这在第十一条看来是不是数量限制？同样，《蒙特利尔议定书》将禁止进出口作为政策工具来控制 ODS 的消费和生产，也是不符合第十一条的。

——第二十条：一般例外。

GATT 条款准许在某种情况下为保护环境而对贸易进行限制。根据第二十条，MEAs 所采取的措施需要满足第二十条 b 或 g 款的规定①。但是在多大程度上要求 MEAs 采取的贸易措施要符合第二十条的要求则是一个不好解决的问题。

---

① 第二十条 b 款要求成员要表明所采取的措施对保护环境是必需的。对这一点的检验有三点：一是需要成员证明保护环境的必须性；二是证明需要使用影响贸易的措施来保护环境；三是如果需要采取影响贸易的措施，要保证为达到环境目标所采取的措施的贸易限制程度最小化。一个成员在应用第二十条 g 款时必须证明：第一，其法律与保护可能枯竭的天然资源有关；第二，法律规定要有对保护的天然资源在管理、生产和消费方面的限制；第三，初衷是为了保护，要证明手段与目的之间的关系。

如果根据第二十条来检验 MEAs 采取的贸易措施是否构成了歧视，是否是变相的保护主义，可能出现一些问题。① CITES 和《巴塞尔协议》明确表明对贸易进行限制：②每一 MEAs 规定非缔约国如果遵守 MEAs 有关的要求，提供贸易信息，就可以不受缔约国/非缔约国贸易限制的影响，这意味着条约的成员资格并不构成歧视产生的因素；③《蒙特利尔议定书》采取保护臭氧层的措施要以科学、经济和技术评估为依据，贸易措施只是政策工具中的一部分。在第二十条 b 款的应用方面，WTO 曾裁定，如果成员可以采取其他符合 WTO 原则的措施来保护人类、动植物生命和健康，这时采取贸易措施就不符合"必要性"的要求。这一点对某些 MEAs 来说有一定的意义，因为在一些 MEAs 中，技术转让可以同样满足 MEAs 的目标，要比贸易限制措施的负面影响小得多。

例如，美国和墨西哥之间的金枪鱼/海豚案，争端解决小组考虑到，如果接受美国认为禁止金枪鱼进口符合第二十条 b 款要求这一解释，那么每一缔约方就可以单边地决定保护生命、健康的政策，要求其他国家遵守。小组还认为禁止进口违反了 GATT 第十一条的数量限制条件。此外，这些措施导致国内法规未能对国内和外国金枪鱼同样的待遇（第三条的国民待遇），因为对捕捞方式不同的金枪鱼产生了歧视。小组提出禁止金枪鱼进口也不符合第二十条 b 款必要性的规定，因为美国并未尝试通过国际谈判来解决问题的所有途径。这表明，GATT 对多边协定中的行动是肯定的，当保护环境或天然资源的措施超出了一国的权限时，应该通过国际合作和多边论坛来解决，而不应采取单边措施。最终小组决定 GATT 不允许成员依据不同的 PPMs 来区分产品而采取限制贸易的措施。GATT 第二十条的一般例外不适用于通过使其他国家改变政策来达到目的的措施，一个国家想要解决其权限之外的问题，在采取贸易限制措施之前，应该首先尝试国际谈判的途径来解决。

（3）多边环境协议与 WTO 观点之争。

目前对于跨国的、区域和全球性的环境问题的解决方案一般是单边行动，单边行动具有随意歧视和变相的保护主义的风险，损害多边贸易体系。联合国环发大会认可以 MEAs 来阐述环境问题。大会的第 21 世纪议程指出，应避免用单边行动处理进口国管辖权限以外的环境问题，跨国或全球的环境措施尽可能建立在国际认同的基础之上。

CTE 在如何阐述贸易条款问题上颇费力气，包括成员之间贸易问题。在 MEAs 与 WTO 规则的兼容性上，CTE 观察到在 200 多个 MEAs 中只有 20 个包含贸易条款，因而认为问题不应扩大化。此外，至今 WTO 未收到有关 MEAs 中包含的贸易措施的争端。CTE 全力支持全球跨国界污染问题的多边解决途径，敦促成员在此方面避免单边行动。指出贸易限制在 MEAs 最有效的政策工具中不是唯一的，也是不必要的。CTE 认为，WTO 规则早已与 WTO 一致的方式为与 MEAs 有关的贸易措施提供了广泛和有效的空间，没有必要改变 WTO 规则以对此作出适应措施。

在争端解决方面，CTE 同意贸易与环境政策制定者在国与国层次上的协调有助于防止 WTO 与 MEAs 中包含的贸易措施之间产生争端，敦促 MEAs 进一步谈判，重点是如何将贸易措施应用于非缔约国。如果 WTO 与 MEAs 的贸易措施产生冲突（尤其 MEAs 排斥 WTO 非成员）。CTE 相信，WTO 争端解决条款足以解决任何问题，包括必要时由环境专家仲裁。

在环境与贸易之间是否应该做出选择？贸易与环境应该是同等的政策目标吗？与贸易有关的环境措施同国际贸易规则相矛盾的情况下，如何在不损害环境或自由贸易目标的情况下解决这一问题？美国和欧盟坚持一个国家应该可以单边地采取贸易措施，不应该有规则约束。欧盟想在 WTO 中开放一个环境窗口，坚持 MEAs 中的为保护环境采取的贸易措施在 WTO 规则和法规中合法化，因此提出修改第二十条的建议，加入理解 MEAs 措施和 WTO 规则关系的内容，或者制定 WTO 允许 MEAs 措施的最基本的标准[1]。美国和欧盟的态度是相似的。美国认为贸易措施，包括贸易禁止、贸易限制以及在必要时违反 WTO 规则和法规，在保护一国权限之外的环境时应该视为正当的。瑞士建议要分清多边贸易体制与 MEAs 之间的关系，但是不支持 GATT 第二十条的谈判。瑞士认为可以通过适当的原则、规则和程序来澄清两者的关系。

发展中国家认为 GATT 第二十条早就为贸易措施提供了很大的余地，至今 MEAs 中的贸易措施未在 WTO 中引起问题，将来也不太可能。[2] 发达国家试图使本国的权限凌驾于他国之上，想使不符合 WTO 规则的贸易措施因保护环境而合法化，适用于本国之外的情况，要求修改规则。发展中国家坚持成员应该遵守 WTO 规则内的贸易措施的一致性，避免不符合 WTO 义务的情况出现。但是，发达国家固执己见，这对 WTO 规则提出了挑战，这也是发展中国家反对开放环境窗口，反对将不符合 WTO 的贸易措施合法化的原因。

在争论中还提到以下问题：第一，缺乏 EMAs 明确定义。第二，最重要的问题是对非缔约国的歧视措施或单边措施。MEAs 修改每一修正案均可为一单独的

---

① WTO High Level Symposium on Trade and Environment, March 15–16, 1999. Linkages Between Trade and Environment Policies, Statement by the United States.

② 目前唯一可能引起冲突的《巴塞尔公约》的禁令修正草案（Ban Amendment），禁止附件七中的国家（OECD 国家、欧共体和中欧国家）向附件七以外的国家出口。62 个缔约方批准以后，禁令修正案将生效。到 1999 年 6 月，有 13 个缔约方批准了修正案。欧盟要求提前履行修正案并由此引起了一些争论。

协议。例如多数 WTO 成员是《蒙特利尔议定书》的缔约国，但是较少成员是伦敦、哥本哈根和蒙特利尔修正案的缔约国，所以在修正案中有可能被视为非缔约国，而受到贸易限制。第三，MEAs 的贸易措施难以归纳。尽管 MEAs 有统一的贸易措施，但是产生的作用不是统一的，因为发展中国家的经济发展阶段、技术能力、贸易格局和贸易密集度存在不同。这也是 MEAs 在处理特殊国家或一组类别的国家问题时需要一定灵活性的原因。第四，对贸易措施对不同发展阶段国家的影响理解不够。第五，在 MEAs 方面的国际合作需要避免单边措施。但是目前MEAs 中的贸易措施是建立在一致性基础上的假定是不正确的。MEAs 和多边贸易体制之间的关系需要协调，这一点是一致的，但是是否要修改 WTO 规则（主要是第二十条）以防止这两个法律工具之间的矛盾还没有达成一致的意见。

第 5 节　结　论

环境问题的根源是造成环境恶化的经济活动，包括生产和消费活动。由于生产和消费活动具有负的环境外部性，这使得生产者和消费者往往不必承担其环境后果，即存在环境成本外化问题。那么，贸易环境政策的责任应该是纠正制度失灵，使成本内部化。为了达到上述目的，有多种政策手段可供选择，且各有利弊。关于贸易环境政策对环境损害的控制问题，本章在非合作前提下讨论了单向跨国界污染和双向跨国界污染两种情形，我们得出的结论是：

结论一：如果损害是单向的，那么从单个国家的角度来看，一国可以借助于出口补贴和进口税使本国的贸易条件得到改善并由此增加它的社会福利。但最佳贸易政策取决于该国是否大到能够影响世界价格，如果不能，任何支持本国生产者的努力都是无用的。

结论二：就双向环境损害而言，如果由污染引起的损害是以本国为主的（即跨国界污染比例小于 $1/2$），那么，就关税而言，政府反应函数的斜率是正的；相反，污染引起的损害是以国外为主的（即跨国界污染比例大于 $1/2$），那么，政府反应函数的斜率是负的。同样，如果由污染引起的环境损害是以本国为主的（外国为主的），那么就出口补贴而言，政府反应函数的斜率是正的（负的）。

结论三：环境政策的漏出效应会使环境政策间接影响跨国环境损害程度，但是环境政策的漏出效应是不确定的。虽然环境治理问题的最优政策是针对造成污染的生产活动或消费活动的环境政策，但一国的环境政策并不能直接作用于外国的污染问题，特别是当存在跨国界污染时，环境政策的漏出效应会使环境政策间接影响跨国界污染的损害强度。借助于市场结构内生性假设所建立的模型表明漏出效应是不确定的。一国严厉的环境政策可能会降低外国的污染排放，这种可能性在现有的文献中并没有论及。最为有趣的是贸易条件的引入导致了比封闭条件下更为严厉的环境政策，由于漏出效应的符号不能确定，最佳环境政策在一阶条件下的符号也是不明确的，传统的漏出效应导致较为宽松的环境标准。尽管如此，当严厉的环境标准导致外国污染排放减少时，也应选择相对严厉的环境政策，这主要是因为这一政策能够产生双重功效；不仅是本国污染排放的降低，另外来自跨国界污染的溢出也同时降低。

结论四：将环境问题与贸易自由化谈判挂钩，体现了国际上贸易与环境问题捆绑决策的趋势。单边贸易政策和环境政策对环境损害的控制都可以起到积极的效果，而在具体的实践中，由于两者之间的相互影响以及复杂的国际环境，导致了环境和贸易政策在国际范围内的协调存在困难。利用全球多边机制解决贸易和环境之间的问题，在很大程度上受制于策略行为和交易费用等因素。这种基于效率的做法更符合发达国家的利益，发展中国家出于对贸易保护主义的担心，又不得不遵循这一游戏规则，但并不希望其朝着机制化的方向发展。如何使发展中国家承认并参与这一游戏规则是目前的焦点，对于开放贸易市场，发展中国家的顾虑正在减少。然而，对于经济发展和环境保护的关系，发展中国家有着不同于发达国家的权衡取舍标准和政策优先次序。尤其是两者在利益分配上的不均，直接影响着将贸易与环境政策相协调的实践效果。

结论五：相对于全球范围而言，区域合作能够在一定程度上降低交易费用、减少策略行为，因而具有可操作性。首先，与全球范围相比，区域合作降低了协调贸易和环境问题所需要的交易费用。环境成本内部化是协调贸易与环境政策的关键，能否顺利实施一方面取决于各国对这一问题的态度，另一方面涉及相关的技术环节，特别是如何解决环境成本内部化所需要的信息问题。污染者付费原则被认为是解决贸易与环境问题的基本政策手段，而信息不对称是实施该原则的重要障碍。[①] 在健全、开放的区域合作条件下，各国政府间以及企业间的密切关系会有助于增加互信，减少信息阻碍，从而推进环境成本内部化的立法和实施。其次，区域合作机制能够减少策略行为。从效率的角度讲，地区层次比全球多边体制更容易解决"免费搭车"和"集体行动问题"。因为参与者数量有限的区域合作组织会对其成员"免费搭车"的行为构成抑制。同时，在区域内容易形成积极的激励，而这种激励是达成国家间持续合作的最佳方式。它包括：提供财政支持、转让环境清洁生产技术、使成员国采纳有关环境标准、增加对外援助、减少债务以及在贸易壁垒方面进行非歧视性地削减等。最后，在地区贸易协定的条款

---

① 张帆：《环境与自然资源经济学》，上海人民出版社 1998 年版，第 175～184 页。

中加入有关环境保护的内容，实际操作困难较小。当一国担心单边采纳环保措施会丧失国际竞争力时，就环保标准达成地区协定无疑会减少这种忧虑。地区协定比较容易体现成员国各自的状况，尤其是各国的环境现状和环境标准的差异，能够避免更多的借环境保护干预自由贸易的行为，或变相的贸易保护主义。同时，在区域合作的框架内，少数大国借环境问题做文章的权力空间受到规范，而发展中国家在这个游戏规则内部能够较好地发挥作用。目前，一些区域一体化协定在这方面进行了尝试。虽然这些努力对全球贸易和环境框架的形成所做的贡献仍存在着争议，但用发展的眼光看，这是一种积极的、有益的探索。如果地区协定能够成功地解决贸易与环境问题，那么它将促进全球贸易与环境问题解决的进程。

第 6 章

基于 BP 神经网络的贸易环境
损害预警系统

通过以上各章的分析，我们认为贸易增长与环境损害之间的关系是多纬度、错综复杂的，又受到贸易政策、环境政策的影响，这使得准确预测贸易引致的环境损害变得困难。本章我们将尝试运用 BP 神经网络从宏观上建立贸易增长与环境损害预测模型，以此模型预测我国未来贸易引致环境损害的发展趋势。

首先，我们主要从规模效应、技术效应、结构效应三方面分析贸易增长对于环境的影响，并且从与贸易和工业相关的众多指标中选取最能够体现贸易增长和环境损害的指标来衡量贸易增长和环境损害程度；其次，我们借助 MATLAB 神经网络工具箱，选取有效算法，实现我国贸易增长与环境损害 BP 神经网络预测模型的构建；最后，我们通过贸易指标的输入，输出环境指标预测值，预测未来我国贸易增长和环境损害的相互关系。

第 1 节　贸易环境损害与 BP 神经网络

改革开放 30 年来，我国国民经济持续较快增长，连续多年保持 10% 以上的增长速度，远高于世界同期 3% ~ 5% 的水平。从对外贸易的排位来看，我国在世界货物贸易额中的排名，2002 年为第五位，2003 年为第四位，从 2004 年起成为世界第三大贸易国。对外贸易的飞速发展，使国家外汇储备迅猛增长。截至 2006 年年底，我国外汇储备位居世界第一，达到 10 663 亿美元。2006 年，我国实际使用外资达 735. 2 亿美元，已连续 14 年成为吸收外商直接投资最多的发展中国家。2003 ~ 2006 年，我国累计利用外资达到 2 575. 4 亿美元，占改革开放以来累计利用外资额的近 30%。截至 2006 年年末，累计批准外商投资企业 59. 4 万户，来华投资的国家和地区超过 190 个，全球 500 强企业已有 480 多家在华投资。我国对外直接投资（非金融部分），2006 年达 161 亿美元，境外中资公司超过 1 万家，投资项目遍布全球 200 多个国家和地区。从主要产品产量的全球份额来看，不仅传统工业产品名列世界前茅，电脑、移动电话、彩色电视机等新兴电子产品，我国也已成为世界主要生产国。截至 2006 年年底，我国彩色电视机产量约占全球产量的 45%，其中出口 5 684 万台，约占全球贸易份额的 55%；笔记本电脑产量超过全球产量的 2/3，其中出口 5 198.7 万台，约占全球贸易份额的 70%；移动电话产量 4.8 亿多部，超过全球产量的 45%，其中出口 3.85 亿部，约占全球贸易份额的 55%。目前，世界每 3 台笔记本电脑中就有 2 台是在中国生产的，每 2 部手机中就有 1 部产自中国。

与此形成鲜明对比的是，我国的环境损害问题已相当严重。大规模和高速度的工业化已经让我国拥有世界十大污染严重城市中的 8 个，2006 年我国共有 72 万家公司接受污染物质排放检查，其中 3 176 家企业因污染问题而被勒令关闭。大气污染造成的经济损失约为 200 亿元，由于城市燃煤、工厂排放废气及汽车尾气污染，大气中 SO_2、CO 等有毒悬浮微粒弥漫在城市上空，空气污染导致许多城市肺癌死亡率增至 2/10 000，全国酸雨覆盖面积已达 30%，所有这些损失加起来约等于 200 亿元。生态环境破坏和自然灾害造成的损失估计高达 2 000 亿元，森林覆盖率由 1949 年的 30% 左右，下降至现在的不足 14%，草原的严重退化，水土流失面积达 155 万平方公里，占国土面积的 16%。同时，城镇建设却仍以每年侵占 150 万公顷土地的速度发展，破坏自然生态平衡，加上自然灾害带来的损失，每年至少损失 200 亿元。其他污染如固体废物排放、噪声污染等造成的损失也高达 130 亿元。

一、中国贸易与环境损害的关联性

自 20 世纪 90 年代以来，贸易与环境问题越来越引起国际世界的关注，一方面人们认识到自由贸易与环境保护确实存在着冲突，另一方面学者们得出了自由贸易与环境保护之间是复杂关系的结论。贸易自由化和环境保护实际上代表了两种对立的价值观。提倡贸易自由化者认为世界经济的改善依赖于个体财富的增加，强调个人利益最大化。相反，环保主义者则更强调整个人类的共同利益最大化。

大多数经济学家认为贸易与环境之间的关系是复杂的，本尼迪克特·金斯伯里（Benedictking Sbury，1994）的研究并不认为贸易自由化对环境有直接的负面影响，而环境问题的根本原因在于市场失灵和政策失误。环境问题源于人类的生产消费活动，而国与国之间的贸易能够影响两国商品和资源的价格、收入、生产和消费模式等各个方面。也就是说，贸易可以通过影响国民经济来影响生态环境。目前，主流经济学观点认为贸易与环境之间是一种复杂关系，格罗斯曼和克鲁格（1991）把贸易对环境的效应分为结构效应、规模效应、技术效应三部分。

随着经济全球化和贸易自由化进程的加快，自由贸易确实给世界经济的发展注入了活力。对于我国而言，贸易增长对环境的损害主要表现在以下方面：第一，自由贸易加速了我国自然资源的消耗，由于我国资金相对匮乏，技术相对落后，在国际竞争中缺乏有效竞争手段，往往选择发展的是资源密集和劳动密集型产业，最终导致污染产业的转移和废弃污染物的越境转移。发达国家在雄厚财力的基础上制订了严格的环保标准，将在本国已经或者面临淘汰的产业转移到我国。第二，对于我国而言主要还是以农产品、初级产品的专业化生产和出口为主，往往将资源集中于少数几种产品，导致经济结构和外贸结构畸形，资源不能得到充分利用，环境损害加剧。事实上，初级产品生产的规模报酬是递减的，在初级产品生产的领域中比工业制成品领域中技术进步要慢得多，因此，贸易的技术效应就被压缩了。而技术不能同步提高使得我国环境保护难度加大，环境破坏加剧。第三，我国还存在着很大程度的外部经济和外部不经济，社会成本与个别成本往往大相径庭，因此，比较优势理论所强调的个别比较利益一般来说不符合我国的社会比较利益。如果按自由贸易、自由竞争的个别比较成本优势生产，我国将成为贸易增长、经济增长的奴仆，环境将进一步恶化并且彻底失去贸易中的相对优势。第四，贸易规则是由发达国家制订的，加之我国没有建立完善的环境保护规制，因而贸易与环境问题在我国表现得尤为突出。

贸易与环境在本质上是一致的，最终目标都是提高社会福利。从本质上看，贸易与环境问题的根源并不在于自由贸易，而在于市场失灵和政策失误。如果中国能及时发现贸易政策的缺陷并及时调整，强调必要的环境保护政策，使得这些环境成本能在市场价格中得到体现，那么就肯定能减少贸易对于我国环境的负面效应。

总之，贸易会对我国的经济规模、产业结构和技术进步产生综合复杂的影响，从而影响我国的污染水平。

二、神经网络概述

人工神经网络（Artificial Neural Network，ANN）通常简称为神经网络，是基于对人脑组织结构、活动机制的初步认识提出的一种新型信息处理体系。通过模仿脑神经系统的组织结构以及某些活动机理，神经网络可呈现出人脑的许多特征，并具有人脑的某些基本功能。它由大量简单处理元件相互连接构成的高度并行的非线性系统组成，具有大规模并行性处理特征。神经网络的基本功能有联想记忆、非线性映射、类型识别、优化计算、知识处理等。在解决复杂的或是非线性问题时，具有独到的功效。

神经网络模型的优点正好弥补了目前预警系统存在的一些问题，例如：预警模型惯于采用直线外推、指数平滑、回归分析、移动平均、灰色预测等模型，而高度非线性模型难以处理；预警线和预警区域采用确定方式，不具备时变特性，缺少自适应、自学习能力；预警信息和知识获取是间接的，费时、效率低；预警系统的建立是离线和非定时的，难以适应在线定时预警要求。神经网络理论和方法的出现，为预警系统克服传统方式的不足带来了新的可能性。

目前，人们已经提出近百种神经网络模型。按照网络特性既可分为连续型和离散型网络，又可分为确定型和随机型网络。按照网络结构可分为反馈网络和前馈网络。按照连接突触性质可分为一阶线性关联网络和高阶非线性关联网络。按照对生物神经系统的不同组织层次和抽象层次的模拟，神经网络又可分为神经元层次模型、组合式模型、网络层次模型、神经系统层次模型和智能模型五类。

按连接方式划分神经网络可分为以下几类：第一类：前馈网络。网络中的神经元是分层排列的，每个神经元只与前一层神经元单向相连接，它由输入层、隐含层和输出层组成，其中隐含层可以是一层或多层，感知器、BP网络、径向基函数（RBF）网络、小波神经网络、FLAT神经网络等就是属于这种类型的网络。第二类：带反馈的前向网络。网络的本身是前向型的，与前一种不同的是从输出到输入有反馈回路。例如福岛网络就属于这种类型。第三类：层内互联前向网络。通过层内神经元之间的相互连接，可以实现同一层神经元之间横向抑制或兴奋机制，从而限制层内能同时动作的神经元数，或者把层内神经元分为许多组，让每组作为一个整体来动作。一些组织竞争型神经网络就属于这种类型。第四类：互联网络。互联网络有局部互联和全局互联两种。在全互联网络中，每个神经元都与其他神经元相连。局部互联是指互联只是局部性的，有些神经元之间没有连接关系。霍普菲尔德网络和波尔兹曼网络属于全局互联网络，而细胞神经网络（CNN）属于局部互联神经网络。

1. 神经网络产生与发展

1943年，W. 麦卡洛克（W. McCulloch）和W. 皮茨（W. Pitts）提出了MP模型，[①] 从而给出了神经元的最基本模型及相应的工作方式。1949年，神经生物学家D. 赫布（D. Hebb）发现，脑细胞之间的通路在参与某种活动时将被加强。这项重要规则给出了生理学与心理学间的联系，被称为赫布学习规则。该规则至今还被许多神经网络学习算法所使用。1957年，F. 罗森布拉特（F. Rosenblat）

---

① 参见蒋宗礼：《人工神经网络导论》，高等教育出版社2001年版。

提出了感知器模型，这是一个由线性阈值神经元组成的前馈神经网络，可用于分类。1960 年，伍德罗（B. Widrow）和 M. 霍夫（M. Hoff）提出了自适应线性单元，这是一种连续取值的神经网络，可用于自适应系统。

1969 年，人工智能的创始人 M. 明斯基（M. Minsky）和 S. 普特（S. Papert）发表了《Perceptrons》一书，在该书中，他们指出：单层视觉感控器只能作线性划分，多层视觉感控器不能给出一种学习算法，因此无实用价值。由于明斯基和普特在人工智能领域的地位，该书在人工神经网络研究人员间产生了极大的反响，神经网络研究自此陷入低潮。但是，即便在神经网络研究的低潮时期，也有一些人仍在兢兢业业地研究神经网络，并得到了一些重要成果。其中最著名的是1982 年由加州理工大学教授 H. 霍普菲尔德（H. Hopfield）提出的霍普菲尔德神经网络。在这个用运算放大器搭成的反馈神经网络中，霍普菲尔德借用李雅普诺夫能量函数（Lya-punov function）的原理，给出了网络的稳定性判据，并为著名的组合优化问题——旅行商问题（TSP）提供了一个新的解决方案，霍普菲尔德网络可用于联想存储、优化计算等领域。

1985 年，鲁梅尔哈特（Rumelhart）等人给出了多层感知器的权值训练的误差反向传播学习算法（BP 算法），从而解决了明斯基认为不能解决的多层感知器的学习问题。自此引导了神经网络的复兴，神经网络研究也进入了一个崭新的发展阶段。我国人工神经网络的研究也在努力跟上国际发展的步伐。1990 年 3月在北京召开的首届神经网络学术大会标志着我国神经网络研究已经引起学者们的重视。

2. 神经元模型

人工神经元是人工神经网络的基本处理单元。神经元是一个多输入单输出的信息处理单元，而且，它对信息的处理是非线性的。人工神经网络的基本处理单元的神经元模型如图 6 – 1 所示。

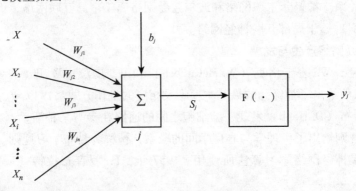

图 6 – 1　神经元模型示意

人工神经元模仿生物神经细胞的三个基本功能：第一，确定输入信号的连接权值，连接权值为正时表示兴奋，为负时表示抑制；第二，确定各输入信号连接权值的整合函数；第三，激励函数为非线性函数，起非线性映射作用并限制神经元输出在一定范围内（一般限制在 $[0, 1]$ 或 $[-1, +1]$ 之间）。

在图 6 – 1 中，X_1，X_2，$\cdots$，X_i，$\cdots$，X_n 分别代表来自神经元 1，2，$\cdots$，i，$\cdots$，n 的输入；W_{j1}，W_{j2}，$\cdots$，W_{ji}，$\cdots$，W_{jn} 则分别表示神经元 1，2，$\cdots$，i，$\cdots$，n 与第 j 个神经元的连接强度，即权值；b_j 为阈值；$f(\cdot)$ 为传递函数；y_j 为第 j 个神经元的输出。[①]

第 j 个神经元的净输入值 s_j 为：

$$s_j = \sum_{i=1}^{n} W_{ji} X_i + b_j = W_j X + b_j \tag{6.1}$$

其中：$X = [x_1, x_2, \cdots, x_i, \cdots, x_n]^T$，$W_j = [w_{j1}, w_{j2}, \cdots, w_{ji}, \cdots, w_{jn}]$。

若视 $X_0 = 1$，$W_{j0} = b_j$，即令 X 及 W_j 包括 X_0 及 W_{j0}，则 $W_j = [w_{ji}, w_{j2}, \cdots, w_{ji}, \cdots, w_{jn}]$，$X = [x_0, x_1, x_2, \cdots, x_i, \cdots, x_n]^T$，$W_j = [w_{j0}, w_{j1}, w_{j2}, \cdots, w_{ji}, \cdots, w_{jn}]$。于是节点 j 的净输入 S_j 可表示为：

$$S_j = \sum_{i=1}^{n} W_{ji} X_i = W_j X \tag{6.2}$$

净输入 S_j 通过传递函数（Transfer Function）$f(\cdot)$ 后，便得到第 j 个神经元的输出 y_j：

$$y_j = f(s_j) = f\left(\sum_{i=1}^{n} w_{ji} x_i\right) = F(W_j X) \tag{6.3}$$

式中，$f(\cdot)$ 是单调上升函数，而且必须是有界函数，因为细胞传递的信号不可能无限增加，必有一最大值。根据作用函数的不同，形式神经元可以分为阈值型神经元、伪线性型神经元、S 型神经元三种基本类型。

阈值型神经元的作用函数的数学表达式：

$$Fai(v) = \begin{cases} 1, v \geqslant 0 \\ 0, v \leqslant 0 \end{cases} \tag{6.4}$$

该作用函数如图 6 – 2 所示。

---

① 参见朱双东：《神经网络应用基础》，东北大学出版社 2000 年版。

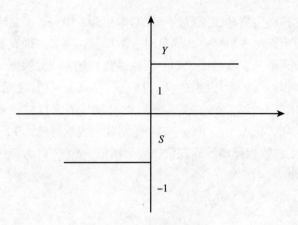

图 6 - 2   阈值函数图形

伪线性型神经元的作用函数：

$$Fai(v) = \begin{cases} 1, v \geqslant 1 \\ A(1+v), -1 < v < 1 \\ 0, v \leqslant -1 \end{cases} \qquad (6.5)$$

伪线性型神经元反映的是一种分段线性的非线性输入—输出特性。其曲线如图 6 - 3 所示。

S 型神经元的作用函数：

$$\varphi(v) = \frac{1}{1 + e^{-av}} \qquad (6.6)$$

S 型作用函数反映了神经元的连续型的非线性输出特性，其曲线如图 6 - 4 所示。

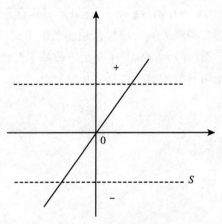

图 6 - 3   伪线性型函数图形

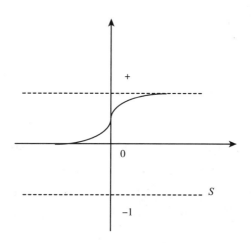

图 6 - 4　S 型函数图形

3. 神经网络的学习方法

神经网络之所以具有处理某一类问题的能力，是因为它有学习的能力。神经网络的学习也称为训练，即系统为了适应环境而产生的某种长远变化，这种变化使得系统能够更有效地在下一次完成同一或同类工作。

神经网络学习是神经网络最重要的特征之一。神经网络能够通过训练，改变其内部表示，使输入—输出变换朝着好的方向发展。训练的实质是：同一个训练集的样本输入—输出模式反复作用于网络，网络按照某种训练规则（又称学习规则或学习算法）自动调节神经元之间的权值（连接强度）或拓扑结构，当网络的实际输出满足期望的要求或趋于稳定时，即可认为训练圆满结束。

按照广泛采用的分类方法，神经网络的学习方法有三种：有导师学习、无导师学习及有导师和无导师混合学习。有导师学习也称为有监督学习，这种学习模式采用的是纠错规则。在学习训练过程中需要不断给网络成对地提供一个输入模式和一个期望网络正确输出的模式，称为"教师信号"。将神经网络的实际输出同期望输出进行比较，当网络的输出与期望的教师信号不符时，根据差错的方向和大小按一定的规则调整权值，以使下一次网络的输出更接近期望结果。无导师学习也称为无监督学习。网络能根据特有的内部结构和学习规则，在输入信息流中发现任何可能存在的模式和规律，同时能根据网络的功能和输入信息调整权值，这个过程称为网络的自组织，其结果是使网络能对属于同一类的模式进行自动分类。在这种学习模式中，网络的权值调整不取决于外来"教师信号"的影响，可以认为网络的学习评价标准隐含于网络的内部。有导师和无导师混合学习，这种学习方式一般是待分类的模式样本属性已知，网络的内部结构和参数按无监督聚类方法学习，而网络的输出端仍有一个对应的指导信号。按照某种准则调整隐含层与输出层的连接权值，使得网络输出端的输出与监督信号的误差逐步减小到预定要求。

三、神经网络模型选择——BP 神经网络

人工神经网络（ANN）模型中的 BP（Back Propagation）网络模型是一种误差逆向传播算法的多层前馈神经网络，是目前应用最广泛最成熟的一种人工神经网络模型。鲁梅尔哈特和麦克莱兰及其研究小组 1986 年发展了 BP 网络学习算法，实现了明斯基的多层神经网络设想，因此 BP 网络也称多层前馈神经网络。BP 神经网络的非线性映射能力、非精确数学模型以及擅长从输入输出数据中学习有用知识等特点，为我们研究贸易与环境损害预警系统提供了技术上的可能。由于 BP 神经网络的友谊特点，该预测方法受到了经济管理领域专家和研究者的喜爱，在股市预测、证券预测、外汇预测、财务报警、库存需求预测以及产品成本定价、国民生产总值预测、销售预测、房地产预测、风险预测等各方面都有应用。已有研究成果证明 BP 神经网络适合于经济系统的预测和决策问题，且其算法和模型都较为成熟，预测的结果具有可靠性和可信性。

1. BP 神经网络及其网络结构

BP 神经网络的数学意义明确，算法步骤分明，算法和模型都较为成熟，具有良好的推广能力，其非线性映射能力对于解决经济管理领域内的高度非线性的问题具有优越性，因此被广泛应用于股市预测、证券预测、外汇预测、财务报警、库存需求预测，产品成本定价、国民生产总值预测、销售预测、房地产预测、风险预测等经济管理领域内的预测和决策问题。利用 BP 神经网络进行预测的预测结果具有可靠性和可信性，且已有研究成果证明，BP 神经网络不仅在大样本的预测中具有很好的预测精度，而且对于小样本的预测依然具有良好的预测效果。因此，我们选择 BP 神经网络建立贸易增长与环境损害预警模型，并对模型进行了实证求解。

BP 神经网络的网络结构是一个前向的多层网络，BP 网络由输入层、隐含层和输出层构成，每层由若干个神经元组成，每个神经元的输出值由输入值、激活函数和阈值决定。在 BP 神经网络中，同层的各神经元之间互不连接，相邻层的神经元则通过权值连接。基于 BP 算法的多层前馈型网络结构见图 6－5，对于输入信息，要先向前传播到隐含层的节点上，经过各单元的特性为 S 型激活函数（又称作用函数、转换函数或映射函数等）运算后，把隐含节点的输出信息传播到输出节点，最后给出输出结果。网络的学习过程由正向和反向传播两部分组成。在正向传播过程中，每一层神经元的状态只影响下一层神经元网络。

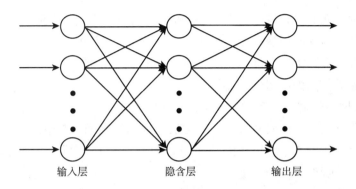

图 6 - 5　BP 神经网络模型结构

隐含层与输入层、输出层与隐含层的连接权向量 $IW^{1,1}$ 和 $LW^{2,1}$ 分别为：

$$IW^{1.1} = \begin{bmatrix} iw^1_{1,1} & iw^1_{1,2} & iw^1_{1,3} \\ iw^1_{2,1} & iw^1_{2,1} & iw^1_{3,1} \\ & \vdots & \\ iw^1_{20,1} & iw^1_{20,1} & iw^1_{20,1} \end{bmatrix}; \quad LW^{2,1} = \begin{bmatrix} w^2_{1,1} & lw^2_{1,2} & \cdots & lw^2_{1,20} \end{bmatrix}$$

隐含层、输出层的输出向量 a^1、a^2 分别为：

$$a^1 = f^1(n^1) = f^1(IW^{1,1}p + b^1) = \tan sig(IW^{1,1}p + b^1)$$
$$a^2 = f^2(n^2) = f^2(LW^{2,1}a^1 + b^2) = \log sig[LW^{2,1}\tan sig(IW^{1,1}p + b^1) + b^2]$$

在贸易环境效应预测 BP 神经网络向量模型中，q 为神经网络模型的输入向量，大小为 4×1，对应于同一年度的 4 个贸易指标；g^1、g^2 为分别为隐含层与输出层神经元的阈值向量；m^1、m^2 分别为隐层与输出层的中间运算结果。

隐含层与输入层、输出层与隐含层的连接权向量 $TZ^{1,1}$ 和 $LW^{2,1}$ 分别为：

$$c^1 = g^1(m^1) = g^1(TZ^{1,1}q + d^1) = \tan sig(TZ^{1,1}q + d^1)$$
$$c^2 = g^2(m^2) = g^2(TH^{2,1}c^1 + d^2) = \log sig[TH^{2,1}\tan sig(TZ^{1,1}q + d^1)]$$

$$TZ^{1.1} = \begin{bmatrix} tz^1_{1,1} & tz^1_{1,2} & tz^1_{1,3} & tz^1_{1,4} \\ tz^1_{1,3} & tz^1_{1,3} & tz^1_{1,3} & tz^1_{1,3} \\ \vdots & \vdots & \vdots & \vdots \\ tz^1_{1,3} & tz^1_{1,3} & tz^1_{1,3} & tz^1_{1,3} \end{bmatrix}, \quad TH^{2,1} = \begin{bmatrix} th^2_{1,1} & th^2_{1,2} & \cdots & th^2_{1.20} \end{bmatrix}$$

2. BP 神经网络的算法

BP 神经网络，即误差反向传播神经网络算法，是一种用于前向多层神经网络的误差反向传播学习算法。BP 算法由数据流的前向计算（正向传播）和误差信号的反向传播两个过程构成。正向传播时，传播方向为输入层→隐层→输出层，每层神经元的状态只影响下一层神经元。若在输出层得不到期望的输出，则转向误差信号的反向传播流程。通过这两个过程的交替进行，在权向量空间执行误差函数梯度下降策略，动态迭代搜索一组权向量，使网络误差函数达到最小值，从而完成信息提取和记忆过程。

设 BP 网络的输入层有 n 个节点，隐含层有 q 个节点，输出层有 m 个节点，输入层与隐含层之间的权值为 v_{ki}，隐含层与输出层之间的权值为 w_{ki}。隐含层的传递函数为 $f_1(\cdot)$，输出层的传递函数为 $f_2(\cdot)$，则隐含层节点的输出为（将阈值写入求和项中）：[①]

$$z_k = f_1\left(\sum_{i=0}^{n} v_{ki} x_i\right), k = 1, 2, \cdots, q \tag{6.7}$$

输出层节点的输出为：

$$y_k = f_2\left(\sum_{i=0}^{n} w_{ki} z_i\right), j = 1, 2, \cdots, m \tag{6.8}$$

至此 BP 网络就完成了 n 维空间向量对 m 维空间的近似映射。

输入 P 个学习样本，用 x^1，x^2，$\cdots$，x^p 来表示。第 p 个样本输入到网络后得到输出 $j_j^p (j = 1, 2, \cdots, m)$。采用平方型误差函数，得到第 p 个样本的误差 E_p：

$$E_p = \frac{1}{2} \sum_{j=1}^{m} (t_j^p - y_j^p)^2 \tag{6.9}$$

式中，t_j^p 为期望输出。

对于 P 个样本，全局误差为：

$$E = \frac{1}{2} \sum_{P=1}^{P} \sum_{j=1}^{m} (t_j^p - y_j^p) = \sum_{p=1}^{P} E_p \tag{6.10}$$

输出层权值的变化：采用累计误差 BP 算法调整 w_{jk}，使全局误差 E 变小，即：

$$\Delta w_{jk} = -\eta \frac{\partial E}{\partial w_{jk}} = -\eta \frac{\partial}{\partial w_{jk}}\left(\sum_{p=1}^{P} E_p\right) = \sum_{p=1}^{P}\left(-\eta \frac{\partial E_p}{\partial w_{jk}}\right) \tag{6.11}$$

式中，η 为学习率。

定义误差信号为：

$$\delta_{yj} = -\frac{\partial E_p}{\partial S_j} = -\frac{\partial E_p}{\partial y_j} \cdot \frac{\partial y_j}{\partial S_j} \tag{6.12}$$

---

① 参见蒋宗礼：《人工神经网络导论》，高等教育出版社 2001 年版；高隽：《人工神经网络原理及仿真实例》，机械工业出版社 2003 年版。

第一项：

$$\frac{\partial E_p}{\partial y_i} = \frac{\partial \left[1/2 \sum\limits_{j=1}^{m} (t_j^v - y_j^p) \right]}{\partial y_j} = - \sum\limits_{j=1}^{m} (t_j^p - y_j^p) \qquad (6.13)$$

第二项：

$$\frac{\partial y_j}{\partial S_j} = f_2^t(S_j) \qquad (6.14)$$

是输出层传递函数的偏微分。于是：

$$\delta_{yj} = \sum\limits_{j=1}^{m} (t_j^p - y_j^p) f_2^t(S_j) \qquad (6.15)$$

由链定理得：

$$\frac{\partial E_p}{\partial w_{jk}} = \frac{\partial E_p}{\partial S_j} \cdot \frac{\partial S_j}{\partial w_{jk}} = - \delta_{yj} z_k = - \sum\limits_{j=1}^{m} (t_j^p - y_j^p) f_2^t(S_j) \cdot z_k \qquad (6.16)$$

于是输出层各神经元的权值调整公式为：

$$\Delta w_{jk} = \sum\limits_{p=1}^{p} \sum\limits_{j=1}^{m} \eta (t_j^p - y_j^p) f_2^t(S_j) z_k \qquad (6.17)$$

隐层权值的变化：

$$\Delta w_{ki} = - \eta \frac{\partial E_p}{\partial w_{ki}} = - \eta \frac{\partial E_p}{\partial w_{ki}} \left(\sum\limits_{p=1}^{p} E_p \right) = \sum\limits_{p=1}^{p} \left(- \eta \frac{\partial E_p}{\partial w_{ki}} \right) \qquad (6.18)$$

定义误差信号为：

$$\delta_{zk} = \frac{\partial E_p}{\partial S_k} = - \frac{\partial E_p}{\partial z_x} \cdot \frac{\partial z_k}{\partial S_k} \qquad (6.19)$$

第一项：

$$\frac{\partial E_p}{\partial z_k} = \frac{\partial}{\partial z_k} \left[\frac{1}{2} \sum\limits_{j=1}^{m} (t_j^p - y_j^p)^2 \right] = - \sum\limits_{j=1}^{m} (t_j^p - y_j^p) \frac{\partial y_j}{\partial z_k} \qquad (6.20)$$

依链定理有：

$$\frac{\partial y_j}{\partial z_k} = \frac{\partial y_j}{\partial S_j} \cdot \frac{\partial S_j}{\partial z_k} = f_2^t(S_j) w_{jk} \qquad (6.21)$$

第二项：

$$\frac{\partial z_k}{\partial S_k} = f_1^t(S_k) \qquad (6.22)$$

是隐层传递函数的偏微分。于是：

$$\delta_{zk} = \sum_{j=1}^{m} (t_j^p - y_j^p) f_2^t(S_j) f_1^t(S_k) \tag{6.23}$$

由链定理得：

$$\frac{\partial E_p}{\partial v_{ki}} = \frac{\partial E_p}{\partial S_k} \cdot \frac{\partial S_k}{\partial v_{ki}} = -\delta_{zk} x_i = -\sum_{j=1}^{m} (t_j^p - y_j^p) f_2^t(S_j) w_{jk} f_1^t(S_k) \cdot x_i \tag{6.24}$$

从而得到隐层各神经元的权值调整公式为：

$$\Delta v_{ki} = \sum_{p=1}^{p} \sum_{j=1}^{m} \eta(t_j^p - y_j^p) f_2^t(S_j) w_{jk} f_1^t(S_k) x_i \tag{6.25}$$

学习算法要求 EP 和 E 达到最小，以使网络的实际输出尽可能接近期望输出。BP 算法的学习过程是网络连接权系数和阈值的自适应、自组织的过程，经过反复多次训练后，网络就有了对学习样本的记忆和联想的能力，三层 BP 网络可以任意精度逼近任何连续函数。如果输出层不能得到期望输出，就是实际输出值与期望输出值之间有误差，那么系统会转入反向传播过程，将误差信号沿原来的连接通路返回，通过修改各层神经元的权值，逐次地传播到输入层去进行计算，再经过正向传播过程。这两个过程的反复运用，直至误差达到要求为止。

反向传播算法是一种单向传播的多层前向神经网络，多层前馈神经网络又称为 BP（Back Propagation）神经网络，它由输入层、隐含层和输出层组成，其中隐含层可以有多层。由于同层节点上无任何耦合，故每层节点的输出只影响下一层节点的输出。因此，可视 BP 网络为从输入到输出的高度非线性映射，它也是目前应用最广泛的一种模型。BP 算法是适合于多层神经元网络的一种学习，它是建立在梯度下降法的基础上的。BP 算法系统地解决了多层网络中隐含单元连接权的学习问题，还对其能力和潜力进行了探讨。

误差反向传播算法的主要思想是把学习过程分为两个阶段：第一阶段（正向传播过程），给出输入信息，通过输入层经隐含层逐层处理并计算每个单元的实际输出值；第二阶段反向过程，若在输出层未能得到期望的输出值，则逐层递归地计算实际输出与期望输出之差，以便根据此差调节权值，具体些说，就是可对每一个权重计算出接收单元的误差值与发送单元的激活值的积。因为这个积和误差对权重的微商成正比，所以又把它称作权重误差微商。权重的实际改变可由权重误差微商一个模式一个模式地计算出来，即它们可以在这组模式上进行累加。

最初由沃博斯（Werbos，1970s）开发的反向传播训练算法是一种迭代梯度算法，用于求解前馈网络的实际输出与期望输出间的最小均方差值。BP 网是一种反向传递并能修正误差的多层映射网络。当参数适当时，此网络能够收敛到较小的均方差，是目前应用最广的网络之一。BP 网的短处是训练时间较长，且易陷于局部极小。

反传算法有两种学习过程，这是由于在求导运算中假定了所求的误差函数的导数是所有模式的导数和。因此权重的改变方式就有两种：一种是对提供的所有模式的导数求和，再改变权重。这是训练期（epoch）的学习方式，具体说，对每个模式要计算出权重误差导数，直到该训练期结束时才累加，此时才计算权重变化 Δw_{ij}，并把它加到实际的权重数组上，每个周期只做一次。由于权重的修正是在所有的样本输入后，计算其总的误差后进行的，称此为批处理。批处理修正可以保证其 Et 向减小方向变化，在样本数多的时候，它比分别处理的收敛速度快。另一种是在计算每个模式的导数后，改变权重并求导数和，更新 Δw_{ij}，在处理下一个模式之前就把 Δw_{ij} 加到原来的权重上。如果学习速率小，那么这两种做法之间就没有多少差别。若模式的集合可能非常大，那么，每处理一个模式就修正权重的做法，似乎比较合适。

3. BP 网络的训练过程

BP 算法的训练过程是网络连接权系数和阈值的自适应、自组织过程，经过反复多次训练后，网络就有了对学习样本的记忆和联想的能力，三层 BP 网络可以以任意精度逼近任何连续函数。如果输出层不能得到期望输出，就是实际输出值与期望输出值之间有误差，那么系统会转入反向传播过程，将误差信号沿原来的连接通路返回，通过修改各层神经元的权值，逐次地传播到输入层去进行计算，再经过正向传播过程。这两个过程的反复运用，直至误差达到要求为止。

BP 网络的训练就是通过应用误差反传原理不断调整网络权值使网络模型输出值与已知的训练样本输出值之间的误差平方和达到最小或小于某一期望值。虽然理论上早已经证明：具有 1 个隐层（采用 S 型转换函数）的 BP 网络可实现对任意函数的任意逼近。但遗憾的是，迄今为止还没有构造性结论，即在给定有限个（训练）样本的情况下，如何设计一个合理的 BP 网络模型并通过向所给的有限个样本的学习（训练）来满意地逼近样本所蕴涵的规律（函数关系，不仅仅是使训练样本的误差达到很小）的问题，目前在很大程度上还需要依靠经验知识和设计者的经验。因此，通过训练样本的学习（训练）建立合理的 BP 神经网络模型的过程，在国外被称为"艺术创造的过程"，[①] 是一个复杂而又十分烦琐和困难的过程。

由于 BP 网络采用误差反传算法，其实质是一个无约束的非线性最优化计算过程，在网络结构较大时不仅计算时间长，而且很容易限入局部极小点而得不到

---

① 参见朱大奇、史慧：《人工神经网络原理及应用》，科学出版社 2006 年版，第 158 页。

最优结果。目前虽已有改进 BP 法、遗传算法和模拟退火算法等多种优化方法用于 BP 网络的训练（这些方法从原理上讲可通过调整某些参数求得全局极小点），但在应用中，这些参数的调整往往因问题不同而异，较难求得全局极小点。这些方法中应用最广的是增加了动量项的改进 BP 算法。

训练神经网络的首要和根本任务是确保训练好的网络模型对非训练样本具有好的泛化能力（推广性），即有效逼近样本蕴涵的内在规律，而不是看网络模型对训练样本的拟合能力。从存在性结论可知，即使每个训练样本的误差都很小（可以为零），也并不意味着建立的模型已逼近训练样本所蕴涵的规律。因此，仅给出训练样本误差（通常是指均方根误差 RSME 或均方误差、AAE 或 MAPE等）的大小而不给出非训练样本误差的大小是没有任何意义的。

第 2 节　基于分类模拟结构的贸易环境损害预警研究

在概述了 BP 神经网络原理的基础上，在这一节，我们使用分类模拟结构的 BP 神经网络，首先在 1989 ~ 2009 年贸易历史数据的基础上，使用 BP 神经网络模型预测得出 2010 ~ 2012 年贸易指标值，在此之后再次利用 BP 神经网络模型建立贸易—环境预测模型，得到了 2010 ~ 2012 年环境指标预测值。算法选取上，本节试用了 MATLAB 神经网络工具箱给出的四种网络学习、训练函数，经过对比后，最终采用了 TR 优化算法和 BR 优化算法分别对模型进行训练和预测。这一节不仅拓展了第 1 节的分析，并且由于使用了不同的指标体系和不同的 BP 神经网络结构及算法，可借此判断 BP 神经网络作为贸易环境损害预警系统的可靠性和稳健性。

一、预测指标体系及样本数据的选取

1. 预测指标体系的建立

BP 网络模型要对贸易引至的环境损害进行预测，因此，预测模型的输出因子为环境质量评价指标，输入因子则选取引致环境损害的贸易指标，具体输入指标见图 6 - 6。

2. 样本选取

训练样本的选取很重要，因为训练样本的选取直接影响神经网络的学习速度和效果。选取样本应考虑以下四点：第一，遍历性，即选取出来的样本要有代表性，能覆盖全体样本空间；第二，相容性，即选取出来的样本不能自相矛盾，在建立输入、输出学习样本时，分级宜散但不宜过细，以防止样本间出现矛盾现

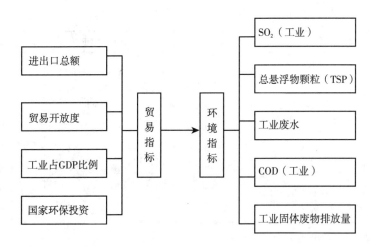

图 6 - 6 指标示意

象；第三，致密性，选取出来的样本要有一定的数量，以保证训练的效果；第四，相关性，即训练样本中各输入值与目标值要有一定的相关性，训练样本集合中输入参数之间最好线性无关。

这里选取的各个贸易指标样本为 1989 ~ 2009 年的 21 组数据，具体见表 6 - 1；由于历年环境指标数据统计口径存在差异以及数据的可获取性，我们选取 1997 ~ 2009 年的统计数据作为样本数据，具体数据如表 6 - 2 所示。

表 6 - 1　　　　　　　　　　1989 ~ 2009 年贸易指标和数据

年份	进出口总额（亿美元）	贸易开放度	工业占 GDP 比重	环保投资（亿元）
1989	1 116.8	0.31	0.38	102.5
1990	1 154.4	0.32	0.37	109.1
1991	1 357	0.33	0.37	170
1992	1 655.3	0.32	0.38	206
1993	1 957	0.32	0.4	269
1994	2 366.2	0.42	0.4	307
1995	2 808.6	0.4	0.41	355
1996	2 898.8	0.35	0.41	408
1997	3 251.6	0.36	0.42	502
1998	3 239.5	0.33	0.4	721
1999	3 606.3	0.35	0.4	823.2
2000	4 742.9	0.4	0.4	1 060
2001	5 096.5	0.38	0.4	1 106.6

续表

年份	进出口总额（亿美元）	贸易开放度	工业占 GDP 比重	环保投资（亿元）
2002	6 207.7	0.43	0.39	1 363.4
2003	8 509.9	0.52	0.4	1 627.3
2004	11 545.5	0.6	0.41	1 908.6
2005	14 219.1	0.63	0.42	2 388
2006	17 604	0.66	0.43	2 567.8
2007	21 761.3	0.62	0.42	3 387.3
2008	25 632.6	0.57	0.42	4 490.3
2009	22 072.2	0.44	0.4	4 525.3

资料来源：根据 2010 年《中国统计年鉴》整理。

表 6 – 2　　　　　　　　　　1997～2009 年环境指标数据

年份	SO_2（工业）（万吨）	总悬浮物颗粒（TSP）（万吨）	工业废水（亿吨）	COD（工业）（吨）	工业固体废物排放量（万吨）
1997	1 772	2 770	227	1 073	7 000
1998	1 593	1 497	201	806	7 034
1999	1 460.1	2 127.4	197.3	691.7	3 881
2000	1 612	2 045	194.2	705	3 186
2001	1 566.6	1 831.8	200.7	607.5	2 893.8
2002	1 562	1 745	207.2	584	2 635.2
2003	1 791.4	1 867.2	212.4	511.9	1 941
2004	1 891.4	1 791.3	221.1	509.7	1 792
2005	2 168.4	1 860.1	243.1	554.8	1 654.7
2006	2 237.6	1 662.3	239.5	541.5	1 303
2007	2 139.9	1 469.8	246.6	511.1	1 197
2008	1 991.4	1 255.6	241.6	457.6	782
2009	1 865.9	1 127.5	234.4	439.7	710

资料来源：根据 2010 年《中国环境公报》整理。

二、BP 神经网络预测模型设计

基于 BP 算法的多层前馈型网络的结构包括输入层节点、输出层节点，而且有一层或多层隐含节点。对于输入信息，要先向前传播到隐含层的节点上，经过各单元的特性为 S 型激活函数运算后，把隐含节点的输出信息传播到输出节点，最后给出输出结果。网络的学习过程由正向和反向传播两部分组成。在正向传播过程中，每一层神经元的状态只影响下一层神经元网络。

这里所采用的 BP 神经网络模型，均为包含一个输入层、一个隐含层、一个输出层的三层网络结构，即标准的 BP 网络结构模型。本节采用 BP 神经网络模型对贸易增长引致的环境损害的预测通过建立两个 BP 模型分三步来完成。经过多次模拟训练和参数选择尝试，多个输出节点造成了预测结果的较大误差，因此，最终选择一个输出层节点。

1. BP 神经网络拓扑结构的确定

首先，建立一个输入层节点数为 3、输出层节点数为 1、隐含层节点数若干的贸易指标时间序列预测模型（见图 6 – 7）。在该模型中，对 4 个贸易指标分别从 1989 年开始提取样本，每 4 个样本为一组，前 3 个样本作为输入，最后 1 个样本作为输出，将样本分为 21 组对网络进行训练，组的划分见表 6 – 3。

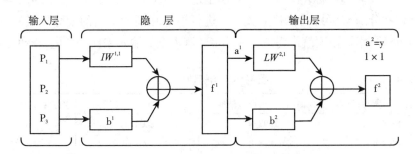

图 6 – 7　贸易指标预测向量模型

表 6 – 3　　　　　　　　　　　　贸易指标训练分组

输入	输出	输入	输出
1989 ~ 1991 年	1992 年	1998 ~ 2000 年	2001 年
1990 ~ 1992 年	1993 年	1999 ~ 2001 年	2002 年
1991 ~ 1993 年	1994 年	2000 ~ 2002 年	2003 年
1992 ~ 1994 年	1995 年	2001 ~ 2003 年	2004 年
1993 ~ 1995 年	1996 年	2002 ~ 2004 年	2005 年
1994 ~ 1996 年	1997 年	2003 ~ 2005 年	2006 年
1995 ~ 1997 年	1998 年	2004 ~ 2006 年	2007 年
1996 ~ 1998 年	1999 年	2005 ~ 2007 年	2008 年
1997 ~ 1999 年	2000 年	2006 ~ 2008 年	2009 年

其次，建立一个输入层节点数为4、输出层节点数为1、隐含层节点数若干的 BP 网络模型（见图6-8）。其中当年的各贸易指标作为输入，相应年份的环境指标作为输出，隐含层通过调试确定，通过样本训练模型。

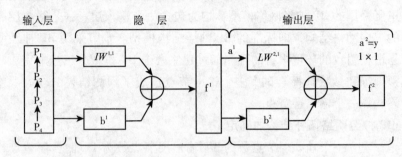

图 6-8　贸易—环境预测向量模型

在该模型中，样本数据是从1997年提取的，1997年的4个贸易指标作为输入，1997年的一个环境指标作为输出，对模型进行训练并进行预测。其余4个环境指标同上依次分别与贸易指标建立关系，进行训练和预测，组的划分见表6-4。最后，将各贸易指标预测值作为贸易—环境预测模型的输入来预测环境指标的值。

表 6-4　　　　　　　　　　　　贸易环境指标训练分组

输入：4 个贸易指标	输出：1 个环境指标	输入：4 个贸易指标	输出：1 个环境指标
1997 年	1997 年	2004 年	2004 年
1998 年	1998 年	2005 年	2005 年
1999 年	1999 年	2006 年	2006 年
2000 年	2000 年	2007 年	2007 年
2001 年	2001 年	2008 年	2008 年
2002 年	2002 年	2009 年	2009 年
2003 年	2003 年		

2. 隐含层层数及节点数的确定

隐含层的确定对神经网络系统起着非常关键的作用。对于多层神经元网络来讲，需要解决两个关键问题：一是确定隐含层层数的原则；二是隐含层节点数目的选择。

赫奇特－尼尔森曾证明了当各节点具有不同的门限时，对于在任何闭区间内的一个连续函数都可以用一个隐含层的网络来逼近。但由于上述的先决条件难以满足，导致应用的困难。塞彬珂（Cybenko，1988）指出，当各节点均采用 S 型函数时，一个隐含层就足以实现任意判决分类问题，两个隐含层则足以表示输入图形的任意输出函数。经验表明，对小型网络的边界判决问题，两层隐含层网络并不比单隐含层更优越，所以，目前人们认为二进制分类或判决边界问题，一个隐含层就足够了。但是，如果要求输出是输入的任意连续函数，那就要用两个隐含层或者采用不同的激活函数。有时即使是连续输出的情况，用一个隐含层也可以满足要求，这取决于问题的性质。另外，隐含层起抽象的作用，即它能从输入提取特征。增加隐含层可增加人工神经网络的处理能力，但是必将使训练复杂化、训练样本数目增加和训练时间的增加，因此代价也很大，尽量做到处理能力和训练代价两者的平衡和优化。

基于上面的分析，在人工神经网络模型之中，我们经过多次模拟训练和尝试后，最终选取一个隐含层和一个输出层并达到了既定预测精度要求。因为一方面本模型的输入是离散的数值，另一方面激活函数是采用单一的 S 型函数。同时本模型的输入节点比较多，如果选取更多的隐含层，势必增加训练成本，因而整体上来说是不经济的。

基于 BP 算法的神经网络中各层节点数的选择对网络的性能影响很大，所以，层内节点数需要进行恰当的选择。一般来说，一个多层网络需要多少隐单元层，每层需要多少隐单元，这要由网络的用途来决定，但这并非是唯一确定的，因为采用不同的内部表象时所需的内部单元数是不同的，因此，对于隐含层单元数的选择是一个十分复杂的问题。

根据 1990 年 R. C. 埃伯哈特等人出版的《神经元网络 PC 工具》一书中指出："这是一种艺术"，因为没有很好的解析式表示，可以说隐单元数与问题的要求，输入输出单元的多少都有直接的关系。根据对隐含节点的几何解释，知道第一隐含层的每个节点确定了一个判决面，它把 N 维输入空间分为两部分。第二隐含层的每个节点又将第一隐含层节点形成的多个判决面组合成凸域空间或者判决域。最后，输出节点又把多个凸域组合成任意形状的判决空间或判决边界。很明显，隐含层的节点有些用来提取输入图形的特征，有些则用来完成某些特殊功能。力图根据任务来确定隐含层节点的数目，确实是很困难的，这是因为网络映射的复杂性和由于许多成功地完成训练过程的不确定性的性质，目前大多数还是以经验为依据。

如果设 BP 网络中输入层节点 P_1 数为自变量个数，输出层节点数 P_3 为所要求的分类个数，则隐含层节点数 P_2 可根据公式 $(2p_1 + p_3)^{1/2} < p_2 < 2p_1 + 1$ 并结合实际试算结果来确定。隐含层神经元数目的确定通常根据具体模型通过给定和调试的方法来确定。虽然增加隐含层神经元数目能够增加人工神经网络的处理能力，但也必将使训练复杂化、训练样本数目增加和训练时间增加，因此应保持两者的协调。

3. BP 网络传递函数的选择

BP 网络的传递函数有多种。S 型对数传递函数的输入值可取任意值，输出值在 0 和 1 之间；S 型正切传递函数 tansig 的输入值可取任意值，输出值在 [－1, ＋1] 之间；线性传递函数的输入与输出值可取任意值。BP 网络通常有一个或多个隐含层，该层中的神经元均采用 S 型传递函数，输出层的神经元则采用线性传递函数，整个网络的输出可以取任意值。

4. BP 神经网络算法的改进

BP 算法理论具有依据可靠、推导过程严谨、精度较高、通用性较好等优点，但标准 BP 算法同时存在以下缺点：收敛速度缓慢；容易陷入局部极小值；难以确定隐含层数和隐含层节点个数。在实际应用中，BP 算法很难胜任，因此出现了很多改进算法。

首先，修正学习率。BP 神经网络模型实际上是一个多元函数的优化问题，即以连接权系数为变量，误差函数最小为目标的优化问题。在反向传播网络的研究中，学习率的选取一直是一个重要的研究方向。在传统的 BP 神经网络模型中，对学习参数 η 的选取一般都是根据建模者的经验选取一个值。但事实上 η 的选取对算法的成败有着重要影响。当求出对连接权的梯度后，对连接权进行修正时，学习速率 η 实际上是一个沿负梯度方向的步长问题，步长过大将会使误差函数发生振荡，步长过小，收敛过慢。一般来说，对于较小规模的网络，随着学习率的增大，迭代次数明显减少。但是在大规模的网络中，当学习率较大时，网络可能会不收敛。

因此，朱大奇、史慧（2006）提出了 BP 网络的自适应学习速度调节法[1]，可表示为：

$$\eta = (n+1)\begin{cases} 1.05\eta(n) & E(n+1) < E(n) \\ 0.7\eta(n) & eE(n+1) > 1.04E(n) \\ \eta(n) & \text{其他} \end{cases} \quad (6.26)$$

其次，添加动量项。添加动量法使网络在修正其权值时，不仅考虑误差在梯度上的作用，而且考虑误差在曲面上变化趋势的影响，其作用如同一个低通滤波器，它允许网络上的微小变化特性。在没有添加动量的作用下，网络可能陷入浅的局部极小值，而利用添加动量的作用则有可能滑过这些极小值。因此，在引入动量项后，网络连接权的迭代关系具有如下形式：

$$W(n) = -\eta\Delta E(n) + \Delta W(n-1) \quad (6.27)$$

其中 α 为动量系数，通常 $0 < \alpha < 0.9$；η 为学习率，引入动量项的效果是使

① 参见朱大奇、史慧：《人工神经网络原理及应用》，科学出版社 2006 年版。

得学习过程中等效地改变 η 使其不是恒定的值，从而使得调节向底部的平均方向变化，不致产生大的摆动，即动量起到缓冲平滑的作用。

最后，引入 L-M 学习规则。L-M（Levenberg-Marquardt）算法比前述几种使用梯度下降法的 BP 算法要快得多，但对于复杂问题，这种方法需要相当大的存储空间。L-M 优化方法的权值调整率选为：

$$\Delta w = (J^T J + \eta I) . J^T e \tag{6.28}$$

其中：e 为误差向量；J 为网络误差对权值导数的雅可比（Jacobian）矩阵；μ 为标量，当 μ 很大时上式接近于梯度法，当 μ 很小时，上式变成了高斯 – 牛顿法，在这种方法中，μ 也是自适应调整的。我们这里数据量不大，拟采用贝叶斯正则化算法和 L-M 学习规则分别作为神经网络的训练函数和学习函数。

三、基于 MATLAB 的 BP 网络模型的实现

MATLAB 软件提供了一个神经网络工具箱（简称 NNbox），为我们建立中国贸易增长与环境损害的 BP 网络预测模型提供了极大的方便。它以神经网络理论为基础，利用 matlab 脚本语言构造出典型的神经网络激活函数，如线性、竞争型和饱和线性等激活函数，使设计者对所选定的网络输出的计算，变成对激活函数的调用。我们使用神经网络工具箱对上述设计的贸易增长与环境损害的 BP 网络预测模型进行学习训练和仿真。

神经网络的实际输出值与输入值以及各权值和阈值有关，为了使实际输出值与网络期望输出值相吻合，我们运用一定数量的学习样本和相应期望输出值的集合来训练网络。在设计隐含层时，我们主要侧重试验、探讨改变隐含层节点数，在实验中改进，直到选取一个满意方案为止。

1. BP 神经网络预测模型建立

MATLAB 的 NNbox 提供了建立神经网络的专用函数 *newff*（·）。用 *newff*（·）来确定网络层数、每层中的神经元数和传递函数，其语法为：

$$net = newff(PR, [S_1, S_2, \cdots, S_n], \{TF_1, TF_2, \cdots, TF_n\}, BTF, BLF, BF)$$

其中 *PR* 是一个由每个输入向量的最大最小值构成的 *Rx*2 矩阵。S_i 是第 i 层网络的神经元个数。TF_i 是第 i 层网络的传递函数，缺省为 S 型正切传递函数，可选用的传递函数有 S 型正切传递函数，S 型对数传递函数或线性传递函数。BTF 为字符串变量，为网络的训练函数名，可在如下函数中选择：DG 优化算法、GDM 优化算法、GDX 优化算法、BFG 优化算法、LM 优化算法等，缺省为 LM 优化算法。BLF 为字符串变量，为网络的学习函数名，缺省为 DM 学习函数。

BF 为字符串变量，为网络的性能函数，缺省为均方差"mse"。

newff（·）在确定网络结构后会自动调用 *init* 函数用缺省参数来初始化网络中各个权重和阈值，产生一个可训练的前馈网络，即该函数的返回值为 *net*。由于非线性传递函数对输出具有压缩作用，故输出层通常采用线性传递函数，以保持输出范围。

2. BP 神经网络预测模型算法选择

初始化后的网络即可用于训练。将网络的输入和输出反复作用于网络，不断调整其权重和阈值，以使网络性能函数 net. performFcn 达到最小，从而实现输入输出间的非线性映射。对于 *newff*（·）产生的网络，其缺省的性能函数是网络输出和实际输出间的均方差 MSE。[①]

在 NNbox 中，给出了十多种网络学习、训练函数，我们试用了其中的四种，经过对比后，最终采用了 LM 优化算法和 BR 优化算法分别对模型进行训练和预测。SCG 优化算法固定变比的变梯度算法，是一种无须线性搜索的变梯度算法。GDX 优化算法自适应学习速度算法，收敛速度快于 GD 优化算法，仅用于批量模式训练。LM 优化算法，对中度规模的网络具有较快的收敛速度。BR 优化算法改进型 L-M 算法，可大大降低确定优化网络结构的难度。

3. BP 神经网络预测模型程序运行

网络训练分别采用 BR 优化算法和 LM 优化算法时，使用 MATLAB 编写的应用程序如下：

贸易指标的时间序列预测模型的应用程序：

```
% 文件名:predict_of_4economyindex. m
%4 个经济指标的预测
    %需要和"数据备份. xls,prediction. m,预测结果. xls"三个文件在同一目录下
%最后结果会显示在 MATLAB 主窗口中以及弹出图表上
%同时会保存到"预测结果"文件的第二个表单中
% ------------ 读取文件中第一页的数据 ------------
Economyf = xlsread('数据备份',1)';       % 读取原始数据
l = length(Economyf(1,:));              % 设定时间长度 1 年
nY = 3;                                 % 预测后 nY 年
Nerve = 11;                             % 网络有 Nerve 个神经元
Leam = 10;                              % 学习 Leam 次
```

① 参见葛哲学、孙志强：《神经网络理论与 MATLAB R2007 实现》，电子工业出版社 2007 年版，第 243～251 页。

```
Error = 1e-2;                              % 容许的二次均方误差为 Error
Fun = 'trainbr';                          % 训练函数为 trainbr
predecessor = zeros(4,l);                 % 1年数据的训练结果
successor = zeros(4,ny);                   % ny 年的预测数据
% ---- 四个经济指标都做一次,将结果保存在'预测结果'文件中 ----
for i = 1:4
[ predecessor(i,:)successor(i,:)] = prediction(Economyf(i,:),nY,Nerve,Learn,Error,Fun);
end
[ predecessor successor];
year = zeros(1,l + ny);
for i = 1:l + 3
year(i) = i;
end
for i = 1:4
subplot(2,2,i),plot(year,[ predecessor(i,:) successor(i,:)],' - ',year,[ Economyf(i,:) zeros(1,ny)],'o')
title([ '第' num2str(i)'个经济指标的预测'])
end
a = successor'
xlswrite('预测结果',a,2);
```

在做上述预测的时候,我们使用的网络训练函数是为了提高输出光滑性,能自动修改性能参数的算法函数 BR 优化算法,修改算法函数时,其余参数仍可沿用。关于它的详细叙述可参见 MATLAB 自带的 HELP 文件。

贸易—环境预测模型预测应用程序:

```
% 文件名:Invest_polution. m
   % 4 个经济指数对污染指数的影响
   % 由于要根据 predict_of_4economy_index. m 文件的运行结果运算
   % 所以必须先运行过一遍 predict_of_4economy_index. m
   % 需要和"数据备份. xls,预测结果. xls"两个文件在同一目录下
   Economys = xlsread('数据备份',2)';
   Polution = xlsread('数据备份',3)';
   predict = xlsread('预测结果',2)';
   Nerve = 30;                     % 网络有 Nerve 个神经元
   Learn = 100;                    % 学习 Learn 次
   Error = 1e-2;                   % 容许的二次均方误差为 Error
   l = length(Economys(1,:));      % 设定时间长度 1 年
```

```
Fun = 'trainlm';                    %设定的训练函数是 trainlm
predecessor = zeros(1,l);
Order = zeros(1,l);
successor = zeros(5,length(predict(1,:)));
for i = 1:l
Order(i) = i;
end
for i = 1:5
% -------------- 输入输出向量标准化 -----------------
      [ecoN,minEco,maxEco,polN,minP,maxP] = premnmx(Economys,Polution(i,:))
% ---------------- 建立网络并初始化 --------------------
net = newff([ minEco maxEco + 1 ],[ Nerve 1 ],{'tansig','purelin'},Fun);
net = init(net);
% ---------------- 网络参数设定 ------------------------
net. trainParam. epochs = Learn;      %设定训练次数
net. trainParam. show = 50;
net. trainParam. goal = Error;
% ---------------- 训练网络 --------------------------
net = train(net,ecoN,polN);
% ---------------- 初步输出结果 ----------------------
a = sim(net,ecoN);
% ---------------- 标准化结果的还原 --------------------
predecessor(i,:) = postmnmx(a,minP,maxP);
pnewn = tramnmx(predict,minEco , maxEco);
anewn = sim(net,pnewn);
successor(i,:) = postmnmx(anewn,minP,maxP);
end
% ---------------- 画图 ----------------------------
cont = length(predict(1,:));
contOrder = zeros(1,cont);
for i = 1:cont
contOrder(i) = l + i;
end
for i = 1: 5
subplot(3,2,i),
plot([ Order contOrder ],[ Polution (i,:) zeros (1,cont)],'o',[ Order contOrder ],[ predecessor(i,:)
successor(i,:)],' - ')
end
successor
```

四、模型评价及预测结果分析

在贸易指标预测模型中，在已有的 21 年的数据基础上，设定好神经网络后即可开始对网络进行训练，当选择 LM 优化算法时，在经过调试后，神经元个数选择为 20 个，学习次数提高到 100 次后，得到图 6 – 9（以下各图中圆圈代表实际值，曲线代表预测值）。

当选择 BR 优化算法时，经过多次尝试后，修改神经元个数为 20 个，学习次数提高到 100 次后，得到图 6 – 10。该训练过程的拟合程度较好，误差在设定的 0.01 范围内。

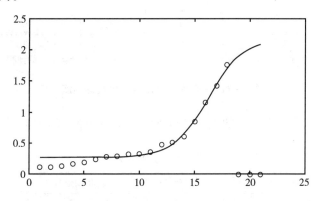

图 6 – 9　LM 优化算法下的贸易指标拟合

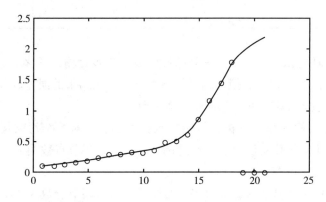

图 6 – 10　BR 优化算法下的贸易指标拟合

相较之下，用 BR 优化算法能够更好地贴合数据、收敛速度更快。因此，接下来我们做的另外 3 组贸易指标的预测就选择 BR 优化算法作为训练算法。四组贸易指标的训练拟合见图 6 – 11。

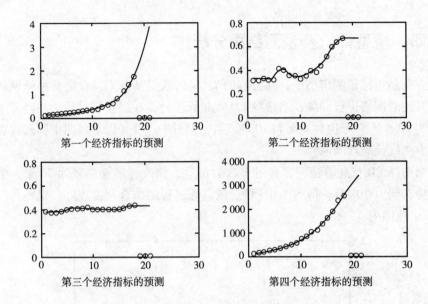

第一个经济指标的预测　　　第二个经济指标的预测

第三个经济指标的预测　　　第四个经济指标的预测

图 6 – 11　BR 优化算法各贸易指标预测

运用 trainbr 算法训练好的模型进行预测，得到表 6 – 5 的输出结果。

表 6 – 5　　　　　　　　　　　贸易指标预测结果

年份	进出口总额（亿美元）	贸易开放度	工业占 GDP 比重	环保投资（亿元）
2010	25 093.5	0.47	0.39	5 016.7
2011	27 856.4	0.49	0.38	5 643.6
2012	31 011.8	0.51	0.38	6 298.1

在贸易—环境预测模型中，最初的设计是一个多元输入求多元输出的 BP 神经网络模型，但由于训练后拟合结果的不满意和预测结果的误差较大，最后，将模型调整为多输入单输出的 BP 神经网络模型。

在原始的 1997 ~ 2009 年的经济指标数据基础上，对 5 个污染指标逐一进行学习。当选择 LM 优化算法时，在经过调试后，隐含层节点数为 20，学习次数提高到 1 000 次后，得到图 6 – 12。

当选择 BR 优化算法时，经过多次尝试后，隐含层节点数为 20，学习次数也提高到 1 000 次后，得到图 6 – 13。

进行比较后，该模型在 BR 优化算法下，拟合程度较差、预测结果不理想。因此，在贸易指标预测值的基础上，该模型运用 LM 优化算法训练好的模型进行预测，得到如下输出结果（见表 6 – 6）。

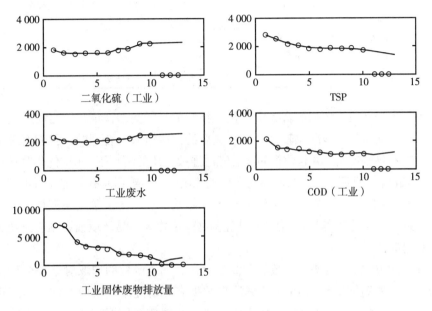

图6-12　LM 优化算法下环境指标预测曲线

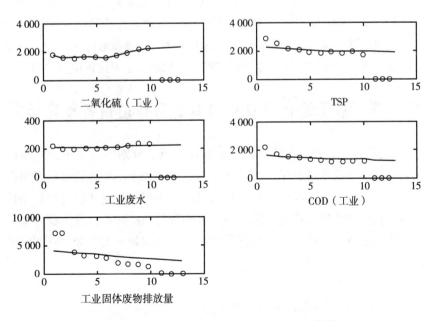

图6-13　BR 优化算法下的环境指标预测曲线

表6-6		LM 优化算法下的环境指标预测值		
年份	SO₂（工业）（万吨）	总固体悬浮颗粒（TSP）（万吨）	工业废水（亿吨）	COD（工业）（吨）	工业固体废物排放量（万吨）
2010	1 731.6	995.6	230.6	419.5	652
2011	1 605.3	907.4	227.9	399.2	603
2012	1 458.6	826.7	226.1	373.9	540

就图本身和预测数据而言，由于污染指标的实际情形，年与年之间的离散程度较大，上下浮动的情况比较多，而且最后的预测结果是合理的，我们有理由相信，在数据差异较大，并且数据间没有光滑连续性质的情形下，LM 优化算法可能比 BR 优化算法要更适合作为网络的数据训练函数。而数据间有一定光滑连续性质的，用 BR 优化算法要更好。表6-6 的预测结果与由第3节预测模型得到的结果基本一致，由此可证实 LM 算法 BP 神经网络模型作为贸易环境损害预警系统的可靠性和稳健性。

在使用 BP 神经网络进行数量预测的时候，训练函数的选取对结果会造成很大影响。从实验结果看，BR 优化算法在数据有光滑连续性质的时候，学习速度很快，而且不用太多神经元；LM 优化算法在数据离散情形较严重时，更能体现数据中带有的某种周期性质。所以，在做预测的时候需要先分析数据连续类型。在进行 MATLAB 运算的时候，主界面在计算同时会显示是否达到权目标函数极小值或目标预测均方差最小值，只要有一个达到最小，计算就会停止，但有时不会算出好的结果，解决办法只有试验性地增加神经元和增加学习过程这两种方法。

第3节　基于综合模拟结构的贸易环境损害预警研究

第2节我们使用分类模拟结构的 BP 神经网络，分别使用历年的贸易指标模拟出未来三年的贸易指标，用历史的环境指标结合未来三年的贸易指标模拟出未来三年的环境指标。本节我们构建出能够反映环境损害程度并且与贸易增长密切相关的环境指标体系以及可能引致环境损害的贸易指标体系，进而在环境指标和贸易指标体系的基础上建立基于综合模拟结构的贸易增长与环境损害的 BP 神经网络预测模型。

一、指标体系构建和数据处理

1. 贸易—环境指标体系的建立

虑及贸易与环境之间的非线性复杂关系以及 BP 神经网络自适应学习和容错

能力强的特点，我们建立了贸易—环境指标体系（见图 6 – 14）：

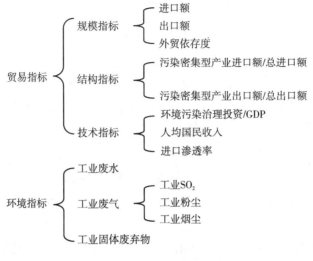

图 6 – 14　贸易—环境指标体系

对以上指标选取的具体分析如下：

（1）贸易规模指标。

贸易对环境的规模效应是指贸易规模的改变对经济活动带来的影响。首先，贸易规模指标反映了一定时期内贸易数额的大小和变化，评价指标可取该时期内的出口额和进口额。这组指标最为直接地反映了贸易的发展状况。其次，规模效应是指贸易通过影响经济活动规模对环境造成影响，在这里我们有必要区分由经济体内生要素改变等非贸易因素引起的经济规模增加与单纯由贸易导致的经济规模增加对环境造成的规模影响。评价指标取外贸依存度，即进出口总额、出口额或进口额与国内生产总值之比，此处是为了考察贸易对本国经济的带动作用，因此取出口额与 GDP 的比值作为贸易依存度，其数值越大，说明经济对贸易的依赖程度越大。

（2）贸易结构效应指标。

贸易的产品结构指标应该反映地区出口产品的结构状况。对于一国的环境来说，结构效应取决于生产扩张部门和生产收缩部门之间污染强度的比较，如果扩大出口的部门生产活动的平均污染程度高于规模缩小的进口部门，则该国的结构效应为负；反之为正。结构指标可选择污染密集型产业的进、出口比重。在贸易规模，生产技术既定的情况下，往往污染密集型产业的出口越大，进口越小对本国环境越不利。

本文借鉴玛尼和惠勒对污染密集行业的划分方法，依据行业污染排放密集度

（即单位产值污染排放量）的大小界定污染产业。其基本思路和方法如下：

① 计算各产业单位产值的各种污染物的排放值。

$$UE_{ij} = E_{ij}/O_i \tag{6.29}$$

其中，UE_{ij} 代表单位产值的污染排放，E_{ij} 为产业 i（$i=1$, 2, $\cdots$, m）污染物 j（$j=1$, 2, $\cdots$, n）的排放量，O_i 为各产业的产值。

② 将各产业单位产值的各类污染排放量按 $0 \sim 1$ 的取值范围进行线性标准化。标准化方程为：

$$UE_{ij}^s = \frac{UE_{ij} - \text{Min}(UE_j)}{\text{Max}(UE_j) - \text{Min}(UE_j)} \tag{6.30}$$

$\text{Max}(UE_j)$ 和 $\text{Min}(UE_j)$ 分别为污染物 j 指标在所有产业中的最大值和最小值。

③ 将标准化后的各产业单位产值的各类污染排放量的值进行等权加和平均，分别计算出各自的平均得分（NUE_{ij}）。

$$NUE_{ij} = \frac{1}{n}\sum_{j=1}^{n} UE_{ij}^s \tag{6.31}$$

④ 将同一产业单位产值的各类污染排放量的得分进行汇总，最后得出该产业总的污染排放强度系数（γ_i）。

$$\gamma_i = \sum NUE_{ij} \tag{6.32}$$

鉴于《中国统计年鉴》中不同年份的同一指标的调查对象有一定变动，为了更全面地反映产业之间污染强度的变化，本节认为以平均的污染强度进行比较更为科学和合理。为了保证污染密集产业选取的实时性，最后的系数选择以 $2005 \sim 2009$ 年各产业的平均单位产值污染排放为计量基础。将式（6.29）改为式（6.33）：

$$\overline{UE_{ij}} = \sum_j E_{ij}^t \Big/ \sum_i O_i^t \tag{6.33}$$

式中，t 为观察年份（$t=1$, 2, $\cdots$, h），E_{ij}^t 为 t 年某产业 i 污染物 j 的排放水平，O_i^t 为 t 年某产业 i 的产值，$\overline{UE_{ij}}$ 为污染物 j 在整个观察期间的平均污染排放水平。其他步骤不变。

依据上述步骤计算的中国各产业污染排放强度系数（见表 6-7）。我们依据总排放强度（γ_i）的大小对行业进行了分类，若 $\gamma_i \geq 0.3$，将该行业划为重污染产业（HPII）；若 $0.2 < \gamma_i < 0.3$，将该行业划为中度污染产业（MPII）；若 $\gamma_i \leq$

0.2，则将该行业划为轻度污染产业（LPI）。重污染产业和中度污染产业统称为污染产业或污染密集产业（PII）。

表 6-7　　　　　　　　　中国工业单位产值污染排放强度

分类	产业	废水	废气	固体废物	总强度（γ_i）	排序
重污染产业（$\gamma_i \geqslant 0.3$）	电力、热力、燃气和水的生产和供应业	0.1235	1.0000	0.5226	1.6461	1
	造纸及纸制品业	1.0000	0.2091	0.1043	1.3135	2
	采矿业	0.1105	0.0726	1.0000	1.1606	3
	非金属矿物制品业	0.0328	0.8367	0.0940	0.9636	4
	黑色金属冶炼及压延加工业	0.0681	0.1889	0.3560	0.6129	5
	化学原料及化学制品制造业	0.1887	0.1232	0.1662	0.4781	6
	化学纤维制造业	0.2187	0.0872	0.0403	0.3462	7
中度污染产业（$0.2 < \gamma_i < 0.3$）	有色金属冶炼及压延加工业	0.0262	0.1155	0.1544	0.2961	8
	石油加工、炼焦及核燃料加工业	0.0590	0.1295	0.0609	0.2494	9
	纺织业	0.1843	0.0424	0.0147	0.2414	10
轻污染产业（$\gamma_i \leqslant 0.2$）	食品、饮料、烟草制造业	0.1105	0.0388	0.0353	0.1845	11
	医药制造业	0.1077	0.0348	0.0178	0.1604	12
	皮革、毛皮、羽毛(绒)及其制品业	0.0677	0.0102	0.0047	0.0827	13
	木材加工及木、竹、藤、棕、草制品业	0.0178	0.0476	0.0160	0.0814	14
	橡胶制品业	0.0236	0.0328	0.0118	0.0683	15
	金属制品业	0.0322	0.0109	0.0100	0.0531	16
	废弃资源和废旧材料回收加工业	0.0072	0.0073	0.0171	0.0316	17
	纺织服装、鞋、帽制造业	0.0223	0.0050	0.0018	0.0290	18
	仪器仪表及文化、办公用机械制造业	0.0208	0.0032	0.0030	0.0270	19
	通用设备制造业	0.0056	0.0098	0.0066	0.0220	20

资料来源：由 2006~2010 年《中国统计年鉴》、《中国海关统计年鉴》、《中国环境年鉴》整理得出。

虽然表 6-7 中电力、热力、燃气和水的生产和供应业的污染排放强度排在第 1 位，但该行业并没有对外贸易情况，因此本节在计算污染密集产业进、出口额比值时，没有考虑电力、热力、燃气和水的生产和供应业。

表 6-7 中九种污染密集型产业对应于进出口货物分类中的①矿产品；

②化学工业及其相关工业的产品;③木浆及其他纤维状纤维素浆,纸及纸板的废碎品,纸、纸板及其制品;④纺织原料及纺织制品;⑤石料、石膏、水泥、石棉、云母及类似材料的制品,陶瓷产品,玻璃及其制品;⑥贱金属及其制品。

(3) 贸易技术效应指标。

在模型分析中,为了便于模型推导,假设污染排放强度的影响因子是政府征收的污染排放税,但是在实际操作中无法收集到全面的污染排放税的具体数据。因此此处只能结合理论性和可操作性来选择相应的技术效应指标。由理论分析可知,贸易对环境的技术效应主要通过以下几个途径:一是贸易的扩大提高了人均收入和政府收入水平,人们愿意支付更多的钱购买以更清洁方式生产的产品,从而刺激生产商采用更为环保的生产技术。同时,政府也能投入更多的资金用于环境治理技术。二是贸易的进行使进口国能直接分享到贸易伙伴国的 R&D 成果。因此,技术指标可以选择人均国民收入、环境污染治理投资占 GDP 的比值和进口渗透率。此外,人均收入并不是直接的技术效应指标,它是通过影响人们的消费偏好间接地促使企业生产"清洁产品";环境污染治理投资占 GDP 的比值体现了政府投资于污染治理的愿望强度;进口渗透率 = 本国进口贸易总额/GDP,"一个经济系统的对外贸易量在整个经济活动中的份额越高,本国获得的附着于进口贸易品上的 R&D 溢出相应地将越多"①。综上所述,以上三个指标均可作为影响污染排放强度的因素。

(4) 环境污染指标。

我国的环境污染统计数据主要包括水污染、大气污染和固体污染。这三种污染对人体健康损害都很大,不仅影响到我们现阶段的日常生活,还危及到人类未来以及全球范围的可持续发展。因此本节将这三种污染均列入研究中。由于本节研究的是贸易对环境的影响效应,而在每年的贸易出口总额中,制造业出口额占绝大部分份额,譬如,2009 年制造业出口额就占了货物总出口额的 97%。同时鉴于数据的可得性,我们将这三种污染具体化为工业废水、工业 SO_2、工业烟尘、工业粉尘和工业固体废弃物这五个指标。其中工业 SO_2、工业烟尘和工业粉尘均属于工业废气。

2. 样本数据选取与处理

本节意在用已知的贸易数据来预测未知的环境污染数据,鉴于 BP 神经网络具有高度的自适应学习能力,我们试图用前一年的贸易情况来预测下一年的环境

① 方希桦、包群、赖明勇:《国际技术溢出:基于进口传导机制的实证研究》,载于《中国软科学》2004 年第 7 期。

污染排放。在实际操作中，选取大容量样本能使神经网络得到更好的训练，使模型优化。但我国环境数据的统计和发布工作起步较晚，且 1997 年以后环境污染排放数据的统计增加了乡镇企业的调查内容，导致作为输出的环境污染数据出现大幅度跳跃，这样的无规律跳跃影响了时间序列数据的连贯性，进而会影响训练的精度。因此我们选择 1998 ~ 2010 年的环境污染数据，并相应地选取了 1997 ~ 2010 年的贸易相关数据（见表 6 - 8 和表 6 - 9）。这样可使用的样本容量就只有 13 组，为了最大限度地使用样本数据，得到精确的预测效果，本节计划先进行网络模型结构的优化选择，用 10 组样本数据对网络进行训练，用后用 3 组样本数据检验误差值，通过比较检验误差值选择较优的输出方式。然后用全部 13 组样本数据对所选择的网络重新进行训练，最后得到 2011 年的环境污染预测数值。所有原始数据搜集整理来自《中国海关统计年鉴》、《中国统计年鉴》和《中国环境统计年鉴》。由于选取的各个贸易指标具有不同的物理意义和量纲，因此必须对数据进行归一化处理，我们将该过程写入程序并随着网络的训练一并实现。

表 6 - 8　　　　　　　　　1997 ~ 2010 年中国贸易指标值

年份	出口额（亿美元）	进口额（亿美元）	外贸依存度（%）	污染产业出口额/总出口额（%）	污染产业进口额/总进口额（%）	人均国民收入（美元）	环境污染治理投资/GDP（%）	进口渗透率（%）
1997	2 073	1 701	21.76	5.22	5.00	750	0.68	2.15
1998	2 076	1 667	20.36	4.85	4.59	790	0.92	1.98
1999	2 211	1 967	20.41	4.60	4.65	840	1.00	2.19
2000	2 793	2 610	23.30	4.49	4.75	930	1.10	2.63
2001	2 990	2 826	22.57	4.30	4.38	1 000	1.15	2.58
2002	3 650	3 413	25.11	4.05	4.16	1 100	1.33	2.84
2003	4 846	4 677	29.53	3.85	4.08	1 270	1.39	3.44
2004	6 554	6 328	33.93	3.80	4.20	1 500	1.40	3.96
2005	8 359	7 432	37.02	3.75	4.37	1 740	1.30	4.06
2006	10 603	8 918	39.08	3.93	4.43	2 010	1.22	4.12
2007	13 394	10 853	38.32	4.10	4.81	2 410	1.36	4.08
2008	15 772	12 906	34.88	4.60	5.85	2 940	1.49	4.11
2009	13 302	11 641	26.65	4.22	5.75	3 500	1.33	3.42
2010	17 479	15 884	29.73	4.25	5.87	3 770	1.66	3.96

资料来源：由《中国统计年鉴 1997 ~ 2011》、《中国海关年鉴 1997 ~ 2011》、《中国环境统计年鉴》整理得出。其中，进（出）口额取货物贸易进（出）口额与服务贸易进（出）口额之和，外贸依存度 = 出口额/GDP 总额。

表 6 - 9　　　　　　　　　　1998～2010 年中国环境指标值

年份	工业废水排放量（万吨）	工业 SO_2 排放量（万吨）	工业粉尘排放量（万吨）	工业烟尘排放量（万吨）	工业固体废物排放量（万吨）
1998	2 006 331	1 600.0	1 300.0	1 200.0	7 048
1999	1 973 036	1 460.1	1 175.3	953.4	3 880
2000	1 942 405	1 615.3	1 092.0	953.3	3 186
2001	2 026 282	1 566.0	990.6	852.1	2 894
2002	2 071 885	1 562.0	941.0	804.2	2 635
2003	2 122 527	1 791.6	1 021.3	846.1	1 941
2004	2 211 425	1 891.4	904.8	886.5	1 762
2005	2 431 121	2 168.4	911.2	948.9	1 655
2006	2 401 946	2 234.8	808.4	864.2	1 302
2007	2 466 493	2 140.0	698.7	771.1	1 197
2008	2 416 511	1 991.0	584.9	670.7	782
2009	2 343 857	1 865.9	523.6	604.4	711
2010	2 374 732	1 864.4	448.7	603.2	498.2

资料来源：由《中国统计年鉴 1997～2011》、《中国海关年鉴 1997～2011》、《中国环境年鉴》整理得到。

二、BP 神经网络结构的设计

尽管神经网络经过几十年的发展在研究与应用方面已经取得了极大的成功，但由于网络内部结构的复杂性和应用问题的多样性，网络结构和参数设计方面至今还没有一套完善的理论作为指导。应用中主要采用的设计方法通常是，在充分了解待解决问题的前提下，通过不断的试验和改进，选择一个较为理想的设计方案。BP 网络的设计主要包括以下四个方面。

1. 网络层数的确立

大多数通用的神经网络都预先确定了网络的层数，而 BP 网络可以包含不同的隐层。一般来说，多层前馈型网络的整体结构包含一个输入层、一个或多个层隐含层和一个输出层。

科尔莫戈罗夫定理指出，一个三层的 BP 神经网络就可以完成任意的 n 维到 m 维的映射。只要隐含层神经元数合理，一个隐含层就可以满足精度要求，增加隐含层不但对精度影响不大，反而会使训练复杂化，延长网络的学习时间。在设计过程中，一般先考虑设置一个隐含层，只有当在一个隐含层中设定很多个隐含节点数仍不能满足预期要求时，才考虑增设隐含层。作者经过多次模拟训练发现，含有一个隐含层的神经网络可以达到期望的预测精度要求。因此本节最终采用了一个三层的 BP 神经网络结构。

2. 各网络层节点数的选择

输入层的作用是接收外部信号，因此其节点数取决于输入矢量的维数。输出层的节点数则取决于两个方面，输出数据类型和表示该类型所需的数据大小。从输出量的性质来看，可以分为数值变量和语言变量。本节选用的变量属于离散的数值变量，因此神经网络的输入层节点数和输出层节点数由训练样本集决定。

隐节点的作用是从样本中提取信息并存储，每个隐节点都设有权值，权值是调节网络映射能力的一个参数。隐含层神经元数目的选择相对要复杂很多，且对网络功能的实现影响很大。一般来说，它与问题的要求、输入输出层的单元数目都有联系，并不是唯一确定的，往往需要通过经验和多次试验来确立。大多数学者在确定最佳隐节点数时通常采用试凑法，可先通过经验公式确定隐节点的取值范围，以取值范围的最小值为初始值训练网络，然后不断增加隐含层节点数，在同一样本集下进行反复训练，选择误差最小时设定的隐节点数作为最佳值。

根据科尔莫戈罗夫定理，隐含层节点数与输入层节点数之间有以下的近似关系：

$$m = 2n + 1 \tag{3.34}$$

其中，m 代表隐含层节点数，n 代表输入层节点数。

3. 传递函数的选择

BP 神经元与其他神经元的最大区别在于 BP 神经元的传输函数为非线性函数，通常采用 S（sigmoid）型函数：

$$f(x) = \frac{1}{1 + e^{-x}} \tag{3.35}$$

S 型函数中最常见的是 logsig（S 型对数传递函数）和 tansig（S 型正切传递函数）。在某些特定情况下，有的输出层也可以采用线性函数（purelin）。如果 BP 网络的输出层选择 S 型函数，训练得到输出值将会限制在（0，1）内；而采用线性传输函数则可以取任意值。本节选用的样本数据具有不同的量纲，在模型实现时需要对数据进行归一化处理，因此在进行预测仿真时，隐含层选用 logsig 函数作为传递函数，输出层则采用 S 型正切传递函数把神经元的输出范围从（$-\infty$，$+\infty$）映射到（-1，1）。

4. BP 算法的选取

本节采用的是 LM 算法。LM 算法是为了在以近似二阶训练速率进行修正时避免计算海塞矩阵而设计的。当误差性能函数具有平方和误差的形式时，海塞矩阵可以近似地表示为：

$$H = J^T J \tag{3.36}$$

梯度的计算表达式为：

$$g = J^T e \tag{3.37}$$

（3.36）式中，H 代表包含网络误差函数对权值和阈值一阶导数的雅克比矩阵，（3.37）式中 e 是网络的误差向量。雅克比矩阵可以通过标准的前馈网络技术进行计算，算法相比海塞矩阵的计算简单。

LM 算法用上述近似海塞矩阵通过下式进行修正：

$$x(k+1) = x(k) - [J^T J + \mu I]^{-1} J^T e \tag{3.38}$$

$\mu = 0$ 时，上式即为牛顿法；当 μ 取较大数值时，上式则变为小步长梯度下降法。由于牛顿算法逼近最小误差值的速度更快，精度更高，在计算过程中应尽量使用与牛顿法接近的算法，每一次迭代成功后，逐步减小 μ 的取值，在迭代误差增大的情况下增加 μ 值，即应使每一次迭代产生的误差总是在减小。LM 算法是训练中小规模的前馈神经网络中速度最快的算法，且由于其矩阵的计算在 MATLAB 中可以直接调用函数，因此可以在 MATLAB 软件中得到有效的实现。LM 算法的应用范围较广，尤其在对精度要求比较高的情况下，采用该算法的 LM 优化算法训练函数可以得到比其他任意一种算法更小的均方误差。

三、在 MATLAB 中的实现

依据前面的描述，中国的贸易环境效应预测模型初步设计为三层 BP 网络，其中输入层 8 个节点，分别为进口额、出口额、外贸依存度、污染密集型产业进口额比重、污染密集型产业出口额比重、人均国民收入、环境污染治理投资/GDP、进口渗透率。输出层为 5 个节点，分别为工业废水、工业 SO_2、工业粉尘、工业烟尘和工业固体废弃物的排放量。根据科尔莫戈罗夫定理初定隐含层节点数为 17。由此初步确定了结构为 8–17–5 的网络。

1. 网络参数的确定

（1）训练样本：1997~2007 年的样本数据。测试样本：2008~2010 年的样本数据。

（2）学习函数：隐含层选用 logsig（"S"型对数传递函数）作为传递函数，输出层则采用 tansig（"S"型正切传递函数）把神经元的输入范围从（ $-\infty$，

+ ∞）映射到（-1, 1）。

（3）算法：LM 优化法，在 MATLAB 神经网络工具箱中，采用 LM 算法的训练函数为 LM 优化算法。

（4）最大训练次数：10 000。

（5）训练目标误差：0.001。

（6）检验目标误差：0.05。

2. 模型的仿真实现

依据上述参数设计，编写 BP 神经网络程序，具体程序如下所示：

多输出模型的运行程序：

```
%%%%%%%%%%bp 预测%%%%%%%%%%%%%
clear all
close all
warning off

datain0 = xlsread('data1. xls','Sheet1', 'B3:J16');        % 读取 excel 数据 这样数据变化了 可以
直接在 excel 里面改
dataout0 = xlsread('data1. xls','Sheet2', 'B3:F15');        % 读取 excel 数据 这样数据变化了 可以
直接在 excel 里面改
Pmin = min(datain0);                                        % 变量的最小数值
Pmax = max(datain0);                                        % 变量的最大数值
Tmin = min(dataout0);                                       % 变量的最小数值
Tmax = max(dataout0);                                       % 变量的最大数值
Nums = length(datain0(:,1));                                % 数据个数
% 把数据转化到 01 之间 归一化
datain = (datain0-repmat(Pmin,Nums,1))./(repmat(Pmax,Nums,1)-repmat(Pmin,Nums,1));
Nums = length(dataout0(:,1));                               % 数据个数
dataout = (dataout0-repmat(Tmin,Nums,1))./(repmat(Tmax,Nums,1)-repmat(Tmin,Nums,1));

P = (datain(1:10,:))';                                      % 前十年的作为输入训练数据
T = dataout(1:10,:)';                                       % 输出变量

net = newff(minmax(P),[20,5],{'tansig','logsig'},'trainlm');   % 建立网络
net. trainParam. epochs = 10000000;                        % 最大训练次数 次数越多 误
差越小 不过运行时间也越长
net. trainParam. goal = eps;                               % 训练目标
net = train(net,P,T);                                      % 进行训练
%%%%%%%%%%%% 测试部分 %%%%%%%%%%%%%
Pceshi = datain(11:13,:)';                                 % 检验数据
```

```
Tceshi = dataout(11:13,:)'                              % 检验输出数据

% cssc = sim(net,P(:,1:100));                          % 测试输出数据
cssc = sim(net,Pceshi);                                % 测试输出数据
cssj = repmat(Tmin,3,1) + repmat((Tmax-Tmin),3,1) .* cssc';% 首先由 01 数据转换回具体数值
% Piancha = abs(cssj-sjsj) ./sjsj;
bijiao = [[2008:2010]' cssj];
bijiao1 = [Tceshi'; cssc'];
xlswrite('data1. xls',bijiao,'Sheet2','A20:F22')

%%%%%%%%%%%%% 预测部分 %%%%%%%%%%%%%%%%%

Pyuce = datain(14,:)';                                 % 预测输入数据 第 14 年的数据检验
Tyuce = sim(net,Pyuce);                                % 预测输出数据
ycsj = Tmin + repmat((Tmax-Tmin),1,1) .* Tyuce';

disp('预测输出为')
disp(ycsj)
xlswrite('jieguo. xls',[2011 ycsj],'Sheet2','A23:F23')
```

在训练过程中进行对隐含层节点数的调节，选择最佳隐含层节点数为 20。得到五输出方式下训练迭代误差（见图 6 - 15）。

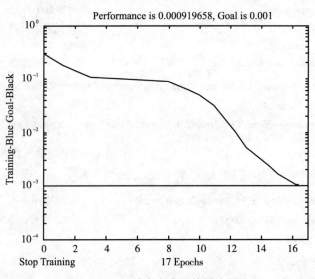

图 6 - 15　五输出方式下的训练误差

由图 6 - 15 可以看出，通过 17 次训练，训练精度达到 0.000919658，满足目标精度 0.001 的要求。

训练得到 2008 ~ 2010 年贸易环境效应模拟值与真实值的相对误差（表 6 - 10）。分析表 6 - 10 发现，当网络输出层为 5 个节点时，尽管网络在经过调节后其训练精度能达到预期的要求，但检验样本的模拟值与真实值之间的相对误差比较大。其中，2008 年的误差相对较小，随着年份的推移误差值逐渐增加。出现这种情况的原因可能是由于网络结构过大，出现了"过适配"问题。所谓"过适配"问题，是指在网络的训练中，对于样本数据的训练其误差可能很小，而对于训练集以外的新数据进行训练得到的误差值则很大。存在"过适配"问题的网络虽然能够很好地记忆训练过的样本，但对新样本的泛化能力表现一般。

表 6 - 10　　五输出方式下 2008 ~ 2010 年贸易环境效应检验相对误差

年份	工业废水	工业 SO_2	工业粉尘	工业烟尘	工业固体废物
2008	0.0207	0.12211	0.0158	0.0191	0.0170
2009	0.0223	0.0677	0.0885	0.0227	0.0540
2010	0.1020	0.0584	0.1676	0.0189	0.0853

一种能较好提高网络泛化能力的方法就是减小网络的规模，使网络结构刚好足以"适配"。分析五个输出向量发现，工业废气的三个指标的数值之间差距较小，与工业废水、工业固体废弃物数值间差距较大。于是，我们尝试将五输出网络拆分为两个多输出网络，其中一个网络输出层节点选择工业废水和工业固体废物，另一个网络输出层节点设置为工业 SO_2、工业粉尘和工业烟尘。程序编写与五输出网络模型基本一致，仅需改变输出节点数和调整输出层在 Excel 表中的读取范围。经过调试后选择最佳隐含层节点数为 20，将两个程序分别运行后得到如图 6 - 16 所示的训练误差图和表 6 - 11 显示的 2008 ~ 2010 年贸易的环境效应模拟值和真实值之间的相对误差。

表 6 - 11　　组合输出方式下 2008 ~ 2010 年贸易环境效应检验相对误差

年份	工业废水	工业 SO_2	工业粉尘	工业烟尘	工业固体废物
2008	0.0395	0.1396	0.0183	0.0199	0.0163
2009	0.1113	0.2163	0.0174	0.0089	0.0081
2010	0.0049	0.1387	0.0047	0.0141	0.0101

图 6 - 16 中第一个为两输出网络的训练误差图，第二个为三输出（指标均为工业废气）网络的训练误差图。如图显示，将网络结构精简以后的训练时间

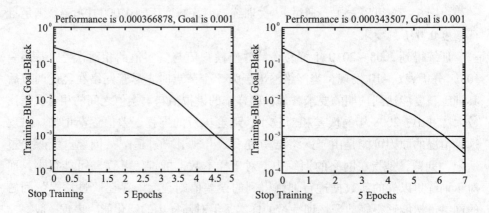

图 6 – 16　两输出和三输出方式下的训练误差

比多输出模型更短，均能在 10 次以内的训练中达到预期的训练误差精度。

　　分析表 6 – 11 发现，相比于五输出模型，该组合模型训练得到的工业粉尘、工业烟尘以及工业固体废弃物的检验误差有所减小，但工业废水与工业 SO_2 的检验误差依然很大。说明"过适配"问题没有得到很好的解决。因此，必须在此基础上对网络进行进一步的精简，改多输出模式为单输出模式。将五输出模型运行程序的输出节点设置改为 1，并修改相应数据表，经过调试后选择最佳隐含层节点数为 18，运行程序得到的检验误差见表 6 – 12。

表 6 – 12　　　　　单输出方式下 2008 ~ 2010 年贸易环境效应检验相对误差

年份	工业废水	工业 SO_2	工业粉尘	工业烟尘	工业固体废物
2008	0. 0172	0. 0076	0. 0242	0. 0349	0. 0304
2009	0. 0458	0. 0140	0. 0104	0. 0357	0. 0483
2010	0. 0009	0. 0437	0. 0052	0. 0053	0. 0507

　　在表 6 – 12 中，各污染指标的相对误差基本在 0. 05 以内，较多输出模型减少很多，但 2009 年、2010 年部分污染指标的误差值依然很大，"过适配"现象有所缓解，但仍然影响着网络的泛化能力。

　　本节由于受限于数据的可得性和适用性，除去用于检测的三组数据后，用于学习训练的样本数据只有 10 组，样本容量不足也是导致上述现象产生的一个重要原因。因此笔者尝试在单输出模式下将 1997 ~ 2009 年的 13 组数据都作为训练样本，并在程序中加入显示训练拟合图的编写，通过拟合图考察训练精度，并最终得到 2011 年的环境污染预测值。

　　具体程序编写如下：

单输出模型的运行程序:

```
%%%%%%%%% bp 预测 %%%%%%%%%%%%%%
clear all
close all
warning off

datain0 = xlsread('data1. xls','Sheet1', 'B3:J16');        % 读取 excel 数据 这样数据变化了 可以
直接在 excel 里面改
dataout0 = xlsread('data1. xls','Sheet2', 'B3:B15');        % 读取 excel 数据 这样数据变化了 可以
直接在 excel 里面改
Pmin = min(datain0)* 0. 5;                        % 变量的最小数值
Pmax = max(datain0)* 1. 5;                        % 变量的最大数值
Tmin = min(dataout0)* 0. 9;                       % 变量的最小数值
Tmax = max(dataout0)* 1. 1;                       % 变量的最大数值
Nums = length(datain0(:,1));                      % 数据个数
% 把数据转化到 01 之间 归一化
datain = (datain0-repmat(Pmin,Nums,1)). /(repmat(Pmax,Nums,1)-repmat(Pmin,Nums,1));
Nums = length(dataout0(:,1));                     % 数据个数
dataout = (dataout0-repmat(Tmin,Nums,1)). /(repmat(Tmax,Nums,1)-repmat(Tmin,Nums,1));

P = (datain(1:13,:))';                            % 前 13 年的作为输入训练数据
T = dataout(1:13,:)';                             % 输出变量

net = newff(minmax(P),[ 17,1 ],{'tansig','logsig'},'trainlm');   % 建立网络
net. trainParam. epochs = 10000;                  % 最大训练次数 次数越多 误
差越小 不过运行时间也越长
net. trainParam. goal = eps;                      % 训练目标
net = train(net,P,T);                             % 进行训练

T0 = sim(net,P);                                  % 预测输出数据
yout = Tmin + repmat((Tmax-Tmin),1,1). * T0';
figure(1)
plot([ 1998:2010 ],dataout0,'k- >',[ 1998:2010 ],yout,'k-*')
set(gcf,'Color',[ 1 1 1 ])
xlabel('年份')
ylabel('工业二氧化硫排放量')
legend('实际数据','模拟数据')
grid on
```

%%%%%%%%%%%%% 预测部分%%%%%%%%%%%%%%%%%

```
Pyuce = datain(14,:)';                        %  预测输入数据 第14年的数据检验
Tyuce = sim(net,Pyuce);                       %  预测输出数据
ycsj = Tmin + repmat((Tmax-Tmin),1,1). * Tyuce';

disp('预测输出为')
disp(ycsj)
xlswrite('data1. xls',[2011 ycsj],'Sheet2','A23:B23')
```

程序运行后，得到的训练误差图与图6-16没有太大的差别，因此此处不再一一列出。以1997~2009年的数据作为训练样本的单输出网络的训练拟合图（见图6-17）。

从图6-17中可以看出，污染指标的实际值在年与年之间离散程度明显，上下浮动较大，但在样本容量较充足的情况下，采用基于LM算法的单输出神经网络模型预测的方法仍能较好地提取各项环境污染指标的变化趋势。说明经过以上反复尝试得到的该模型具有较高的拟合度，可以用来进行未来年份的预测，得到2011年的污染排放预测值（见表6-13）。

表6-13　　　　　　　　　　　2011年环境污染预测值　　　　　　　　单位：万吨

年份	工业废水	工业 SO_2	工业粉尘	工业烟尘	工业固体废物
2011	2 457 062.20	1 901.14	446.83	580.56	458.38

从预测结果来看，2011年中国工业废水和工业 SO_2 排放量会有小幅增加，预计增长幅度分别为3.47%、1.97%，工业粉尘、工业烟尘和工业固体废物的排放量则减少，预计减少幅度分别为0.416%、3.75%、7.99%。

四、小结

我国在30多年的改革开放中，从最初一味地通过增加贸易追求经济增长，到现在努力地探索可持续发展道路，与之密切相关的环境问题也由一开始的滥用资源、乱排乱放污染物，到如今通过贸易政策和环境政策两方面同时着手对环境污染进行控制。我国的环境质量总体走势趋于良好，具体污染物的排放情况如图6-18所示，其中2011年的污染排放量为预测值。

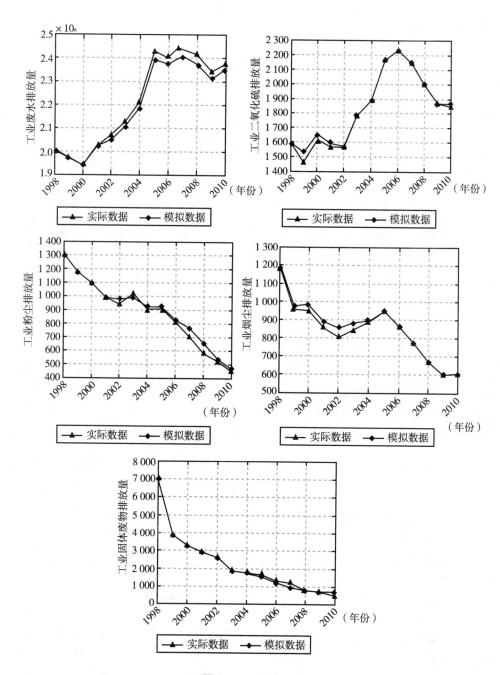

图 6-17　训练拟合

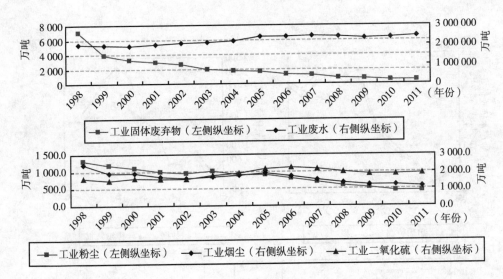

图 6 - 18　1998 ~ 2011 年中国工业 "三废" 排放情况

分析图 6 - 18 发现，工业废水和工业 SO_2 的排放依然比较严重，而工业固体废物、工业粉尘和工业烟尘的排放有非常明显的改善。尤其是工业固体废物排放量，从 1998 年的 7 048 万吨降低到 2011 年的 446.8 万吨，降幅约为 90%。因此，如果只是采用单一指标来衡量环境污染状况（大部分文献为了简化模型，只选用 SO_2 或者 CO_2 的排放量作为衡量环境质量的唯一指标），在分析贸易与环境问题时难免会产生结论上的偏差。图 6 - 19、图 6 - 20 和图 6 - 21 展现的是 1997 年以来贸易—环境指标体系中代表我国贸易情况的具体指标值。

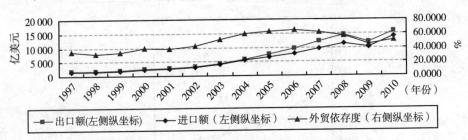

图 6 - 19　1997 ~ 2010 年中国贸易规模指标

文章最后结合贸易环境效应的理论和模型解析以及对我国未来环境的预测，对我国贸易与环境关系进行如下分析：

图 6 - 19 列出的是 1997 ~ 2010 年我国贸易规模指标的基本情况。从图中来看，在 2004 年以前，我国进口额和出口额基本处于同步增长，其后出口额的增长明显快于进口额，到 2009 年两者之间的差距有所减小。1997 ~ 2004 年，我国

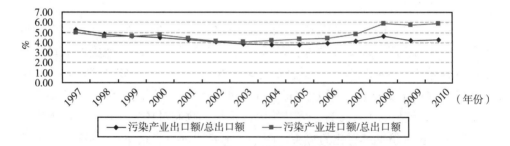

图 6-20　1997~2010 年中国贸易结构指标

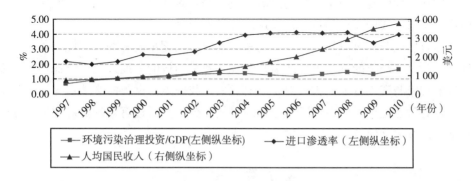

图 6-21　1997~2010 年中国贸易技术指标

外贸依存度一直在稳步增长，2005~2007 年保持在一个稳定的状态，随后出现了下滑的趋势，说明我国主要依靠外贸拉动经济的局面有所缓解。总体来说，我国对外贸易在以一个较高的速率增长，同时也将继续面临严峻的环境形势的挑战。

贸易规模扩大对环境的影响极为复杂，贸易的增长不仅带来了要素禀赋的增加，同时也提高了私人和政府的收入，技术效应产生的部分原因也要归于规模效应。因此，要在实证中分离出纯粹的规模效应，还需在本节的基础上做进一步的研究和探索。

图 6-20 为我国贸易结构的情况。图中，污染密集型产业的进口比重在 2003 年达到最低点，其后有所上升，且上升的幅度明显大于污染密集型产业的出口比重，证实我国的贸易结构正逐步向清洁化转变。但该上升幅度值不大，我国的产业结构依然存在着严重的问题，导致我国工业废水和工业 SO_2 的污染形势依然严峻。表 6-7 给出的各行业污染排放强度显示，工业废水排放强度最大的四个行业分别为造纸及纸制品业、化学纤维制造业、化学原料及化学制品制造业和纺织业，其中纺织业、化学工业及其相关工业的产品出口额分别排在 2010 年22 类出口货物中的第 2 位和第 6 位，进一步说明了我国对外贸易产业结构还有

待进一步的合理优化和升级。

图 6-21 显示的是贸易技术效应指标的具体值。从 20 世纪 70 年代至今，世界上大多数国家用于环境保护方面的投资总趋势在不断增加，环境保护投资占 GDP 的比重为 0.5% ~ 3%。其中，发达国家的比例为 1% ~ 3%。我国环境污染治理投资占 GDP 的比重由 1997 年的 0.68% 增长到 2010 年的 1.66%，涨幅超过了 100%，环境投资力度接近于发达国家的水平。政府对环境保护力度的加大有效遏制了我国环境继续恶化的势头。图中显示我国进口渗透率在 2005 年以前处于稳步上升阶段，2006 年至今基本保持在一个稳定的水平。进口渗透率的稳步提升则从侧面体现了我国获得的附着于进口贸易品上的 R&D 溢出的增加。从整体指标来看，我国积极的技术效应影响呈良性上升趋势。

整合以上分析可以得出，我国的贸易情况正在逐步向有利于环境改善的方向发展，而这一趋势的维持需要政府加大优化贸易结构的力度以及环境保护和污染治理的技术与资本投入。扩大对外贸易发展是我国走向世界的必然选择，但贸易自由化必须在相应的资源及环境管理政策的配合下，通过有效的资源配置，才能在全球以及未来保持可持续发展的良好走势。

第 4 节　结　论

本章我们研究了基于 BP 神经网络的贸易增长与环境损害预测问题。在概述了中国贸易和环境损害的关联性以及神经网络基本概念的基础上，我们选取最能代表贸易发展和环境损害的贸易与环境指标，采用 MATLAB 中神经网络工具箱实现多层前馈 BP 网络，建立了基于 BP 神经网络的中国贸易增长与环境损害预测模型。结果证明我们提出的方法达到了预定目标。我们成功地将神经网络模型引入贸易与环境问题定量预测研究中，并且得到预期误差范围内的预测结果。应用 BP 神经网络分别对各贸易指标进行时间序列数据预测，然后再建立贸易与环境之间的面板数据预测模型，对贸易引致的环境损害进行预测（以下各图表中 2010 年、2011 年、2012 年的数值均为预测数值）。

图 6-22 表明我国的贸易增长与环保投资都在增长，而环保投资增速明显低于贸易增长速度。受 2008 年世界金融危机影响，2009 年贸易出现负增长，环保投资继续保持平稳增长。通过神经网络我们预测从 2010 年开始贸易和环境投资继续呈增长趋势，但是贸易增长速度放缓，环境投资增长速度有所上升。这一特点客观上也符合我国当前贸易和环境形势。而 2010 ~ 2012 年的实际相关数据也和我们的预测值十分相符。

图 6-23 表明，自 2006 年起，我国贸易开放度在经过快速地攀升后已经开

始有下降的趋势，特别是金融危机后，2009 年到达一个低点，我们预测 2010 年到 2012 年我国贸易开放度有所回升但是回升速度将相对放缓，我国工业占 GDP的比重一直处于相对平稳缓慢回落趋势。2010 ~ 2012 年的实际相关数据也证明了我们预测的准确性。

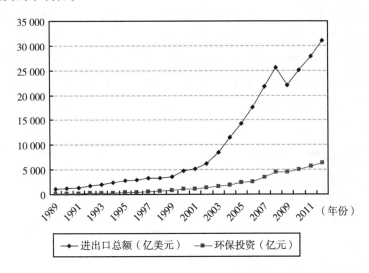

图 6 - 22　进出口贸易及环保投资预测

图 6 - 23　贸易开放度与工业占 GDP 比重预测

由图 6 - 22 和图 6 - 23 可以看出我国的贸易增长是迅速的，并且贸易增长的速度远高于环境保护投资，而在 GDP 高速增长的同时工业占 GDP 的比重增长缓慢可以认为是我国在工业保持增长的同时其他产业也得到了一定的发展，这将有利于我国环境状况的改善。

贸易对我国环境的影响同样是复杂的，贸易增长会从经济规模、产业结构和技术进步等各个方面对我国的环境产生综合复杂的影响。将所研究的基于 BP 神经网络模型的我国贸易增长与环境损害的预测结果绘制成图（见图 6-24）。从图 6-24 可以看出我国工业固体废物排放量持续迅速下降，总固体悬浮颗粒呈下降趋势，其他指标也相对趋于稳定。所预测的结果表明，从 2010 年到 2012 年各指标仍然趋于下降趋势，但是速度有所放缓。以上分析结果表明，我国的贸易增长对于环境的效应已经有所转变，更趋向于服从"环境库兹涅茨曲线"[1] 理论，随着时间的推移有可能会出现倒"U"型的 EKC 曲线，污染物的排放将随着经济发展向上攀升而后下降。

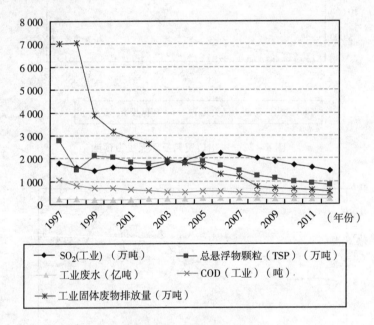

图 6-24　环境指标预测

神经网络的研究仍处于发展阶段，基于神经网络的预测方法则是一个具有一定难度和深度的课题。本章第 2 节和第 3 节我们在指标选取、算法改进和软件实现方面取得了一定的进展，但在很多方面还需要进一步研究。随着研究的深入，我们将在以下几个方面进行进一步的探索：

首先，贸易与环境关系理论已经较为成熟，各种实证预测方法也应用得较为

---

① Selden，T. and D. Song，"Environmental quality and development：Is there a Kuznets Curve for air pollution emissions？" *Journal of Environmental Economicsand Management*，1994（27）：147-162.

普遍，由于知识所限我们仅采用了最为简单的 BP 网络模型来进行预测，结果表明神经网络对于处理贸易与环境之间的非线性、并行处理问题具有较好的效果。因此，我们认为可以尝试运用更具针对性、前沿性的神经网络模型来对贸易与环境关系问题进行模拟预测。

其次，神经网络也存在如数值运算的局限性、隐含层的缺陷、学习样本的局限性以及硬件滞后等明显的问题。随着预测应用的深入，经济研究领域内的数据特征将越来越呈现非线性。所以我们认为，神经网络模型当中可以引入模糊理论，以进一步减少收敛迭代次数，提高网络的运算速度和模拟精度，以便于能使神经网络在经济学领域得到更好的推广。

最后，由于环境公报统计口径的变更，使得所选取的环境指标样本十分有限，间接造成 BP 网络模型拟合、预测精度降低。我们将采集更多区域及行政区域的相关指标数据做进一步研究。

参 考 文 献

[1] H. 范里安：《微观经济学：现代观点》，上海人民出版社 2006 年版。

[2] 包群、许和连、赖明勇：《贸易开放度与经济增长：理论及在中国的实证研究》，载于《复旦学报（社会科学版）》2003 年第 2 期。

[3] 保罗·克鲁格曼、奥伯斯法尔德：《国际经济学》，中国人民大学出版社 2002 年版。

[4] 陈建国：《WTO 贸易与环境议题：发展中成员的视角》，载于《国际经济合作》2004 年第 10 期。

[5] 陈建国：《贸易与环境：经济、法律、政策》，天津人民出版社 2002 年版。

[6] 陈建国、张连众、李慕菡：《世贸组织中的国际贸易与环境保护：问题与展望》，载于《国际贸易问题》2005 年第 3 期。

[7] 陈丽丽：《贸易与环境可持续发展的经济学分析》，载于《国际贸易问题》2004 年第 10 期。

[8] 陈文华、刘康兵：《经济增长与环境质量：关于环境库兹涅茨曲线的经验分析》，载于《复旦学报（社会科学版）》2004 年第 2 期。

[9] 陈向东、王娜：《国际贸易框架下出口国能耗——环境成本问题分析》，载于《国际贸易问题》2006 年第 3 期。

[10] 范金：《可持续发展下的最优经济增长》，经济管理出版社 2002 年版。

[11] 傅京燕：《环境成本内部化与南北贸易关系》，载于《国际贸易问题》2002 年第 11 期。

[12] 高隽：《人工神经网络原理及仿真实例》，机械工业出版社 2003 年版。

[13] 高振宁：《江苏省环境库兹涅茨特征分析》，载于《农村生态环境》2004 年第 20 期。

[14] 葛哲学、孙志强：《神经网络理论与 MATLAB R2007 实现》，电子工业出版社 2007 年版。

[15] 宫本宪一：《环境经济学》，北京生活·读书·新知三联书店 2004 年版。

[16] 龚关:《国际贸易理论》,武汉人民出版社2000年版。

[17] 赫尔曼·E·戴利:《超越增长——可持续发展的经济学》,上海译文出版社2004年版。

[18] 侯茜:《WTO的市场准入制度》,载于《商业研究》2004年第16期。

[19] 侯伟丽:《中国经济增长与环境质量》,科学出版社2005年版。

[20] 贾建华、王晓征等:《中国对外贸易中的环境保护问题》,载于《经济师》2002年第10期。

[21] 蒋中一:《数理经济学的基本方法》,商务印书馆1999年版。

[22] 蒋宗礼:《人工神经网络导论》,高等教育出版社2001年版。

[23] 焦李成:《神经网络的应用与实现》,西安电子科技大学出版社1995年版。

[24] 科斯等:《契约经济学》,经济科学出版社2003年版。

[25] 兰天:《贸易与跨国界环境污染》,经济管理出版社2004年版。

[26] 雷晓云、张丽霞、梁新平:《基于MATLAB工具箱的BP神经网络年径流量预测模型研究》,载于《水文》2008年第1期。

[27] 李伟芳:《贸易与环境关系的理论及实证分析》,载于《当代法学》2005年第4期。

[28] 李玉文、徐中民等:《环境库兹涅茨曲线研究进展》,载于《中国人口·资源与环境》2005年第5期。

[29] 林毅夫:《中国的奇迹》,上海人民出版社1994年版。

[30] 刘惠荣、许枫:《论发展中国家对待WTO环境与贸易问题的立场》,载于《山东科技大学学报(社会科学版)》2006年第4期。

[31] 卢荣忠、林晓:《环境保护下南北经贸冲突及其经济学分析》,载于《世界经济文汇》2001年第4期。

[32] 陆虹:《中国环境问题与经济发展的关系》,载于《财经研究》2000年第10期。

[33] 陆雅琴:《经济增长、贸易与环境关系及其启示》,载于《云南财贸学院学报》2003年第4期。

[34] 陆雅琴:《贸易与环境的关系及其对我国的影响》,中国人民大学出版社2003年版。

[35] 罗四维:《人工神经网络建造》,中国铁道出版社1998年版。

[36] 马克·劳伦格:《经济学方法论》,北京大学出版社1990年版。

[37] 马先民:《人工智能原理和方法》,西北工业大学出版社2002年版。

[38] 蒙代尔:《蒙代尔文集》,中国金融出版社2003年版。

[39] 潘宏、袁志彦：《国际贸易地理教程》，对外经济贸易大学出版社2006年版。

[40] 潘家华：《环境成本内部化与南北贸易关系》，载于《世界经济》1996年第8期。

[41] 彭海珍、任荣明：《国外自由贸易与环境相关理论及启示》，载于《财贸经济》2003年第10期。

[42] 彭海珍、任荣明：《自由贸易与环境关系的"南北视角"》，载于《当代财经》2003年第9期。

[43] 彭水军、包群：《资源约束条件下长期经济增长的动力机制：基于内生增长理论模型的研究》，载于《财经研究》2006年第6期。

[44] 彭水军、包群、赖明勇：《环境、贸易与经济增长——理论、模型与实证》，上海三联书店2006年版。

[45] 彭水军、包群、赖明勇：《自然资源耗竭，内生技术进步与经济可持续发展》，载于《上海经济研究》2005年第3期。

[46] 任建兰：《基于全球化背景下的贸易与环境》，商务印书馆2003年版。

[47] 任建兰、张伟：《发达国家和发展中国家不同的贸易地位引发的贸易与环境问题分析》，载于《人文地理》2003年第2期。

[48] 佘群芝：《贸易自由化与有效环境保护》，中国财政经济出版社2003年版。

[49] 沈世镒：《神经网络系统理论及其应用》，科学出版社1998年版。

[50] 沈亚芳、应瑞瑶：《对外贸易、环境损害与政策调整》，载于《国际贸易问题》2005年第1期。

[51] 宋春峰、耿献辉：《环境保护与贸易自由化的冲突及解决》，载于《商业研究》2003年第12期。

[52] 托马斯·安德森、卡尔·福克和斯蒂芬·奈斯特龙：《环境与贸易——生态、经济、体制和政策》，清华大学出版社1998年版。

[53] 王金南：《绿色壁垒与国际贸易》，中国环境科学出版社2003年版。

[54] 王军：《贸易与环境研究的现状与进展》，载于《世界经济》2004年第7期。

[55] 王磊、姚恒申：《时间序列和神经网络的组合预测及其应用》，载于《统计与决策》2005年第6期。

[56] 王世春：《从发展中成员角度看国际贸易规则的不公平性》，载于《国际经济合作》2004年第10期。

[57] 王亭、井文涌、何强编：《环境学导论》，清华大学出版社1995年版。

[58] 王学鸿：《析有关"东亚经济奇迹"的争论及其意义》，载于《国际经贸研究》1998 年第 1 期。

[59] 王学鸿译：《击退掠夺性贸易》，载于《国际贸易译丛》1995 年第 3 期。

[60] 王珍：《人口、资源与环境经济学》，合肥工业大学出版社 2006 年版。

[61] 王振川、叶汝求：《贸易与环境对策》，科学技术出版社 2001 年版。

[62] 文新辉、牛明洁：《神经网络与预测方法研究》，载于《预测》1992 年第 4 期。

[63] 闻新、周露、李翔、张宝伟：《MATLAB 神经网络仿真与应用》，科学出版社 2003 年版。

[64] 谢士杰、刘继琳：《应用 BP 神经网络评价大气环境质量》，载于《武测科技》1996 年第 4 期。

[65] 谢贤政：《经济增长与工业环境损害之间关系计量分析》，载于《安徽大学学报（哲学社会科学版）》2003 年第 27 期。

[66] 谢衷洁：《人工神经网络及其在金融预报中的应用》，载于《北京大学学报》2001 年第 3 期。

[67] 许罗丹、申曙光：《国际贸易中的环境与环境保护问题》，载于《北京大学学报（哲学社会科学版）》1997 年第 5 期。

[68] 薛荣久：《世贸组织与中国大经贸发展》，对外经济贸易大学出版社 2000 年版。

[69] 杨森林、王学武：《环保措施对南北贸易关系的影响》，载于《商业经济与管理》1997 年第 2 期。

[70] 姚愉芳、贺菊煌等：《中国经济增长与可持续发展：理论、模型与应用》，社会科学文献出版社 1998 年版。

[71] 叶汝求：《环境与贸易》，中国环境科学出版社 2000 年版。

[72] 尹显萍、梁艳：《南北关系中的贸易与环境问题》，载于《世界经济研究》2006 年第 11 期。

[73] 佘群芝：《贸易自由化与有效环境保护》，中国财政经济出版社 2002 年版。

[74] 曾凡银、冯宗宪：《贸易、环境与发展中国家的经济发展研究》，载于《安徽大学学报（哲学社会科学版)》2000 年第 7 期。

[75] 张帆：《环境与自然资源经济学》，人民出版社 1998 年版。

[76] 张连众、朱坦等：《贸易自由化对我国环境损害的影响分析》，载于《南开经济研究》2003 年第 3 期。

［77］张若思：《贸易、环境与发展——WTO 多哈发展议程研讨会》，载于《法学杂志》2002 年第 5 期。

［78］赵细康、李建民等：《环境库兹涅茨曲线及在中国的检验》，载于《南开经济研究》2005 年第 3 期。

［79］赵玉焕：《贸易与环境——WTO 新一轮谈判的新议题》，对外经济贸易大学出版社 2002 年版。

［80］赵玉焕：《贸易与环境》，对外经济贸易大学出版社 2002 年版。

［81］赵玉焕：《贸易自由化对环境的影响》，载于《国际贸易问题》2003 年第 5 期。

［82］钟茂初：《环境库兹涅茨曲线的虚幻性及其对可持续发展的现实影响》，载于《中国人口·资源与环境》2005 年第 5 期。

［83］朱大奇、史慧：《人工神经网络原理及应用》，科学出版社 2006 年版。

［84］朱双东：《神经网络应用基础》，东北大学出版社 2000 年版。

［85］Antweiler, W., B. R. Copeland, and M. S. Taylor, Is Free Trade GOOD for the Environment America review 91 (4), 2001.

［86］Arik Levinson, The ups and downs of the environmental Kuznets curve. Paper prepare for the UCF/CENTER Conference, 2000.

［87］Barret S., "Strategic Environmental Policy and International Trade", *Journal of Public Economics*, 1994 (54).

［88］Beghin, John; Potier, Michel (1997), "Effects of Trade Liberalization on the Environment in the Manufacturing Sector", *The World Economy* 20, No. 4.

［89］Benedict Kingbury, *Environment and Trade: The GATT/ WTO Regime in the International Legal System*, Environmental Regulation and Economic Growth edited by A. E. BOYLE, Clarendon Press, 1994.

［90］Bovenberg A., Smulders S., Transitional Impacts of Environmental Policy in an Endogenous Growth Model, International Economic Review, 1996 (37).

［91］Brander J. Spencers B., "Export and Subsidies and International Market Share Rivalry", *Journal of International Economics*, 1985 (18).

［92］Brandon C., Ramankutty R., Toward an environmental strategy for Asia, World Bank Discussion Papers, No. 224, 1993.

［93］Candice Stevens, "The Environmental Facts of Trade", *The World Economy*, 1993 (10).

［94］Chichilnisky G. "Global Environment and North-South trade", *America Economic eview*, 1994, 84: 851 – 74.

［95］ Chichilnisky, G. , "North-South Trade and the Global Environmental", *American Economics Review*, Vol. 84, 1994.

［96］ Cole M. , Rayner A. , Bates J. , "The Environmental Kuznets Curve: an empirical analysis", *Environment and Development Economics*, 1997 (2).

［97］ Copeland, B. and S. Taylor, "Trade and Transboundary Pollution", *American Economics Review*, Vol. 85, 1995.

［98］ Daly H. "The Perils of Free trade", *Scientific American*, 1993, 269: 24 – 29.

［99］ Dean, Judith M. (2000), Does Trade Liberalizition Harm the Evironment A Framework for Analysis, NBER working paper 8540.

［100］ Dua A. , Esty D. , Sustaining the Asia Pacific Miracle, Washington DC: Institute for International Economics, 1997.

［101］ Ekins P. , "The Kuners Curve for the environment and economic growth: examining the evidence", *Environment and Planning*, 1997 (29).

［102］ Environment Matters 2004. World Bank Report. 9.

［103］ Esty, D. and D. Geradin (1997) "Enviroment Protectionand Internation Competitiveness: A Conceptual Framework", *Journal of World Trade*, Vol. 32 (3), June, 5 – 461.

［104］ Grossman G. M. , Krueger A. B. , "Economic growth and the environment", *Quarterly Journal of Economics*, 1995 (5).

［105］ Grossman, Gene M. , Alan B. Kruger, Environmental Impact of North American Free Trade Agreement. NBER Working Paper, No. 3914, 1991.

［106］ Hettige H. , Lucas R. , Wheeler D. "The toxic intensity of industrial production: global patterns, trends and trade policy", *American Economic Review*, 1992 (82).

［107］ James Andreon, Arik Levinson, "The simple analysis of the environment Kuznents Curve", *Journal of Public Economics*, 2001 (8).

［108］ Jose M. Paruelo, Fernando Tomasel, "Prediction of functional charac2teristics of eco system: a comparison of artificial neural network andregression models", *Ecol Model*, 1997, 98: 173 – 186.

［109］ Kidong Leea, David Boothb, Pervaiz Alamc, "A comparison of supervised and unsupervisedneural networks in predicting bankruptcy of Korean firms", *Expert Systems with Applications*, 2005 (29): 1 – 16.

［110］ Kishore Gawande, Alok K. Bohara, Robert P. Berrens, Pingo Wang,

"Internal Migration and the Environmental Kuznets Curve for US Hazardous Waste Sites", *Ecological Economics*, 2000 (33).

[111] Lee H. , Roland-Holst D. "The environment and welfare implications of trade and tax policy", *Journal of Development Economics*, 1997, 52 (1): 65 – 82.

[112] Lopez R. , "The Environment as a Factor of Production: The Effects of Economic Growth and Trade Liberalization", *Journal of Environmental Economics and Management*, 1994 (27).

[113] Mani M, Wheeler D. , In Search of Pollution Haven? Dirty Industry Migration In the Word Economy, Word Bank Working paper, 1997, No. 6.

[114] Panayotou T. Demystifying, "The environmental Kuznets curve: Turning a black box into a policy tool", *Environment and Development Economics*, 1997 (2).

[115] Panayotou T. , Globalization and Environment, Center for International Development, Harvard University, CID Working Paper, 2000 (6) b.

[116] Panayoutou, Theodre, "Globalization and the Environment", *Quarterly Journal of Economic*, August, 1994.

[117] Pethig R. , Pollution, Welfare, and Environmental Economics and Management, 1976 (2).

[118] Porter, M. A. and Van Der LINder, C. "Towards a New Comception of the Evironment Competitiveness Relationship", *Journal of Economics Perspectives*, 9, 995, pp. 97 – 98.

[119] Robinson H. , "International Pollution Abatement: The Impact on the Balance of Trade", *Canadian Journal of Economics*, 1988 (21).

[120] Roldan Muradian, Joan Martinez-Alier, "Trade and the Environment: From a 'Southern' Perspective", *Ecological Economics*, 2001.

[121] Runge C. , Economic Trade and Environmental Protection, The European Community and the United States, 1993a.

[122] Runge, C. Ford, 1993, *Freer trade*, *protected environment*: *Balancing trade liberalization and environmental interests*, Council on Foreign Relation Press, New York.

[123] R. J. Kuo, "A sales forecasting system based on fuzzy neural network with initial weights generated by genetic algorithm", *European Journal of Operational Research*, 2001, 129.

[124] Selden T. and D. Song, "Neoclassical growth, the J curve for abatement, and the inverted U curve for pollution", *Journal of Environmental Economics*

and Management, 1995 (29).

[125] Selden, T., and D. Song, "Environmental quality and development: Is there a Kuznets Curve for air pollution emissions?" *Journal of Environmental Economicsand Management*, 1994 (27): 147 - 162.

[126] Siebert H., "Environmental Quality and the Gains from Trade", *Kyklos*, 1977, 30 (4).

[127] Soumyananda Dinda, "Environmental Kuznets Curve Hypothesis: A Survey", *Ecological Economics*, 2004 (4).

[128] Strutt, Anna; Anderson, Kym, Will Trade Liberal-ization Harm the Environment? The Case of Indonesia to 2020, *Environmental and Resource Economics* 17 (3), 2000, P. 206. 2. 32.

[129] World Development Indicator, 2002.

图书在版编目（CIP）数据

中国外贸增长引致环境损害的冲突与协调研究／
兰天著 . —北京：经济科学出版社，2012. 11
ISBN 978 - 7 - 5141 - 2548 - 1

Ⅰ. ①中…　Ⅱ. ①兰…　Ⅲ. ①对外贸易 - 经济增长 -
影响 - 环境管理 - 研究 - 中国　Ⅳ. ①F752②X321. 2

中国版本图书馆 CIP 数据核字（2012）第 246767 号

责任编辑：赵　蕾
责任校对：王肖楠
版式设计：代小卫
责任印制：李　鹏

中国外贸增长引致环境损害的冲突与协调研究
兰　天　著
经济科学出版社出版、发行　新华书店经销
社址：北京市海淀区阜成路甲 28 号　邮编：100142
总编部电话：88191217　发行部电话：88191540
经济理论编辑中心：88191435　88191450
网址：www. esp. com. cn
电子邮件：jjll1435@ 126. com
北京欣舒印务有限公司印装
787 × 1092　16 开　20. 5 印张　380000 字
2012 年 11 月第 1 版　2012 年 11 月第 1 次印刷
ISBN 978 - 7 - 5141 - 2548 - 1　定价：45. 00 元